suhrkamp taschenbuch 310

Manfred von Ardenne, geboren 1907 in Hamburg, lebt heute in Dresden. Selbstzeugnisse dieser Art gibt es nur wenige. Es ist selten, daß ein Mann vom Rang Ardennes – einer der größten Physiker und erfolgreichsten Forscher unserer Zeit – den Blick auf sein Leben, auf seine Arbeit freigibt: der Schüler, preußischer Offizierssohn, der mit zwölf Jahren einen der ersten Radioapparate baut, und mit technischen Gerätschaften aller Art seine Umwelt beunruhigt; der heranwachsende junge Mann, der mit sechzehn Jahren sein erstes Patent anmeldet; der Vierundzwanzigjährige, der u. a. einen brauchbaren Apparat zur Lungendiagnostik entwickelt; der Physiker und Forscher, der seine Theorien sofort in die praktische Tat umsetzt. Als er mit seiner Elektronenstrahlröhre ein erstes Bild auf den Bildschirm projizierte, war dies nur einer von unzähligen Entdeckertagen, in deren Verlauf sich Erfindung an Erfindung reihte. Heute wartet die wissenschaftliche Welt auf die fortschreitenden Ergebnisse seiner Krebsforschung. Sein Arbeitsleben führte über das Berlin der Vorkriegsjahre nach dem Krieg in die UdSSR, von dort als Professor nach Dresden, wo er seinem Institut, dem Forschungsinstitut Manfred von Ardenne, vorsteht. Denkwürdig sind die Begegnungen mit Max Planck, mit Otto Hahn, mit Otto Warburg, mit Staatsmännern und Wissenschaftlern. Ein Zeitdokument, das seinesgleichen sucht.

Manfred von Ardenne
Ein glückliches Leben für Technik und Forschung

Autobiographie

Suhrkamp

suhrkamp taschenbuch 310
Erste Auflage 1976

Lizenzausgabe für die Bundesrepublik Deutschland mit freundlicher Genehmigung des Kindler Verlags, München und für Österreich und die Schweiz mit freundlicher Genehmigung des Verlags der Nation, Berlin
Suhrkamp Taschenbuch Verlag

Druck: Nomos Verlag, Baden-Baden
Printed in Germany
Umschlag nach Entwürfen von Willy Fleckhaus und Rolf Staudt.

Inhalt

Ein Wissenschaftler muß den Mut haben, die großen ungelösten Probleme seiner Zeit anzugreifen, und ihre Lösungen müssen durch Ausarbeitung unzähliger Experimente ohne kritische Zeitverluste vorangetrieben werden.

Otto Warburg

Erstes Buch
Jugendjahre

1907-1928

Erstes Kapitel

Blick in Vergangenheit und Zukunft

Dresden heute

Hochsommerwetter mit Fernsicht im Mai – das ist auch im milden Dresden eine Seltenheit. Ich sitze im Garten vor unserem Haus. Der Flieder blüht und duftet. Von hier, von meinem Institutsgelände auf dem »Weißen Hirsch«, blicke ich hinunter in das Elbtal und weiter auf die berühmte Silhouette der Stadt. Sie erscheint fast wie einst. An diesem warmen Sonnentag sieht ohnehin alles wie verzaubert aus.

In einem solchen Augenblick begreift man, daß Bernardo Bellotto, der sich Canaletto nannte, als er 1747 mit sechsundzwanzig Jahren aus Venedig nach Dresden kam, von dem Ort ergriffen war. Zahlreiche seiner weltberühmten Dresdner Veduten hängen heute in der Gemäldegalerie. Nach dem Inferno der Nacht vom 12. auf den 13. Februar 1945, in der amerikanische und britische Bomberverbände weite Teile der Stadt dem Erdboden gleichmachten, hätte man denken mögen, allein Bernardo Canalettos Bilder könnten die Vorstellung des einstigen Dresden wachhalten, denn selten gab es Maler, die wie er poetisches Empfinden mit topographischer Genauigkeit verbanden.

Der Kunsthistoriker Fritz Löffler – geboren in Dresden, 1937 wegen »Förderung entarteter Kunst« aus dem Stadtmuseum verbannt, nach 1946 über zwei Jahrzehnte für die Denkmalpflege aufopfernd wirksam – hat in einem Beitrag an das erinnert, was einst Corrado Ricci über die venezianischen Bilder, die Bernardo Canalettos Schüler und Neffe, Antonio Canaletto, gemalt hat, sagte: »Wenn Venedig vom Erdboden verschwände – quod Zeus avertat –, so würden seine Bilder genügen, um es für uns ewig unvergeßlich zu machen.« Und Fritz Löffler fügt hinzu: »Diese Worte sind, betrachtet man heute Dresden und die Dresdner Veduten Bernardo Canalettos, zum Teil bittere Wahrheit geworden.«

Heute, am Sonntag, war die ganze Familie um den Mittagstisch versammelt; unsere Tochter, unsere drei Söhne, eine Schwiegertochter und der Schwiegersohn, und zwischen meiner Frau und mir saßen drei Enkel, die jetzt schlafen. Es ist ganz still im Haus. Ich genieße die Ruhe, denn werktags herrscht hier reges Leben, da das Gebäude, in dem wir wohnen, zugleich Bibliothek, Konferenzraum, Direktionsbüro und den Hauptteil der medizinischen Laboratorien des Forschungsinstituts enthält.

Sonst geht es bei Gesprächen im Kreis der Familie meist um Fragen der Arbeit, die wir alle sehr lieben: Unsere Tochter und zwei der Söhne sind als Physiker im Institut tätig, und der dritte, der noch zur Schule geht, will auch den Beruf des Vaters wählen. Heute mittag war das Thema ausnahmsweise einmal mein Erinnerungsbuch, das als Manuskript vorliegt. Meine Frau und die Kinder übten in liebevoller Zurückhaltung Kritik. Und so habe ich mir vorgenommen, das Manuskript noch einmal durchzusehen, vor allem den ersten Teil über meine Jugend, den ich schon im Sommer 1945, in einer kleinen Datscha an der Moskwa, geschrieben habe und der vor Jahren sogar schon als Buch erschienen ist. Mir lag daran, die jungen Bürger unserer Republik für den technischen Fortschritt zu begeistern. Dem kleinen Band gab ich das Motto mit auf den Weg: »Verträumt nicht Euer Leben, sondern erlebt Eure Träume!«

Darüber sinne ich nach.

Immer wieder wandern meine Gedanken. Das Gespräch mit meiner Frau und den Kindern über meinen Lebensweg weckt viele Erinnerungen. Habe ich alles wahrheitsgemäß und aufrichtig geschildert? Ich hoffe, es ist mir einigermaßen gelungen.

Die Welt, aus der ich komme und die mich geprägt hat, ist vergangen. Jedoch versteht es sich, daß ich viele der Erlebnisse und Begegnungen vor allem aus meiner Kindheit und Jugend in einer mich beglückenden Erinnerung habe. Allerdings kann ich das, was der große Theatermann Fritz Kortner in seinen nachgelassenen Schriften sagt, nämlich daß im Alter der Rückblick die einzig geziemende Blickrichtung ist, für mich nicht gelten lassen.

Ich lebe und wirke in der Gegenwart und hoffe, für die Zukunft noch einiges leisten zu können. Ich schätze meine fast fünfhundert Mitarbeiter, freue mich über ihre oft beispielgebende Einsatzbereitschaft und empfinde Dankbarkeit gegenüber der Stadt Dresden, die uns zur Heimat geworden ist. Eng bin ich meinem Staat verbunden und fühle mich für ihn nicht weniger mitverantwortlich als für meine geliebte Familie. Und auch mit meinen nächsten Menschen, vor allem mit den Enkeln, gehen die Gedanken in die Zukunft. Sie dürfen mich – wenn das stimmt, was meine Frau sagt, die selbst immer Zeit für die Kleinen hat – jederzeit, auch während der konzentriertesten Arbeit stören. Das ist sonst, wie die Familie unisono behauptet, keinem gestattet, weder meiner Frau noch der Tochter oder den Söhnen, diesen jedenfalls nicht mehr, seitdem sie erwachsen sind. Daß das Leben der Kinder von heute glücklicher verlaufe ohne die Umwege und schmerzlichen Verirrungen, die viele Angehörige meiner Generation überwinden mußten, dafür sind wir Älteren verantwortlich.

Meinen Enkeln wird der Mordanschlag auf die Elbmetropole vor Kriegsende nur noch Bestandteil des Geschichtsunterrichts sein. Sie werden in Dresden wieder die Stadt Canalettos sehen, die traditionsreiche Residenz und Barockstadt, die Stadt der Künste – der Malerei, der Musik, der Literatur –, die Gartenstadt, das Elbflorenz. Aber das wäre nicht genug. Dresden wird auch die Stadt sein, in der sich die wissenschaftlich-technische Revolution dokumentiert. In den neuen großen Sachbauten, die neben der Wiederauferstehung des Dresden von einst der Stadt von morgen Sinn und Zielrichtung geben werden, kündigt sich die durch den technischen Fortschritt im Dienste der Humanitas geprägte Zukunft an.

Vielleicht sollte ich aber doch – und abermals gehen die Gedanken zurück – den Enkeln, soweit sie es verstehen, die Bilddokumente zeigen, auf denen der Stadtkern ihres Dresden sich als versteinerte Ödlandschaft darbietet, die unter sich Abertausende Menschen begrub. Sie sollen die Vergangenheit nicht nur mit Canalettos Augen sehen. Vielleicht könnte man für kommende Generationen einmal in einer gesonderten Ausstellung den Bildern Canalettos Aufnahmen nach der Katastrophe als Menetekel gegenüberstellen und diese dann durch die schönsten Farbaufnahmen des wieder- und des neuerstehenden Dresdens ergänzen.

Wie die Elbmetropole dereinst auch aussehen wird: Der Strom, nicht mehr goldgelb, wie E. T. A. Hoffmann ihn beschrieb, sondern von dunkler Schönheit, wird das Stadtbild weiterhin bestimmen und unverwechselbar machen.

Von meinem Garten aus blicke ich der Elbe nach, die, sich immer weiter öffnend, den Jahrtausendstädten Meißen, Magdeburg und Hamburg zuströmt.

In Hamburg bin ich geboren. An einem Sonntag. Am 20. Januar 1907. Was für ein Jahr war das? In meiner Geburtsstadt eröffnete Carl Hagenbeck seinen berühmten Tierpark. In Wien hob Oscar Strauss seinen »Walzertraum« aus der Taufe. Und die damaligen Klatschtanten hatten ihre Sensation, als die ehemalige Kronprinzessin von Sachsen den Geiger Enrico Toselli heiratete. Es war das Deutschland Wilhelms II., Kaiser und König von Preußen. Am Sonntag meiner Geburt lag Deutschland im Wahlfieber. Reichskanzler Bernhard von Bülow hatte den Reichstag, der den Nachtragetat für die grausame Niederschlagung des Aufstandes der Hereros und Hottentotten in Südwestafrika abgelehnt hatte, aufgelöst und Neuwahlen auf den 25. Januar 1907 festgesetzt. Der Wahlkampf wurde von seiten der Regierung mit chauvinistischer Demagogie und antisozialistischer Pogromhetze geführt. Bülows Wahlparole lautete: »Für Ehre und Gut der Nation, gegen Sozialdemokraten, Polen, Welfen und Zentrum.« Nationalistisches Machtstreben und kolonialistische Herrschaftsgelüste waren nur im Kampf gegen die deutsche Arbeiterklasse durchzusetzen. Diese unverantwortlichen Losungen sollten von den sozialen Fragen, den innenpolitischen Problemen, unter denen in erster Linie die Arbeiterschaft litt, ablenken. Die kolonialpolitischen Auseinandersetzungen dienten dazu, vor allem die Masse des Kleinbürgertums nationalistisch aufzuputschen. Als »Hottentottenwahlen« gingen diese Reichstagswahlen in die deutsche Geschichte ein.

Sie brachten der Regierung den gewünschten Erfolg. Die Sozialdemokratie verlor sechsunddreißig von neunundsiebzig Mandaten. In der Nacht zum 26. Januar, im Wahljubel, erinnerte Reichskanzler von Bülow an Bismarcks Wort: »Setzen wir das deutsche Volk in den Sattel, reiten wird es schon können« und fügte hinzu, die Welt werde nun erkennen, daß das deutsche Volk fest im Sattel sitzt »und alles niederreitet, was sich seiner Wohlfahrt, seiner Größe in den Weg stellt«.

Seit 1871 hätte die preußische Geschichte allmählich in die deutsche Geschichte übergehen sollen. Tatsächlich aber beherrschte noch lange über die Jahrhundertwende hinaus Preußen Deutschland. Diese Verpreußung war ein großes Verhängnis. Das Preußische Außenministerium hatte sich nur namentlich in das Auswärtige Amt des Kaiserreiches verwandelt, die Preußische Marine in die Reichsmarine. Der Preußischen Armee wurden die Heereskontingente der übrigen Staaten – außer Bayern – mehr oder weniger angegliedert. Und auch wirtschaftlich hatte Preußen das Übergewicht: Deutschlands Schwerindustrie – Ruhrgebiet, Oberschlesien, Saarland – lag in Preußen. Ein Problem besonderer Art war die Machtstellung des höheren Adels, speziell der Großgrundbesitzer in den preußischen Ostprovinzen. Sie versuchten jede Demokratisierung zu verhindern. Nicht zuletzt durch ihren Einfluß herrschte in Preußen zu dieser Zeit noch das »Dreiklassenwahlrecht«, das Wilhelm II. niemals aufgegeben hat. Erst nach dem verlorenen Ersten Weltkrieg, nachdem der Kaiser geflohen und die Monarchie beseitigt war, wurde es abgeschafft.

Der Klassenkampf, den so viele Menschen nicht wahrhaben wollten, manifestierte sich ebenfalls in der herrschenden Justiz, die eine Klassenjustiz war. Als Beweis möchte ich nur zwei Prozesse nennen, die in meinem Geburtsjahr sensationell wirkten.

In einem war der Herausgeber der Zeitschrift »Zukunft«, Maximilian Harden, der Angeklagte. Harden war mit dem Großvater meiner Frau, dem Dichter Wilhelm Meyer-Förster befreundet. Er hatte Fürst Philipp zu Eulenburg, nach dem die Affäre als Eulenburg-Prozeß in die Geschichte der Justiz einging, »abartige Neigungen« vorgeworfen. Eulenburg war ein bevorzugter Freund des Kaisers, und dem Publizisten Harden ging es darum, die geheimen Günstlinge bloßzustellen, die mit dem Fürsten zum engsten Hofkreis gehörten und diesen ständig auf byzantinische Art in wichtigen Fragen beeinflußten.

Als Wilhelm II. schließlich nicht umhin kam, Eulenburg fallenzulassen, schrieb die »Militärisch-Politische Korrespondenz« das nicht etwa Hardens Polemik in seiner Zeitschrift »Zukunft« zu, sondern: »Erst das offene Manneswort des von jungen, vornehm denkenden Offizieren unterrichteten Kronprinzen hat den notwendigen Wandel in den wenig würdigen Zuständen am Hof erwirkt.« Allerdings mußte Harden vor dem Berliner Amtsgericht freigesprochen werden.

Das wahre Gesicht der Monarchie zeigte sich aber in dem eigentlichen »Prozeß des Jahres«: dem Hochverratsprozeß gegen Karl Liebknecht, der im Oktober 1907 vor dem Reichsgericht in Leipzig stattfand. Liebknecht, Vertreter der Linken in der Sozialdemokratie, war als Wortführer der antimilitaristischen Kräfte in dem hochgerüsteten Land aufgetreten. Er hatte in seiner Schrift »Militarismus und Antimilitarismus« den preußischen Militarismus angeprangert. Das Reichsgericht verurteilte Karl Liebknecht zu eineinhalb Jahren Festungshaft.

Der Kampf gegen Militarismus und Krieg war im August 1907 auch das Hauptthema auf dem Kongreß der II. Internationale in Stuttgart, an dem Delegierte aller Kontinente teilnahmen. Was wäre der Menschheit alles erspart geblieben, wenn sich diese Bestrebungen damals hätten erfolgreich durchsetzen lassen.

Wohin bin ich mit meinem Grübeln gekommen? In die Welt, die vergangen ist, in die Welt, die mich geprägt hat, in das Jahr 1907, eine Ziffer, die ich noch heute, wenn ich dieses oder jenes Behördenformular auszufüllen habe, immer wieder schreiben muß.

Zweites Kapitel

Mein Elternhaus

Eltern und Geschwister

Für meine Eltern war das Jahr 1907 ein Jahr des Friedens und des Glücks. Voller Stolz zeigten sie die Geburt ihres ersten Sohnes an. Ich bin das älteste von fünf Kindern gewesen.

Mein Vater, Egmont Baron von Ardenne, war Offizier. Als Oberstleutnant schied er 1919 aus dem Heeresdienst aus und wurde später Regierungsrat. Mit gütigem Herzen und, wenn es darauf ankam, klugem Rat und viel Verständnis stand er mir in den Jahren meiner Jugend zur Seite. Er gewährte mir außergewöhnlich viel Freiheit, auch später, als es darum ging, für mich den richtigen Beruf zu finden. Tiefe Dankbarkeit erfüllt mich, wenn ich an ihn, der im Glück seiner Kinder das Hauptziel seines Lebens sah, zurückdenke.

Meine Mutter, Adela, eine geborene Mutzenbecher, konzentrierte ihre unermüdliche Bereitschaft zur Hilfe stets auf jenes ihrer fünf Kinder, das ihres Schutzes gerade am meisten bedurfte oder sich in einer kritischen Phase befand. So habe ich ihre liebevolle Art besonders in den frühen Jahren empfunden. Wir waren ihr vielleicht manchmal sogar wichtiger als der Ehemann! An strenge Maßnahmen meiner Eltern kann ich mich kaum erinnern. Sie bemühten sich stets, uns Vorbild zu sein im Leben und dadurch erzieherisch zu wirken.

Nachdem ich die üblichen physiologischen Funktionen erlernt hatte, soll die frisch erworbene Fähigkeit, auf Stühle und Tische zu steigen, meine Eltern wiederholt in ärgste Schrecken versetzt haben. Kurze Zeit später sah meine Mutter ihren Sohn auf dem äußeren Sims des offenen Fensters der im vierten Stock gelegenen Wohnung am Grindelhof balancieren. Seit dieser Zeit wurden an allen Fenstern der Kinderzimmer Gitter angebracht.

Zwei Verbote trafen mich in meiner frühen Kindheit offenbar tief, denn bis heute haben sie Erinnerungsspuren hinterlassen. Ich durfte nicht an einer Bootsfahrt auf der Alster teilnehmen – einem Lieblingsvergnügen. Das war die Strafe dafür, daß ich einer Fliege, einem dicken Brummer, ein vorzeitiges Ende bereitet hatte. Ein anderes Mal wurde mir untersagt, abends mit auf den Balkon des großväterlichen Hauses an der Alster zu gehen, von dem aus wir sonst das Feuerwerk bestaunten, das einmal wöchentlich am Harvestehuder Fährhaus abgebrannt wurde. Dies war die elterliche Reaktion auf mein Bemühen, das physikalische Verhalten eines kolloiden Gemenges auf besondere Art und Weise festzustellen. Ich hatte versucht, den Inhalt einer Hautcremedose mittlerer Größe möglichst gleichmäßig auf der Tapete des großväterlichen Gästezimmers zu verteilen. Die gleiche abwegige Neigung für die Verwendung von Salben konstatierte ich fünfunddreißig Jahre später bei meinen eigenen Kindern.

Beim Großvater

Im Hause meines Großvaters imponierten mir besonders die verschiedenen Sprechrohre zwischen den einzelnen Stockwerken und der Küche, die die Aufgaben des heutigen Haustelefons erfüllten. Wenn man in eine Pfeife am Sprechtrichter blies, konnte der Partner an das andere Ende der Rohrleitung gerufen werden.

Und noch ein weiteres Erlebnis bei Großvater Mutzenbecher hat sich in meiner Erinnerung erhalten: 1912 sahen wir Kinder vom Gartenzaun aus den Kaiser durch die von einer dichten Menschenmauer umsäumte Straße fahren.

Etwa um diese Zeit übrigens soll zwischen meinen Eltern und Herrn Blohm, dem Inhaber der Hamburger Werft Blohm und Voß, im Scherz mein späterer Eintritt als Ingenieur in die Firma vereinbart worden sein.

In Rendsburg

Eine militärwissenschaftliche Vortragsreihe meines Vaters, in der er Vorschläge entwickelte, die dann im Ersten Weltkrieg verwirklicht wurden, brachte seine Beförderung zum Brigadeadjutanten der kleinen Garnison Rendsburg. Ich war damals fünf Jahre alt. Unsere neue Wohnung lag unmittelbar am Nord-Ostsee-Kanal. Diesem Umstand verdanke ich mancherlei Eindrücke technischer Art. Es gab viel zu sehen: die Bagger, die kleine Feldbahn hinter dem Haus, eine alte Drehbrücke und vor allem die

Hochbrücke, die gerade über den Kanal gebaut wurde. Das alles trug dazu bei, ein erstes Interesse für technische Dinge in mir wachzurufen. Auch die Kriegsschiffe im engen Kanal mit ihren bizarren Aufbauten, der Klang ihrer Sirenen und das nächtliche Spiel ihrer Scheinwerfer, hatten eine große Anziehungskraft.

Basteln, meine Leidenschaft

Es war daher naheliegend, mit den Nachbarskindern aus Balken und Brettern ein floßartiges Gebilde zu zimmern und zu erproben. Vom guten Gelingen unseres Werkes konnte mein Vater sich überzeugen, als er bei seiner Rückkehr vom Dienst seinen des Schwimmens unkundigen Sohn in der Mitte eines Nebenkanals entdeckte. Unter mehr oder weniger gütigem Zureden gelang es ihm schließlich, mich an das sichere Ufer zu lotsen.

Meine Freude am Basteln erhielt durch ein Weihnachtsgeschenk, wie es heute leider nur selten zu finden ist, kräftigen Auftrieb: Es bestand aus einem Kasten mit etwa hundert Vierkanthölzern und Brettchen aus Kiefernholz, einem Paket passender Nägel, einem leichten Hammer und einer kleinen Säge. Nach beigefügten Vorlagen oder auch nach eigener Phantasie ließen sich aus diesen Elementen stabile Brücken, Lauben oder Häuser aller Art herstellen.

Wir ziehen nach Berlin

Kurz vor dem Ersten Weltkrieg wurde mein Vater nach Berlin in das Kriegsministerium versetzt. Er hatte dort im Allgemeinen Kriegsdepartement die technischen und militärischen Aspekte geheimer Waffen zu prüfen. Aus der ersten Berliner Zeit ist mir vor allem ein Besuch in der Wohnung des Kriegsministers General von Falkenhayn nahe dem Leipziger Platz im Gedächtnis. Im Spielzimmer der ältesten Tochter Falkenhayns imponierte uns Kindern besonders ein mehrstöckiges Puppenhaus mit elektrischer Beleuchtung. Ebenso wirkte die feierliche Atmosphäre in den großen Räumen des Kriegsministeriums nachhaltig auf unsere Kindergemüter.

Im gleichen Jahr fand in Gegenwart des Kaisers die letzte Parade der preußischen Garderegimenter auf dem Tempelhofer Feld statt. Von unserem offenen Wagen aus hatten wir einen guten Blick auf das bunte, optisch wirkungsvolle militärische Bild. Deutlich entsinne ich mich des Vorbeimarschs des 1. Garderegiments mit den hohen Helmen der friderizianischen Zeit und an den Vorbeiritt der Kürassiere. Auch die Gruppe der Generale zu Pferd mit ihren federgeschmückten Helmen um Wilhelm II. hat sich mir eingeprägt. Wie viel Leid sich hinter dieser glänzenden Fassade verbarg, sollten wir in den bald folgenden Kriegsjahren erfahren.

Der große Komet und eine Sonnenfinsternis

Von den verschwommenen Kindheitseindrücken aus den Jahren vor dem Ersten Weltkrieg heben sich nur wenige markante Ereignisse ab.

Das waren das Erscheinen des Halleyschen Kometen im Jahre 1910 und einige Jahre später eine Sonnenfinsternis. Daran erinnere ich mich gut: die Menschen auf der Straße, die zum Himmel starrten, wir selbst an den Fenstern unseres Hauses, ausgerüstet mit Fernrohren und geschwärzten Gläsern. Und dann das seltsame, bedrohliche Gefühl, als sich der helle Tag verfinsterte.

Dagegen muß das Bild des großen Kometen, den ich mit seinem den Nachthimmel überspannenden Schweif so deutlich vor mir sehe, sich wohl mehr aus den Erzählungen der Erwachsenen und aus Abbildungen geformt haben. Zumindest hat sich dem Dreijährigen unauslöschlich eingeprägt, wie eine solche unabwendbare Naturerscheinung die sonst so festgefügte Umwelt in Unruhe versetzen konnte.

Die Welt kann auf dem Kopf stehen!

Viel nachhaltiger als diese beiden kosmischen Ereignisse wirkten meine Erlebnisse in den Sommerferien 1912 in Bayrischzell. Noch jetzt, beim Schreiben, empfinde ich etwas von der brennenden Neugier, der prickelnden Unruhe, die mich packten, nachdem mir ein Bekannter meiner Eltern seinen Fotoapparat überließ. Wir hatten einen herrlichen Ausflug gemacht, verschiedentlich war fotografiert worden – verbunden mit den damals noch notwendigen umständlichen Zeremonien. Als ich dann endlich den geheimnisvollen Kasten selbst in der Hand hielt und entdeckte, daß auf der Mattscheibe des Apparates der sichtbare Teil der Welt auf dem Kopf steht, geriet einiges in mir in Bewegung. Man versuchte mir zu erklären, auf Grund welcher optischen Gesetze das Wunder erfolgte. Was ich davon gleich begriff, weiß ich nicht mehr, aber ganz deutlich entsinne ich mich noch der vielen Fragen, die sich im Zusammenhang damit stellten. Ich habe wohl damals begonnen, der Beantwortung solcher Probleme nachzuspüren, und glaube heute noch, daß zu dieser Zeit das Samenkorn für mein frühes Interesse an naturwissenschaftlichen Experimenten gelegt wurde. Ein unscheinbares Ereignis – doch meinen Lebensweg hat es entscheidend bestimmt.

Mein erstes Instrumentarium

Erste Folge meines erwachten optischen Interesses war der von den Eltern genehmigte Kauf eines mit einer Lupe verschlossenen Gläschens, wie sie seinerzeit in Geschäften angeboten wurden. Man konnte damit in entsprechender Vergrößerung kleine Insekten und Pflanzenteile untersuchen. Dieses unzulängliche Hilfsmittel wich aber bald einem Schülermikroskop, das mir mein Großvater Mutzenbecher, der 1914 nach Weimar übergesiedelt war, bei einem meiner jährlichen Besuche – es wird um 1916 gewesen sein – schenkte. Mit dem Instrument war es möglich, Fliegenflügel, Bienenstachel und ähnliches in etwa hundertfacher Vergrößerung zu betrachten. Außerdem ließen sich seine Grundelemente zu einem kleinen Fernrohr kombinieren. Mein Interesse an physikalischen Dingen muß aufgefallen sein, denn der älteste Bruder meiner Mutter, Dr. Franz Matthias Mutzenbecher, schenkte mir 1918, kurz vor seinem Tode, ein Physikbüchlein, das ich mit ausdauerndem Fleiß las und bald bis in alle Einzelheiten kannte. Auf der Titelseite dieses Büchleins stand der Name Warburg: Ein Name, der fast ein halbes Jahrhundert später eine große Rolle in meinem Leben spielen sollte.

Etwa um die gleiche Zeit schickte mir Professor Paul Hermann Scherrer, der spätere bedeutende Physiker der Eidgenössischen Technischen Hochschule Zürich, nach einem Besuch bei meinen

Eltern ein Paket mit Glasröhrchen verschiedener Durchmesser, Reagenzgläsern und einfachen Linsen. Die Glasröhrchen hatte ich allerdings nicht lange, denn statt für physikalische Versuche benutzte ich sie dazu, Erbsen gegen Fensterscheiben und in offene Fenster der Nachbarn zu pusten. Gar so ernsthaft kann mein Forschertrieb also doch nicht gewesen sein.

Methodisch vorgehen

Wie methodisch ich wiederum bestimmten Problemen gegenüber reagierte, beweist ein anderes Erlebnis: meine erste selbständige Reise, die ich in den Ferien 1917 zusammen mit meiner zwei Jahre jüngeren Schwester Magdalena von Berlin nach Münster am Stein antrat. Von meinen geistigen Vorbereitungen auf dieses Ereignis zeugt ein zufällig erhalten gebliebenes Schulheft. Darin befinden sich die Abschrift des Fahrplans, die dem »Baedeker« entnommenen wichtigsten Einzelheiten über die auf der Fahrt berührten größeren Städte, eine abgezeichnete Landkarte der unmittelbaren Umgebung unseres Reiseziels sowie eine weitere in größerem Maßstab mit der Reiseroute. Daneben waren die Auf- und Untergangszeiten von Sonne und Mond aus dem »Hundertjährigen Kalender«, eine Art langfristige Wettervorhersage für die Ferienzeit, eingetragen.

Zwei Jahre lang erhielt ich Privatunterricht. Dann kam ich in das Realgymnasium in Neutempelhof und mußte den weiten Weg über das noch unbebaute Tempelhofer Feld zur elterlichen Wohnung in der Neuköllner Hasenheide zu Fuß zurücklegen. So wurden die Straßenbahnkosten eingespart.

Ich hätte auch Astronom werden können

Während meiner Schulzeit habe ich, angeregt durch die damals weitverbreiteten Bastelbücher, aber auch direkt durch den Unterricht, sehr viel gebastelt und experimentiert. Wir verwendeten zum Beispiel in der Geographiestunde einen Sextanten, den ich aus selbstgeschnittenen kleinen Spiegeln und Zigarrenkistenholz gebaut hatte. Aus Brillengläsern, Gardinenstangen und Kistenholz entstanden mehrere bis zu 2 m lange Fernrohre, durch die man Mondkrater, Sonnenflecke, Venusphasen und den Jupiter mit seinen vier größten Monden betrachten konnte.

Die Astronomie muß mich leidenschaftlich bewegt haben. Eines Nachts ertappte meine Mutter mich, als ich eine recht detailreiche Mondkarte abzeichnete. Ich schreckte auch nicht davor zurück, astronomische Abbildungen aus allen mir erreichbaren Büchern und Konversationslexika herauszuschneiden.

Das Rumpelkammer-Labor wird gegründet

Mit den Astrobildern tapezierte ich die Wände einer Kammer, die meine Eltern mir für meine Basteleien zur Verfügung gestellt hatten.

In diesem Raum mit seinen vier Quadratmetern Bodenfläche konzentrierte sich während der nächsten Jahre alles, was mich wirklich beschäftigte. Das ging bald so weit, daß ich mir schon während der Schulstunden das Programm für die Versuche und Arbeiten aufstellte, die ich am Nachmittag machen wollte. Und nach Schulschluß war ich ausschließlich von dem Gedanken beherrscht, möglichst rasch in mein »Labor« zurückzukehren. Leider wirkte sich dieser Eifer auf die Unterrichtsergebnisse absolut nicht immer günstig aus. Dennoch gibt es für handwerklich oder technisch interessierte Kinder nichts Schöneres als einen Platz, an dem sie sich ihren Wünschen und Neigungen entsprechend ganz selbständig entfalten können. Mehr als große Festgeschenke kann das dazu beitragen, Verantwortungsbewußtsein und Selbständigkeit zu fördern.

Wissenschaft kostet Geld

Brillengläser, Okulare und Materialien, wie ich sie für meine Fernrohre und zum Ausbau der sich ständig erweiternden fotografischen Ausrüstung benötigte, kosteten Geld, das verdient sein wollte. Also graste ich als »Berufsfotograf« das weite Feld von Familie, Bekanntschaft und Hauspersonal ab. Auf Verlangen fertigte ich in meinem zeitweilig zur Dunkelkammer umgerüsteten Raum Vergrößerungen von Porträts bis fast zum Originalmaßstab an. Eine weitere Geldquelle scheine ich mir auch durch den Verkauf selbstgebauter Fotoapparate erschlossen zu haben, denn als mich fünfzehn Jahre später der Hochfrequenzphysiker Dr. H. E. Hollmann besuchte, brachte er als Antrittsgeschenk einen solchen Apparat und das Original der von mir quittierten Rechnung mit; demnach hatte seine Frau, die gegen Ende des Ersten Weltkrieges zu unserer Spielgemeinschaft gehörte, den »Fotoapparat« für RM 1,10 (einschließlich Linse und Nägel!) erworben.

Alarmanlagen interessieren mich noch heute

Größere Einnahmen erzielte ich aber vor allem durch die Installation von Einbruch-Alarmanlagen. Sie wurden vom Wechselstrom-Lichtnetz gespeist und bestanden im wesentlichen aus einer in Reihe geschalteten Glimmlampe und einer Telefon-Wechselstrom-Klingel. Bei geschlossener Haustür wurde die Klingel mit Hilfe eines Kontaktes elektrisch überbrückt, so daß die Anlage schwieg. Öffnete man die Tür nur ganz wenig, war die Überbrückung aufgehoben – und die Klingel schrillte. Eine solche Einrichtung hat die Wohnung eines Nachbarn fast zwei Jahrzehnte lang geschützt. Bis heute habe ich übrigens eine gewisse Vorliebe für Installationen dieser Art behalten. Daher sichern hochempfindliche Strahlenalarmsysteme unseren gesamten Wohn- und Institutskomplex auf dem Weißen Hirsch in Dresden.

Altmetall besonderer Art

Ausgezeichnet bewährte sich auch eine andere Methode, den Kassenbestand aufzufüllen. Hinter unserem Haus in der Hasenheide lagen Schießstände. Damals waren Blei und Messing sehr knapp, die Altwarenhändler der Umgebung zahlten dafür gute Preise – was lag also näher als kleine Expeditionen auf verbotenes Gelände. Recht erhebliche Mengen dieser Metalle haben wir durch systematisches und ausdauerndes Sammeln von Messingpatronenhülsen und durch fleißiges Suchen im Kugelfang der Scheibenstände zusammengebracht. Später schmolzen wir die spitzen Geschosse aus und setzten die so gewonnenen Bleibarren in dringend benötigtes Geld um. Allerdings war es bei diesen

Ausflügen notwendig, rechtzeitig vor Beginn der Schießübungen zu verschwinden. Ich hatte eine Statistik angelegt, die uns ein Zusammentreffen mit den periodisch auf dem Gelände patrouillierenden Wachposten und Feldwebeln zu vermeiden half.

Die Schießstände in der Berliner Hasenheide

Wir Kinder führten auf dem Areal der damaligen Schießstände in der Berliner Hasenheide ein Dasein mit ungewöhnlichen Freiheiten. Das große Gelände durfte nur mit einem Ausweis, der einen Militärstempel trug, betreten werden, und gerade das gab uns gegenüber normalen Zivilpersonen das Gefühl völliger Sicherheit. Wie viele andere Offiziersfamilien hatten auch meine Eltern dort einen Garten gepachtet, der als sicherer Hafen für unsere Streifzüge diente. Zur Stadt hin wurde das Gebiet von einem hohen Holzzaun begrenzt, an den sich Hinterhöfe und die häßlichen Rückseiten vierstöckiger Mietshäuser anschlossen. Es machte uns wenig aus, beispielsweise durch Astlöcher in der Bretterwand mit einem weitreichenden Luftdruckgewehr die Fenster jener Wohnung zu beschießen, von der bekannt war, daß sie einem besonders würdevollen katholischen Pfarrer gehörte. Im Winter gaben Hügel gute Möglichkeiten zum Rodeln und Skilaufen.

In den Flegeljahren

Damals war ich mitten in den sogenannten Flegeljahren. Streiche zu ersinnen und durchzuführen – aus pädagogischen Gründen sollte ich eigentlich nicht darüber reden – gehörte zu den Höhepunkten und Hauptbeschäftigungen dieser Zeitspanne. Wichtigster Gesichtspunkt blieb dabei stets, sich nicht erwischen zu lassen. Die schlimmsten meiner Tollheiten müssen wirklich mit dem Mantel des Schweigens umhüllt bleiben.

Da es heute jedoch bei uns in den Papiergeschäften keine Knallkorken für Schreckschußpistolen mehr gibt, darf ich erzählen, daß wir diese Dinger in Abständen von zehn Metern auf die Straßenbahnschienen legten. Durch die Fenster der Haustore beobachteten wir dann die Reaktionen bei Schaffnern und Fahrgästen.

Kleine mit Schwefelwasserstoff gefüllte Glaskügelchen, sogenannte Stinkbomben, die damals ebenfalls in Papiergeschäften angeboten wurden, warf ich, unterstützt von gleichaltrigen Kumpanen, in Süßwarenläden. Die Lateinstunde schien uns dadurch attraktiver, daß wir in besonders geeigneten Augenblicken einen kleinen elektrischen Summer betätigten. Über feine, für den kurzsichtigen Lehrer nicht erkennbare Kupferdrähte stellten wir Kontakte unterschiedlicher Dauer mit einer Batterie her.

Diese Beispiele mögen genügen, um gewisse Mängel meines Charakters in jenen Jahren zu beleuchten. Vielleicht hatten derartige Unternehmungen auch ein positives Moment: Sie regten dazu an, erfinderisch zu sein, freilich auf den alleruntersten Stufen der Skala.

An der Neuköllner Seite wurden die Schießstände durch den historischen Turnplatz von Friedrich Ludwig Jahn und an der entgegengesetzten, Tempelhofer Seite durch einen abgeschlossenen Übungsbereich der Pioniersoldaten begrenzt. Das Betreten dieses Komplexes war strengstens verboten. Hier gab es richtige Kampfanlagen mit Schützengräben, tiefen Unterständen und kleinen Bunkern. Der Einsatz von Flammenwerfern, Tretminen, Granat- und Minenwerfern wurde frontmäßig erprobt. Die ausgebauten Stellungen dieses Geländes übten einen unwiderstehlichen Reiz aus. Prompt gerieten wir denn auch gelegentlich einmal in eine militärische Übung und lernten Granat- und Mineneinschläge aus knapp 20 m Entfernung kennen.

Die Sache mit dem kleinen Feuer

Vorsichtiger wurden wir erst, als eines Tages bei einer unserer Exkursionen fast ein Unglück passiert wäre. Wir hatten eine noch nicht detonierte Granate von ungefähr 8 cm Kaliber gefunden. Schnell war ein Reisighaufen zusammengetragen, angezündet und der Explosivkörper hineingeschoben. Sekunden später lagen wir vorschriftsmäßig in Deckung. Da tauchte etwa 300 m vor mir die Patrouille der Wachmannschaften auf. Sie kam auf uns zu, und mir war sofort klar, daß sie nichtsahnend in höchste Lebensgefahr geriet, sobald sie sich – was zu vermuten stand – anschickte, das Feuer zu löschen. Blitzschnell faßten wir daher einen Entschluß, stürzten auf das Feuer zu, rissen die Granate vor den Augen der Patrouille aus den Flammen, warfen sie beiseite und rannten davon – allerdings nicht planlos, sondern sternförmig auseinanderstiebend, wie das unserem taktischen Reglement für solche Fälle entsprach. Wir machten uns damals keine Gedanken darüber, daß solche »Experimente«, wie leider auch heute noch viele Beispiele zeigen, einen schlimmen Ausgang nehmen können. Wie viele junge Menschen sind besonders nach dem Zweiten Weltkrieg durch unbedachten Umgang mit Fundmunition getötet oder verkrüppelt worden.

Mit dem Maschinengewehr gegen das Mädchenlyzeum

Als 1918 das Kaiserreich zusammenbrach, gewann das Schießstandgelände für uns noch mehr Reiz. Hatten wir früher jede Begegnung mit Patrouillen zu vermeiden versucht, so bemühten wir uns jetzt darum, mit ihnen zusammenzutreffen. Die Soldaten fanden nämlich gar nichts dabei, elfjährige Jungen in einigen für dieses Alter sonst nicht üblichen Fertigkeiten zu unterrichten. Sie lehrten uns, mit Handgranaten zu werfen, Tannenzapfen mit den verschiedenen Infanteriewaffen herunterzuschießen und sogar ein schweres Maschinengewehr zu bedienen. So angeleitet, brachten wir beim Einzug der Truppen in Berlin ein herrenlos auf der Straße zurückgebliebenes Maschinengewehr nach Einbruch der Dämmerung unbemerkt in die elterliche Wohnung eines unserer Freunde und demolierten, nachdem seine Eltern ausgegangen waren, die Turmuhr des gegenüberliegenden Mädchenlyzeums mit mehreren, gut gezielten Feuerstößen. Bei den damaligen verworrenen Zuständen hatte das aber keine unmittelbaren Folgen für uns. Tatsächlich sammelten wir »Kriegserfahrung« und -eindrücke, die vom Pfeifen der Querschläger bis zum Anblick Verwundeter reichten. Während einer dieser Unternehmungen, von denen unsere Eltern natürlich nichts wußten, mündete zum Beispiel der letzte Teil der Flugbahn eines kleinkalibrigen Geschosses unmittelbar hinter meinem linken Ohr.

Meine Interessen verlagern sich

Die leichte Verwundung führte zu näherer Bekanntschaft mit einem in unserem Hause wohnenden Chirurgen, dessen Röntgenlaboratorium mich sehr schnell fesselte und dessen Funkeninduktor für 30 cm Schlagweite ich zwei Jahre später erwarb. Bald darauf verlagerte sich der Schwerpunkt meiner Interessen von Fotografie und Astronomie auf Physik, Elektrotechnik und Chemie.

Mit Hilfe zweier gegeneinander rotierender und mit Metallfolien belegter Schallplatten wollte ich mir eine »Influenzmaschine« bauen. Der Versuch mißlang jedoch, weil ich gewisse Elektroden mangelhaft isoliert hatte.

Der Herr mit dem schwarzen Vollbart

Daraufhin erregte eine Influenzmaschine mit großem Scheibendurchmesser im Schaufenster eines kleineren, nahe gelegenen Elektrogeschäftes meine stärkste Aufmerksamkeit. Kurz vor Weihnachten verschwand der auf meinem »Wunschzettel« dreimal unterstrichene Apparat leider aus dem Schaufenster, und auf meine Nachfrage erfuhr ich, daß er von einem Herrn mit schwarzem Vollbart gekauft worden sei. Da es keinen solchen Mann in unserem Familien- und Bekanntenkreis gab und ich das vorsorgliche Täuschungsmanöver meiner Eltern, die ihren Sohn kannten, nicht erwartete, war ich doppelt überrascht, die ersehnte Maschine auf dem weihnachtlichen Gabentisch zu finden.

Drittes Kapitel

Ein Junge bastelt

Der Experimentator macht sich ans Werk

Kurz nach Neujahr konnten die üblichen Versuche der Elektrostatik mit Isolierschemeln, selbstgebauten Leydener Flaschen, Funkentafeln, Blattelektrometern, springenden Holundermarkkugeln, Spitzenentladungen und Geißlerröhren nichts Neues mehr bieten.

Als nächstes untersuchte ich das luftelektrische Potentialfeld an der Außenfront unseres Hauses. Die Versuchsanordnung war einfach: Eine lange Wachskerze befestigte ich an einem Besenstiel und steckte diesen möglichst weit aus einem Fenster hinaus. Um die Kerze, die gleichzeitig als Isolator diente, war ein feiner Draht gewunden, der ein Stückchen in die Flamme eintauchte. Das andere Drahtende wurde mit einem Blattelektrometer verbunden. Und da die Flamme durch ihre ionisierende Wirkung das Potential der umgebenden Luft annahm, zeigte das Instrument wirklich eine Spannung an. Besonders aufregend fand ich es, die Schwankungen der Ausschläge vor und nach Blitzen bei Gewittern zu beobachten.

Vom hochgespannten Gleichstrom der Influenzmaschine führte der Weg zum hochgespannten Wechselstrom. Bald füllten Funkeninduktoren allmählich zunehmender Schlagweite, Geißlerröhren, Lumineszenzröhren, Röntgenröhren und Leuchtschirme sowie Elektrisierapparate meine Kammer. Aus dem Fenster hingen Antennen in den Hof, und ich machte erste funkentelegrafische Versuche mit Fritter und selbstgebauten Relais. Die Gegenstation hatte ich in der entferntesten Ecke der Wohnung aufgebaut.

Meine Umwelt ist gefährdet

Tanten oder andere Besucher waren zu dieser Zeit gewissen Gefahren ausgesetzt. Legten sie ahnungslos die Hand auf die Türklinke, sprühten tückische Funken, und es gab kräftige elektrische Schläge.

Mit ähnlichen physikalischen Erlebnissen sahen sich Straßenpassanten konfrontiert, die ein von mir vor das Haus gelegtes Portemonnaie aufzuheben versuchten. In der Dämmerung konnten sie den 0,1-mm-Kupferdraht nicht sehen, der zum ungeerdeten Pol eines Funkeninduktors führte, den ich auf dem Balkon des vierten Stocks in Tätigkeit setzte.

Röntgendurchleuchtungen und Tesla-Versuche

Mit Hilfe eines kleinen, von einem Akkumulator betriebenen Funkeninduktors, der Funkenentladungen von 3 cm Länge lieferte, und einer der damals handelsüblichen Versuchsröntgenröhren mit kalter Kathode gelangen mir auch bald die ersten Durchleuchtungen und Röntgenaufnahmen von Händen. Deutlich erinnere ich mich noch, wie stark mich die geheimnisvolle Durchdringungsfähigkeit der Röntgenstrahlung faszinierte.

Große Freude bereiteten mir ebenfalls die berühmten, von dem Jugoslawen Nikola Tesla im Jahre 1890 angegebenen Versuche mit hochfrequenten Teslaströmen. Das Spiel der Funkengarben, die im Dunkeln magisch leuchtenden und sich verästelnden Lichtbüschel sowie die im Hochfrequenzfeld elektrodenlos angeregten Leuchtröhren zogen mich in ihren Bann. Die Anlage wurde schließlich so weit ausgebaut, daß bei einem Leistungsumsatz von mehreren Kilowatt und sorgfältiger Abstimmung der Kreise Funken und Lichtbüschel von über 50 cm Länge erzielt werden konnten. Die Mitbewohner unseres Hauses sahen sich zu jener Zeit von ebenso unangenehmen wie rätselhaften elektrischen Störungen belästigt, denn die von den Tesla-Entladungen abgehenden Wanderwellen lösten im Leitungsnetz ihrer Wohnungen stromstarke Überschläge aus, die auch die stärksten Sicherungselemente durchbrennen ließen.

Keine Zeit für Höflichkeit

Wie kostbar mir damals meine Freizeit schien, mag folgende Episode zeigen, die bezeichnend für meinen grenzenlosen Eifer war, mehr und mehr zu lernen, zu erforschen und zu entdecken: Meine Eltern hatten mich beauftragt, unsere Großmutter Else von Ardenne bei ihrer Abreise zu begleiten und ihren Koffer zum Bahnhof zu bringen. Die Erledigung dieses Auftrages hätte etwa anderthalb Stunden in Anspruch genommen. Was tat ich, der ich mitten in der Endphase eines »hochwichtigen« Experimentes steckte? Zum Entsetzen der Erwachsenen bat ich, meine Begleiterpflichten einem Gepäckträger übertragen zu dürfen. Und es wurde dann wirklich ein Träger auf meine Kosten engagiert, da meine Großmutter nach anfänglichem Befremden rasch Verständnis für meine Lage zeigte.

Im Hinblick auf meinen späteren Beruf habe ich den damaligen Versuchen viel zu verdanken. Durch sie lernte ich nämlich: Bei physikalischen Anlagen genügt es nicht, sie richtig zusammenzufügen, sondern sie müssen optimiert werden. Das heißt, alle beteiligten Elemente exakt zu bemessen, damit die beste Wirkung eintritt.

Schwachstrom ist für alle da

Ebenso schulte die Erweiterung meiner Interessen auf die Gebiete der Schwachstromtechnik und Elektronik mein physikalisches Denken, wobei ich selbstverständlich auch hier mein neuerworbenes theoretisches Wissen in praktische Nutzanwendung umzusetzen verstand. Geschädigter war unser Hauswirt, denn ich zapfte die Klingelleitung an und speiste die Nachttisch-Schwachstrombeleuchtung kostenlos aus der zentralen Klingelbatterie. Das gleiche galt für eine telefonische Verbindung zwischen meiner Arbeitskammer und der Küche, deren Mikrofone ich aus Bogenlampenkohlen und Zigarrenkisten gebaut hatte und die glänzend funktionierte. Etwa zu dieser Zeit lernte ich, einen Mithörapparat an die Stadtfernsprechleitung so anzuschließen, daß die Telefonierenden nichts davon bemerken konnten.

Sehr schnell erreichte mein Experimentieren eine Intensität, die meine Eltern veranlaßte, mir die Erlaubnis zu geben, die zweite Toilette der Wohnung für meine Versuche zu benutzen. Diese Räumlichkeit eignete sich mit ihren Armaturen und der zufälligen Nähe eines Gashahnes hervorragend als provisorisches chemisches Laboratorium.

Bald hatte ich dort eine Dauer-Versuchsvorrichtung aufgebaut, die das Angenehme mit dem Nützlichen verband. Die Anlage war einfach und sehr ergiebig: Sie destillierte aus unbesteuertem, daher billig in der Drogerie erhältlichem Ameisenspiritus reinen Alkohol. Der wurde mit gutem Gewinn verkauft. Diese recht erheblichen Summen dienten dem weiteren Ausbau der chemischen Abteilung. Alles unter dem Motto: »Der Zweck heiligt die Mittel.« –

Mein Lehrer in den Fächern Physik, Chemie- und Mathematik bemerkte meine Kenntnisse und traf eine ganz ungewöhnliche Entscheidung: Er überließ mir nach kurzer Vorbesprechung Aufbau und Durchführung der für die nächste Unterrichtsstunde vorgesehenen Experimente. Außerdem erhielt ich die Erlaubnis, mit den Schulapparaten im Vorbereitungszimmer private Versuche abzuwickeln.

Alles kann man nicht wissen

Natürlich blieb es nicht ohne nachteilige Folgen, daß ich mich so einseitig nur für die Naturwissenschaften interessierte. Im Laufe der Jahre verschlechterten sich meine Noten in den anderen Fächern, vor allem in den Sprachen, ständig. Außerdem hatte ich kurz vor dem sogenannten Einjährigen-Examen das Pech, zum Direktor zitiert zu werden. Durch eine heftige Natriumexplosion war mein Tintenfaß zerstört worden. Ort und Urheber des Ereignisses ließen sich infolge der dabei entstandenen »Farbmarkierung« nicht verheimlichen. Das Zusammenwirken beider Momente hatte zur Folge, daß ich die Prüfung nicht bestand, obwohl mein Physik-, Chemie- und Mathematiklehrer im Konzilium mit größtem Nachdruck für mich eingetreten sein soll. Noch kurz vor seinem Tode durfte ich diesem Lehrer, Studienrat Dr. Böttcher, bei seinem Besuch im Lichterfelder Laboratorium meine Dankbarkeit beweisen.

Der Mißerfolg im Examen veranlaßte meinen Vater, mich aus der Tempelhofer Schule herauszunehmen. Ich mußte in das Friedrich-Realgymnasium, das in der Nähe unserer Wohnung lag, überwechseln. Immerhin wurde durch diese Maßnahme der

Zeitverlust, der entstanden war, weil ich nicht in die nächsthöhere Klasse aufrücken durfte, von einem auf ein halbes Jahr reduziert.

Auf jeden Fall war die Einseitigkeit meiner Kenntnisse ans Tageslicht gekommen, und die Familie bemühte sich jetzt, dem abzuhelfen.

Literaturinteressierte Kusinen

Ein Jugendzirkel wurde eingerichtet, in dem allwöchentlich Stücke von Shakespeare, Schiller und anderen Klassikern mit verteilten Rollen gelesen wurden. Die Frau des Philosophen Eduard von Hartmann, eine ältere Freundin unseres Hauses, nahm diesen Kreis unter ihre Fittiche. Ihr Mann, in jüngeren Jahren Offizier, durch ein hartes Schicksal an beiden Beinen gelähmt, hatte die Kraft aufgebracht, sich zu einem bekannten Philosophen zu entwickeln. Einige seiner Werke, so auch seine »Philosophie des Unterbewußten«, fand ich 1954 in der persönlichen Bibliothek Lenins, die im Moskauer Lenin-Museum am Roten Platz gezeigt wird und mich stark interessierte. Lenin hat sich unter anderem in seinem Werk »Materialismus und Empiriokritizismus« kritisch mit der idealistischen Philosophie Hartmanns auseinandergesetzt. Eduard von Hartmann starb 1906. Nach seinem Tode gab Frau von Hartmann verschiedene Schriften ihres Mannes heraus. Für diese Leistung wurde ihr von einer englischen Universität die Würde eines Dr. phil. honoris causa verliehen.

Man sollte meinen, daß eine Persönlichkeit solcher Prägung uns vierzehnjährigen Jungen einen tiefen Eindruck vom Wesen und von der Schönheit der behandelten Werke hätte vermitteln können. Aber leider – wir waren wohl noch nicht reif genug – interessierte uns viel mehr, ob bestimmte, sonst schwer erreichbare Kusinen die abendlichen Lesestunden besuchten.

Mit einem der Jugendfreunde aus diesem Zirkel, dem Internisten Dr. Berthold Kern, einem Enkel Eduard von Hartmanns, traf ich nach fast einem halben Jahrhundert wieder zusammen. Er ist ein Kämpfer gegen den Herzinfarkt, eine der häufigsten Todesursachen unserer Zeit, geworden, aber er hatte einen schweren Fehler begangen. Er hatte aus dem Schatz seiner Erfahrungen als praktischer Arzt im wesentlichen richtige Thesen abgeleitet und sie gegen die geltende medizinische Lehrmeinung um zehn Jahre zu früh vertreten. Wir führten 1970 eine gemeinsame Arbeit durch, als sich herausstellte, daß die von uns entdeckte lysosomale Zytolyse-Kettenreaktion auch als Fundamentalprozeß des Herzinfarkts betrachtet werden muß. Diese Thematik leitete mich dann 1972 zu Forschungen, bei denen uns mit Hilfe von Säurewert-Messungen am schlagenden Rattenherzen und von Methoden der theoretischen Pharmakologie die Aufklärung der außergewöhnlichen Wirkungsweise des unberechtigt in Mißkredit geratenen Herzmittels g-Strophanthin gelang. Aus den gewonnenen Aspekten resultierten neue Waffen gegen den Herzinfarkt.

Die alte Berliner Urania

In jungen Jahren sind Aufnahmefähigkeit, Einfallsreichtum und Vitalität so groß wie nie wieder im Leben. Mein Interesse wurde bald von einer Bildungsstätte des alten Berlin leidenschaftlich gefesselt, der ich und mit mir manche Altersgenossen außerordentlich viel verdanken: der »Urania« in der Taubenstraße. Die Experimental-Vorträge, die Vortragsreihen, die dort über fast alle Fachrichtungen der Naturwissenschaften in populärer Form von bedeutenden Wissenschaftlern gehalten wurden, hatten hohes Niveau. Noch heute erinnere ich mich lebhaft an die Ausführungen der Professoren Donath und Spieß über Röntgenstrahlen, Spektralanalyse, Optik, elektrische Gasentladungen, Radium sowie an die Vorträge des Ingenieurs Otto Hairz über drahtlose Telegrafie.

An beiden Seiten des großen Vortragssaales der Urania schlossen sich Experimentiersäle an, die man vor den Vorträgen und während der Pausen aufsuchte. Die wichtigsten Grundversuche aus Mechanik, Wärmelehre, Akustik, Optik und Elektrotechnik waren dort so aufgebaut, daß der Besucher, angeleitet durch eine Tafel mit erläuterndem Text, den Versuch selbst durchführen und Beobachtungen anstellen konnte. Da ich mit dem Wächter des Saales für Elektrotechnik bald auf vertrautem Fuß stand, wurde mir die Neuanfertigung schadhaft gewordener Erläuterungstafeln übertragen. Dem Bildungszentrum war eine kleine wissenschaftliche Buchhandlung angegliedert, in der man unter anderem die Fachliteratur zum Thema des jeweiligen Vortrages einsehen und kaufen konnte.

Leider ist die Urania 1925 an den Folgen der Inflationszeit eingegangen. Eine von mir übernommene Vortragsreihe mit Experimenten über Rundfunktechnik und die damals noch nicht übliche elektrische Aufnahme von Schallplatten gehörte zu den letzten Veranstaltungen dieser Einrichtung.

Die Ausbildung der Jugend als politisches Problem

Das Kräftepotential moderner Staaten hängt zu einem großen Teil – die Zeit nach 1945 hat uns das gelehrt – von den Fähigkeiten ihrer Bürger ab, auf wissenschaftlicher Grundlage zu handeln und zu entscheiden. Für die Entwicklung von Industrie und Landwirtschaft sind die naturwissenschaftlich-technischen Kenntnisse von großer Wichtigkeit. Das Niveau der Leistungen läßt sich dadurch beträchtlich heben, daß die heranwachsende Generation frühzeitig mit den Aussichten und den Arbeits- und Denkmethoden der entsprechenden Fachsparten vertraut gemacht wird. Das sind Faktoren, deren Bedeutung für die Gestaltung der Nachwuchsförderung durch den Staat kaum überschätzt werden kann. Auf diesen Erkenntnissen beruht eine ganze Kette von Maßnahmen zur frühen Anregung der naturwissenschaftlich-technischen Betätigung in der Deutschen Demokratischen Republik und nicht zuletzt auch die Regelungen, mit denen sich längere Pausen zwischen Schulabschluß und Beginn des Hochschulstudiums, speziell der naturwissenschaftlichen Fachrichtungen, vermeiden lassen, denn allzu lange Unterbrechungen führen leicht dazu, daß beispielsweise die Schulkenntnisse in Mathematik teilweise in Vergessenheit geraten und dann die Voraussetzungen zum gründlichen Studium aller mathematisch fundierten Disziplinen fehlen.

Der Einfluß von Institutionen nach Art der Berliner Urania auf die Jugend – die Archenhold-Sternwarte in Berlin-Treptow hat heute ähnliche Funktionen – ist meiner Meinung nach außerordentlich groß. Und gerade in einer Zeit, in der Naturwissenschaft und Technik so wichtig sind wie in der unsrigen, liegt es im Staatsinteresse, den jungen Menschen frühzeitig reiche wissenschaftlich-technische Bildungsmöglichkeiten zu erschließen, ohne eine gute Allgemeinbildung und fundierte gesellschaftswissenschaftliche Kenntnisse zu vernachlässigen.

In unserem Staat wird dieser Forderung bereits durch die Allgemeinbildenden Polytechnischen Oberschulen, durch Arbeitsgemeinschaften unterschiedlichen Charakters, Stationen junger Techniker, Wettbewerbe für junge Forscher, die Messe der Meister von morgen und auch durch unsere, die Phantasie anregende, umfangreiche Kinder- und Jugendliteratur Rechnung getragen. Auf das gleiche Ziel war die 1959 von mir angeregte und betreute Sendereihe »Fernsehstudio Naturwissenschaften« gerichtet, und ihm dienen viele weitere seither gestartete Sendungen naturwissenschaftlich-technischer, gesellschaftswissenschaftlicher und allgemeinbildender Thematik im Deutschen Fernsehfunk. Auch die Gesellschaft zur Verbreitung wissenschaftlicher Kenntnisse und die neue Urania tragen ihr Teil zur Weiterbildung der Bevölkerung aller Altersstufen bei.

Phosphoreszenz, Fluoreszenz und die Folgen

Jahre hindurch bin ich mit einigen Schulfreunden ein- bis zweimal in der Woche Gast der alten Urania gewesen. Die Experimente, die wir dort sahen, wurden nach Möglichkeit mit häuslichen Mitteln wiederholt.

Das galt auch für einen Urania-Vortrag von Professor Donath über Phosphoreszenz und Fluoreszenz. Meine Versuche auf diesem Gebiet hatten allerdings nachteilige Folgen für einen vorübergehend in meinem Schlafzimmer einquartierten jüngeren Vetter, dessen Ängstlichkeit auf mich wohl herausfordernd gewirkt hatte. Damals waren die erst im Zweiten Weltkrieg wegen der Verdunkelungsmaßnahmen überall eingeführten Leuchtfarben weiten Kreisen noch völlig unbekannt. Durch Zufall kam ich in den Besitz eines mit frommem Spruch versehenen Leuchtfarbenkreuzes, das mich zu einem Streich verführte. Ich weckte eines Nachts vorsichtig meinen Vetter und ließ das in bläulich-magischem Licht strahlende Kreuz lautlos auf komplizierten Bahnen über seinem Bett schweben, fast auf Griffnähe herankommen, urplötzlich verschwinden und nach einigen Sekunden an anderer Stelle ebenso unvermittelt wieder auftauchen. Grauenerfüllte Schreie meines Vetters alarmierten die Familie. Die Erscheinung klärte sich schnell auf. Ich hatte jenes Kreuz mit einer Taschenlampe unter der Bettdecke so lange angestrahlt, bis es kräftig zu phosphoreszieren begann und dann fest an einen Besenstiel gebunden. Das ermöglichte mir nicht nur eine verhältnismäßig frei schwebende Führung, ich konnte auch nach einer schnellen Drehung die nicht mit der Farbe bestrichene Rückseite ins Blickfeld bringen, wodurch die Erscheinung verschwand. Mein starkes Interesse für das Gebiet der Lumineszenz ist bis heute geblieben und spiegelt sich wider in vielen Veröffentlichungen und Patenten über spezielle Anwendungen von Leuchtstoffen in Elektronenstrahl- und Ionenstrahlgeräten aller Art, in der Röntgenphysik und im Unterricht mit astronomischen Leuchtfarben-Lehrbildern von außergewöhnlichem, fast natürlich wirkendem Kontrastumfang.

Spiele nie mit dem Gewehr!

Wenige Tage später bewahrte mich übrigens eine Erziehungsmaßnahme unseres Vaters davor, meinen damals sieben Jahre alten Bruder Ekkehard zu erschießen. Wir hatten das Schlafzimmer der Eltern durchstöbert und dabei ein Infanteriegewehr gefunden. In der Annahme, die Waffe sei nicht geladen, zielte ich auf meinen Bruder. Aber noch rechtzeitig erinnerte ich mich an den immer wieder betonten väterlichen Grundsatz, Schußwaffen niemals auf Menschen zu richten. Bevor ich abdrückte, hielt ich das Gewehr beiseite. Die unerwartete Explosion hinterließ bei mir mit den nachhaltigsten Eindruck dieser Lebensepoche.

Der weiße Sport und ein Mädchen namens Bettina

In den großen Ferien der Jahre 1920 und 1921 hatte ich das Glück, zunächst in Kopenhagen und dann in Den Haag bei befreundeten Familien aufgenommen zu werden, die beide begeistert Tennis spielten. Seit jenen Tagen gehört dem weißen Sport ein großer Teil meiner freien Zeit. Ich übte ihn erst in den Berliner Klubs »Blau-Weiß« und »Rot-Weiß« aus, dann auf dem eigenhändig mitgebauten Platz in der Sowjetunion und schließlich in der Sportgemeinschaft auf dem Weißen Hirsch und verdanke ihm unendlich viel: So sah ich 1936 bei einem internationalen Turnier des Tennisklubs »Blau-Weiß« im Grunewald auf dem kleinen M-Platz ein Mädchen, Bettina Bergengruen, deren Charme, Gestalt und Spielweise mich faszinierten. Auch die Einblicke, die ihr weißes Miniröckchen für Bruchteile von Sekunden bei Schmetterbällen oder beim Ballaufheben gewährten, dürften zu dieser Faszination beigetragen haben. Zwei Jahre später wurde dieses Mädchen meine Frau. –

Vermutlich hat das regelmäßige Tennisspielen über fünf Jahrzehnte stark zur Erhaltung unserer Gesundheit beigetragen, wegen der dabei langzeitig eintretenden guten Durchblutung und Sauerstoffversorgung aller Gewebe. Diese periodische Verbesserung des O_2-Stoffwechsels hat ja besondere Bedeutung bei bewegungsarmer Arbeitsweise, also auch gerade für den Physiker an Schreib-, Lese-, Labor- und Konferenztischen.

Das war gefährlich

1921 in Den Haag ergab sich die Gelegenheit zu sprengtechnischen Vesuchen. Wenn ich mich an folgenden Vorgang erinnere, erkenne ich mit Schrecken, daß sich meine naturwissenschaftlichen Neigungen allzu häufig in gefährlichen Kindereien ausdrückten. Ich habe mich in dieser Hinsicht sicher nicht von anderen Jugendlichen unterschieden – allerdings waren es gleichzeitig auch immer Nebenprodukte einer viel ernsthafteren Tätigkeit und eines nie ermüdenden Lerneifers. Und manchmal konnte ich sogar bei späteren großen Forschungsaufgaben das verwerten, was ich viele Jahre früher im Spiel bei meinen vielen kleinen Experimenten kennengelernt hatte.

Solche Früchte hat jenes Ereignis allerdings bestimmt nicht getragen, das begann, nachdem ich im Kinderzimmer der Familie eine Spielzeugpistole stabiler Ausführung fand, aus der mit Hilfe von Zündplättchen ein Gummigeschoß abgefeuert werden konnte. Die massive Bauart brachte mich auf den Gedanken, die Zündplättchen selbst nicht als Treibladung, sondern nur zur Entzündung eines von vorn in den Lauf eingebrachten Gemisches aus Kaliumchlorat, Schwefel und Zucker zu benutzen. Außerdem wollte ich den Gummistopfen durch eine aus geschmolzenen Bleisoldaten gefertigte Kugel ersetzen.

Beim ersten Versuch hatte ich die drei Bestandteile offenbar mangelhaft gemischt, denn das Geschoß verließ nur mühsam den Lauf. Beim zweiten Mal füllte das nunmehr gut durchgerührte Pulver etwa die Hälfte der Pistole. Als ich abdrückte, gab es einen donnernden Knall, und für Sekunden schwang ein lautes Surren in der Luft. Etwa 100 m seitlich ging eine Fensterscheibe in Trümmer, ich hielt nur noch den Griff in der Hand, der davongeflogene Lauf blieb unauffindbar. Die gegossene Bleikugel aber hatte vorschriftsmäßig in Zielrichtung ein drei Zentimeter starkes Brett durchschlagen. Wieder einmal war mir das Glück treu geblieben; niemand wurde verletzt.

Harmonie im Freundeskreis

Das Familienleben der Haager Freunde wurde durch diesen Vorfall nicht getrübt. Dazu wären andere Ereignisse nötig gewesen. Selten habe ich eine Familie erlebt, deren Mitglieder so gut miteinander harmonierten. Sicher war der Grund dafür in der Persönlichkeit des Familienvaters zu suchen. Stets war dieser angesehene Hamburger Großkaufmann zu allen erdenklichen Streichen mit seinen Kindern aufgelegt.

Es konnte geschehen, daß er beim sonntäglichen Frühstück gemeinsam mit seinen Söhnen den allzu tief geratenen Ausschnitt im Sommerkleid der wohlgerundeten Mutter begutachtete, in der damaligen Zeit ein wohltuender Beweis unkonventioneller Lebensart. Er schreckte aber auch nicht davor zurück, mit uns kräftige Bogenlampenscheinwerfer zusammenzustellen, die dann nach Einbruch der Dunkelheit auf gegenüberliegende offene Schlafzimmerfenster befreundeter Ehepaare gerichtet wurden, bis die Bewohner zur allgemeinen Freude beunruhigt am Fenster erschienen.

Der Scheinwerfer und Großvaters Lupe

Die auf diese anregende Weise 1921 in Holland begonnenen Scheinwerferversuche setzte ich nach meiner Rückkehr aus einem Fenster unserer Wohnung in der Berliner Hasenheide mit stärkeren Mitteln fort. Auf Anraten eines Elektromonteurs, zu dem ich engere Verbindung aufgenommen hatte, prüfte ich die Art der Schaltung des Elektrizitätszählers. Was ich gehofft hatte, fand ich bestätigt: Er war nur einpolig angeschlossen. Das hieß, ich konnte vom anderen Pol gegen die Erdleitung bei einer Spannung von 110 V nach Einsetzen entsprechend starker Sicherungen Stromstärken bis zu 50 A entnehmen. Diese Schaltung verschaffte mir bei kaltem Wetter eine kostenlose Heizung der Laborkammer, und außerdem ließ sich ein Bogenlampenscheinwerfer betreiben, der so stark war, daß man damit noch auf dem Turm einer 1 km entfernten Kirche eine deutliche Aufhellung erkennen konnte. Zur Strahlensammlung diente eine etwa 20 cm große Glaslinse mit relativ kurzer Brennweite. Bis ich sie meinem inzwischen zu uns gezogenen Großvater Mutzenbecher abspenstig machte, hatte dieser sie vorzugsweise dazu benutzt, Fotos früherer Reisen zu betrachten.

Die Zeiten waren damals recht unruhig. Wie groß mag daher das Entsetzen meines Vaters gewesen sein, als er an einem früh dunkelnden Winterabend auf dem Heimweg vom Büro schon kilometerweit entfernt Strahlenkegel aus einem Fenster seiner Wohnung dringen sah. Auf jeden Fall kam er gerade noch rechtzeitig, um zu erleben, wie sich das Lichtbündel senkte und eine Menschenmenge grell beleuchtete, die sich vor dem Haus angesammelt hatte und fasziniert nach oben starrte. Ein striktes Verbot beendete meine lichttechnischen Versuche mit 5-kW-Bogenentladungen, die sich vier Jahrzehnte später in der Konzeption unseres »Plasmafeinstrahlbrenners« ausgewirkt haben dürften.

Chemie wird mir verboten

Noch ein zweites Mal griff die väterliche Autorität steuernd in den Wirkungsbereich meines Rumpelkammer-Labors ein – und entschied vielleicht damit meine spätere Fachrichtung. Diverse heftige Explosionen in Anwesenheit würdiger Gäste hatten eines Tages seinen durchaus berechtigten Unwillen erregt. Vielleicht wäre mir das noch verziehen worden. Als aber kurz darauf ein nur schwer zu löschender Phosphorbrand unsere Kücheneinrichtung gefährdete, wurde mir unwiderruflich jede weitere praktische Tätigkeit auf dem Gebiet der anorganischen Chemie untersagt.

Chemikalien, Retorten und Bechergläser der chemischen Einrichtung mußte ich verkaufen. Um nicht wieder den Ärger meiner Umwelt auf mich zu ziehen, entschloß ich mich, möglichst lautlos und unsichtbar zu arbeiten. Dafür bot sich die drahtlose Telegrafie an, deren Fortschritte ich mit leidenschaftlicher Anteilnahme verfolgte, seit ein freundlicher Meteorologe der Wetterstation bei Münster am Stein mich 1917 die geheimnisvollen Morsezeichen des Eiffelturmsenders im Kopftelefon hatte hören lassen. Der kinderliebe Wetterwart konnte damals nicht ahnen, welch ein zukunftsträchtiges Samenkorn er mit seinem Handeln in das so aufnahmebereite Gehirn eines zehnjährigen Kindes senkte. Heute sind Radio- und Fernsehgeräte unserer Jugend zu elektronischen Haushaltsgegenständen geworden, über die es sich kaum nachzudenken lohnt.

Damals, 1921, gab es in einem bestimmten Charlottenburger Elektrogeschäft (CMG) die verschiedensten Teile aus Heeresbeständen für den Bau von Empfangs- und Sendegeräten billig zu kaufen. Ich investierte einiges Geld, doch die Abhörversuche mit einer Antenne, die unter dem Dach unsichtbar verspannt war, einem Silizium-Detektor und einem hochohmigen Hörer blieben zunächst erfolglos. Also fuhr ich mit dem »Detektor-Empfänger« und zwei Schulfreunden zur Großfunkstelle nach Nauen und nahm dort fast unmittelbar unter den Antennen des Senders das von der Tonfunkstation regelmäßig kurz vor dreizehn Uhr ausgesandte Zeitzeichen auf. Mein erster drahtloser Empfang im selbstgebauten Gerät!

Bei Führungen und im Anschluß an eigene Vorträge ist Nauen später noch oft das Ziel meiner Ausflüge gewesen. Über diese Station lief bis zum Zweiten Weltkrieg ein großer Teil des Nachrichtenverkehrs Deutschlands mit den außereuropäischen Ländern. Das im Takt der Morsezeichen modulierte Singen der Hochfrequenzmaschinen und Frequenzwandler muß man gehört und die über 200 m hohen, auf einer Spitze stehenden Antennenmaste von unten betrachtet haben, um zu verstehen, welch nachhaltige Eindrücke in ihrer romantischen Entwicklungsphase befindliche Techniken hinterlassen können.

Nach einigen Schaltungsvariationen gelang es mir, das Zeitzeichen des Nauener Tonfunksenders in der elterlichen Wohnung zu empfangen, wenn auch vorerst die Lautstärke noch sehr zu wünschen übrig ließ. Bald kam ich aber dahinter, wie ich die Vorteile der Resonanzabstimmung des Schwingungskreises, einer guten Detektoreinstellung, des günstigsten Membranabstandes und guter Magnetisierung des Telefonhörers ausnutzen konnte. Nachdem ich die Anlage so auf höchste Empfindlichkeit getrimmt hatte, wurde das Abhören der Eiffelturm-Station und des Schiffsverkehrs auf Ost- und Nordsee vor allem im Bereich der 600-m-Welle zu einem immer neuen aufregenden Erlebnis. Das Morsealphabet erlernte ich schnell, und damit begann sich der Inhalt der Funksprüche zu entschleiern. Eine Rekordleistung dieser Etappe war wohl die gelegentliche nächtliche Aufnahme der afrikanischen Funkstation in Massaua mit Hilfe einer guten Hochantenne und eines fein eingestellten Detektors. Sicher ein Ergebnis, das in der heutigen Zeit hochgezüchteter Transistorgeräte nur belächelt wird. Mir scheint es jedoch ein Beispiel dafür zu sein, daß man sogar mit geringen Mitteln, wenn sie nur zur optimalen Wirkung gebracht werden, beträchtliche Resultate erzielen kann.

Der erste Röhrenempfänger

Als die Möglichkeiten des Detektorempfängers erschöpft schienen, fing ich an, eine Anlage mit Glühkathodenröhren zu bauen. In der Nachbarschaft wohnte ein Ingenieur, der mir die Röhren beschaffte, allerdings zu Preisen, die mit der Kapazität meiner Kasse nicht zu vereinbaren waren. Ein Ausweg fand sich erst, nachdem es mir gelang, einen Bekannten aus begütertem Hause für ähnliche Basteleien und damit für den Erwerb solcher Materialien zu interessieren. Ich ließ ihn den doppelten Preis bezahlen und erhielt so immer eine Röhre kostenlos für mich. Mit einem auf diese Weise zusammengetragenen Satz, einigen billigen Spulen, Kondensatoren und Widerständen sowie einer Gruppe hintereinandergeschalteter Taschenlampen-Batterien entstand in hartnäckiger Arbeit der erste Empfänger dieses Typs. Welche Tragik, als durch eine Fehlschaltung der mühevoll erworbene Röhrensatz kurz vor der ersten Inbetriebnahme durchbrannte! Glücklicherweise hatte besagter Freund noch weiteren Bedarf, und der Schaden konnte behoben werden.

Mir jedoch hat sich die äußerst nachteilige Wirkung von Fehlschaltungen für alle Zeiten eingeprägt! Eine gründliche Schaltungskontrolle *vor* Herstellung von Verbindungen zu den Stromquellen gehört seitdem zu meinen Prinzipien.

Einsame Erfolge

Nach längeren vergeblichen Versuchen funktionierte endlich auch die »Rückkopplung«. Damit steigerten sich Empfindlichkeit und Selektivität, und das Röhrengerät empfing nun zum ersten Mal die Morsezeichen einer großen Anzahl auch entfernterer Stationen. Eines Abends – meine Eltern waren schon ins Bett gegangen – vernahm ich im Telefonhörer die Klänge einer französisch gesungenen Oper. Welch ein Höhepunkt nach den vorausgegangenen Mühen und Rückschlägen war das damals! Dieses aufregende Ereignis mehrere Jahre vor Beginn des Rundfunks wollte ich trotz der späten Stunde natürlich meiner Umwelt mitteilen. Doch meine Eltern verließen in diesem großen Augenblick die wärmende Hülle ihres Bettes nicht. Das traf mich sehr und führte dazu, daß ich sie in der Folgezeit über die Ergebnisse meiner physikalischen Experimente kaum noch unterrichtete. Ich selbst habe aus diesem Vorgang und seinen Rückwirkungen Konsequenzen für mein eigenes Verhalten unseren Kindern gegenüber in ähnlichen Situationen gezogen.

Unkonventionelle Methoden

Da mein neuer Apparat täglich viele Stunden in Betrieb war, tat die Taschenlampen-Anodenbatterie nur wenige Wochen ihre Dienste. Eine neue Batterie war mir zu teuer, also versuchte ich, den Empfänger aus dem Lichtnetz zu speisen.

Dieser Entschluß setzte eine gewisse Kühnheit voraus, denn für die Ausnutzung des Wechselstroms in unserer Wohnung standen keine Gleichrichter-Bauelemente zur Verfügung. Den erforderlichen 220-V-Gleichstrom konnte ich nur von der gegenüberliegenden Straßenseite beziehen, die zufällig an das Gleichstrom-Lichtnetz der Stadt Berlin angeschlossen war. Allerdings erwies es sich als recht schwierig, zum Zimmer eines Feundes auf der gegenüberliegenden Seite der Hasenheide eine elektrische Verbindung herzustellen. Die Straße war ungefähr 75 m breit, und es herrschte ein reger Verkehr mit Straßenbahnen, Pferdefuhrwerken und Autobussen. Nur mit den Mitteln der Raketentechnik schien die Aufgabe lösbar. Also beschaffte ich in einem pyrotechnischen Spezialgeschäft mehrere größere Raketen. Eine Drachenschnur von 100 m Länge war vorhanden. Nach einem vergeblichen Abschußversuch, der beträchtliches Aufsehen erregte, weil das Geschoß zu tief flog und deswegen auf die gegenüberliegende Häuserwand prallte, gelang es, mit einer weiteren Rakete hinreichender Schubkraft ein Ende der Schnur über das Dach des gegenüberliegenden Hauses zu tragen, wo mein Versuchspartner sie sofort sicherte. An der über die Straße gespannten Leine wurde ein Kabel nachgezogen. Alles Weitere war eine Kleinigkeit, meine Stromquelle zunächst gesichert.

Der Aufwand sollte sich aber leider nicht lohnen, denn unglücklicherweise nahmen wir wenige Tage später mit einem weittragenden Luftdruckgewehr Schießübungen auf die Einholtaschen nichts Böses ahnender Straßenpassanten vor. Ein Schuß ging fehl und traf die Hand einer über seltene Ausdauer verfügenden Frau. In nervenaufreibender Weise sondierte diese Dame, ängstlich von uns beobachtet, alle Einzelheiten der Umgebung und erblickte schließlich zwar nicht den Schützen, wohl aber das über die Straße gespannte Kabel. Einem herbeigerufenen Polizisten erklärte sie, von dem Draht sei etwas auf ihre Hand gefallen. Das wiederum veranlaßte den Beamten, bei uns zu erscheinen und die sofortige Entfernung der Leitung zu verlangen. So kann zuweilen auch eine falsche Theorie auf den richtigen Weg führen.

Handel hilft mir

Dieses Unternehmen war also mißlungen. Ich sah mich gezwungen, verschärft darüber nachzusinnen, wie ich mehr Geld bekommen könne. Mit einem Zuschuß aus der sowieso knappen Haushaltskasse war nicht zu rechnen. Meine Mutter hatte bereits ihr möglichstes getan und mir kurz zuvor zur Konfirmation ein teures Lehrbuch über Radiotelegrafie geschenkt, das »Radiotelegrafische Praktikum« von Dr. Rein und Professor Wirtz. Mein Spürsinn kam mir zu Hilfe. Auf den Streifzügen durch die

Elektrogeschäfte Berlins hatte ich nämlich festgestellt, daß von Geschäft zu Geschäft ganz ungewöhnliche Preisunterschiede zwischen den aus Heeresbeständen stammenden Teilen früherer Funkstationen bestanden. Das machte ich mir zunutze, kaufte ein, verkaufte und betrieb einen florierenden Handel mit allen möglichen funktechnischen Ersatzteilen.

Natürlich mußte das alles außerhalb der Schulstunden geschehen und bedeutete im Grunde genommen harte Arbeit, doch dafür füllte sich die Laboratoriumskammer schnell mit neuen Apparaten, ja, es stellte sich sogar ein gewisser Wohlstand ein.

Ich lerne wirtschaftlich denken

Vielleicht habe ich damals den Grundstein zu meinem späteren Forschungslaboratorium und Forschungsinstitut gelegt. Bestimmt aber lernte ich bei dieser kaufmännischen Tätigkeit – es war zudem noch in der Inflationszeit – sozusagen von der Pike auf wirtschaftlich denken. In den Jahren der Weimarer Republik half das entscheidend mit, mein Laboratorium durch schwerste Wirtschaftskrisen hindurchzusteuern. Dazu hat allerdings auch ein ganz unkonventionell hohes Arbeitstempo beigetragen, das es uns ermöglichte, bei geeignet ausgewählten Sonderproblemen selbst über längere Zeiträume hinweg mit den großen staatlichen und industriellen Forschungsinstituten im In- und Ausland Schritt zu halten. Ich hatte zwar durch den privaten Charakter meines Laboratoriums die Wahl, mir die für mich ergiebigsten Themen zu suchen, aber die Konkurrenz der großen Unternehmen zwang mich ständig zu harter und intensiver Arbeit, um meine Existenz zu erhalten.

Je tiefer ich in die Praxis der drahtlosen Technik und Elektronik eindrang, desto mehr häuften sich die offenen Fragen. Niemand konnte mir Auskunft geben, zumindest niemand von den Leuten, die ich kannte. Und was das schlimmste war: Eine allgemeinverständliche populärwissenschaftliche Literatur über Funkwesen und Elektronik gab es zu dieser Zeit ebenfalls noch nicht.

Von einem meiner Handelspartner, dem Inhaber eines kleinen Kellergeschäftes in der Blücherstraße nahe dem Halleschen Tor, erfuhr ich schließlich, daß ein gewisser Dr. Siegmund Loewe, dem ein größeres Hochfrequenzlaboratorium gehörte, dort des öfteren persönlich Einkäufe tätigte. Da ich den Namen im Register meines »Radiotelegrafischen Praktikums« fand, stand für mich fest: Es muß sich um einen bedeutenden Wissenschaftler handeln.

Ich bemühte mich, durch häufigen Besuch des Kellergeschäftes mit diesem Herrn zusammenzutreffen, und stand ihm schließlich im Dezember 1922 gegenüber. Die Fülle und Vielfalt der aufgespeicherten Fragen, mit denen ich ihn überfiel, muß ihn wohl beeindruckt haben, denn bevor er das Geschäft verließ, stellte er mir frei, sein Laboratorium so oft zu besuchen, wie ich wollte.

Damit begann eine fast zehnjährige harmonische Verbindung mit einem klugen und erfinderischen Industriellen. Ich habe ihm sehr viel zu verdanken. Von ihm lernte ich gründliche systematische Arbeit bei der Überwindung technischer Schwierigkeiten, die Fehlerortbestimmung in physikalischen Anlagen, die Vakuum-Röhrentechnik, und besonders weihte er mich in jene Probleme ein, die mit der Massenfertigung von Elektronenröhren und Elektronengeräten zusammenhängen. Bei diesem großen Praktiker erlebte ich, wie Erfindungen eigentlich entstehen und wie sie durchgesetzt werden müssen. Der weltfremde freischaffende Wissenschaftler, der nicht versteht, seine Ideen durch Patente zu schützen und zu verwerten, kann sich unter kapitalistischen Bedingungen kaum die Existenzgrundlage schaffen, die es ihm erlaubt, weiter produktiv zu wirken.

Rückschauend bereitet es mir Genugtuung und Freude, daß auch Dr. Loewe und seinem Unternehmen (Loewe-Opta) aus unserer späteren Zusammenarbeit Vorteile erwachsen sind, welche die Entwicklung der Firma mehrmals entscheidend beeinflußten.

Die großzügige Einladung zum Besuch des Laboratoriums befolgte ich schon am nächsten Tag, und von da an war ich ständiger Gast in den Arbeitsräumen in der Gitschiner Straße. Meine Eltern hatten nichts dagegen einzuwenden, nachdem sie meinen neuen Bekannten kennengelernt hatten, als er das kleine Rumpelkammer-Laboratorium mit seinen Einrichtungen und Apparaten in unserer Wohnung besichtigte.

Zu dritt geht es besser

Ich bekam Kontakt mit zwei Berliner Altersgenossen, die sich in ähnlichen Kammern wie ich leidenschaftlich mit der drahtlosen Nachrichtentechnik befaßten. Damit hatte ich Gesinnungsgenossen gefunden, und nun begann eine Zeit fieberhafter Tätigkeit. Wir tauschten Apparateteile und Erfahrungen aus, experimentierten Tag und Nacht und brachten so die Leistungsfähigkeit unserer Empfänger auf einen Höchststand.

Welch ein Triumph, als die neuen Freunde eines Tages mit meiner selbstgebauten Anlage erstmals die Signale der nordamerikanischen Funkstationen New Brunswick, Rocky Point und Annapolis hörten und dies anhand des ständig wiederholten Rufzeichens wii, wqk und nss bestätigen konnten! Die Aufnahme erfolgte durch eine im Flur der Wohnung in Ost-West-Richtung fest angebrachte Rahmenantenne von etwa 10 m^2 Fläche. Nach weiterer Entwicklungsarbeit gelang später der Hörempfang, ja sogar der von Funkzeichen mit Morseschreiber von 12000 km entfernten Großstationen lpz (Buenos Aires) in Südamerika und pkx (Malabar) auf Java. Bald gab es im Äther kaum noch einen in Berlin aufzunehmenden Sender, dessen Rufzeichen, Wellenlänge und Eigenart in unserem Kreise nicht genauestens bekannt gewesen wäre.

Wir übten weiter fleißig Morsen und konnten nach kurzer Zeit einen großen Teil des Telegrammverkehrs aus Übersee kontrollieren. Unser besonderer Ehrgeiz bestand darin, die Telegramme selbst dann noch zu entziffern, wenn die Antworten der offiziellen postalischen Empfangsstation in Geltow bei Potsdam Aufnahmeschwierigkeiten erkennen ließen.

Gespräche im Äther

Später erlebten wir auf diese Weise auch die Anfangszeit des Telefonverkehrs nach Amerika. Während der ersten Gegensprechversuche zwischen Nauen und Rio de Janeiro hörten wir zum

Beispiel eine Unterhaltung zweier 12000 km voneinander entfernter Brüder namens Muth. Sie hoben auch die Bildtelegrafie mit aus der Taufe. Von diesen Versuchen verdient eine lakonische Äußerung eines der beiden Brüder Muth festgehalten zu werden. Telefunken wurde damals von einem Generaldirektor Sch. geleitet, der sich in den Kreisen der Mitarbeiter recht unbeliebt gemacht hatte. Das Bild eben dieses Generaldirektors diente als Unterlage bei den Bildsendeversuchen zwischen Nauen und Rom. Den negativen Ausfall eines Bildübertragungsversuches teilte der eine Bruder Muth den Herren in Nauen durch Funktelegramm mit: »Direktor Sch. völlig unbrauchbar.«

Die Feuerwehr kommt

Ständig waren wir bestrebt, die Leistungen unserer Empfänger zu verbessern. Wir erprobten die verschiedensten Arten von Antennen. Für die Aufnahme längerer Wellen schienen die bei dem damaligen Entwicklungsstand des Telefonwesens noch oberhalb der Dächer verlegten kilometerlangen Drähte besonders geeignet. Das Anzapfen solcher Leitungen war natürlich strengstens verboten, denn wenn man nicht die von uns benutzte kapazitive Ankopplung anwandte, gab es schwere Störungen. Als der älteste unserer Freunde eines Tages aus der Schule heimkam, erwartete ihn bereits ein Kriminalbeamter, der ihm einen Draht mit der Frage entgegenhielt, ob er ihn kenne. Tags zuvor hatte er damit die unerlaubte Verbindung zu den oberirdischen Leitungen des Telefonamtes hergestellt. Eine Nachbarin hatte ihn beobachtet und angezeigt. Dieser ersten Berührung mit der Berliner Polizeibehörde sollten weitere folgen.

Schon vorher war mir ein ähnliches Unternehmen mißlungen. Wenige Minuten, nachdem ich meinen Draht angeschlossen hatte, brauste eine Feuerwehr vor den in der Nähe installierten Feuermelder, stellte dessen Unversehrtheit fest und läutete schließlich unverrichteterdinge wieder davon. Inzwischen war mir klargeworden, daß die angezapften Leitungen auf roten Isolatoren verspannt waren und daher wohl Feuermelder und Feuerwache miteinander verbanden.

Nach all diesen Experimenten spürten wir den dringenden Wunsch, nicht nur zu empfangen, sondern auch zu senden. Unser Traum war, eine eigene Verbindung zwischen uns zu schaffen. Diese Verlockung war so groß, daß wir nicht davor zurückschreckten, mit den Staatsgesetzen in Konflikt zu kommen, die das Nachrichtenmonopol des Reiches sicherten. Und wir hatten Erfolg. Trotz der Kontrolle des Äthers durch die Telegrafen-Überwachungsstelle der Reichspost konnten wir uns länger als ein Jahr unbehelligt fast täglich per Funk miteinander verständigen.

Folgenden Trick hatten wir uns zu unserer Sicherheit ausgedacht: Zunächst baute jeder mit den Mitteln seines Laboratoriums, das heißt mit den dort vorhandenen Funkinduktoren oder Röhren eine Sendeanlage zusammen, deren charakteristischer Ton in einem Empfänger aus der Entfernung abgehört wurde. Danach suchten wir unter den zahlreichen uns bekannten Funkstellen eine, deren Zeichen einen möglichst ähnlichen akustischen Eindruck hinterließen. Der eigene Sender wurde auf diese Welle abgestimmt, und unser individueller Nachrichtenverkehr über Berlin erfolgte dann mit dem Originalrufzeichen und möglichst in der Landessprache der ermittelten Station. Auf diese Weise tauchten unsere Sendungen im Stimmengewirr des Äthers unauffällig unter, obwohl wir Wellen benutzten, die heute im Bereich jedes Rundfunkgerätes liegen.

Allen Vorsichtsmaßnahmen zum Trotz ist unser Treiben den amtlichen Stellen schließlich doch aufgefallen. Einige Jahre später sprach mich nach einem meiner Vorträge über Rundfunktechnik ein Zuhörer an und stellte sich als Beamter der staatlichen Überwachungsstelle vor. Lachend erzählte er mir von seinen Beobachtungen und Peilergebnissen in bezug auf unsere Sendungen in der Vorrundfunkzeit: »Von einer Weitergabe des Tatbestands hat man seinerzeit abgesehen, um den Werdegang heranwachsender Kollegen nicht zu stören!«

Mein Sender wurde von einem Funkeninduktor betrieben, dessen Unterbrecher hohe und regelmäßige Funkenfolgen zuließ. Der daraus resultierende hohe Ton ähnelte dem einer französischen Küstenstation. Zur Verbesserung der Reichweite war in möglichst großer Höhe zwischen den Schornsteinen des Hauses eine etwa 30 m lange Antenne verspannt worden. Sobald der Sender in Betrieb war, wies diese in der benutzten Schaltung eine Spannung von etwa 5000 V gegen Erde auf. Es war ein großes Glück im Unglück, daß jener Dachdecker zufällig angeseilt war, der bei seiner Arbeit während unseres Funkbetriebs die Zuführung meiner Sendeantenne berührte!

Die Nachteile der Erdtelegrafie

Auch mit weniger gut ausgerüsteten Freunden der unmittelbaren Nachbarschaft stellte ich eine Nachrichtenverbindung zum Kammer-Laboratorium her, und zwar mit Hilfe sogenannter Erdtelegrafen, die aus Heeresbeständen billig zu erhalten waren. Das Prinzip dieser Einrichtung bestand darin, daß zum Beispiel zwischen Gas- und Wasserleitung kräftige tonfrequente Wechselströme im Morse-Rhythmus geleitet wurden. Mehrere hundert Meter entfernt konnte man dann möglicherweise ebenfalls zwischen Gas- und Wasserleitung die Zeichen mit Hilfe eines Verstärkers unter den vagabundierenden Strömen der Straßenbahn noch gut heraushören und mit einer analogen Einrichtung antworten. Allerdings stellte sich bald heraus, der gesamte Telefonverkehr in den beteiligten Häusern war lahmgelegt, solange unsere kräftigen Erdtelegrafeneinrichtungen arbeiteten.

Der älteste aus unserem technischen Freundeskreis war mittlerweile Bordfunker auf einem Schiff geworden, das zwischen Hamburg und Spanien verkehrte. Nach allem Vorausgegangenen lag es nahe, mit ihm zu verabreden, daß er auf hoher See zu bestimmter Zeit Funksprüche und, was glücklicherweise nie ans Tageslicht kam, sogar kurze Telegramme an uns abgab.

Mit fieberhafter Spannung erwarteten wir jedesmal in später Stunde zum vereinbarten Zeitpunkt die Stimme des Freundes im Äther und verfolgten mit höchstem Interesse von Nacht zu Nacht das Schwächerwerden der Rufzeichen seiner Station, wenn sein Schiff sich mehr und mehr vom Heimathafen entfernte.

Jede Wissenschaft durchläuft ein romantisches Stadium

Welche Romantik liegt doch zuweilen in der Forschung verborgen! Jeder Wissenschaftszweig, jedes technische Gebiet durchläuft am Beginn seiner Entwicklung ein Jugendstadium, in dem sich häufig von einem Tag zum anderen überraschende Ausblicke und unbekannte Möglichkeiten oft großer Tragweite erschließen. Glücklich jene Pioniere, die nicht nur eine solche, zeitlich meist eng begrenzte Etappe miterleben durften, sondern die mitgestaltend darüber hinaus jenes Hochgefühl gespürt haben, das nach vorausgegangenen, manchmal lange durchgehaltenen Bemühungen das Gelingen von Entdeckungen, Erfindungen, Konstruktionen, das Erkennen neuer Gesetzmäßigkeiten und neuer Wege im schöpferischen Menschen auslöst!

Auch in späteren Entwicklungsstadien, wenn ein Fachgebiet bereits zu einem geschlossenen Ganzen geworden ist und nur selten durch zumeist mühselig erkämpfte Einzelfortschritte bereichert wird, liegt noch viel Reizvolles hinter der scheinbar nüchternen Fassade versteckt, denn was jene Pioniere beim großen ersten Schöpfungsakt empfanden, kann im Augenblick des Vertrautwerdens mit einem neuen Wissenschaftsbereich im Kleinen nachvollzogen werden. Vielleicht ist ein Erleben dieser Art auf jene Menschen beschränkt, die ein leidenschaftliches Interesse für ein Fach empfinden und deren Arbeit dadurch für sie selbst zur Quelle sich ständig erneuernder Freuden wird.

Unvergeßliche Momente

Ich habe nicht nur einmal in der Vorrundfunkzeit die aufregende Phase einer Technik miterlebt. Auf anderen Gebieten durfte ich ebenfalls in ihrem romantischen Stadium gestaltend mitmachen. Unvergeßliche Stunden dieser Art waren es, als es im Lichterfelder Laboratorium am 14. Dezember 1930 zum ersten Mal gelang, Fernsehbilder mit Hilfe selbst entwickelter Elektronenstrahlröhren von einem Ende des Arbeitszimmers zum anderen zu übertragen; als 1934 mit dem von mir erfundenen elektronenoptischen Bildwandler Sehen bei völliger Finsternis unter Infrarotbeleuchtung möglich wurde; als 1938 in dem von mir konzipierten Elektronen-Rastermikroskop die Abbildung von Diatomeen mit einzigartiger Tiefenschärfe und guter Auflösung erfolgte; als im Winter 1939/40 mein Elektronen-Stereomikroskop von bisher unbekannten Welten Raumbilder mit höchster Auflösung lieferte; als 1942 bei der Erprobung der Atomumwandlungsanlage über 2 m lange Blitze machtvoll die Fertigstellung des Hochspannungsteiles verkündeten; als wir 1958 die ersten Elektronen-Anlagerungs-Massenspektren von negativen undissoziierten Molekülionen organischer Substanzen erhielten; als mit unserem 1959 gebauten 60-kW-Elektronenstrahl-Mehrkammerofen das Umschmelzen und Entgasen großer Metallblöcke im Hochvakuum gelang, und ganz besonders, als in den Jahren 1968 bis 1972 unsere multidisziplinären medizinischen Forschungen zu so überraschenden Entdeckungen auf mehreren zentralen Gebieten der Medizin führten.

Drahtlose Telefonie vom Schornstein aus

Doch wieder zurück zum Funkbetrieb in den Jahren 1922 und 1923. Die vereinzelten Telefonsendungen, die wir gelegentlich abhörten, lösten natürlich den Wunsch nach Umstellung unseres Morseverkehrs auf Telefonverkehr aus, und schon bald waren Versuche in dieser Richtung erfolgreich. Nachdem wir zwei 5-W-Senderöhren eingebaut hatten, erklangen unsere auf einer Welle des heutigen Rundfunkbereichs ausgestrahlten Mundharmonikakonzerte aus dem primitiven Lautsprecher meines etwa 3 km entfernten Empfangsgerätes.

Das beste Zimmer der Wohnung

Inzwischen hatten die bedrohlich zunehmende Enge in der Laborkammer und mein stetiger wirtschaftlicher Aufstieg dazu geführt, daß die Eltern mir das beste Zimmer der Wohnung, einen Raum von etwa 30 m², vermieteten. Bald trug von hier aus ein Telefonie-Röhrensender die Klavierübungen meiner Schwester durch den Äther dem über Berlin verteilten Freundeskreis zu.

Physik im Spiel gelernt

Seit 1916 hatte ich fast jede nicht von der Schule beanspruchte Minute zum Basteln und Experimentieren verwendet. So habe ich seit dem neunten Lebensjahr Physik gewissermaßen im Spiel gelernt. Dadurch entwickelte sich früh das Gefühl für die naturwissenschaftliche Arbeitsweise. Und doch sind mir die späteren Erfolge in der beruflichen Laufbahn nicht als Geschenke Fortunas zugefallen. Fleiß, gezieltes, präzise auf die jeweilige Aufgabe ausgerichtetes Studium, Ausdauer, Hinwendung der ganzen Gedankenwelt auf das Arbeits- oder Forschungsziel kennzeichnen diesen früh begonnenen und sich eigentlich über mein ganzes Leben erstreckenden Lernprozeß.

Beim Studium halfen mir zunächst zahlreiche Bücher über Physik, Elektrotechnik, Nachrichtentechnik und Chemie, die ich bei einem Trödler zu Altpapierpreisen erwarb. Daß ihr Erscheinen meist schon Jahrzehnte zurücklag, spielte in dieser Phase der Entwicklung keine Rolle. Jedes der Werke las ich lückenlos. Um schnell mit der gerade interessierenden Problematik vertraut zu werden, benutzte ich schon damals die Methode, mich über die gleiche Gesetzmäßigkeit, die gleiche Naturerscheinung, das gleiche Experiment oder die gleiche Apparatur in möglichst vielen verschiedenen Büchern zu orientieren. Auf diese Weise wurde der Gegenstand jeweils aus der unterschiedlichen Blickrichtung mehrerer Autoren betrachtet und daher gründlicher erkundet.

Radiovorführung bei Reichspräsident Ebert

Noch als Schüler wirkte ich im März 1923 bei Bemühungen mit, die für die Entwicklung des europäischen Rundfunks geschichtliche Bedeutung erlangt haben. Der Techniker B. Wienecke[1] und ich erhielten eines Nachmittags den Auftrag, den kleinen Röhrensender im Loeweschen Laboratorium in Betrieb zu setzen. Er wurde dann einige Stunden später mit Schallplattenmusik und Sprache moduliert. In der Wilhelmstraße hörte der damalige Reichspräsident Ebert dieser Sendung zu. Er sollte durch einen

[1] Von 1955 bis 1961 Mitarbeiter des Forschungsinstituts Manfred von Ardenne in Dresden.

kurzen Vortrag für den Gedanken des Rundfunks gewonnen werden. Über diese Vorführung beim Reichspräsidenten durch Dr. S. Loewe, O. Kappelmeyer und mich berichtet übrigens auch der bekannte, 1961 verstorbene Rundfunkpionier Dr. E. Nesper[2] in seinen Lebenserinnerungen.

Rundfunk und Schule

Im Sommer 1923 hielt Dr. Loewe über den gleichen Sender eine von Schallplattenmusik begleitete Ansprache an die im großen Physiksaal meiner Schule versammelten oberen Klassen. Meine Empfangsgeräte waren für diesen Tag hier aufgestellt worden. In dem »Radio«-Vortrag ging es um die großen Zukunftsaussichten der Hochfrequenztechnik im allgemeinen und den Zweck des Rundfunks im besonderen.

Ein Nebenziel dieser Veranstaltung war, bei der anwesenden Lehrerschaft den Eindruck meiner sich unaufhaltsam verschlechternden Schulleistungen in den nichtnaturwissenschaftlichen Fächern zu kompensieren. Auch in dieser Hinsicht war die Veranstaltung ein Erfolg. Das Lehrerkollegium war tatsächlich derart beeindruckt, daß ich in die nächsthöhere Klasse aufrücken durfte, allerdings unter der Bedingung, mit Primareife von der Schule abzugehen.

Eigentlich war diese Entwicklung der Dinge gar nicht so nachteilig, denn ich verließ die Lehranstalt gerade rechtzeitig, um an der im Herbst 1923 beginnenden Rundfunkentwicklung aktiv teilnehmen zu können. Noch bevor ich ausschied, hatte ich mein erstes – später erteiltes – Patent angemeldet und meinen ersten Artikel für eine Fachzeitschrift geschrieben.

Der geheime Sender und die Konsequenzen

Das letzte Schuljahr hatte für die Familie noch einige Aufregungen gebracht. Unsere regelmäßigen Telefonie-Sendungen auf den Wellen um 400 m waren mehreren staatlichen Funkstationen aufgefallen. Sie ließen uns anpeilen.

[2] E. Nesper, Ein Leben für den Funk, München 1950, Seite 103.

Wir wurden abgehört, und der Zufall wollte es, daß die Klavierkunst meiner Schwester gerade bei der fraglichen Sendung nicht zur Verfügung stand. Dafür hatten wir den Text eines Zeitungsartikels ausgestrahlt, in dem wiederholt die Stadt Moskau vorkam. Sofort vermutete man einen illegalen kommunistischen Sender, und die politische Abteilung des Berliner Polizeipräsidiums erhielt die Anweisung, die geheimnisvolle Angelegenheit aufzuklären. An einem Sonntagmorgen wurde unser Haus umstellt. Ein Leutnant, gefolgt von sechs Mann mit vorgehaltener Waffe, verlangte stürmisch Einlaß in die Wohnung der zu dieser Stunde noch friedlich schlummernden Eltern. Nach eingehender Haussuchung versiegelten sie sämtliche Türen und Schränke meines Laborzimmers. Ich selbst sollte am folgenden Tag im Polizeipräsidium, Abteilung der politischen Polizei, am Alexanderplatz erscheinen.

Es bedurfte keiner weitreichenden Phantasie, um vorauszusehen, daß die Polizei die Anlagen endgültig einziehen würde. Damit standen die technische Arbeit und der wirtschaftliche Ertrag von Jahren auf dem Spiel. Ein Ausweg mußte gefunden werden. Ich alarmierte meine Freunde, nutzte alle meine Beziehungen aus. Tatsächlich gelang es, innerhalb von wenigen Stunden einen Berg von defekten Bauteilen, durchgebrannten Röhren und veralteten, auf alle Fälle aber technisch aussehenden Gegenständen zusammenzutragen. Mit Hilfe von Wasserdampf lösten wir die polizeilichen Siegel vorsichtig und ersetzten in fieberhafter Tätigkeit die hochwertigen Anlagen und Röhren durch entsprechende Attrappen. Konnten wir nicht ganze Anlagen austauschen, wechselten wir wenigstens die Drehkondensatoren, Spulen, Widerstände und ähnliche wertvolle Teile gegen schadhafte aus. Schließlich wurden die Siegel wieder angeklebt.

Während Helfer die geretteten Apparate über die Hintertreppe in die Wohnung benachbarter Freunde schleppten, erschienen auf der Vordertreppe bereits die ersten Polizeibeamten in Zivil, um den Abtransport des »Geheimsenders« in das Polizeipräsidium einzuleiten. Zwei Jahre später sah ich die Gegenstände zu meinem Vergnügen auf einer Polizei-Ausstellung wieder, versehen mit einem Schild: »Geräte eines Schwarzhörers«. So sind sie sogar noch zu etwas nütze gewesen.

Im Anschluß an eingehende Verhöre im Berliner Polizeipräsidium brachte die Post eines Tages eine Vorladung zur Verhandlung beim Neuköllner Jugendgericht. Nach dem Sachverständigengutachten und der Verteidigungsrede, die mein Vater übernommen hatte, plädierte der Staatsanwalt für die endgültige Einziehung aller beschlagnahmten Geräte und eine hohe Geldstrafe, da der Jugendliche bereits erhebliche Honorare aus seinen Beiträgen in der Tagespresse (Beweis sei ein soeben erschienener Aufsatz in der »BZ am Mittag«) bezöge! Nach der Verkündigung des Urteils ließ der mit den Ermittlungen beauftragte Kriminalkommissar der politischen Abteilung schmunzelnd durchblicken, daß ihm die Ablösung der polizeilichen Siegel nicht unbekannt geblieben sei. Sicherlich wäre das Verfahren unter den damaligen Bedingungen sehr viel unangenehmer verlaufen, hätte nicht ein Sohn aus angesehener aristokratischer Familie vor Gericht gestanden. Immerhin war ich glücklich, das »Laboratorium« nach diesen dramatischen Zwischenfällen weiterbetreiben zu können.

Mein erstes Buch

Wie schon in manchem vorausgegangenen Jahr verbrachte unsere Familie auch 1923 einen Sommermonat auf dem Gut Borstel meines Onkels, Graf Baudissin, in Holstein. Früher hatte ich, um Mittel für den Ankauf meiner Apparate zu schaffen, dort wiederholt einige Wochen in der Landwirtschaft mitgearbeitet. Seit dieser Zeit empfinde ich uneingeschränkte Hochachtung vor den Leistungen und harten Pflichten der auf dem Lande tätigen Menschen. Diesmal nutzte ich die Reise zur Niederschrift meiner ersten Buchveröffentlichung. Das »Funk-Ruf-Buch« enthielt eine Zusammenstellung aller Funkstationen einschließlich ihrer Rufzeichen und Wellenlängen auf Grund unserer Beobachtungen in den vorausgegangenen Jahren. Im Gegensatz zu den amtlichen Verzeichnissen, die auch die unbenutzten Ausweichwellen nannten und ebenso die in Deutschland nicht aufzunehmenden Sender, spiegelte sich in meiner Schrift das Bild der Wellenverteilung so, wie es im Bereich zwischen 200 m und 20 000 m damals von Berliner Empfangsstationen tatsächlich wahrgenommen wurde. Bei dem empirischen Weg, der zu den Ergebnissen in meiner Schrift führte, hatte ich – zunächst – auch die streng geheimen Sendestationen der Reichswehr und der Polizei mit angegeben.

Diese Lückenlosigkeit meiner Aufstellung beunruhigte gleichzeitig mehrere Ministerien. Ich wurde wieder eingehend verhört, und ein Postrat, der das amtliche Verzeichnis betreute und zu dem ich zitiert wurde, legte mir dringend nahe, die Veröffentlichung zurückzuziehen. Doch ich folgte seinem »Rat« nicht. Schon weil ich mit dem Honorar lange notwendige Neuanschaffungen für mein Laboratorium bestreiten wollte. Auch diesmal ging es gut.

Sieben Goldstücke

Ende 1923 hatte ich eine für die Inflationszeit ungewöhnliche Einnahme. Gerlach in Königswusterhausen und Herzog in Eberswalde führten damals wöchentlich zu bestimmten Zeiten Versuchssendungen durch, und wer einen Empfänger hatte, konnte auf drahtlosem Weg übertragene Musik hören. Eine Sensation! Das veranlaßte einen gutsituierten Geschäftsmann am Kurfürstendamm, mir den Auftrag zu erteilen, eine Empfangsanlage mit vier Röhren zu bauen. Vereinbarter Preis sieben Goldstücke. Ich machte mich an die Arbeit, lieferte das Gerät fristgemäß ab und war froh, daß es einwandfrei arbeitete.

Von einem der sieben Goldstücke kaufte ich jenes hochempfindliche Meßinstrument, mit dem anderthalb Jahre später die für den Aufstieg des Laboratoriums und für die Empfängertypen der Rundfunkindustrie in den Jahren 1925 bis 1928 richtungweisend gewordenen Kennlinien-Messungen durchgeführt wurden. – Der erwähnte erste und zugleich so beträchtliche finanzielle Erfolg auf dem Gebiet der Herstellung von Apparaten trug wohl zur Entscheidung bei, bald darauf den Handel mit Funkgeräten aufzugeben und die für meine Experimente notwendigen Einkünfte aus der Fertigung und später aus der Entwicklung von Industriegeräten zu erschließen.

Meine Urgroßeltern feiern eiserne Hochzeit

Am 4. September 1923 fand ein Familienereignis statt, wie man es selten feiern kann: die Eiserne Hochzeit meiner Urgroßeltern Heinrich und Elisabeth von Ohlendorff in Hamburg. Es war eine glanzvolle Festlichkeit, die noch einmal die große Familie dieses erfolgreichen Hamburger Kaufmanns vereinte. Ein Essen mit hundert Personen bildete den Abschluß des Tages, und der über neunzigjährige Jubilar blieb bei keiner der ihm zu Ehren gehaltenen Tischreden die Antwort schuldig.

Nach dem Tode meines Urgroßvaters, dem um 1875 eine kleine Flotte gehört hatte, die Guano importierte, zerflatterte sein großer Nachlaß in alle Winde. Güter, Geschäftshäuser, Wohngebäude und Kunstschätze wechselten den Besitzer.

Ich habe mich bemüht, Gemälde und Kunstgegenstände aus dem schönen, im Hamburger Stadtteil Hamm gelegenen Haus der Urgroßeltern zu sammeln. Manches konnte ich zurückkaufen, das heute in Dresden unsere Erinnerungen an diesen fast legendären Vorfahr lebendig hält.

In den letzten Jahren vor seinem Tode interessierte sich der alte Herr übrigens sehr für die damals gerade aufkommenden ersten Radios. Die Rundfunk-Vorträge seines jungen Urenkels und die Bücher, die unter meinem Namen erschienen, sollen ihm besondere Freude bereitet haben.

Viertes Kapitel

Vom technischen Hobby zur Forschung

Mitwirkung bei Radiosendungen aus der Philharmonie

Im Winter 1923/24 wurde es Ernst mit dem Rundfunk. Experimental-Vorträge vor funktechnischen Vereinen und Rundfunk-Vorträge mit technischem Inhalt machten mich in den entsprechenden Kreisen bekannt, und bald hatte ich zahlreiche Verbindungen zu maßgebenden Ingenieuren und Wissenschaftlern der Hochfrequenztechnik. Es sprach sich herum, daß ich bei meinen Vorträgen sogar den Lautsprecher-Empfang der Langwellen-Station pkx (Malabar) auf Java vorführte – für die damalige Zeit eine Art Empfangsrekord! Außerdem verschaffte meine schnell anwachsende publizistische Tätigkeit in der Tages- und Fachpresse meinem Namen eine gewisse Geltung.

Siebzehn Jahre war ich damals alt, und doch öffneten sich mir bereits die Tore zu den Laboratorien des werdenden Rundfunks. Bald besuchte ich häufig die Verstärker-Räume des ersten deutschen Senders im Vox-Haus an der Potsdamer Straße. Auf Holztischen waren dort im Dachgeschoß primitive Sendeanlagen aufgebaut. Hier konnte ich meine Kenntnisse und Erfahrungen praktisch verwerten. Zusammen mit dem damaligen technischen Leiter Weichart probten und veranstalteten wir die erste Übertragung aus der berühmten Berliner Philharmonie. Dabei dienten aus folgendem Grunde Geräte, die ich konstruiert hatte, als Mikrofonverstärker:

Bei dem damaligen Entwicklungsstand der Technik bereitete die gleichmäßige Verstärkung aller Frequenzen von den tiefsten bis zu den höchsten Tönen des Hörbereichs Schwierigkeiten. Eine Anordnung, die ich entwickelt hatte, sicherte den gewünschten Effekt. Ich nahm die Verstärkung der Mikrofon-Ströme nicht in einem Niederfrequenz-, sondern – nach vorausgegangener Modulation eines kleinen Hilfssenders – indirekt in einem breitbandigen Hochfrequenz-Verstärker vor. Dieses Prinzip wurde später unter anderem in der Fernsehtechnik, in der die Forderung nach gleichmäßiger Verstärkung der sehr breiten Frequenzbänder noch viel schwerer zu erfüllen war, mit geringen

Abwandlungen unter dem Namen »Träger-Frequenz-Verfahren« bekannt und gehört heute zu den Elementarmethoden der Elektronik.

Praktikantenzeit

Um meine manuellen Fertigkeiten zu steigern, war ich bald nach Verlassen der Schule als Praktikant in eine mechanische Versuchswerkstatt eingetreten und hatte dort bis zum Beginn meiner Tätigkeit beim Rundfunk gearbeitet. Eine unentbehrliche Lehrzeit, wenn ich sie unter den Aspekten meines späteren Berufs betrachte. Ich wurde mit den wichtigsten handwerklichen Arbeiten vertraut, gewann eine hohe Achtung vor dem universellen Können erfahrener Feinmechaniker und begriff die Bedeutung guter Werkstatteinrichtungen für die experimentelle Arbeit. Und noch eine wichtige Sache lernte ich: die voraussichtliche Stundenzahl für die Ausführung bestimmter Arbeiten abzuschätzen.

Mit siebzehn Jahren selbständig

1924 beendete ich meine Praktikantenzeit, und von da an, seit meinem siebzehnten Lebensjahr, bestritt ich meinen Unterhalt und die weiteren Kosten meiner beruflichen Ausbildung selbst. Meinen Eltern bezahlte ich die Miete für das große Zimmer, das sie mir überlassen hatten – und ich war sehr froh, ihren Haushalt in dieser Weise entlasten zu können. Ganz bestimmt war es für sie nicht leicht, mit dem Gehalt eines Regierungsrates fünf Kinder mit allem Notwendigen zu versehen und ihre berufliche Ausbildung vorzubereiten.

Die notwendigen Mittel erhielt ich vorwiegend aus den Honoraren für meine ersten Bücher, für radiotechnische Veröffentlichungen und schließlich auch aus dem Erlös technischer Entwicklungen und Erfindungen. Es war mir immer eine Genugtuung – ich kann das nicht verhehlen –, daß ich mir meinen Weg ins Leben ohne finanzielle Unterstützung von irgendeiner Seite selbst gebahnt habe.

In meinem ersten »Rundfunkjahr« beschränkte sich meine Tätigkeit im großen und ganzen auf die Erprobung und Variation von Hochfrequenzschaltungen – im Grunde genommen auf eine Art Basteltätigkeit. Ein Physiker, den ich damals kennenlernte, äußerte sich sehr abfällig über diese Beschäftigung mit Hochfrequenzproblemen. Er war der absolut richtigen Meinung, man könne mit dieser Methode nur Teilergebnisse erzielen, ein wirklicher Fortschritt sei aber erst auf Grund sorgfältiger Messungen und genauer Kenntnisse der theoretischen Zusammenhänge zu erreichen. Da ich diese Ansicht auch schon von anderer Seite gehört hatte, faßte ich den Entschluß, meine Arbeitsweise grundsätzlich zu ändern. Ich durfte mich unter Befürwortung durch Geheimrat Nernst und Graf Arco an der Berliner Universität immatrikulieren und besuchte vier Semester lang die grundlegenden Vorlesungen über Physik, Chemie und Mathematik. In zweifacher Hinsicht bin ich sehr froh, dieses kurze Grundlagenstudium absolviert zu haben: Einmal verschaffte es mir das für den ernsten Beginn notwendige theoretische Wissen, zum anderen erhielt ich einen unerhört starken Impuls durch das lebendige Vorbild der großen Wissenschaftler, die damals die Berliner Universität auszeichneten: Albert Einstein, Max Planck, Max von Laue, Walter Nernst, Arthur Wehnelt und Wilhelm Westphal.

Nach meinen vier Semestern »Grundlagenstudium« – ich kann es mit Recht als Studium bezeichnen, da ich mich dem Inhalt der Vorlesungen mit außergewöhnlichem Ernst und in ständigem Austausch mit zwei befreundeten Kommilitonen widmete – setzte ich meine wissenschaftliche Ausbildung auf eine recht ungewöhnliche Weise fort: Ich begann das »Spezialstudium« in enger Beziehung zu den mir jeweils vorliegenden Aufgaben und Problemen. Diese Methode habe ich im vielfachen Wechsel der Themen meines wissenschaftlichen Lebens bis zum heutigen Tag fortgesetzt. Ein solches »Studium in Permanenz«, das der schnellen Entwicklung der Wissenschaften in unserem Jahrhundert besonders gut Rechnung trägt, hat dann auch einen großen Teil meiner Freizeit so restlos ausgefüllt, wie bei anderen Zeitgenossen ein mit Leidenschaft betriebenes Hobby.

Die »Wissensspeicher-Bücher«

Nach Jahrzehnten, als sich wichtige Bereiche der grundlegenden Fächer immer mehr erweiterten und stets neue Wissenszweige dazukamen, begann ich, mir ein Instrument zu schaffen, das es mir ermöglichte, die Merkkapazität meines Gehirns wesentlich zu entlasten und außerdem mein vorhandenes Wissensfundament ständig zu aktualisieren: Ich verfaßte meine »Wissensspeicher-Bücher«, zum Beispiel »Tabellen zur angewandten Physik«, drei Bände, 1956 bis 1971; »Tabellen zur medizinischen Elektronik«, 1962; Tabellen in »Grundlagen der Krebs-Mehrschritt-Therapie«, 1971.

Spezialstudium in Permanenz

Auf das permanente Spezialstudium in Verbindung mit konkreten Projekten und auf den ständigen Nutzen, den ich aus den Wissensspeicher-Büchern mit ihren vielen Tausend Informationsspeicher-Tabellen zog, führe ich die meisten Erfolge meiner wissenschaftlichen und technischen Lebensarbeit zurück. Sicher erwarben sich meine Kommilitonen von 1925, die nach vier grundlegenden Semestern ihr Studium in klassisch-akademischer Weise bis zur Doktorprüfung fortsetzten, ein lückenloseres theoretisches Wissen in ihren Spezialfächern. Vielleicht wurden sie klüger als ich – aber über das ganze Leben gesehen habe ich bestimmt nicht weniger geleistet als sie.

Das mag auch darauf zurückzuführen sein, daß die Aus- und Weiterbildungsprinzipien, die ich praktizierte, in nahezu idealer Weise dem vehementen Fortschritt der Naturwissenschaften seit 1925 und der Vielfalt der immer neu hinzukommenden, für unsere Forschung wichtigen Fächer Rechnung trugen. Niemals hätte ich 1925 bei der Programmierung meiner Ausbildung berücksichtigen können, daß Jahrzehnte später ganze Wissenskomplexe aus Gebieten wie denen der Elektronenoptik, Plasmaphysik, Vakuumphysik, Biologie, Physiologie, Medizin, Informatik für den Erfolg unserer Arbeiten entscheidende Bedeutung erlangen würden. Manche dieser Fächer existierten damals noch gar nicht, andere lagen weitab von meinen ursprünglichen Interessengebieten.

Die Rationalisierung der wissenschaftlichen Ausbildung stellt eines der großen Probleme unserer Zeit dar. Die Verwirklichung der genannten Ausbildungsmethoden deutet sich heute bereits in den Reformen des Hochschulwesens der Deutschen Demokratischen Republik an, zum Beispiel im Forschungsstudium und in der Herausgabe von Wissensspeicher-Büchern für die grundlegenden Fächer.

Hoch- und Fachschulausbildung für das Jahr 2000

Vielleicht darf ich unter diesen Aspekten einige verallgemeinernde Betrachtungen anstellen: Mit Sicherheit läßt sich sagen, daß ein einmaliger Hoch- und Fachschulabschluß von heute nicht ausreicht, wenn man sich mit einiger Phantasie jene Aufgaben vor Augen führt, die im Laufe der nächsten dreißig Jahre vor unserer heutigen Jugend stehen. Schon im kommenden Jahrzehnt, mehr noch in den darauffolgenden, werden viele Disziplinen durch den enormen Fortschritt tiefgreifenden Veränderungen unterworfen sein. Neue Fachgebiete kommen hinzu, die Einsatzfelder verschieben sich, und die Hoch- und Fachschulausbildung muß mit dieser Entwicklung Schritt halten. Sicher ist es erforderlich, dazu die Ausbildung in den grundlegenden Naturwissenschaften – Mathematik, Physik, Chemie – weiter zu optimieren. Ich glaube, das Spezialstudium sollte nur – dann allerdings mit höchstem persönlichen Einsatz des Studenten – in Verbindung mit konkreten Forschungs- und Entwicklungsaufgaben betrieben werden.

Multidisziplinäre Forschung und kollektive Arbeitsweise

Auch das spätere Berufsleben wird die Forderung nach einer Weiterbildung in Verbindung mit konkret zu lösenden Problemen immer stärker erheben. Im Wechsel der Forschungs- und Entwicklungsthemen wird sich dabei ganz zwangsläufig der Schatz an Wissen und Erfahrungen stetig erweitern. Die Notwendigkeit, das postgraduale Studium im Zusammenhang mit dem aktuellen Arbeitsfeld erheblich zu intensivieren, ergibt sich auch daraus, daß die Quelle des Fortschrittes immer häufiger an den Grenzen zwischen den verschiedenen Fachdisziplinen liegt. Hieraus folgt die noch ständig wachsende Bedeutung der multi- bzw. interdisziplinären Forschung und der kollektiven Arbeitsweise.

Forschungsstudium in angeregtem Zustand

Durch das Studium neuer Gebiete, neu hinzugekommener Fachbereiche oder sogar berufsfremder Disziplinen genau zu dem Zeitpunkt, an dem das Wissen zur schöpferischen Lösung einer konkreten aktuellen Aufgabe eingesetzt werden kann, ergeben sich große Vorteile. So entwickelt sich zum Beispiel das Vorstellungsvermögen unter der Bedingung einer exakten Problemstellung viel besser. Das Gelernte prägt sich tiefer ein, man studiert mit besonderer Intensität und Gründlichkeit, weil das geistig Erworbene ja unmittelbar genutzt wird. Vor allen Dingen ist man aber in dem Augenblick, in dem man versucht, in eine neue Problematik einzudringen, nicht jenem gefährlichen Moment der »Betriebsblindheit« ausgesetzt. Das Wesentliche des neuen Fachs wird schärfer gesehen. Tatsächlich denkt und handelt man in einer solchen Phase in einer Art angeregtem Zustand, der den Willen zu hoher Aktivität auslöst und der viel leichter zu bedeutenden schöpferischen Leistungen führt, als man sich das nach solchen theoretischen Ausführungen vorstellen kann. Ich habe mit dieser Methode die besten Erfahrungen gemacht und viele Aufgaben erfolgreich und schnell lösen können.

Die geschilderte zielorientierte und polydisziplinäre Weiterbildung im Beruf ist geradezu eine Voraussetzung für die erfolgreiche Leitung von Forschungs- und Entwicklungskollektiven in der Zukunft. Aber sie ist auch für die einzelnen Mitglieder des Kollektivs zu fordern, weil sie erst ein gutes wechselseitiges Verstehen zwischen den Vertretern der verschiedenen Fachrichtungen sichert. Ein permanentes Studium kann allerdings nicht oder doch nicht allein auf Kosten der Arbeitszeit gehen. Für das mit dem konkreten Thema korrelierende Spezialstudium sollte ein Teil der Freizeit genutzt werden. Das dürfte um so unproblematischer sein, je mehr das fortwährende Lernen unseren jungen Menschen zum echten Bedürfnis wird.

Ich habe schon gesagt, daß mich 1924 die Kritik an meiner damaligen Arbeitsweise tief beeindruckt hatte und ich allen Ehrgeiz daran setzte, künftig ähnlichen negativen Beurteilungen vorzubeugen. Als erste wissenschaftliche Aufgabe nahm ich die Messung von Arbeitskennlinien an Verstärkerstufen mit Widerstandskopplung in Angriff. Die theoretische und technische Auswertung meiner Ergebnisse ließ die billiger herzustellenden und verzerrungsfreier arbeitenden Widerstandsverstärker in bezug auf Verstärkungsgrad gegenüber den bis 1924 fast ausschließlich benutzten Transformationsgeräten konkurrenzfähig werden. Es war nur notwendig, eine neue Röhrentype mit ungewöhnlich kleinem sogenanntem Durchgriff herauszubringen. Zu den Messungen wurde ich durch die zunächst rätselhafte Beobachtung angeregt, daß sich bei einem meiner Empfänger immer dann besonders hohe Lautstärken ergaben, wenn die Kathoden der Verstärkerröhren sehr schwach geheizt wurden, so schwach, daß sie nur ein Hundertstel der sonst gegebenen Emission haben konnten. Diese Untersuchung führte zu einer 1925 gemeinsam mit H. Heinert abgefaßten wissenschaftlichen Arbeit, die wir im »Jahrbuch der drahtlosen Telegraphie und Telephonie«, der späteren »Zeitschrift für Hochfrequenztechnik«, veröffentlichten. Außerdem fanden meine Erkenntnisse ihren Niederschlag in einer Patentanmeldung, die nach einigen Jahren in der letzten Instanz, unter dem Einfluß der Gegnerschaft fast der ganzen europäischen Rundfunkindustrie, zu Fall gebracht wurde (Begründung: eigene Vorveröffentlichung).

Meine Arbeit wurde ein großer Erfolg, weil der aus ihr resultierende Fortschritt für die damalige Rundfunkindustrie von höchster Aktualität war. Ich schlußfolgerte daraus: Es kommt darauf an, eine Aufgabe von hohem Rang scharf zu erkennen und zu einer Zeit zu lösen, da ihre Bedeutung noch nicht offensichtlich ist.

In dem zunächst auf den Empfang stärkerer Rundfunksender beschränkten Widerstands-Ortsempfänger wurden meine Arbeitsergebnisse verwertet. Gemeinsam mit Dr. Loewe konnte ich ein Jahr später dieses Gerät durch den Einbau von drei Verstärkerröhren mit ihren Kopplungsgliedern in einen einzigen Glaskolben erheblich vereinfachen.

Um ungestört arbeiten zu können, dehnte mein Partner seine Tätigkeit bis tief in die Nacht aus. So wurde der Entschluß zur Entwicklung und Fertigung der ersten elektronischen Mehrsystemröhre im Verlauf eines langen, nach Mitternacht geführten Telefongesprächs gefaßt. Bei dieser Entscheidung ahnten wir noch nicht, welche Fülle technischer Detail- und Kontrollarbeit zu leisten war, um trotz der bei Mehrfachröhren gehäuften Fehlerwahrscheinlichkeit in der Massenfertigung die Ausschußquote niedrig zu halten. Der schließlich 1926 in den Handel gebrachte einfache Ortsempfänger dieser Bauart senkte die Preise für dreistufige Rundfunkempfänger auf dem europäischen Markt auf etwa ein Drittel. Das Gerät wurde in einer Stückzahl von mehreren Millionen abgesetzt. Lange vor dem erst 1934 kreierten »Volksempfänger« hat unsere Dreifachröhre dem Rundfunk den Weg ins Volk gebahnt.

Mir selbst flossen aus einem Vertrag dem Absatz proportionale, erhebliche Beträge zu. Sie wurden vor allem zum Ausbau des Laboratoriums und zur Intensivierung der laufenden Arbeit verwendet.

Durchsetzung der Nutzung von Forschungsergebnissen

Vor Abschluß meines Vertrages mit der Firma Loewe hatte ich mich monatelang vergeblich bei verschiedenen kleineren Unternehmen darum bemüht, das gleiche Gedankengut zu verwerten und diese zur Aufnahme einer Fabrikation des neuen Empfängertyps zu überreden. Als ich dann zu Dr. Loewe kam, erkannte dieser im Laufe der ersten halben Stunde die Tragweite der ihm vorgelegten Meßergebnisse, und bereits wenige Tage später war die Vereinbarung unterzeichnet. Aus diesen und ähnlichen Vorgängen in späterer Zeit kristallisierte sich die Erfahrung, daß es um so leichter gelingt, die Nutzung eines Forschungsergebnisses durchzusetzen, je größere fachliche Fähigkeiten die gegenüberstehenden Persönlichkeiten haben, sofern das betreffende Gedankengut einen wirklichen Fortschritt erschließt.

Wenn man auf wissenschaftlichem Gebiet Erfolg hat, wird es allmählich einfacher, zu jenen Personen in Beziehung zu treten, die im wissenschaftlichen oder staatlichen Leben die Schlüsselstellungen innehaben. Die Begegnung mit bedeutenden Persönlichkeiten gehört zu den Geschenken, die das Leben solchen Menschen gewährt, die selbst Wesentliches für die Gesellschaft leisten. Vielfach ergibt sich die Bekanntschaft ganz zwanglos und automatisch aus der Arbeit. Das Zusammentreffen mit einflußreichen Menschen – abgesehen von meinen Begegnungen mit Nazigrößen zwischen 1933 und 1945 – stimuliert nicht nur die eigene charakterliche und geistige Entwicklung, sondern ist auch ein besonders schönes, tief befriedigendes Nebenergebnis der beruflichen Leistung. So war es für mich eine Quelle unendlicher Freude, im Lauf der Jahre, sei es im Lichterfelder Haus, im Sinoper Institut oder auf dem Weißen Hirsch, viele führende Persönlichkeiten, die entscheidend zum Fortschritt der Naturwissenschaften und der Technik beigetragen haben, kennenzulernen und mit ihnen oft lange Unterhaltungen über Themen zu führen, die uns interessierten.

Namen aus meinem Gästebuch

Ich denke dabei besonders an unvergeßliche Stunden mit den Klassikern der Naturforschung des 20. Jahrhunderts – mit Planck, Hahn, Heisenberg, Nernst, von Laue, Sommerfeld, Warburg, dem Engländer Watson-Watt und den Amerikanern de Forest, Ives und Zworykin. An das Zusammensein mit Forschern wie Artzimovich, Baird, Barkhausen, Bothe, von Braun, Bürger, Butenandt, Debye, Druckrey, de Duve, Flügge, Friedrich-Freska, Geiger, Hertz, Joffé, Kurtschatow, Lohmann, Mattauch, Meitner, Meyerhoff, Parin, Pirani, Pohl, Ruska, Schröter, Steenbeck, Thirring, von Weizsäcker, Weksler, Westphal, um nur einige Namen aus meinem Gästebuch herauszugreifen.

Nur weniges ist dem Fortschritt von Wissenschaft und Technik so förderlich, wie das Gespräch und der Erfahrungsaustausch mit anderen Forschern und Spezialisten. Man erfährt von noch nicht veröffentlichten Arbeiten, man erhält die Informationen mit Wichtung, und man hört konstruktive Kritik von Freunden. Ohne diese Informationsquelle wird ein Forscher schnell steril. Für diesen freien Informationsaustausch ist oft die in westlichen Industrieländern häufig gegebene Bindung von Wissenschaftlern und

Technikern an privatwirtschaftliche Interessen hinderlich. Der Konkurrenzkampf zwischen den einzelnen Firmen errichtet meistens nur schwer übersteigbare Schranken und erlaubt daher keine offene gegenseitige Information. Dadurch muß sich das Entwicklungstempo zwangsläufig verlangsamen. Das habe ich besonders in den Anfangszeiten der Fernsehtechnik beobachtet. Damals lag die Arbeit fast ausschließlich in den Händen von Privatfirmen, deren Laboratorien sich auf Weisung der Werkdirektoren ängstlich gegeneinander abschirmen mußten. Hätte man die Konstruktionen und Erfahrungen aller beteiligten Forschungsstellen zusammengefaßt, wären sicher einige Jahre bei der Entwicklung des Fernsehens eingespart worden.

Der erste Breitband-Verstärker kam zu früh

Schon kurz bevor die bereits erwähnte Niederfrequenz-Dreifachröhre herauskam, war 1925 aus der Arbeit meines kleinen Laboratoriums in der Hasenheide die Zweifachröhre für aperiodische Hochfrequenzverstärkung und damit der erste Breitbandverstärker der Elektronik mit einer Bandbreite von ungefähr einer Million Hertz entstanden. Die Grenze der aperiodischen Verstärkung wurde in der Zweifachröhre durch einen besonders kapazitätsarmen Aufbau in Verbindung mit steileren Röhrensystemen um einen Faktor 10 in Richtung höherer Frequenzen hinausgeschoben.

1925 fand die Konstruktion kaum Beachtung, sie war zu früh vorgelegt worden. Erst fünf Jahre später gehörte der Breitbandverstärker zur Voraussetzung der Fernsehtechnik und weitere fünf Jahre danach auch der Radartechnik und der modernen Nachrichtentechnik mit Übertragungskanälen großer Bandbreiten (Richtfunkstrecken, Fernseh-Relaisstrecken, Breitband-Kabelverbindung und so weiter).

Der richtige Zeitpunkt einer Forschungsaufgabe

Aus dieser und weiteren später gesammelten Erfahrungen folgte die Erkenntnis, daß Forschungsergebnisse, Erfindungen und Konstruktionen nur dann erfolgreich sind, wenn sie einem aktuellen Bedürfnis der gesellschaftlichen oder wissenschaftlich-technischen Entwicklung entsprechen, also wenn sie zu einem ganz bestimmten Zeitpunkt entstehen. Das bedeutet eine starke Einschränkung, welche die Aufgabenstellung zu einem für den Erfolg so entscheidenden Faktor werden läßt. Ist das Gedankengut seiner Zeit zu weit voraus, kann es noch keine Anwendung finden und gerät in Vergessenheit. Entsteht es dagegen zu spät, sind bereits andere als Pioniere tätig gewesen. Die Wahl des richtigen Augenblicks erfordert ein besonders gutes Vertrautsein mit dem wirklichen Weltstand von Wissenschaft und Technik, das heißt eine gute Kenntnis der Literatur und einen möglichst engen Kontakt mit den besten Fachkollegen.

Die Erklärung dafür, daß den meisten Erfindungen von Laien oder Anfängern kein Erfolg beschieden ist, liegt in den geschilderten Zusammenhängen. Aber auch der Spezialist sollte stets daran denken, wenn ihm Erfindungen und Konstruktionen vorgeschlagen werden, die er schon längst kennt, und nicht überheblich die vergeblichen Bemühungen belächeln. Er müßte vielmehr prüfen, ob die ihm vorgelegten Arbeiten die Fähigkeit zu schöpferischer Tätigkeit verraten, und – bei positivem Urteil – den Autor fördern.

Graf Arco

Nachdem ein Vertrag mit der Firma Loewe über die neue Empfängertype abgeschlossen war, interessierte sich auch die Großfirma Telefunken für die Konstruktion. Der technische Direktor Graf Georg Arco suchte mich in Begleitung Dr. W. Runges, eines seiner engsten Mitarbeiter, im Laborzimmer in der Hasenheide auf. Für mich war das ein großes Ereignis, kannte ich doch schon als Junge alle erreichbaren Lebensbeschreibungen dieses fortschrittlich gesinnten Mannes in- und auswendig. Als Folge des Besuches nahm Telefunken die Fertigung meines Gerätes (Arcolette) auf. Graf Arco, unter dessen technischer Führung Telefunken zu einer Weltfirma geworden war, ist mir durch seine positive und tolerante Einstellung zu jedem technischen Fortschritt, durch die Sicherheit seines Urteils, die Originalität seiner Gedanken und seinen Charakter stets als Idealgestalt eines Leiters wesentlicher technischer Projekte erschienen.

Wie groß ist doch die Bedeutung, die den leitenden Persönlichkeiten eines Industriewerkes zukommt! Ihre Qualität beeinflußt nachhaltig das Zusammenspiel der Leitung mit dem Kollektiv der anderen Wissenschaftler und der übrigen Belegschaft und hemmt oder fördert die Entwicklung des Werkes. Von ihrer Menschenkenntnis hängt es meist ab, daß die geeigneten Mitarbeiter gefunden und an den richtigen Platz gestellt werden. Die Fähigkeiten des technischen Leiters tragen – zumindest unter sozialistischen Bedingungen, wo die durch Profitstreben und Konkurrenz gesetzten Schranken gefallen sind – entscheidend dazu bei, ob neue technische Möglichkeiten rechtzeitig erkannt und ausgenutzt werden. Die Energie und Erfahrung des verantwortlichen Leiters sind ausschlaggebend dafür, daß alle auf dem Weg liegenden Schwierigkeiten schnell überwunden werden.

Viele Jahre nach meiner ersten Begegnung mit Graf Arco hatte ich kurz vor Ausbruch des Zweiten Weltkrieges das Glück, mit ihm gemeinsam einen Erholungsurlaub an der italienischen Riviera zu verbringen. Bald darauf starb er. Vielleicht sind mir gerade deshalb die abendlichen Unterhaltungen in San Remo unvergeßlich. Kuriose Geschichten wußte er von dem Pionier der drahtlosen Nachrichtentechnik, dem Italiener Marconi, zu berichten. Beispielsweise: das Ehepaar Marconi nütze die erzwungene ländliche Einsamkeit beim Bau der englischen Großfunkstation Carnavon ernstlich und erfolgreich dazu, Gänsen das Seiltanzen auf ausgespannten Drähten beizubringen.

Graf Arco war vom Ausbruch eines neuen großen Krieges überzeugt und sagte die Zerstörung Deutschlands durch den Hitlerfaschismus voraus. Im Zusammenhang mit der seither in der Welt eingetretenen politischen Entwicklung ist es übrigens nicht uninteressant, daß dieser Mann 1929 seinen 60. Geburtstag demonstrativ in Moskau feierte.

Aufsätze und Vorträge dienen der Durchsetzung des Neuen

Als es darum ging, den Markt für den Mehrfachröhren-Ortsempfänger zu erschließen, begriff ich: Das Tempo, mit dem sich eine Neukonstruktion durchsetzt, kann stark erhöht werden, wenn die für den Absatz maßgebenden Kreise durch Vorträge und möglichst viele Aufsätze in Fachzeitschriften schnell über die wesentlichen Merkmale unterrichtet werden. So sind von mir mehr als fünfzig Artikel über das neue Gerät in den europäischen Rundfunk-Zeitschriften erschienen, und Vortragsreisen führten mich in die meisten größeren Städte Deutschlands. Besonders häufig bedachte ich Bielefeld mit Besuchen, wohnte doch dort eine von mir verehrte Kusine.

Mein Laboratorium arbeitet an der HiFi-Technik

Das nächste, über mehrere Jahre fleißig bearbeitete Hauptthema meines Laboratoriums war die Verbesserung der Klangqualität bei der Wiedergabe von Rundfunk- und Schallplattendarbietungen. Diese die heutige HiFi-Technik einleitenden Arbeiten umfaßten wegweisende Veröffentlichungen über Theorie und Praxis der Endverstärkung (die einen weiteren Besuch Graf Arcos auslösten), Bemühungen um die Durchsetzung des heute allgemein üblichen elektrischen Aufnahmeverfahrens bei einem großen Schallplattenkonzern, die Entwicklung von Schwebungsgeneratoren und Röhrenvoltmetern für Messungen im Bereich der Tonfrequenzen, Arbeiten an Mikrofonen für Meßzwecke und an Lautsprechersystemen.

Aus dieser Tätigkeit ist mir jene freudige Stimmung gegenwärtig geblieben, die ich beim Einsatz meines 100-W-Endverstärkers empfand, als zum ersten Mal einem einwandfreien elektrodynamischen Lautsprecher mit großem Schallschirm die Bässe mitübertragen wurden und später mit Hilfe eines parallel betriebenen elektrostatischen Lautsprechers auch die Tonfrequenzen am oberen Ende des Hörbereiches das Klangbild ergänzten. Die abfällige Kritik über die Qualität der damaligen Rundfunk- und Schallplattenmusik durch Berufsmusiker war der spezielle Anlaß für die Aufnahme von Forschungen auf diesem seinerzeit noch völlig unerschlossenen Gebiet gewesen.

Reise in die USA

Anfangs 1927 begannen mich gewisse Einzelheiten der amerikanischen Rundfunk-Empfängertechnik zu interessieren. Um sie zu studieren, reiste ich nach Nordamerika. Im Verlauf dieser Fahrt und während verschiedener längerer Aufenthalte in England habe ich recht gute englische Sprachkenntnisse erworben, die mir später für das Studium der amerikanischen und englischen Fachliteratur und für die vielen Diskussionen mit Fachkollegen dieser Länder äußerst nützlich geworden sind.

Schon während meiner Reise in die Vereinigten Staaten konnte ich genügend Englisch, um vor dem Mikrofon einer der New Yorker Rundfunkstationen bestehen zu können und um einen wissenschaftlichen Vortrag vor dem Institute of Radio Engineers zu halten.

Auf der Überfahrt nach New York hatte ich dank einem mitgenommenen Empfangsgerät noch einmal Erlebnisse, die an die früheren Zeiten im Rumpelkammer-Laboratorium erinnerten. Ich hörte – unerlaubt – Telegramme der Küstenfunkstelle Norddeich mit zum Teil recht kuriosem Inhalt an die mitreisende jungverheiratete Frau meines in Europa zurückgebliebenen Verlegers ab, verfolgte das langsame Schwächerwerden der europäischen Sender und das allmähliche Einsetzen und Stärkerwerden des Empfangs der amerikanischen Rundfunk- und Küstenstationen.

Unser Schiff legte zur gleichen Stunde am Pier in Manhattan an, als Lindbergh nach seinem ersten Flug über den Atlantik aus Paris zurückkehrte. So wurde ich kurz nach der Landung in New York auf dem Broadway Zeuge der Triumphfahrt dieses Pioniers der Luftfahrt durch die begeisterte Menge.

Eine versäumte Gelegenheit

Bei dieser Schiffsreise verpaßte ich zum ersten, allerdings wohl auch zum letzten Mal in meinem Leben, eine vielversprechende Gelegenheit. Es war Tradition, gegen Ende der damals neuntägigen Fahrt die Passagiere durch ein Bordfest mit improvisierten Kostümen zu verabschieden. Vor Beginn der Feier wurde ich von einer hübschen, jungen Schwedin, einer Reisebekanntschaft, die großen Eindruck auf mich gemacht hatte, in ihre Kabine gebeten und lächelnd ersucht, ihr beim Pudern ihres Rückenausschnittes zu helfen. Ich tat dies mit lückenloser Sorgfalt – aber ich tat auch nicht mehr. Aus dem Zeitpunkt dieser Episode ersieht man wohl, daß ich – zumindest in bezug auf meine Beziehungen zur ach so holden Weiblichkeit – ein ausgesprochener Spätentwickler gewesen bin; wahrscheinlich nicht zum Schaden meines beruflichen Werdeganges.

Dr. Lee de Forest

Nebenziel meines Aufenthaltes im Amerika 1927 war die Lieferung einer verzerrungsarmen Verstärkeranlage für Tonfilmzwecke an Dr. Lee de Forest, den 1961 verstorbenen, berühmten Erfinder der Radioröhre (Hochvakuum-Elektronenröhre mit Gitter). Seit 1920 hatte de Forest – ähnlich wie die deutschen Erfinder Vogt, Engel, Massolle (Triergon-Gruppe) – an der Pionier-Entwicklung der Tonfilmtechnik gearbeitet. Ich war ihm schon 1922 als Schüler begegnet. In New York saß ich ihm nun auf dem hohen Barstuhl in der kleinen, seinem Tonfilm-Laboratorium benachbarten Eisdiele gegenüber und hörte seinen mit sprühendem Geist vorgetragenen Voraussagen über die kommende Entwicklung des Tonfilms und des Fernsehens zu. Ähnlich wie in Edison, dessen Biographie ich während der USA-Reise las, sehe ich in der Persönlichkeit Lee de Forests eine der Idealgestalten unter den Erfindern unseres Zeitalters. Leider hat die Welt, und insbesondere die Vereinigten Staaten, es versäumt, ihm zu Lebzeiten die verdiente Würdigung angedeihen zu lassen.

Die Industrie muß sich spezialisieren

Mit Sorge um die europäische Technik und Zukunft sah ich damals in Amerika die außerordentlich weit fortgeschrittene Spezialisierung und damit Rationalisierung der industriellen Produktion. Für fast jede Gruppe von Bauelementen gab es besondere Fabriken. Sehr groß war die Leistungsfähigkeit von Fabrikationsstraßen für Meßinstrumente und Meßeinrichtungen. Diese Tatsachen sind dann entscheidend gewesen für das schnelle Tempo der amerikanischen Forschung und industriellen Entwicklung seit 1927.

Die weitgehende Aufgliederung der Fertigung ist um so eher möglich, je größer das zugeordnete Wirtschaftsgebiet und damit die Absatzchancen sind. Daraus folgt auch die eminente Bedeutung der in Gang befindlichen sozialistischen ökonomischen Integration der RGW-Länder. In der Sowjetunion ist die Notwendigkeit einer weitgehenden Auffächerung der Bauelemente-Fertigung früh erkannt worden. Darauf sind zum Teil ihre schnellen Fortschritte auf Gebieten zurückzuführen, die, wie die Raketen- und Kerntechnik, gegenwärtig die Geschichte der Menschheit entscheidend beeinflussen.

Warum ich Berlin liebte

Ich war jetzt einundzwanzig Jahre alt. Wir schrieben das Jahr 1928. Kein Zweifel, Berlin hatte mich geformt, denn ich war noch nicht schulpflichtig gewesen, als ich in diese Stadt gekommen war. Die psychologische Wissenschaft allerdings würde meine Auffassung in Zweifel ziehen, da sie ja zu wissen glaubt, daß die entscheidenden Kindheitseindrücke in die ersten drei Lebensjahre fallen. Aber in meinem Bewußtsein ist, von wenigen geschilderten frühen Erinnerungen abgesehen, Berlin die Stadt, die mit meiner Kindheit, Jugend und den ersten großen Erfolgen für immer verbunden bleiben wird. Die nüchternen Berliner habe ich in mein Herz geschlossen, ihre Sprache lieben gelernt; ja, auch ihren einzigartigen Dialekt und ihren Mutterwitz. Ihr Humor vollbringt ein kleines Wunder: Jeder Fremde beginnt sich bald als Berliner zu fühlen.

In der U-Bahn kann es passieren, daß ein Arbeiter grinsend an seine Mütze tippt und sagt: »Frollein, ab nechste Haltestelle müssen se aber uff ihre eijenen Beene stehn, meine brauch ick zum Aussteijen.«

Überhaupt, die U-Bahn: mit ihr bin ich aufgewachsen. Sie gab es in Berlin schon, als ich in Hamburg noch nicht geboren war. Berlin entwickelte sich damals zu einer Riesenstadt und steuerte, während ich im ersten Jahr zur Schule ging, schon auf die vier Millionen Einwohner zu. Sie wurde zum Magneten – auch für die ernsten und die heiteren Künste.

Großen Eindruck machte auf mich das Theater. In den Jahren zwischen 1932 und 1934 war ein Neffe von Max Reinhardt Laborant meines Lichterfelder Instituts. Durch ihn bekamen wir des öfteren Logenplätze im Deutschen Theater. Am stärksten sind meine Erinnerungen an Aufführungen mit Werner Krauss, der mich später durch seine Mitwirkung am »Jud Süß«-Film enttäuschte. 1931 hatte er mich als Wilhelm Voigt in Zuckmayers »Der Hauptmann von Köpenick« zum Lachen und Weinen gebracht. Es war unglaublich, wie dieser Schauspieler sich in die Rolle des Schusters hineinlebte. Schwankhafte, märchenhafte, köstliche Szenen, über die man sich vor Lachen ausschütten mußte, verdichteten sich in Werner Krauss zur Satire auf Uniform-Fetischismus und zur sozialen Anklage gegen das kaiserliche Deutschland, dessen Ungeist noch immer in der Weimarer Republik lebendig war.

Ich war von dem Stück so angetan, daß ich es mir Monate später noch einmal ansah. Die Hauptrolle war umbesetzt worden. Max Adalbert spielte jetzt den Hauptmann. Er war ein außerordentlich beliebter Volksschauspieler, dem das Publikum sonst in allen möglichen und unmöglichen Possen zujubelte. Den Schuster Voigt gestaltete er ganz anders als Werner Krauss, aber nicht weniger überzeugend als dieser. Er spielte die Rolle verhaltener, war eine etwas traurigere Schusterfigur; vielleicht kam er der Wirklichkeit aus dem Jahre 1906, die für Zuckmayer die Vorlage zu seinem Stück bildete, sogar noch näher als Krauss. Für mich war es ein ganz besonderes Erlebnis zu sehen, wie verschieden man eine Rolle auslegen kann, ohne den dichterischen Gehalt zu verletzen.

Wenn meine Frau und ich von den vergangenen Theaterjahren sprechen, klingt es für unsere Kinder geradezu phantastisch, uns mehr als dreißig Bühnen nennen zu hören, auf denen über Jahrzehnte Abend für Abend in Berlin Theater gespielt wurde. Eine Aufführung mit Krauss als Faust und Gründgens als Mephisto im damaligen Staatstheater ist mir in einzelnen Szenen noch heute gegenwärtig. Stärkere Gegensätze als diese beiden Schauspieler sind schwer vorstellbar. Das Publikum wußte nicht, wem es den größeren Beifall zollen sollte.

Wir genossen aber auch weniger ernste Darbietungen, ließen

uns von Fritzi Massary und der heiteren Kunst der Operette ebenso gern hinreißen wie von den amüsanten Komödien, die Curt Goetz – ein entfernter Verwandter meiner Frau – schrieb und in denen er selbst spielte. Curt Goetz war ein Meister des Dialogs und vielleicht sogar der beste deutsche Konversationsschauspieler seiner Zeit, ein Künstler der leichten Muse, der Noblesse hatte. Mich beeindruckte immer besonders, wenn er, der Stückeschreiber, als Schauspieler auf der Bühne stand. Ich glaube, keiner wäre imstande gewesen, die von ihm erdachten Pointen so zu servieren, wie er es vermochte.

Filmvergnügen

Im Kino habe ich eigentlich immer nur – ich muß es bekennen – geistige Entspannung, Unterhaltung und Vergnügen gesucht. Ein Film, der bei den ersten Fernsehversuchssendungen der Reichspost immer wieder gezeigt wurde, hieß »Der Kongreß tanzt« mit Lilian Harvey und Willi Fritsch. Er spielt zur Zeit des Wiener Kongresses, und ich möchte einfügen, daß man ihn natürlich nicht an ernsthaften Maßstäben messen darf. Aber wenn man von der Bagatellisierung der historischen Tatsachen absah, konnte man sich bezaubern lassen. Hinreißend war die Fahrt von Lilian Harvey als Handschuhverkäuferin durch das sommerliche Wien, die Straßen, die Vorstadt, über das Land, in das Schloß – ununterbrochene Bewegung: eine Fahrt, ein Tanz, ein Jubel; auch filmtechnisch eine Glanzleistung. Bedenke ich, wie wenige Unterhaltungsfilme mir in Erinnerung geblieben sind, läßt sich daraus eigentlich folgern, daß gute Unterhaltung gar keine leichte Sache ist. –

Ich möchte nicht den Eindruck erwecken, als sähe ich die »goldenen zwanziger Jahre« etwa als ein preisenswertes Zeitalter in der deutschen Geschichte an. Wegen meiner intensiv auf die Forschung gerichteten Interessen empfand ich die großen wirtschaftlichen Krisen als äußerst störend, hatte ich doch selber finanzell mit ihnen fertig zu werden.

Zweites Buch
Berlin-Lichterfelde

1928–1945

Erstes Kapitel

Bis zum Forschungsergebnis elektronisches Fernsehen

Ich kaufe ein Haus

Ende 1927 hatte ich bereits mehrere Mitarbeiter, und mit den erweiterten Aufgaben waren auch die Meßanlagen und Apparaturen angewachsen. Dabei bestand das ganze Laboratorium noch immer aus dem einen Raum in der Wohnung meiner Eltern. Im Januar 1928 löste ich dieses Raumproblem auf eine mir heute sehr riskant erscheinende Art mit einem großen Sprung. Ich mietete in Berlin-Lichterfelde Ost, Jungfernstieg 19, ein großes mehrstöckiges Haus, das dann länger als sechzehn Jahre meine Arbeits- und Wohnstätte war.

Bei Abschluß des Vertrages, der eine Optionsklausel für den späteren Ankauf des Gebäudes und des 5000 m² großen Grundstückes enthielt, war ich noch nicht mündig. Mein Vater mußte mitunterschreiben. Schon ein Jahr später wurde ich, obwohl ich eigentlich einen langjährigen Mietvertrag hatte, von dem Vermieter vor die Wahl gestellt, entweder Haus und Grundstück in kürzester Frist zu erwerben oder mich nach anderen Räumlichkeiten umzusehen. Natürlich hatte ich bereits viele Installationen und Einbauten vorgenommen. Ein Umzug hätte erhebliche Verluste an Zeit und Geld verursacht. Was blieb mir also anderes übrig – ich entschloß mich, ohne über Mittel zu verfügen – schweren Herzens zum Kauf des Hauses.

Schulden über Schulden

Alle Einnahmen, die ich bis zu diesem Tag gehabt hatte, waren für Verbesserungen der Laboratoriumseinrichtung verwandt worden. So kam es, daß ich 1929, im zweiundzwanzigsten Lebensjahr, eine Gesamtschuld von über 150000 RM auf mich nahm. 50000 RM davon lieh mir die Firma Loewe kurzfristig. Allerdings hatte Dr. Siegmund Loewes Bruder David als Mitinhaber der Loewe-Radio-Werke die Forderung gestellt, im Falle meiner Zahlungsunfähigkeit zu den festgelegten Rückzahlungsterminen solle eine Übereignung des Laboratoriums an seine Firma erfolgen. Mir blieb keine andere Möglichkeit, als diese harte Bedingung zu akzeptieren und im Vertrauen auf mich selbst das große Risiko einzugehen. Bereut habe ich das nie, aber es waren doch sehr schwere Jahre, die ich durchzustehen hatte. Unter einem eisernen Zwang mußte ich lernen, noch mehr als bisher streng wirtschaftlich zu denken. Fehler konnte ich mir nicht leisten, besonders wenn es darum ging, die richtige Auswahl unter den möglichen Angeboten zu treffen, die aus den Bereichen der Forschung, Entwicklung und Produktion auf mich zukamen.

Ein großer Auftrag der Reichspost

David Loewe, den der Nimbus eines fast zu geschäftstüchtigen Leiters des Unternehmens umgab, hat mir nie verziehen, daß ich den geliehenen Betrag fristgemäß zurückgezahlt habe. Glücklicherweise war ich dazu in der Lage, weil ein Vortrag über die neuen aperiodischen Verstärker (Breitband-Verstärker) mit Zweifachröhren mir auf Veranlassung des 1933 von Hitler verabschiedeten Staatssekretärs Dr. Kruckow einen sehr lukrativen Meßgeräteauftrag der Reichspost einbrachte. Später erzählte mir Dr. Kruckow, daß er mir damit in Kenntnis meiner Lage bewußt helfen wollte.

Trotz dieses Auftrags und trotz der beträchtlichen Lizenzsummen, die mir aus dem großen Absatz unserer Geräte und Mehrfachröhren zuflossen, waren meine Mittel in diesen Zeiten so knapp, daß ich über anderthalb Jahre in einem fast leeren Schlafzimmer ohne Tapete hausen mußte. Der Eindruck dieser Schlafstätte scheint sehr deprimierend gewesen zu sein, denn als mich der erwähnte Herr David Loewe einmal während einer Krankheit mit einem Rosenstrauß in der Hand besuchte, traten Tränen der Rührung in seine sonst bedeutend härter blickenden Augen.

Mein Laboratorium entwickelt sich

Dafür aber entwickelte sich das Laboratorium ausgezeichnet. Meßgeräte und Apparaturen für die Untersuchung von Lautsprechern wurden gebaut, Einrichtungen zur Durchmessung von

Rundfunk-Empfängern, Feldstärkemeßgeräte und Werkstätten. Mit Hilfe stroboskopischer Lichtquellen gelang es, die Art des Schwingens von Lautsprecher-Membranen unmittelbar sichtbar zu machen, und durch Kombination mit der optischen Schlierenmethode war bei starker Erregung sogar die Ablösung der Schallwellen zu beobachten.

Da die erforderlichen Meßgeräte im Handel noch nicht zu erhalten waren, mußten sie im Laboratorium selbst entwickelt, hergestellt und geeicht werden; eine Tätigkeit, die Schweiß kostete und viel Zeit zusätzlich beanspruchte. In meinem 1929 erschienenen Buch »Verstärkermeßtechnik« fanden die dabei gesammelten Erfahrungen ihren Niederschlag.

Ein Problem, die Messung der Oberflächenrauhigkeit von Metallen mit Abtastkopf, Verstärker und Elektronenstrahl-Oszillograph, führte in diesen Jahren dazu, daß mich Dr. Franz Skaupy, einer der Pioniere der Sintermetallurgie, besuchte.

Infrarottransparente Damenbekleidung

Dr. Skaupy, der sich unter anderem große Verdienste um die Entwicklung der Glühlampentechnik erworben hat, beschäftigte sich mit der Durchlässigkeit von Gläsern und anderen Stoffen für Strahlen der verschiedenen Wellenlängen. Dabei fand er eine für kurzwelliges Infrarot völlig transparente Textilfaser. Dieses Forschungsergebnis soll Skaupy auch in seiner privaten Sphäre ausgewertet haben – es heißt, daß er aus diesem Material modische Damenbekleidung und Unterkleidung herstellen ließ und bei Partys besonders attraktive Damen zu einer Modenschau mit den schicken Modellen veranlaßte. Anschließend machte er mittels der gerade bekannt werdenden Infrarot-Fotografie eine Gruppenaufnahme von den »Mannequins«. Das fotografische Ergebnis, das die Infrarot-Transparenz des Skaupyschen Spezialgewebes eindrucksvoll bewies, soll später erhebliche Turbulenz zwischen Partygästen und Gastgeber verursacht haben.

Durch die Entwicklung der Hochfrequenz-Zweifachröhren verfügte mein Institut von 1925 bis 1930, das heißt fast fünf Jahre lang, als einzige Stelle über sogar fabrikationsmäßig gefertigte Breitband-Verstärker im heutigen Sinne. Da lag es nahe, neben der Ausnutzung für den Rundfunk-Empfang nach weiteren Gebieten zu suchen, auf denen wissenschaftliches oder technisches Neuland mit Hilfe dieser Einheiten erschlossen werden konnte.

Eine Möglichkeit vermutete ich in der Physiologie. Aus verschiedenen Veröffentlichungen schien damals hervorzugehen, daß in der Umgebung lebender Wesen eigenartige elektrische Felder bestehen. Die Erforschung der gehirnelektrischen Ströme (Elektroenzephalographie) durch M. Berger (1930) hatte zu dieser Zeit noch nicht begonnen. Bekanntlich rollt beim Träumen manchmal innerhalb weniger Sekunden ein außerordentlich komplizierter Gedankeninhalt ab. Diese Tatsache und die immer wieder behaupteten Gedankenübertragungen konnten zu dem Schluß führen, dem Denken des Menschen seien höherfrequente elektrische Vorgänge zugeordnet, bei denen dann eine Fernwirkung erklärlich, ja zu erwarten gewesen wäre. Gegen diese Auffassung sprach eine praktische Erfahrung: Niemals hatten sich Einwirkungen auf den Denkprozeß der Bedienungsmannschaften starker Sender gezeigt, die intensiven Hochfrequenzfeldern ausgesetzt waren.

Trotzdem machten wir einen Versuch mit einem Abschirmkäfig für die Versuchsperson, einer Elektrode zur Potentialabnahme am Kopf und kräftiger Verstärkung des Frequenzbereiches von wenigen Hertz bis 1 Million Hertz. Bei einem positiven Versuchsverlauf hätten sich ungeheure Auswirkungen für die menschliche Zukunft ergeben. Eine elektrische Gedankenübertragung einstellbarer Stärke, eine neue Form des Unterrichts mit Denkverbindung vom Lehrer zum Schüler, neue Wege zur Arbeitsanleitung und zur Aufklärung von Verbrechen wären mit dieser Methode denkbar gewesen.

Es zeigten sich jedoch selbst bei den höchsten Verstärkungsgraden und stark periodischen Denkbemühungen keinerlei zugeordnete mittel- und hochfrequente Wechselspannungen. Nur schwache, undefinierbare, sehr niederfrequente Ströme, die besonders durch Augenschließen und Muskelbewegungen stimuliert wurden, waren zu beobachten.

Für diese Erscheinungen interessierte ich mich aber wegen der geschilderten Zielsetzung nicht weiter – leider! Denn ich stand hier wohl unmittelbar vor der Entdeckung des Elektroenzephalogramms (EEG). Man soll eben auch und gerade dann weiter forschen, wenn etwas gefunden wird, was nicht gesucht wurde. Diese Lehre hat sich mir tief eingeprägt, als einige Jahre danach die von Berger in Jena erzielten Ergebnisse bekannt wurden.

Die Weiterentwicklung der gehirnelektrischen Forschung ergab später, daß die elektrischen Vorgänge vorwiegend aus Komponenten mit extrem niedrigen Frequenzen zusammengesetzt sind, die von unserem Gerät nur schwach erfaßt wurden. So hinderte uns ein zufällig gegebener Verlauf der Frequenzkurve des Verstärkers daran, die Wahrnehmungen deutlicher zu beobachten und vielleicht schon im Jahre 1928 das Tor zur heutigen Elektroenzephalographie zu öffnen.

Die Breitband-Nachrichtentechnik bleibt noch Theorie

Ein anderer Versuch zur Ausnutzung meiner Breitband-Verstärker hatte wohl nur deshalb keinen durchschlagenden Erfolg, weil die Firma Loewe, mit der ich ja zusammenarbeitete, nicht groß oder, besser gesagt, nicht mächtig genug war, die später so umwälzend gewordene Technik durchzusetzen. Die erste Anwendung der konzipierten Breitband-Nachrichtentechnik sah ich in einer Form, die besonders den ärmeren Bevölkerungsschichten zugute gekommen wäre. Der Ausgangsgedanke der durch Messungen, Vorversuche, Konstruktion und Detailerfindungen fundierten Vorschläge bestand in folgendem: Außerhalb der Großstädte – wo bekanntlich auch entfernte Rundfunkstationen verhältnismäßig störungsfrei aufgenommen werden können – war eine Empfangsanlage vorgesehen. Von hier aus sollten die Hochfrequenzen aller beziehungsweise der wichtigsten Sender des Wellenbereiches entweder über ein Hochfrequenzkabel mit zwischengeschalteten Breitband-(Pegel-)Verstärkern oder über eine Breitband-Ultrakurzwellenverbindung (Richtfunkstrecke) unmittelbar einer zentralen Verteilungsstelle in der Mitte der Großstadt zugeführt werden. Diese konnte durch Wiederausstrahlung der Originalhochfrequenzen oder mit Hilfe eines Ultrakurzwellensenders – oder durch Leitung über Draht, Drahtfunk – die Sendung der entfernten Stationen relativ einfachen Empfängern in der Großstadt zuleiten.

Auf diese Weise wäre auch im Zentrum der Großstädte ein einwandfreies Radiohören gewährleistet, und die durch die hohe Konzentration elektrischer Anlagen bedingten zahlreichen Störungen wären weitgehend ausgeschaltet gewesen. Man hätte außerdem volkswirtschaftlich viel einsparen können, da durch den gewissermaßen zentralen Hochfrequenzverstärker radikal vereinfachte Rundfunkapparate ausgereicht hätten.

Am 21. Oktober 1930 hielt ich über meine Messungen und Vorschläge ein Referat, dessen Inhalt in der »Elektrotechnischen Zeitschrift« (*51,* 1619, 1930) und in der Zeitschrift »Elektrische Nachrichtentechnik« des gleichen Jahres erschien.

Ein großer Konzern, dessen leitende Wissenschaftler in vielen Diskussionen vorher mitgeholfen hatten, die meinem Vortrag zugrunde liegenden Ideen weiterzuentwickeln, war noch wenige Tage zuvor bereit gewesen, das Projekt durchzusetzen und zu realisieren.

Man macht einen Rückzieher

In letzter Minute kamen die Direktoren dieses Unternehmens dann plötzlich zu der Einschätzung, das Rundfunkgeschäft könne stark zurückgehen, da bei der vorgeschlagenen Zentralisierung der Hochfrequenzverstärkung die Empfänger wesentlich billiger würden. Daher erlebte ich eine große Überraschung. Dieselben Herren, die mich vorher unterstützt hatten, traten nach dem vom Profitstreben diktierten Frontwechsel ihres Konzerns in der Aussprache auf höheren Befehl als Gegner der neuen Methode auf.

Freunde und Feinde

Vor Beginn der Veranstaltung wurden zum allgemeinen Befremden am Saaleingang von meinen Gegnern Flugblätter verteilt; ebenso war die polizeiliche Schließung wegen Überfüllung für eine wissenschaftliche Zusammenkunft im größten Hörsaal der

Berliner Technischen Hochschule einigermaßen ungewöhnlich. Leider gelang es auch nicht, den mit dem Konzern eng verbundenen Reichsrundfunkkommissar Dr. Ing. e. h. Hans Bredow für einen Großversuch zu gewinnen. Es blieb beim Diskutieren.

Nur wenige Wissenschaftler, unter ihnen die Professoren Heinrich Barkhausen, Dresden, und Hans Georg Möller, Hamburg, die mir nach meinen Ausführungen gratulierten, erkannten damals die technische Bedeutung der vorgetragenen Ideen und insbesondere ihre universelle Anwendbarkeit in der Nachrichtentechnik an.

Durch das Echo, das meine Vorschläge seinerzeit in der Fach- und Tagespresse auslösten, hatte ich mir eine ganze Schar von Feinden geschaffen. Gleichzeitig gewann ich allerdings auch die Sympathie einiger wichtiger Persönlichkeiten, wie zum Beispiel des Leiters des Reichspostzentralamtes und des Reichspostministers.

Rückschauend muß ich hier an die Worte denken, die der Freund und Nachfolger Michael Faradays, der englische Physiker John Tyndall, vor fast hundert Jahren der Rechtfertigung seiner Rede von Belfast voranstellte: »Einigen Trost gewährt mir indes jener Ausspruch des Diogenes, den Plutarch uns übermittelte: Wer ein vollkommener Mensch sein will, muß gute Freunde oder erbitterte Feinde haben, wer aber beides besitzt, dem wird es am besten ergehen.« – Dieses Zustandes durfte ich mich damals zweifellos rühmen. Und um eine Erfahrung war ich auch reicher geworden: daß nämlich die Großfirmen den technischen Fortschritt bremsen, wenn er ihren Gewinn zu reduzieren droht.

Späte Anerkennung, aber kein Lohn

Viele Jahre später hatte ich dann die Genugtuung, die von mir 1930 zur gleichzeitigen Übertragung der modulierten Hochfrequenzen des ganzen Rundfunkwellenbereiches von einer zentralen Empfangsstation zur Großstadt vorgeschlagene Methode (Breitband-Richtfunkstrecke, Breitband-Kabel mit Breitband-Relaisverstärker, Vielfach-Trägerfrequenztelefonie) zur Grundlage der modernen Hochfrequenz-Nachrichtentechnik werden zu sehen. Außer in Patentakten und Patentprozessen ist diese Tatsache kaum bemerkt und kommentiert worden. Darüber braucht sich niemand zu wundern, denn es stand keiner der großen Elektrokonzerne hinter mir und meinen Patenten. Und in solchen Fällen versagt das Erinnerungsvermögen der großen Industriebetriebe.

Die Fernsehtechnik beschäftigt mich

Die Nichtbeachtung dieser für den Fortschritt der Nachrichtentechnik geleisteten Pionierarbeit durch die zuständigen Stellen verstimmte mich sehr. Ich beschloß, mich sofort einer neuen Aufgabe solcher Art zu widmen, die von vornherein Diskussionen über Wert oder Unwert der Arbeitsergebnisse ausschloß. Dafür schien mir die *Übertragung von Fernsehbildern mit Elektronenstrahlröhren* geeignet zu sein. Fernsehbilder konnten auch die einflußreichsten Generaldirektoren und Reichsrundfunkkommissare nicht wegdiskutieren, waren sie doch für jedermann sichtbar und selbst für Laien von der Bildqualität her zu beurteilen.

Vorzüge der Fernsehtechnik mit Elektronenstrahlen

Alle an der Entwicklung des Fernsehens maßgeblich beteiligten europäischen Stellen bedienten sich 1930 ohne Ausnahme mechanischer Methoden zur Bildzerlegung und -zusammensetzung. Mit zunehmender Bildfeinheit mußte der mechanisch-optische Weg zu sehr lichtschwachen Bildern und zu sehr teuren präzisionsmechanischen Bauelementen führen, die dann ein Hindernis für die allgemeine Durchsetzung des Fernsehens gebildet hätten. Ich sah, daß dieser Weg in einer Sackgasse enden mußte.

Demgegenüber hatte die Bildsynthese mit abgelenkten Elektronenstrahlen den grundsätzlichen Vorteil, daß bewegte mechanische Teile ganz wegfielen und höchste Präzision der Bildschreibung allein auf Grund der elektronenoptischen Entwicklung erreichbar schien. Ein weiterer prinzipieller Vorzug bestand, wie ich aus theoretischen Erwägungen erkannte, in der viel höheren Helligkeit bei großer Bildfeinheit (und der für allgemeine Nutzung notwendigen hohen Bildpunktzahl). Diese grundsätzliche Überlegenheit des Fernsehens auf rein elektronischer Basis in den genannten entscheidenden Punkten erwies sich bald nach unseren öffentlichen Demonstrationen als ausschlaggebend. Heute werden Fernseheinrichtungen mit mechanischer Bildzerlegung überhaupt nicht mehr verwendet. Man kann sie nur noch in Museen studieren.

Entwicklung der Elektronenstrahlröhre mit Lichtsteuerelektrode

Der Einsatz von Elektronenstrahlröhren für Fernsehversuche war für mich naheliegend, weil ich 1929 im Lichterfelder Laboratorium für die Untersuchung hoch- und niederfrequenter Schwingungsvorgänge die erste abgeschmolzene Elektronenstrahlröhre mit Glühkathode und Lichtsteuerelektrode für Anodenspannungen von etwa 3000 V entwickelt hatte. Bei dieser bestand gegenüber den bis dahin bekannten und im Handel befindlichen Braunschen Röhren (Wehnelt-Rohr, Western-Electric-Rohr) eine auf das über 200fache erhöhte Fluoreszenzfleckhelligkeit. Diese Steigerung und die Einführung der negativ vorgespannten »Lichtsteuerlektrode« dürfen rückblickend als die entscheidenden Voraussetzungen für den späteren allgemeinen Einsatz der Elektronenstrahlröhre in der Oszillographentechnik, in der Radartechnik und beim Fernsehen angesehen werden.

Deutlich erinnere ich mich noch heute an den aufregenden Augenblick, als plötzlich auf dem Schirm unseres Versuchsrohres nach Formierung der Haarnadel-Oxydkathode, negativer Vorspannung der Steuerelektrode und Anlegung der Anodenspannung von 1500 V ein scharfer Leuchtfleck in strahlender Helligkeit auf dem Fluoreszenzschirm sichtbar wurde.

Mein Glasbläser Emil Lorenz

Bei diesem ersten Versuch im Jahre 1928 war außer mir nur noch mein Glasbläser Emil Lorenz zugegen, der das Versuchsrohr hergestellt und auf dem Pumpstand angeschmolzen hatte. Er war zuvor bei Otto Warburg und Otto Meyerhoff in Dahlem tätig gewesen. Als er in mein Labor überwechseln wollte, versuchten Otto Meyerhoff und Fritz Haber, die seine Tüchtigkeit schätzengelernt hatten, ihn für das Dahlemer Kaiser-Wilhelm-Institut für Biologie zurückzuhalten. Emil Lorenz kam aber trotzdem zu mir und war von 1928 bis zu seinem Tode 1971 in Dresden, also über dreiundvierzig Jahre, einer meiner engsten Mitarbeiter. Am Anfang unserer Zusammenarbeit, er war damals zwanzig, ich einundzwanzig Jahre alt, wurde mir zum ersten Mal richtig klar, wie sehr ein Erfinder oder Wissenschaftler der harmonischen Ergänzung durch den Handwerker bedarf. Wenn beide zusammen, wie wir damals, begeistert für eine großes Forschungsthema ihr Bestes geben, dann kann man mit hoher Wahrscheinlichkeit ein positives Resultat erwarten.

Ich werde Produzent von Elektronenstrahl-Oszillographen

Für das Haus in Lichterfelde Ost waren vierteljährlich unerbittlich sehr erhebliche Abzahlungen zu leisten. Die laufenden Einnahmen reichten dafür nicht entfernt aus, zumal auch die Gehälter und Löhne der Mitarbeiter pünktlich bezahlt sowie die Laborerweiterung finanziert werden mußten. Die Notlage zwang mich schließlich dazu, in den Jahren 1929 bis 1934 die Glasbläserei und die Werkstätten des Laboratoriums mit zur Fertigung von Elektronenstrahl-Oszillographen zu benutzen. In diesen Jahren lernte ich im eigenen Haus die Freuden und Leiden eines Produktionsleiters kennen. Zum Beispiel wenn die Post Aufträge über fünfzig bis hundert Elektronenstrahlröhren von Watson-Watt aus England, von General Radio aus den USA oder aus Moskau von Joffé brachte, der Betrieb auf vollen Touren arbeitete und dann plötzlich – etwa durch einen Glasbruch – fünf Elektronenstrahlröhren auf einem der Pumpgestelle gleichzeitig zu Ausschuß wurden. Immerhin gelang es, mit Hilfe des wirtschaftlichen Ertrages aus der Oszillographen-Fertigung sowie aus der schon erwähnten Meßgeräte-Herstellung alle finanziellen Forderungen termingerecht zu befriedigen und dabei noch die Einrichtungen des Laboratoriums laufend zu verbessern.

Die Erfahrungen, die ich schon in diesen jungen Jahren bei der Verbindung wissenschaftlichen und ökonomischen Denkens zum Teil sogar in den kritischen Zeiten der sogenannten »Brüningschen Notverordnungen« sammelte, haben mir drei Jahrzehnte später sehr geholfen, als es 1962 bei Tagungen des Forschungsrates und des 6. Nationalkongresses – an denen hohe Staatsfunktionäre der Deutschen Demokratischen Republik teilnahmen – darum ging, Wege zur wirksamen weiteren Stärkung der ökonomischen Grundlagen unseres Staates zu erschließen und erfolgreich zu beschreiten. Rationell wissenschaftlich-technische Spitzenleistungen zu erzielen, stand dabei im Vordergrund. Das war auch in allen folgenden Jahren der Grundgedanke bei der Leitung unseres Institutes auf dem Weißen Hirsch.

Mein Leuchtfleck-Abtaster

Anfang 1930 hatte ich schon durch ein Referat vor Fachleuten in Charlottenburg und durch einen Aufsatz in der Zeitschrift »Fernsehen« auf die Vorteile der neuen Elektronenstrahlröhre mit negativ vorgespannter Lichtsteuerelektrode für den Fernsehempfang aufmerksam gemacht. Wenige Tage nach dem geschilderten, negativ verlaufenen Hochschulvortrag über die Verbesserung des Rundfunkempfangs in der Großstadt wurde mir plötzlich klar, daß eigentlich im Lichterfelder Laboratorium fast alles betriebsbereit zur Verfügung stand, um einen ersten Versuch zur Übertragung von Diapositiven unter Verwendung der Elektronenstrahlröhre auf der Sende- und Empfangsseite vorzunehmen. Ich erklärte Emil Lorenz meinen Plan. Jene Begeisterung packte uns, die man nur manchmal und meist vor großen Ereignissen empfindet. In fieberhafter Eile entnahmen wir dem Fertigungslager zwei Elektronenstrahlröhren, stellten zwei Einrichtungen zur Erzeugung der Ablenkspannungen aus Bestandteilen des Niederfrequenz-Labors zusammen, brachten einen der Breitband-Verstärker in Betriebsbereitschaft und entlehnten dem optischen Labor eine Linse hoher Lichtstärke und eine Photozelle geringer Trägheit.

Noch am gleichen Abend, am 14. Dezember 1930, hatten Emil

Lorenz und ich ein entscheidendes Erlebnis. Ich hielt eine Schere vor den Schirm meines »Leuchtfleck-Abtasters« und sah tatsächlich, wie ihre Konturen am anderen Ende des Zimmers auf dem Leuchtschirm der Empfängerröhre erschienen. Wir wiederholten den Versuch mit einem Diapositiv und erzielten einen noch viel eindrucksvolleren Erfolg.

Der *Leuchtfleck-Abtaster,* der an diesem Tag von mir konzipiert und erstmalig experimentell realisiert wurde, ist später unter der englischen Bezeichnung »flying spot scanner« zum vielbenutzten Element der Fernseh- und Computer-Technik sowie der Elektronik geworden. Sic transit gloria mundi!

Geburtsstunde des elektronischen Fernsehens

Jetzt wurde es im Labor und in den Werkstätten aufregend. Wir experimentierten; gingen bei der Elektronenstrahlablenkung zu sogenannten Kippschwingungen über, wandelten die Mechanik eines Kinoprojektors ab, machten viele Kontrollversuche, veränderten nach den gesammelten Erfahrungen die Elektrodensysteme unserer Elektronenstrahlröhren, probierten neue Fotozellen und Breitband-Verstärker... Und schließlich gelang im Frühjahr 1931 die Übertragung von Kinofilmen mit der damals von den Fernsehern auf mechanischer Grundlage gerade erreichten Bildqualität von 10000 Bildpunkten, aber mit sehr viel größerer Bildhelligkeit. Die öffentliche Vorführung dieser Anlage im Herbst 1931 auf der Berliner Funkaustellung wurde vierzig Jahre später in zahlreichen europäischen und amerikanischen Fach- und Tageszeitungen als »Weltpremiere des elektronischen Fernsehens« bezeichnet. Gegenüber dem Frühjahr 1931 hatten wir bereits dadurch eine wesentlich höhere Bildqualität erreicht, daß wir bei den Empfängerröhren mit axial-symmetrischen Elektrodensystemen variabler Spannung die Fleckschärfe bei gleichzeitig herabgesetztem Vakuum verbessern konnten. Abbildungssysteme dieser Art sind einige Jahre später, nachdem das Fachgebiet Elektronenoptik herangewachsen war, als »elektrostatische Immersionslinsen« bezeichnet worden. Interessanterweise stand an dem Drehknopf unseres auf der Funkausstellung gezeigten Empfängers für die Potentialeinregelung der Voranode bereits die Bezeichnung »Fleckschärfe«. Wir benutzten damals schon Elektronenlinsen, ohne es zu wissen.

Die Anlage, die im Herbst 1931 während der Berliner Funkausstellung von der Eröffnungsstunde bis zum Schluß laufend in Betrieb gezeigt wurde, bewies, daß die elektronische Methode bereits im Anfangsstadium ihrer Entwicklung den von allen anderen Stellen gezeigten mechanischen Fernsehern überlegen war. Als Auswirkung unserer Demonstration stellten sich sämtliche interessierten europäischen Firmen und Laboratorien außergewöhnlich schnell auf das elektronische Fernsehen um. Schon 1933 war dieser Prozeß fast überall vollzogen. Ohne unbescheiden zu sein, darf ich für mich in Anspruch nehmen, diese schnelle Entwicklung durch meine Bereitschaft gefördert zu haben, allen Fachkollegen jeden gewünschten Einblick in die Methoden und Ergebnisse meiner Arbeit zu gewähren. Für manche gab es dabei unvergeßliche Augenblicke.

So sahen nach ihren eigenen Worten der englische Fernseh-Erfinder Baird, der Leiter der Fernsehentwicklung von Telefunken, Professor Schröter, die technischen Leiter der Fernseh-AG sowie die für dieses Gebiet zuständigen Stellen der Deutschen Reichspost damals in Lichterfelde zum ersten Mal ein Bild mit Halbtönen auf dem Leuchtschirm einer Elektronenstrahlröhre.

Dr. Ing. e. h. Walter Bruch, der Erfinder des Pal-Farbfernsehsystems, gibt in seinem 1967 erschienenen Buch »Kleine Geschichte des deutschen Fernsehens« aus eigenem Erleben folgende Schilderung der damaligen Ereignisse:

Aus der Geschichte des elektronischen Fernsehens

»Fritz Schröter, einer der Vorkämpfer des Fernsehens, erkannte die Bedeutung der Braunschen Röhre für dieses Gebiet schon frühzeitig und schrieb darüber. Aber er konnte selbst seine eigenen Laboratorien noch nicht überzeugen. Da kam von einer ganz anderen Seite ein neuer Impuls. Der ›deus ex machina‹ war der junge Berliner Erfinder Manfred von Ardenne, Berlin-Lichterfelde. Vor einer Villa am Jungfernstieg entsteigen am 10. Januar 1930 Fritz Schröter, Otto von Brenk und andere Fernsehexperten einem Auto, das hinter einem Mercedes-Kompressor-Sportwagen hält. Manfred von Ardenne hat die Herren eingeladen, um ihnen erste Halbtonfernkinobilder auf einer Braunschen Röhre zu zeigen. Der nur wenig über zwanzig Jahre alte Autodidakt hatte trotz seiner Jugend schon eine erstaunliche Karriere gemacht. 1925, noch als Schüler, konnte er den damaligen Inhaber der Firma Radio AG D. S. Loewe, Siegmund Loewe, von der Bedeutung des Breitband-Widerstandsverstärkers überzeugen und anregen, seine Mehrfachröhren zu bauen. Viel Geld bekommt von Ardenne dafür. Er kann sich ein Laboratorium einrichten – das Haus am Jungfernstieg – und fährt jenen Mercedes-Kompressorwagen. Er versammelt um sich eine Reihe junger, strebsamer Ingenieure – auch ich war damals für kurze Zeit in diesem Laboratorium tätig –, und er untersucht alle Randgebiete des Rundfunks. Seine publizistische Begabung und das Wissen, daß man nur durch Offenbarung seiner Arbeiten wieder Geld für neue erhalten kann, helfen ihm, bekannt zu werden. In seinem Labor wird auch viel fotografiert, und es liegt deshalb nahe, daß ihn die Braunsche Röhre als Oszillograph interessiert, denn sie verspricht auf einfache Weise gute Schirmbildaufnahmen. Unbekümmert geht er an die Entwicklung solcher Röhren heran und erzielt erstaunliche Erfolge. So findet er, daß man an einer zusätzlichen Elektrode mit einer regelbaren Spannung gut die ›Fleckschärfe‹ einstellen kann, braucht dazu also nicht mehr die zusätzliche Konzentrierspule. Ferner benutzt er den sogenannten ›Wehneltzylinder‹, der von Arthur Wehnelt an der Universität Berlin zur Konzentration des elektronischen Strahlenbündels eingeführt worden war, für die Helligkeitssteuerung des Schirmlichtpunkts. Zusammen mit der Vakuumfirma Leybold u. Co. wird eigens eine Gesellschaft gegründet, Leybold und von Ardenne. Sie fabriziert Zubehörteile und diese Röhren.

Auf dieser Grundlage ist es für von Ardenne leicht, seine Röhre schnell auf Fernsehen umzustellen. Viele Bausteine können hierfür vom Lager der Firma Leybold und von Ardenne entnommen werden. Genau wie Manfred von Ardenne selbst, sind auch seine jungen Mitarbeiter vom mechanischen Fernsehen nicht historisch vorbelastet. Ihnen allen liegen elektrische Schaltungen näher als mechanische Gebilde. Im Mai 1930 kann er auf der Braunschen Röhre Bilder wiedergeben. Noch kommen die Bilder vom mechanischen Geber. Aber auch dieser mechanische Geber ist von Ardenne und seinen Mitarbeitern ein Dorn im Auge, und so versucht er, für die senderseitige Abtastung die Braunsche Röhre ebenfalls zu verwenden. Noch im selben Jahre, am 24. Dezember 1930, kann er der Fachwelt das *erste* vollelektrische Fernsehbild in Europa zeigen, ja das *erste* Bild in der Welt überhaupt, das von einem Leuchtschirmabtaster ausgeht, wie hinfort die Braunsche Röhre als Abtaster heißen sollte. Vermerken wir, daß noch heute fast alle Film- und Diapositiv-Übertragungen in unserem Fernsehen von Leuchtschirmabtastern, ›flying spots‹, wie sie jetzt auf gut deutsch heißen, kommen. Manfred von Ardenne hat diese *ersten* Fernsehbilder fotografiert, und so können wir uns jederzeit wieder einen Begriff davon machen, wie die damaligen Bilder aussahen. Die Konstruktur des Leuchtschirmes war noch stark sichtbar, das Nachleuchten des Abtastschirmes führte zu Verwischungen. Erst später sollten die Engländer Bedford und Puckle einen Weg zeigen und Karolus einen anderen, wie man das Nachleuchten ›entzerren‹ kann. Auf der Funkausstellung des Jahres 1931 demonstrierte von Ardenne, zusammen mit der Firma Loewe, ein vollelektronisches Fernsehen mit 100 Zeilen. *Es war die erste öffentliche Vorführung dieser Art auf der Welt.*

Diese Ardenne-Vorführung spornte die anderen Firmen an, in ihren Laboratorien die Entwicklung der Braunschen Röhre für den Fernsehempfänger, der ›Bildröhre‹, wie sie von nun an heißen sollte, voranzutreiben.«

Was die Konzerne nicht wahrhaben wollten

Soweit die Erinnerung von Walter Bruch. In vielen älteren Aufsätzen über die Entwicklungsgeschichte des Fernsehens, in offiziellen Ausstellungen der Industrie und in den Museen zur Geschichte der Technik sind meine in den Jahren 1925 bis 1935 entstandenen Beiträge zur Entwicklung des rein elektronischen Fernsehens oft übergangen oder unrichtig dargestellt worden. Bestimmte Konzerne wollten es eben nicht wahrhaben, daß ihnen, den Riesen auf ihrem Gebiet, von einem erst dreiundzwanzig Jahre jungen Physiker mit einem Vorsprung von eineinhalb Jahren der Weg in die Zukunft gewiesen wurde.

Zweites Kapitel

Das Laboratorium wächst zum Institut

Meine Arbeitsmethoden

Damals wirkte sich mein Alleingang mit dem kleinen Privatlaboratorium trotz aller erfolgreichen Arbeiten an und mit der Elektronenstrahlröhre schon nach kurzer Zeit nachteilig aus. Bei der nun einsetzenden stürmischen Entwicklung des Fernsehens lagen bald nur noch die vielköpfigen Arbeitsgemeinschaften staatlicher Laboratorien oder großindustrieller Forschungsstätten im Rennen. Ich wurde mir meiner begrenzten Möglichkeiten bewußt und mußte einsehen, daß ich unter den gegebenen Verhältnissen die im richtigen Augenblick gefundenen Problemlösungen nur dann günstig verwerten konnte, wenn es mir gelang, die Unterstützung einer genügend großen Institution zu gewinnen. Im sozialistischen System hat es ein Erfinder leichter. Da entscheidet der volkswirtschaftliche Nutzen und nicht ein egoistisches Konzerninteresse über die Wertschätzung, die einem Arbeitsergebnis und seinem Autor entgegengebracht wird.

Dennoch gelang es mir unter den zum Teil recht schwierigen Wirtschaftsbedingungen im Vorkriegsdeutschland und trotz der Konkurrenz der Großindustrie, mein Lichterfelder Laboratorium über alle Krisen hinwegzubringen und weiter auszubauen zu einem kleine Institut. Das verdanke ich meinem Grundsatz, möglichst permanent ein hohes Arbeitstempo einzuhalten. Folgende Prinzipien, die ich auch heute noch im Forschungsinstitut auf dem Weißen Hirsch zu befolgen versuche, dienten diesem Ziel:

Niemals eine Arbeit auf den folgenden Tag verschieben, die gleich erledigt werden kann. Briefe, wenn es sich machen läßt, sofort bei ihrem Empfang beantworten. Möglichst viele Standardteile und Grundelemente auf Lager halten. Unverzügliche Beschaffung darüber hinaus benötigter Geräte, Teile und Materialien durch telefonische Vorausbestellung. Sofortige Barzahlung der Rechnungen und – falls nötig – auch Einatz der persönlichen Beziehungen zu den Werkleitungen. Durch direkte Kontakte mit den international führenden Spezialisten immer über die Entwicklung in anderen Ländern auf dem laufenden sein. Systematische Aufarbeitung und Speicherung der wesentlichen wissenschaftlich-technischen Informationen und Resultate, zum Teil in Form von Tabellen und Kurven für die Haupt- und Nebengebiete unserer Arbeit. Aufbau der Laboranlagen – soweit durchführbar – in betriebsbereitem Zustand. Schnelle Beschlußfassung über die zu treffenden wissenschaftlichen und wirtschaftlichen Entscheidungen. Günstige Grund- und flexible dynamische Struktur der Institution. Rasche Überleitung der Ergebnisse in die Praxis.

Für ein permanent hohes Arbeitstempo waren die Bedingungen sowohl in Berlin als auch später in Dresden ungewöhnlich günstig. Spezialisten fast aller Fachrichtungen standen in diesen beiden Städten zur Verfügung, wissenschaftliche Literatur des Auslandes ließ sich oft im Laufe von Stunden beschaffen, Forschungsinstitute für viele Fachsparten befanden sich am Ort, und außerdem konzentrierten sich hier Industriebetriebe jeder Größenordnung. Teilweise gestatteten unsere Arbeitsergebnisse uns, neben den laufenden physikalischen Forschungen und den wissenschaftlichen und sonstigen Veröffentlichungen über längere Zeit im Durchschnitt ein bis zwei Patente pro Woche anzumelden.

Mercedes Sportwagen 180 PS

Wichtige Dienste leistete mir das Auto. Zunächst war ich gezwungen, einen Wagen zu benutzen, um meine vielen Verpflichtungen schnell erledigen zu können – aber bald machte mir das Autofahren auch großen Spaß. Sicher trug dazu bei, daß der Bruder des Rennfahrers Manfred von Brauchitsch von 1925 bis 1932 die Geschäfte meine Sekretariats wahrnahm. Seine Erzählungen und ein zufälliger Besuch des Schweizer Ingenieurs Jaray, des Erfinders der Stromlinienform, verführten mich zum Kauf eines 180-PS-Mercedes-Sportwagens – dem gleichen Typ, mit dem Manfred von Brauchitsch seine Rennen austrug. Vor allem lernte ich, in den Kurven so zu fahren, wie es dem sportlichen Modell mit tiefer Schwerpunktlage entsprach. Die Kenntis dieser Technik hat mich später manche Gefahrensituation unfallfrei überwinden lassen. Ich stand kurz davor, selbst aktiv an Rennen teilzunehmen. Aber – mein eigentliches Hobby war eben doch die Arbeit.

Kauf und Betrieb des 7-Liter-Mercedes-Kompressor-Wagens – er benötigte 30 l Benzin auf 100 km – überstiegen meine damaligen wirtschaftlichen Verhältnisse. Deshalb erwarb ich bald darauf noch einen gebrauchten kleinen BMW. Dieser Typ war aus dem Zwergauto Dixi hervorgegangen und ganz billig zu unterhalten. Wenn wenig Geld in der Kasse war, benutzte ich den kleinen Wagen, im umgekehrten Fall den großen. Ich erinnere mich, lange Zeit vorwiegend den BMW gesteuert zu haben.

Mein Verhältnis zum Auto führte etwa dreißig Jahre später dazu, daß wir im Institut auf dem Weißen Hirsch mehrjährige Untersuchungen zur Physik des Unfallschutzes für Kraftfahrzeuginsassen anstellten.

Physikalische Ortung eines Autodiebes

Eines Morgens im Jahre 1931 war mein geliebter Wagen verschwunden. Natürlich ärgerte ich mich sehr, schließlich hatte ich ihn sauer genug verdienen müssen. Wenige Tage später wurde bei einem geheimnisvollen Telefonat die Rückgabe des Autos gegen Zahlung einer bestimmten Summe in Aussicht gestellt. Allerdings hatte der Dieb nicht mit den technischen und organisatorischen Möglichkeiten unseres Labors gerechnet.

Ich veranlaßte den Unbekannten, einige Stunden später noch einmal anzurufen. Inzwischen verabredete ich mit dem Fernsprechamt einen der damaligen Technik angepaßten Trick: Sobald der Autodieb sich wieder meldete, sollte kurzzeitig mit einem unserer Transformatoren sehr kräftige Schallplattenmusik auf die Telefonleitung übertragen werden. Diese Musik mußte dann durch das sogenannte Übersprechen bei dem betreffenden Amt sofort den zugeordneten Klappenschrank kenntlich machen und damit ermöglichen, die benutzte Verbindung schnell zu finden.

Das funktionierte ausgezeichnet. Des Diebes Verwunderung über die Geräuschkulisse bei Gesprächsbeginn legte sich bald. Mit vorbereiteten Themen dehnte ich die telefonische Verhandlung auf fünfzehn Minuten aus. Dann meldete die Stimme eines Polizei-Offiziers am anderen Ende die Festnahme meines Gesprächspartners. Die Zeitspanne hatte genügt, um den Standort des Apparates herauszufinden, von dem angerufen wurde, und eine Polizeistreife dorthin zu dirigieren. Der Spitzbube hatte eine

Fernsprechzelle am Potsdamer Platz benutzt. Bald darauf befand sich das gestohlene Auto wieder in meiner Garage.

Sternstunden

Gegen Ende des gleichen Jahres war die inzwischen auf dem Dach des Lichterfelder Hauses errichtete Sternwarte mit einem paralaktisch montierten Spiegel-Fernrohr von 25 cm freier Öffnung ausgestattet worden. Heute befindet sich übrigens dieses wertvolle – von dem bekannten Astro-Optiker B. Schmidt konstruierte – Goerz-Instrument nach verschiedenen Abenteuern während des Zweiten Weltkrieges und danach im Kaukausus in der Volkssternwarte des Ostseebades Heringsdorf.

Ich verbrachte jetzt wieder wie schon als Schüler manche Nachtstunde bei der eingehenden Betrachtung der Sterne. Wie deutlich sichtbar werden die berühmten Objekte des Himmels durch ein Instrument dieser Größe, langbrennweitige Okulare und binokulare Beobachtungsmöglichkeit! Welch unvergeßliches Bild bietet bei klarem Himmel ein Objekt wie der Orion-Nebel oder die Sternhaufen im Perseus und im Herkules dem Auge des Menschen! Wie stärkt sich in solchen besinnlichen Momenten am Fernrohr der Blick für das Wesentliche!

Liebhaber-Astronomen in »klassenloser« Gesellschaft

Das Interesse für Astronomie brachte mich damals mit einer Vereinigung in Berührung, in der sich drei Jahrzehnte lang Berliner Liebhaber dieser Wissenschaft zusammenfanden. Die Freude an der Sternenkunde verband hier den Nachtwächter, der zwischen seinen Rundgängen Jupiterbeobachtungen anstellte, mit dem pensionierten Bergwerkdirektor, die Apothekergestalt Spitzwegscher Prägung mit dem Schüler und den Arbeiter einer Maschinenfabrik mit dem Chirurgen. In dieser einzigartigen Gesellschaft hörte ich Vorträge über die Berechnung von Kometenbahnen von einem Mann, der tagsüber aus Pappmaché Maikäferbeine für Schokoladenfabriken stanzte, und Berichte über die Korrektur komplizierter Liniensysteme von einem Händler in Fischereigeräten. Begeisterung für die Naturwissenschaften traf man in dem Zirkel in gerade jener Stärke und Reinheit, die alle erfüllen muß, die forschend dieses Feld durchstreifen wollen.

Dieser Kreis wurde von dem 1957 verstorbenen Astronomen und Optiker Dr. Gramatzki sogar über den Zweiten Weltkrieg hinaus fest zusammengehalten. Er, der in jüngeren Jahren Persönlichkeiten wie Albert Einstein und Rabindranath Tagore durch seine Gedanken zu fesseln gewußt hatte, vereinigte vielseitige Interessen mit einer außergewöhnlich tiefen geistigen und wissenschaftlich-technischen Bildung. Stets war er bestrebt, die behandelten Fragen auch philosophisch zu durchdringen. Das ließ sowohl das Gespräch mit ihm als auch seine Vorträge zu unvergeßlichen Erlebnissen werden. Bis zum Ende des Zweiten Weltkrieges gehörten Gramatzkis zu unseren engeren Freunden. Manche Anregung zur Thematik meiner Arbeit schöpfte ich aus den abendlichen Plaudereien mit ihnen.

Anfang 1932 hatte ich das Alter erreicht, in dem andere junge Menschen meines Jahrgangs ihr Hochschulstudium beendeten. Dieser Zeitpunkt darf daher mit einiger Berechtigung auch als das Ende meiner Lehrjahre betrachtet werden.

Menschenkenntnis gehört auch dazu

Im Laufe des Jahres 1932 lernte ich mehr über die Schwächen menschlicher Charaktere als in dem ganzen vorausgegangenen Jahrzehnt. Zu jener Zeit neigte ich auf Grund meiner frischgesammelten Lebenserfahrungen dazu, die Menschen in Kategorien einzuteilen, abgestuft nach der Höhe der Geldsumme, die sie vom rechten Weg abbringen konnte. Ich mußte mitten in der Wirtschaftskrise erleben, wie langjährige Mitarbeiter weniger hundert Mark wegen plötzlich meine Gegner wurden, wie angesehene Kaufleute und Rechtsanwälte sehr ehrlich waren, solange es nur um kleine Beträge ging, aber mit ausgeklügelten Tricks bedenkenlos die Grenze zum Kriminellen überschritten, wenn sie die Möglichkeit sahen, einige zehntausend Mark für sich abzuzweigen.

Diese Art Menschenbeurteilung ergab sich aus der Begegnung mit einer der merkwürdigsten Gestalten, die je auf dem weiten Feld der Physik ihren Lebensunterhalt gesucht haben. Ein Ingenieur Kassner hatte eineinhalb Jahre vorher verschiedene Meßgeräte für das Gebiet extrem kurzer elektrischer Wellen in meinem Laboratorium entwickeln lassen. Anfang 1932 erschien er dann mit Ergebnissen, die viele Protokollhefte füllten und denen Fotografien hervorragend ausgestatteter Laboratorien beigelegt waren. Hierauf konnten wir auch unsere Geräte erkennen. Da die Messungen des Ingenieurs mit den von uns selbst in Lichterfelde hergestellten Instrumenten durchgeführt worden waren – so dachte ich wenigstens –, hatte ich zu den vorgelegten Resultaten Vertrauen.

Nach diesen Daten mußte ihm auf dem Wellenbereich zwischen 1 und 100 cm Länge eine große Entdeckung gelungen sein. Im Gegensatz zu der bekannten Theorie Debyes sollten bei vielen zusammengestzten Flüssigkeiten, so zum Beispiel beim Blutserum, außerordentlich scharfe Resonanzen gewisser molekularer oder übermolekularer Bestandteile im Bereich der Zentimeterwellen vorkommen. Unter Einwirkung von Hochfrequenzfeldern, die auf eine der gefundenen Resonanzwellen abgestimmt waren, ergab sich angeblich eine Reihe neuer physikalischer und biologischer Effekte.

Ein phantastisches Projekt

Ein Weg zur Beeinflussung von Lebensvorgängen mit Hilfe richtbarer Kurzwellenstrahlen schien gefunden, ebenso eine neue Möglichkeit zur elektrischen Analyse des menschlichen Serums und anderer Körperflüssigkeiten – sowie noch vieles mehr.

Natürlich war ich zunächst kritisch, mein Vertrauen zu den Ergebnissen Kassners wurde aber schließlich durch zahlreiche auf seinen Namen lautende, gedruckte Patentschriften über elektronische Rechenmaschinen aus den dreißiger (!) Jahren gestärkt. Außerdem beeindruckten mich seine hervorragenden mathematischen Kenntnisse, und auch einige geniale Konstruktionsideen, die ein Jahrzehnt später tatsächlich realisiert wurden. Kurz und gut – ich entschloß mich, seine Vorschläge zu akzeptieren und mit ihm gemeinsam die Forschungen auf dem angedeuteten Grenzgebiet zwischen Physik und Medizin aufzunehmen.

Wie es bei meinem engen Zusammenwirken mit Dr. Loewe ganz selbstverständlich war, machte ich ihn sofort mit der Person und den Arbeiten Herrn Kassners bekannt und versuchte, ihn dafür zu interessieren. Ich war bestürzt, als er jede Beteiligung ablehnte: andererseits gab mir das die Freiheit, selbständig zu handeln. Nach zwei Monaten gelang es mir, trotz äußerst ungünstiger Wirtschaftskonjunktur, einen Schweizer Industriellen für das Projekt zu gewinnen. Fazit: eine Gesellschaft mit einem Aktienkapital von einer Million Schweizer Franken kam zustande.

Gründung einer seltsamen Aktiengesellschaft

Diese Gründung brachte damals für alle, die mit ihr zu tun hatten, einige Unruhe mit sich. Der Anwalt des Schweizer Finanziers verschaffte sich gegen die Ambitionen seines einflußreichen Auftraggebers zusätzliche Besitzanteile, und mein wirtschaftlicher Berater schmuggelte ohne Skrupel in den Gründungsvertrag für sich erstaunliche Beteiligungen an künftigen Gewinnen hinein. Es fehlte nicht viel, und ich hätte durch mein Vertrauen zu diesem Menschen das gesamte Laboratorium in Lichterfelde verloren. Versuchte er doch, mich zur Errichtung eines zweiten Laboratoriums zu veranlassen. Dies hätte es meinem früheren Vertragspartner ermöglicht, eine bereits für diesen Fall vorbereitete einstweilige Verfügung wegen Vertragsverletzung zu erwirken. Damit wäre das Laboratorium bis zur Klärung vor dem Reichsgericht, d. h. bis zu meinem Ruin, lahmgelegt worden.

Irgendwie ahnte ich drohendes Unheil und glaubte Anzeichen dafür zu bemerken, daß unsere Existenz, das Ergebnis aller Arbeit in den vorausgegangenen Jahren, auf dem Spiel stand. Diese Lage rechtfertigte ungewöhnliche Handlungen.

Katastrophe in letzter Minute abgewendet

Durch die Dechiffrierung eines Telegramms, welches für den Ausgang der Skagerrakschlacht im Ersten Weltkrieg maßgebend gewesen sein soll, hatte Ingenieur Kassner ausgezeichnete Beziehungen zu damals führenden Persönlichkeiten, unter anderen zu Curtius und dem bald darauf zum Reichskanzler berufenen und später von der SS ermordeten General von Schleicher. Das nutzte ich in dieser Situation für mich aus. Ein Besuch bei von Schleicher führte zu der außergewöhnlichen Erlaubnis, die Spionageabteilung der Reichswehr einschalten zu dürfen. Von da an rollte eine Handlung wie in einem modernen Fernsehkrimi ab: Im Wannseer Golfklub fiel in einem bestimmten Personenkreis scheinbar zufällig mein Name. Provozierende Bemerkungen wurden gemacht – und bald waren die Pläne gegen mich ausgeplaudert.

Noch am gleichen Abend erfuhr ich von ihnen. Ich war kaum mehr überrascht zu hören, daß mein wirtschaftlicher Berater mit meinen Gegnern unter einer Decke steckte. In der Folgezeit tat ich dann jeweils das Gegenteil von dem, was er mir riet. Dadurch gelang es mir, die sehr ernst gewordene Gefahr abzuwenden.

Bald nach Gründung der Schweizer Aktiengesellschaft Dipol AG entstand in Arbon unmittelbar am Ufer des Bodensees eine Forschungsstätte, deren Einrichtungen und Werkstätten das damalige Lichterfelder Laboratorium weit in den Schatten stellten. Jetzt endlich war die Gelegenheit zur Nachprüfung der Meßergebnisse Herrn Kassners und der behaupteten Effekte gegeben.

Mit dem ganzen ihm zu Gebote stehenden Ideenreichtum versuchte er, gerade das immer wieder zu verhindern oder zu verzögern. Als der wahre Sachverhalt mir gegenüber schließlich nicht mehr zu verschleiern war und seine Daten sich schlankweg als Fälschungen erwiesen, hatte Kassner schon vorsorglich den Schweizer Finanzier vor mir gewarnt. Daher glaubte mein eidgenössischer Partner mir nicht, als ich ihm reinen Wein einschenkte, sondern forderte mich auf, meine Anteile an der gemeinsamen Gesellschaft abzugeben. Hätte jener Industrielle mir damals vertraut, würde er sein investiertes Geld sicher nicht verloren haben. Ohne Zweifel wären manche der vielen erfolgreichen späteren Projekte, zum Beispiel Elektronenstrahl-Oszillographen, Elektronenmikroskope, in den schönen neuen Laboratorien und Fertigungsstätten der Dipol AG zu industriellen Produktionen herangereift. Im Zusammenhang mit unserer Krebsforschung erhielt ich 1970 von ihm einen liebenswürdigen Brief, der mir Freude bereitete. Die Zeit heilt Wunden.

Bedingt durch das Projekt mit Herrn Kassner, hatte ich meine Bindungen mit der Firma Loewe gelöst. Nachdem nun das Vorhaben in der Schweiz fehlgeschlagen war, stand ich mitten in der Wirtschaftskrise vor dem Zwang, eine neue Finanzierungsgrundlage für das Lichterfelder Laboratorium und die Rückzahlung der noch verbliebenen Schulden zu finden. Meine Bemühungen führten 1933 zum Abschluß eines Vertrages mit der C. Lorenz AG, in dessen Rahmen dann in den folgenden Jahren die Fernseh-Abteilung dieses Betriebes aufgebaut wurde. Die Glasbläserei meines Laboratoriums war damals weitgehend auf die Herstellung von Fernsehröhren mit Kolbendurchmessern bis zu 35 cm spezialisiert.

Die Entwicklungsarbeit an der Kathodenstrahlröhre und ihre Anwendung vor allem in der Meßtechnik, die in einem 1933 erschienenen Buch ihren Niederschlag fand, brachte mich nach und nach mit vielen bedeutenden Persönlichkeiten, zum Beispiel aus der Elektronik, der Medizin, der Industrie, in Berührung und verschaffte mir tiefe Einblicke in gerade aktuelle Problemstellungen der verschiedenen Forschungsgebiete aus Naturwissenschaft und Technik.

Professor Watson-Watt

Zu den interessantesten Begegnungen aus dieser Zeit gehört jene mit dem Leiter der Radio Research Station in Slough, Professor Watson-Watt. Dieser englische Forscher besuchte zwischen 1929 und 1933 mehrmals das Lichterfelder Laboratorium, um sich über technische Fortschritte zu informieren und – nicht zuletzt – große Aufträge auf Elektronenstrahlröhren zu erteilen, die über manche Schwierigkeiten jener Tage hinweghalfen. Seit 1935, und besonders auch im Zweiten Weltkrieg, hatte dieser Wissenschaftler das Vertrauen der englischen Regierung[1]. Seine persönlichen Leistungen auf dem Gebiet der Radartechnik mit Elektronenstrahlröhren trugen im Krieg entscheidend zur er-

1 Siehe Winston S. Churchill, Der Zweite Weltkrieg, Toth Verlag Hamburg 1948–1954, Bd. 1, S. 102

folgreichen Abwehr des Unterseeboot-Krieges und der Luftangriffe des faschistischen Deutschlands gegen England bei. Er wurde in den Adelsstand erhoben und von Churchill im Unterhaus als Sieger in der Schlacht um London vorgestellt.

Englische Elektronenphysiker

Einige Reisen nach London und Gegenbesuche in Lichterfelde führten zu einem engeren Kontakt mit fast allen maßgebenden englischen Elektronenfachleuten, besonders mit den Physikern Bedford und Puckle der Cossor-Werke sowie mit Pocock, dem Herausgeber der Fachzeitschriften »Wireless Engineer« und »Wireless World«. Puckle übersetzte später mein Buch »Fernsehempfang« ins Englische.

Werbung war notwendig

Um meinem Laboratorium auf internationaler Ebene einen Platz zu sichern, habe ich bis zum Beginn des Zweiten Weltkrieges stets den größten Wert darauf gelegt, auch in den Fachzeitschriften des Auslands zu publizieren. Ich mußte stets selbst die finanzielle Grundlage meines Instituts sichern und war daher gezwungen, ständig eine Art Werbung zu betreiben. Diese propagandistische Note, die vor allem in den Jahren, in denen es für mich um die nackte Existenz ging, bei manchen Veröffentlichungen unvermeidlich war, ist mir oft sehr verübelt worden. Dabei liegt doch auf der Hand, daß ein Laboratoriumsleiter, dem in Zeiten schlechter Wirtschaftskonjunktur schon die Gehälter der Mitarbeiter Sorgen bereiten, vor einer gänzlich anderen Situation steht als ein Kollege, der vom Staat oder von seiner Firma ein gesichertes Gehalt bezieht.

Mein Vater weigerte sich

Als das Jahr 1933 begann, hatte ich mir mit meinem Laboratorium schon ein festes wissenschaftliches Fundament geschaffen, und ich hätte eigentlich zufrieden sein können. Dennoch spürte ich ein gewisses Unbehagen, das allerdings nicht in meiner fachlichen Arbeit, sondern in der politischen Entwicklung begründet lag. Mein Vater, der alle Geschehnisse sehr aufmerksam verfolgte, äußerte sich immer häufiger besorgt über das Aufkommen der Hitlerpartei. Er hatte schon 1932 eine grundsätzliche, auch mich nachhaltig beeinflussende Entscheidung getroffen. In seiner Eigenschaft als Regierungsrat im Versorgungsamt lernte er Hermann Göring kennen, der ihn kategorisch aufforderte, in die NSDAP einzutreten. Das war Vorbedingung für eine leitende Position, in der mein Vater die Betreuung aller Wehrmachtsangelegenheiten hätte übernehmen sollen.

Im richtigen Gefühl für die gefährlichen Ziele und die Hemmungslosigkeit der NS-Führung lehnte mein Vater diese Aufforderung ebenso kategorisch ab. Auch in der Folgezeit ist er von dieser Grundeinstellung nie abgegangen, obwohl es für ihn beispielsweise leicht gewesen wäre, seine aus dem Ersten Weltkrieg stammende Bekanntschaft mit dem späteren Postminister Ohnesorge für die eigene Karriere auszunutzen.

Das Jahr 1933

Sicherlich war ich damals noch zu unerfahren und mit meinen technischen Aufgaben beschäftigt. Auf jeden Fall aber hatte ich mir viel zu wenig Gedanken über politische Probleme gemacht, um das Ausmaß dessen auch nur zu ahnen, was im Jahre 1933 begann. Gleich in den ersten Januartagen verhandelten Hitler und von Papen mit dem Bankier von Schroeder und bereiteten die unmittelbare Regierungsübernahme durch Hitler vor. Am 30. Januar war es soweit. Die SA marschierte im Fackelschein durch das Brandenburger Tor. Dann brannte der Reichstag; es wurde von Massenverhaftungen gemunkelt. »Die Rote Fahne«, die am 23. Oktober 1930 meine Rundfunkarbeiten gewürdigt hatte, erschien nicht mehr. Wenige Tage später traten wir an die Wahlurnen. Meine Stimme hatte zwar nicht der KPD gehört, aber als die einundachtzig Mandate der Kommunisten im Reichstag annulliert wurden, fragte ich mich, ob das noch mit Recht und Demokratie zu vereinbaren sei.

Die Verfälschung des 1. Mai durch die Hitlerregierung wurde mir aber in diesen Tagen noch nicht so recht bewußt. Viel später, als mir zufällig Egelhaafs Historisch-politische Jahresübersicht für 1933 in die Hände fiel, las ich darin auf Seite 127: »In hinreißender Weise verkündete Hitler das Ideal der Volksgemeinschaft am 1. Mai. Dieser Tag, bisher ein Feiertag der klassenkämpferischen Arbeiterschaft, wurde durch Beschluß des Kabinetts zum ›Feiertag der nationalen Arbeit‹ erhoben. Ein Aufruf Goebbels' verdeutlichte den Sinn der Feier: ›Wo ehedem marxistische Haßgesänge ertönten, da werden wir uns nun zum Volk bekennen... Wo früher der Geist eines öden Materialismus triumphierte, wollen wir... die nationale Verbundenheit aller Stände, Stämme und Berufe zu einem einigen Deutschland... bekunden. Stirn und Faust sollen einen Bund schließen, der unlösbar ist.‹«

Als ich dieses Buch in der Hand hielt, war mir die marxistische Weltanschauung schon nicht mehr fremd, und ich hatte schon manche Stunde in Gesprächen über politische und historische Fragen verbracht. So wurden mir viele Unwahrheiten klar, welche die Grundlage für die Agitation der braunen Machthaber bildeten. Schon einen Tag nach dem 1. Mai 1933 wurden die Gewerkschaften verboten und ihr Vermögen beschlagnahmt. Am 10. Mai brannten auf dem Opernplatz in Berlin Bücher humanistischen und fortschrittlichen Inhalts. In dieser Zeit gingen viele der bedeutendsten Vertreter des deutschen Geisteslebens und der Kunst, die ich hoch verehrte, in die Emigration. Zu denen, die in einem faschistischen Deutschland nicht mehr leben wollten oder konnten, gehörten die Physiker Albert Einstein, Max Born, Hans Bethe und andere; die Schriftsteller und Künstler Johannes R. Becher, Bert Brecht, Marlene Dietrich, Lion Feuchtwanger, Lea Grundig; die Brüder Mann, Anna Seghers und Arnold Zweig. Andere wie Egon Erwin Kisch, Erich Mühsam, Ernst Niekisch, Ludwig Renn oder Günter Weisenborn, wurden ins Zuchthaus oder in die neu eingerichteten Konzentrationslager geworfen. Durch die »Reichskulturkammer« sollte das gesamte kulturelle Leben gleichgeschaltet werden.

Das alles entsprach so gar nicht meinen Vorstellungen. Dennoch, der Papst schloß seinen Frieden mit den Exponenten dieses offen terroristischen und reaktionären Regimes, und manches, was geschah, schien wirklich nicht schlecht zu sein. Die Arbeitslosenzahl nahm ab, man begann Autobahnen zu bauen und die Organisation »Kraft durch Freude« konnte eigentlich nur Gutes bringen, wenn sie hielt, was sie versprach.

Zu diesem Zeitpunkt erkannte ich die verhängnisvolle Zielstellung dieser Maßnahmen noch nicht. Mein leidenschaftliches Interesse galt vor allem den technisch-wissenschaftlichen Problemen, die auf mich einstürmten. Sie zu lösen und bei der Durchsetzung ihrer Nutzung mitzuwirken, war mein Streben.

Mitarbeit am Entstehen der Radartechnik

Die Arbeit an der Elektronenstrahlröhre führte unmittelbar nach dem Machtantritt des Nationalsozialismus im Rahmen des erwähnten C.-Lorenz-Vertrages zu intensiven weiteren Bemühungen meines Laboratoriums auf dem Gebiet der elektronischen Fernsehtechnik und vor allem zu wesentlichen Beiträgen für die werdende Radartechnik (Funkmeßtechnik). Ich entwickelte 1936 das Polarkoordinaten-Elektronenstrahlrohr, und mein Institut lieferte die ersten Apparaturen zu Erprobung mit Breitband-Verstärkern und Elektronenstrahl-Oszillographen an die Versuchsstationen der Luftfahrt und Marine sowie an andere Entwickungsstellen der Radartechnik.

Fernsehausstellung 1933

Alljährlich nahm ich an den Fernsehausstellungen der Deutschen Reichspost teil. 1933 wurde ich auf der Berliner Funkausstellung am Stand unserer Versuchsanlage durch den Postminister Ohnesorge mit besonders freundlichen Worten über meine bisherigen Arbeiten Hitler vorgestellt. Bei dieser Gelegenheit erhielt ich einen unmittelbaren Eindruck von diesem Menschen, der in solchen Fällen auf hypnotisierende Wirkung bedacht war. Er erinnerte mich darin an General von Ludendorff, den ich 1919 als zwölfjähriger Junge kennengelernt hatte.

Am Rundgang Hitlers nahm ein großer Kreis von höheren Staats- und Postbeamten teil. Es war für mich lehrreich – und auch unterhaltend – zu beobachten, wie eine Anzahl mir bis dahin sehr kühl gegenüberstehender Beamter nach meiner bevorzugten Behandlung augenblicklich ihre Einstellung zu mir änderte – und dies möglichst lebhaft bekundete.

Gleich nachdem Hitler die Fernsehhalle verlassen hatte, implodierte auf dem benachbarten Ausstellungsstand des Reichspost-Zentralamtes eine große 35-cm-Kolben-Fernsehröhre mit einem explosionsartigen Knall. Wenige Minuten waren vergangen, seit er unmittelbar davorstand. Die Glassplitter blieben zum Teil in den umgrenzenden Wänden stecken. Wie hätten die schwerbewaffneten SS-Begleitmannschaft und Hitler selbst auf diese Röhrenimplosion reagiert? Jedenfalls hielten meine Fachkollegen nachher eine Art Dankgottesdienst ab.

Neuer Auftritt Kassners

Ein paar Monate später besuchte mich Professor Philipp aus dem Kaiser-Wilhelm-Institut für Chemie, einer der Mitarbeiter Professor Otto Hahns, und unterrichtete mich von der Absicht Görings, eine größere Forschungsgesellschaft (Kapital: eine Million Reichsmark) mit einem gewissen Ingenieur Kassner zu gründen. So erhielt ich davon Kenntnis, daß dieser Herr, nachdem die Gelder der Schweizer Dipol AG in Arbon aufgebraucht waren, im Begriff stand, ein neues Unternehmen auf unreeller Grundlage aufzuziehen.

Inzwischen hatte ich überdies erfahren, er habe nacheinander verschiedene Mitglieder des Düsseldorfer Industrie-Klubs und eine Wiener Finanzgruppe um Beträge von nahezu einer Million Mark erleichtert. Professor Philipp waren in bezug auf einige wissenschaftliche Angaben Kassners Zweifel gekommen, die er in einer Rücksprache mit mir klären wollte. Diesmal hatte der sich an der Grenze zwischen physikalischer Dichtung und Wahrheit bewegende Ingenieur allzu große Dreistigkeit entwickelt. Ich berichtete auf Verlangen von Ohnesorge bei Göring offen über die mir bekannten Schwindeleien Kassners und verhinderte damit die beabsichtigte Gründung. Während unseres Gespräches schien sich Göring in einem leichten Rauschzustand zu befinden.

Das Patent auf den Bildwandler

Anfang 1934 richtete Minister Ohnesorge, den ich im Oktober 1930 im Anschluß an einen Vortrag an der Technischen Hochschule kennengelernt hatte, mir ein Labor für Dezimeterwellen ein, in dem bald darauf meine Erfindung des elektronenoptischen Bildwandlers praktisch realisiert wurde. Damals legte man mir sehr nahe, Mitglied der NSDAP zu werden. Ich lehnte es ab; genau wie zuvor mein Vater.

Mein Patent auf den elektronenoptischen Bildwandler, am 25. Februar 1934 unter der Bezeichnung »Anordnung zur Umformung von Bildern aus einem Spektralgebiet in ein anderes« angemeldet, erhielt ich übrigens erst am 28. Januar 1954 unter der Patentschriften-Nr. 902 890, also erst nach zwanzig Jahren, ein Kuriosum im Bereich des Patentwesens.

Nur dem Umstand, daß ich die Rechte am Bildwandler vertraglich an Siemens abgetreten hatte, verdanke ich die – wenn auch späte – Erteilung dieses Grundpatents gegen die Einsprüche vieler Weltfirmen. So stand die Siemens und Halske AG hinter der Anmeldung. Ein Privatmann hätte unmöglich zwanzig Jahre lang diesen Kampf durchhalten können. Hier zeigt sich eine prinzipielle Schwäche der Patentgesetzgebung unter kapitalistischen Bedingungen oder, besser gesagt, ihr Wesen.

Die Feuerwehr hat keinen Zutritt

Zu dem mir von Ohnesorge in einem der Gebäude des Tempelhofer Reichspostzentralamtes eingerichteten Laboratorium hatte übrigens außer meinen Mitarbeitern niemand Zutritt. Weder der Präsident des Reichspostzentralamtes noch die Feuerwehr konnten in die Räume. Das stellte sich heraus, als eines Abends die Einrichtung für die Ausheizung der Bildwandlerröhren nicht ausgeschaltet wurde. Diese flexibel angeschlossene Einrichtung brannte sich erst ein Loch durch den Labortisch und schließlich durch den Fußboden des im ersten Stock gelegenen Raumes. Nur durch diesen günstigen Verlauf gelang es der Feuerwehr schließlich, vom unteren Raum aus das Feuer zu löschen.

Meine Erfindung des Bildwandlers findet keine Beachtung

Ich war fest überzeugt, daß der elektronenoptische Bildwandler auf drei – einander ganz fernliegenden – Gebieten größte Bedeutung erlangen würde; bei der Röntgendiagnostik, in der beobachtenden Astronomie und für die Abwehr von Luftangriffen. Ohne mir über mögliche politische und militärische Folgen meiner Bemühungen Gedanken zu machen, war ich bestrebt, seine Anwendung in einfacher oder in Kaskadenausführung durchzusetzen. Daher besuchte ich gemeinsam mit dem späteren Leiter der Forschungsanstalt der Deutschen Reichspost, Dr. Banneitz, den Chef der Forschungsabteilung im Heereswaffenamt, Professor Schumann. Dieser Herr, ein unfähiger Mann an wichtiger Stelle, erkannte den Wert des Bildwandlers nicht. Daher wurden wirklich einsatzfähige Konstruktionen, gefertigt in kleinsten Stückzahlen, erst im März 1945 auf der dritten Sitzung des Kuratoriums für Hochfrequenzforschung im Reichsforschungsrat einem kleinen Kreis gezeigt.

Vorschlag für einen Wissenschaftsrat

Die Unterredung mit Professor Schumann hatte mich sehr deprimiert. Deshalb benutzte ich meine Bekanntschaft mit einem häufigen Tennispartner, dem damaligen Chef des Ministeramts im Reichswehrministerium und späteren Generalfeldmarschall von Reichenau, um auf die schnell wachsende Bedeutung von Naturwissenschaft und Technik aufmerksam zu machen. Ich schlug vor, der Führung von Wirtschaft und Wehrmacht ein beratendes Gremium aus schöpferischen Persönlichkeiten der Wissenschaft und Technik an die Seite zu stellen. 1934 hatte ich noch die Hoffnung, daß es einem solchen Rat – mit Forschern wie Planck, von Laue, Gerlach, Heisenberg, Warburg – auch gelingen könnte, manches Unheil abzuwenden und manchem Verstoß gegen die Menschenrechte wirksam entgegenzutreten. Von Reichenau stand meinem Anliegen völlig verständnislos gegenüber.

Zum engeren Stab von Reichenaus gehörte damals der spätere Generalfeldmarschall Paulus. Mit ihm, der nach seiner Entlassung aus der sowjetischen Kriegsgefangenschaft bis zu seinem Tode 1957 auf dem Weißen Hirsch in Dresden wohnte, habe ich mich über diese Episode oft unterhalten.

Meine Erfahrungen mit von Reichenau waren übrigens die gleichen, die Professor G. Thomson machte, der mich noch kurz vor seinem Tode besucht hatte. Professor Thomson war schon im November 1933 mit einer Denkschrift »Über die Gefahr der Zurückdrängung der exakten Naturwissenschaften an den Schulen und Hochschulen« bei der Staatsführung für eine großzügige Förderung der Naturwissenschaften eingetreten. Und wie mir Geheimrat Max Planck später erzählte, war er in seiner Unterredung mit Hitler, die einige Zeit nach dem Machtantritt der Nazis stattfand, in dieser Hinsicht ebenfalls auf taube Ohren gestoßen.

In ihrem maßlosen Herrenmenschentum, mit ihrer antihumanen Ideologie und ihrer Ignoranz, glaubten Hitler und seine Gefolgschaft, nicht auf die Ratschläge der Wissenschaftler, die einer vernünftigen Weiterentwicklung dienen sollten, angewiesen zu sein. Solche Hinweise lagen wohl auch nicht im Interesse der Konzerne und Großgrundbesitzer, die hinter diesem System standen. Rückblickend bin ich dem Schicksal dankbar, daß es in Hitlerdeutschland nicht zu einer stärkeren Einflußnahme der Naturwissenschaftler kam. Das verbrecherische Regime hätte ihre Vorschläge doch nie dazu benutzt, den Krieg zu verkürzen oder gar zu verhindern, sondern nur dazu, ihn zu verlängern.

Denkwürdiges Gespräch mit Richard Wienstein

Beim Tennis im »Blau Weiß«-Klub hatte ich den Ministerialdirektor in der Reichskanzlei, Richard Wienstein, kennengelernt, mit dem mich bald eine außerordentlich enge und nur durch seinen frühen Tod jäh abbrechende Freundschaft verband. Den vertraulichen Gesprächen mit ihm verdanke ich entscheidende Hinweise zur Beurteilung leitender Persönlichkeiten des nationalsozialistischen Staates. Besonders interessant waren die kritischen Bemerkungen Wiensteins etwa über Menschen wie Stresemann, Brüning oder Hitler. Er kannte sie alle aus seiner langjährigen Tätigkeit als Staatsrechtler der Reichskanzlei und konnte seine Meinung über sie mit einer Fülle von Einzelheiten belegen. Sein Urteil über Hitler war vernichtend. Alle Äußerungen Wiensteins standen unter diesem Aspekt und waren erfüllt von der Sorge um die Zukunft Deutschlands.

Noch ist mir jener Grunewald-Spaziergang gegenwärtig, den wir in den Tagen unternahmen, als Hitler von den britischen Ministern Simon und Eden besucht wurde. Wir spürten damals beide starkes Unbehagen und befürchteten, die anmaßende Kompromißlosigkeit Hitlers bei diesen Verhandlungen werde unvorstellbares Unheil über Deutschland heraufbeschwören.

Diese Unterhaltung mit Wienstein wirkte lange nach und ließ bei mir allmählich eine innere Ablehnung des Nationalsozialismus wachsen. Tiefes Mißtrauen gegen die großen und kleinen Führer dieser Ära erfaßte mich.

Produzent oder Forscher

Im Laufe des Jahres 1934 hatte sich der Absatz unserer Elektronenstrahlröhren und -Oszillographen ganz erheblich erhöht. Jetzt stand ich vor der Wahl, mich entweder ausschließlich auf die Fertigung dieser Einheiten zu spezialisieren und damit Hersteller von elektronischen Meßgeräten zu werden, oder aber den Fabrikationssektor abzutrennen und meine Kräfte auf die reine Entwicklungs- und Forschungstätigkeit zu konzentrieren.

Ich entschied mich für die zweite Variante und habe diesen Entschluß später nie bereut. Nun hatte ja auch die Produktion ihre Aufgaben erfüllt. Mit ihrer Hilfe war es mir gelungen, die hohen, durch den Hauskauf entstandenen Schulden abzutragen und dem Laboratorium eine gesunde wirtschaftliche Grundlage zu geben.

Im ganzen betrachtet, war diese Periode für das Laboratorium sehr nutzbringend. Es hatte sich zu einem kleinen Institut entwikkelt. In kürzester Zeit mußten wir Arbeitsmethoden und größere Werkstatteinrichtungen schaffen, die für die weitere Forschungs- und Entwicklungstätigkeit ausreichten.

Die Abtrennung des Fertigungssektors führte zur Gründung der »Leybold und von Ardenne-Oszillographen-Gesellschaft« in Köln und dann in Berlin. Obwohl die Einrichtungen und Räume dieser Gesellschaft wiederholt stark erweitert wurden, konnte sie den ständig wachsenden Anforderungen des Marktes schon nach wenigen Jahren nicht mehr nachkommen. Aus diesem Grund wurde sie 1937 Siemens und Halske angegliedert.

Ich heirate Bettina Bergengruen

Das Jahr 1938 brachte erhebliche Dramatik in mein Privatleben. Mit einiger Turbulenz und nicht ohne schwere innere Erschütterung endete meine im Alter von einundzwanzig Jahren geschlossene, kinderlos gebliebene erste Ehe. Im gleichen Jahr heiratete ich Bettina Bergengruen, eine 1916 in Berlin geborene Enkelin des »Alt Heidelberg«-Dichters Wilhelm Meyer-Förster und zugleich Nichte des Schriftstellers Werner Bergengruen.

Zu der Befriedigung, die ich in der Arbeit fand, gesellte sich von damals bis zur Stunde der Niederschrift dieser Zeilen eine wohl seltene Harmonie der ehelichen und häuslichen Sphäre. Welche Fülle unvergleichlicher Freuden und welche Kraft zum beruflichen Handeln habe ich dieser Übereinstimmung, diesem Verständnis meiner Frau zu verdanken! Wie sehr hat unsere innige Verbindung dazu beigetragen, schwere Stunden im und nach dem Krieg leichter zu ertragen. Die Wahl des Ehepartners ist sicher ein Schicksalsaugenblick im Leben jedes Menschen, der oft für seinen weiteren Werdegang ausschlaggebend wird.

Der liebe Augustin und unsere Hochzeitsreise

Auf unser privates Denken und Handeln hatte übrigens das Buch von Horst Wolfram Geißler »Der liebe Augustin«, das wir in unserer Verlobungszeit lasen, einen nachwirkenden Einfluß. Diese liebenswürdige Geschichte eines leichten Lebens bestärkte uns darin, die Dinge dieser Welt – soweit es eben möglich ist – von der heiteren Seite zu betrachten. Mich lehrte es, den Wert besinnlicher Stunden im menschlichen Dasein, Augenblicke innerer Einkehr, die im Wirbel meines Alltags so selten geworden waren, höher einzuschätzen.

Von unserer Hochzeitsreise will ich nur verraten, daß wir den Abschiedsschmerz der Schwiegereltern mit Hilfe der damaligen Fernseh-Sprech-Verbindung München–Berlin wesentlich reduzierten. Auf diese Weise konnten sich die in Berlin Zurückgebliebenen vom Wohlbefinden der Tochter überzeugen und ein am gleichen Tag fälliges Geburtstagsgeschenk im 180-Zeilen-Fernsehbild bewundern. Wissenschaftler bringen es anscheinend auch während der Flitterwochen nicht fertig, auf ihrem Gebiet ganz untätig zu sein.

In den folgenden Jahren erschlossen sich uns die ständig neuen großen und kleinen Freuden, die mit dem Heranwachsen gesunder eigener Kinder seit Urzeiten verbunden sind. Welch tiefes Glück umgab uns zuweilen selbst in den Zeiten der Bombennächte über Berlin, wenn wir die Gesichter der schlafenden Kinder betrachteten. Übrigens nahmen wir den Kleinen die Angst vor den Fliegeralarmen und den meist damit verbundenen nächtlichen Störungen auf ganz einfache Weise: Wir gaben ihnen die Süßwarenzuteilungen grundsätzlich nur während dieser Stunden.

Zu meinen Schwiegereltern, insbesondere zur 1942 allzufrüh verstorbenen Schwiegermutter, gewann ich ein ungewöhnlich herzliches Verhältnis. Auch manchen Impuls zu beruflichen Entschlüssen verdanke ich den abendlichen Plaudereien am Kamin über die Ereignisse des Tages. Stets nahm der kleine Kreis, in dem ich zu Hause war, an meinen Problemen, meinem Alltagsleben Anteil.

Großmutters tragische Liebe

In diesen Jahren geschah es, daß auf einer Gesellschaft bei einem Prinzen Bentheim das Schicksal der Eltern meines Vaters aus ferner Vergangenheit in mein Blickfeld gerückt wurde. Ein weißhaariger Herr begrüßte mich mit den Worten: »Ihr Großvater hat meinen Vetter im Duell erschossen.« Er war ein Vetter des Düsseldorfer Amtsgerichtsrates E. Hartwich, um dessentwillen Else von Ardenne, geborene von Plotho, jenes Schicksal widerfuhr, daß Theodor Fontane seinem Roman »Effi Briest« zugrunde gelegt hat.

Beim neunzigsten Geburtstag meiner Großmutter im Jahre 1943 lenkte ich das Gespräch auf ein Buch, das nach einem halben Jahrhundert über sozialhygienische Arbeiten Hartwichs erschienen war, und versuchte ihr begreiflich zu machen, wie sehr ich diesen Mann schätzte. Meine Worte: »Ich hätte damals genauso gehandelt wie du!« rührten sie tief. Nach einigen Wochen schickte sie mir ein kleines Päckchen. Es enthielt die Briefe Hartwichs aus den Jahren 1883 bis 1885 an meine Großmutter – eben jene, die den Anlaß zu dem tragischen Duell gebildet hatten. Sie schrieb mir dazu: »Du bist der einzige, der mich nach ihm gefragt hat. So sollst Du auch das Wenige bekommen, das ein hartes Schicksal mir von dem strahlenden Menschen gelassen hat. Daß Dir die Freude wurde, durch einen Verwandten in so ein gerechtes gutes Licht den Mann gerückt zu sehen, der unendliches Leid, aber auch unendliches Glück in mein Leben gebracht hat, war mir ein Geschenk. Deshalb lege ich Euch die leichten Briefe bei, die einen Einblick gewähren in den Frohsinn und die Unbeschwertheit unseres Sonnendaseins – damals.« Diese Briefe hüte ich als einen besonderen Schatz für unsere Kinder und die Fontane-Forschung.

Noch im hohen Alter war ihr Gesicht von einer berückenden, edlen Schönheit. Ein kluger Mann hat einmal gesagt, eine Frau, die mit sechzehn Jahren schön ist, verdiene keinerlei Bewunderung. Ist sie es aber noch mit sechzig Jahren, dann dankt sie dies ihrer Seele. Der Ausspruch kommt mir beim Betrachten ihres Bildes in den Sinn, und ich sehe diesen Gedanken auch durch die Autobiographie des Düsseldorfer Malers Wilhelm Beckmann[1] bestätigt, der über meine Großmutter schrieb: »Indem sie in ihrer Natürlichkeit und Sicherheit sich in ungebundener Freiheit gab, wirkte sie durch ihr ganzes Wesen und ihre intensiven geistigen Anregungen auf uns alle in einer beglückenden Weise dergestalt ein, daß ein jeder von dem Zeitpunkt an, wo er in ihren Bannkreis trat, fühlte, wie seine Schaffenskraft gesteigert wurde.«

Im Alter von etwa fünfzig Jahren bestieg sie als erste Frau den an der Schweizer Grenze, dicht bei Liechtenstein gelegenen 2970 m hohen Berg »Scesaplana«, zu dessen Gipfel meine Frau und ich 1969 bei einem Abstecher nach Klosters mit bewunderndem Erinnern emporblickten. Mit sechzig Jahren lernte sie Ski laufen und mit achtzig Jahren radfahren. Am 5. Februar 1954 starb sie neunundneunzigjährig in Lindau am Bodensee als älteste Bürgerin dieser Stadt.

Ihr Lebensweg, ihre tiefe Menschlichkeit und Lebensweisheit machten aus meiner Großmutter eine der verehrungswürdigen Frauengestalten, die späteren Generationen in schweren und leichten Tagen unendlich viel geben können.

1 Wilhelm Beckmann, im Wandel der Zeiten, Mittler und Sohn, Berlin 1930, S. 88.

Großvaters Karriere

Vom Wirken meines Großvaters, Armand von Ardenne, finden sich Nachklänge in Biographien aus den Kreisen der Düsseldorfer Künstlerschaft der achtziger Jahre des vorigen Jahrhunderts und von Heerführern des Ersten Weltkrieges. Obwohl er als Lehrer an der Preußischen Kriegsakademie, als Kommandeur der Zieten-Husaren und schließlich als Divisions-General in Magdeburg – sein unmittelbarer Vorgesetzter dort war von Hindenburg – den Höhepunkt der militärischen Laufbahn im damaligen Deutschland erreichte, fand er im Ersten Weltkrieg keine Verwendung. Er war beim Kaiser in Ungnade gefallen und wurde vorzeitig verabschiedet. Ein von General von Hindenburg aus diesem Anlaß an meinen Großvater geschriebener Abschiedsbrief trägt das Datum 16. März 1904.

Armand von Ardenne zog den kaiserlichen Unwillen durch ein Gutachten auf sich, in dem er sich für das von Heinrich Ehrhardt in der Rheinischen Metallwarenfabrik entwickelte Rohrrücklaufgeschütz und gegen die traditionelle Krupp-Kanone ausgesprochen hatte. Technisch befand er sich, wie die weitere Entwicklung bestätigte, völlig im Recht, aber der Kaiser war mit Krupp liiert.

Interessant war mir, daß sich dieser Vorfahr offensichtlich eingehend mit ballistischen Problemen beschäftigte und auf Grund seiner Studien die technische Überlegenheit der neuen Konstruktion frühzeitig erkannte. Vielleicht habe ich nach den Mendelschen Gesetzen die Neigung zu Physik und Technik geerbt. Jedenfalls sind mir von meinen anderen Verwandten ausgesprochen technische Interessen nicht bekannt.

Zwei Forscher mit fast immer gleichen Erfindungsgedanken

Ende 1937 hatte ich im Auftrag des Reichspostministers Ohnesorge einen Vertrag mit der Forschungsanstalt der Deutschen Reichspost geschlossen, der unserer Fernseh-Forschung und meinem Laboratorium ein stabiles wirtschaftliches Fundament gab. Aus den im Rahmen dieser Vereinbarung und mit Unterstützung der Deutschen Forschungsgemeinschaft am Elektronenmikroskop geleisteten Arbeiten entstanden 1938 einige Erfindungen, die teilweise sehr schnell – auch in England und Amerika – verwertet wurden.

Im Rahmen der dazu nötigen Verhandlungen kündigte der bekannte Fernsehpionier und spätere Vizepräsident der Radio-Corporation of America, Dr. Zworykin, im Juli 1939 seinen Besuch für Ende September an. Schon 1936 hatte ich die Freude gehabt, diesen bedeutenden Forscher als Gast im Lichterfelder Laboratorium zu begrüßen. Als er damals meinen Bildwandler sah, stellten wir fest, daß wir beide fast zu der selben Zeit und ohne daß einer von den Arbeiten des anderen wußte, die gleichen Gedanken gehabt und folglich auch einander Entsprechendes gefunden hatten. Ebenso war es uns bei der Verwendung der Elektronenstrahlröhre für das Fernsehen ergangen.

Das sollte sich um 1940 bei der Erschließung des Elektronenmikroskops und um 1957 bei der Entwicklung des verschluckbaren Intestinalsenders zur Druck- und pH-Wert-Signalisierung aus dem Magen-Darm-Trakt noch zweimal wiederholen. Unsere Gehirnstrukturen waren einander offenbar sehr ähnlich, denn wir zogen aus den wissenschaftlich-technischen Entwicklungen stets fast die gleichen Schlußfolgerungen für die eigene Erfindertätigkeit. Ein Beweis dafür, daß sich der Erkenntnisprozeß aus der Umwelt heraus formt und es die Aufgabe der Forscher und Erfinder ist, die Zeichen der Zeit zu deuten und ihnen praktisch verwertbare Form zu geben.

Bestimmt ist es aber nicht damit getan, nur den technischen Entwicklungstendenzen zu folgen, wie ich es in jungen Jahren tun zu können glaubte. Der Wissenschaftler muß stets im Auge behalten, was aus seinen Forschungsergebnissen wird. Er muß sich mit dafür verantwortlich fühlen, daß sie nicht zu antihumanen Zwecken mißbraucht werden, sondern dem Fortschritt der menschlichen Gesellschaft dienen.

Vom Werden einer »Erfindung«

Im Trubel unserer Arbeit blieb wenig Zeit übrig für Rückblicke oder Aufzeichnungen zur Historie der entstandenen Erfindungen. Heute bedauere ich dies, nicht nur weil einige Geisteskinder, die in Berlin-Lichterfelde das Licht der Welt erblickten, inzwischen zu eigenen Fachsparten mit umfangreicher Spezialliteratur und Spezialistenkongressen herangewachsen sind, sondern weil aus der Analyse des Schöpfungsaktes Lehren gezogen werden können. Diese erreichen einen um so allgemeingültigeren Charakter, je mehr Einzelanalysen ihnen zugrunde liegen. Hier handelt es sich um eine aktuelle Thematik, deren systematische Bearbeitung Antwort geben kann auf Fragen wie: Durch welche Maßnahmen läßt sich die Entstehungswahrscheinlichkeit von Erfindungen erhöhen? Ist das Erfinden erlernbar? Kann man Erfindungen planen? und so weiter.

Zu den Erfindungen, an die ich mich noch heute genau in allen Einzelheiten ihres Entstehens erinnere, gehört das Elektronen-Rastermikroskop (electron scanning microscope). Der Hauptgedanke, das mikroskopische Objekt mit einem durch mehrere elektronenoptische Verkleinerungsstufen hergestellten extrem feinen Elektronenfleck zeilenweise, wie bei einem Fernsehbild, abzutasten und die vom Objektelement ausgehende (sekundäre) Elektronenstrahlung zur Modulation eines synchrongeschriebenen Elektronenbildes zu benutzen, stellte sich in einer stillen Stunde des Nachdenkens über die verschiedenen Abbildungsfehler ein, welche in ihrem Zusammenwirken das Auflösungsvermögen des normalen Durchstrahlungs-Elektronenmikroskopes limitieren. Ich sinnierte darüber, auf welche Weise der bei ihm durch unterschiedliche Abbremsung der primären Elektronenstrahlung im Objekt entstehende sogenannte »chromatische Bildfehler« vermieden werden kann. Die Erfindungsthematik ergab sich in diesem Falle im Rahmen einer quantitativen Analyse der Einflüsse, welche die Schärfe der elektronenmikroskopischen Objektabbildung verschlechtern.

Der konkrete Weg zur Lösung der Aufgabe, die zündende schöpferische Idee, resultierte dann aus der Kombination einer fremden und eine eigenen elektronenoptischen Anordnung. Es war dies der von Max Knoll beschriebene Testbildgeber mit Abtastung eines Klischees durch einen noch relativ groben Elektronenstrahl von einigen zehntel Millimetern Durchmesser und die von mir kurz zuvor erdachte Anordnung zur Herstellung submikroskopisch feiner Elektronen-Brennflecke durch ein- oder mehrstufige Verkleinerung mit Hilfe kurzbrennweitiger Elektronenlinsen (Umkehrung des Strahlenganges im Elektronen-Mikroskop). Die skizzierte Lösungsidee erhielt wenige Minuten nach ihrer Konzeption ihre Ergänzung durch den weiteren Gedanken, die an der Objektoberfläche ausgelöste sekundäre Elektronenstrahlung durch einen »Sekundär-Elektronen-Vervielfacher« um viele Zehnerpotenzen zu verstärken und zur Modulation des synchronabgelenkten Elektronenstrahles der Bildschreibröhre zu verwenden. In dieser guten Stunde des Nachsinnens strömten fast von selbst nahezu alle Lösungsprinzipien herbei, welche die modernen, industriell gefertigten Elektronen-Rastermikroskope kennzeichnen. Die wichtigsten Gedanken wurden in einer unscheinbaren, im Anhang wiedergegebenen Skizze festgehalten. Die Skizze zum Werden einer Erfindung habe ich seit 1937 aufbewahrt, weil ich von der ersten Stunde an die Vorstellung hatte, dieses elektronen-mikroskopische Abbildungsprinzip würde mit seiner großen Tiefenschärfe eine erhebliche wissenschaftliche und industrielle Bedeutung erlangen.

Eine Erfindung wird erst dadurch zu einem echten Fortschritt, daß sie praktisch realisiert wird und der menschlichen Gesellschaft Nutzen bringt. Deshalb wurde schon wenige Tage nach dem Entstehen der ersten Prinzipskizze mit der Konstruktion des Versuchsmodelles auf dem Reißbrett und schon wenige Wochen später mit dem Bau der Versuchsanlage begonnen. Schließlich funktionierte dann alles gut, und die einzelnen Elemente spielten so zusammen, wie ich es mir in meiner Phantasie vorgestellt hatte. Wir verdankten dies auch mit dem Umstand, daß wir zu dieser Zeit bereits über experimentelle Erfahrungen mit allen wesentlichen Bauteilen des Mikroskoptypes verfügten. Die Phase der Verwirklichung wurde ebenfalls schnell durchlaufen, und noch gegen Ende des gleichen Jahres konnten die ersten überzeugenden Versuche stattfinden. Daran hatten vor allem mein unvergessener technischer Helfer, Emil Lorenz, und die am Bau beteiligten Feinmechaniker Anteil. Vor Beginn der Ausführungsarbeiten hatte ich sie für das interessante Ziel unserer gemeinsamen Arbeit begeistert.

Das geschilderte Beispiel »Vom Werden einer Erfindung« zeigt, daß im Pionierstadium einer jungen Wissenschaft, auch unter den Bedingungen der Gegenwart, von einem einzigen Forscher der entscheidende Impuls ausgehen kann. Aber auch für seinen Erfolg waren Elemente Voraussetzung, die andere vor ihm geschaffen hatten. In späteren Stadien einer Wissenschaft und Technik, besonders jedoch beim Werden bedeutender »Ent-

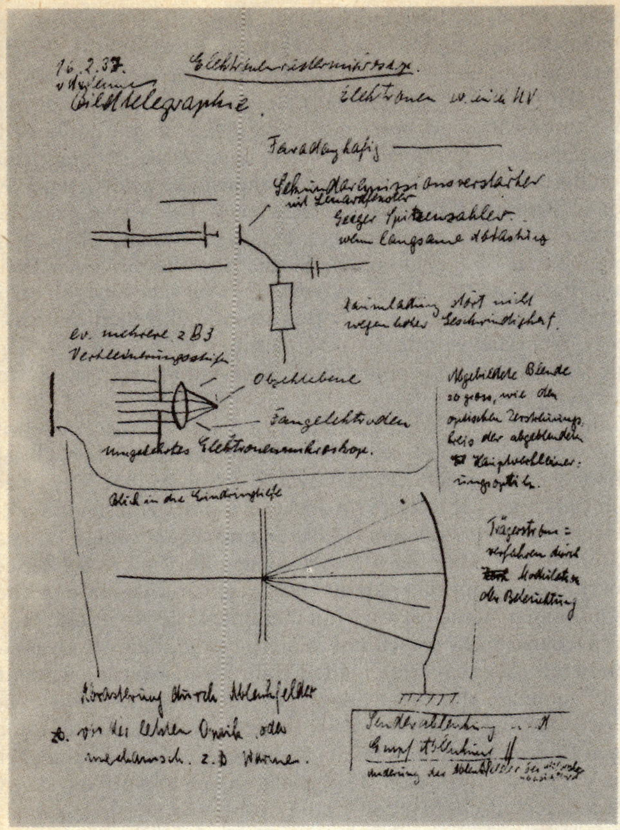

Erste Niederschrift der Grundgedanken zur Entwicklung des Elektronen-Rastermikroskops (Februar 1937).
Manfred von Ardenne entwickelte dieses Gerät als spezielle Variante des Elektronenmikroskops. Das Objekt wird von einem Elektronenstrahl abgetastet; das Bild setzt sich aus einzelnen Punkten zusammen und wird (wie ein Fernsehbild) auf den Leuchtschirm einer Fernsehbildröhre geschrieben.

wicklungen«, ist es nur noch selten ein einzelner Forscher allein, von dem die entscheidenden Impulse stammen. Meist sind diese Impulse Vektoren von Komponenten, an denen mehrere Partner, zum Beispiel Partner eines Kollektivs, beteiligt sind. Wie an anderer Stelle noch näher diskutiert wird, entspringt die Intuition, speziell wenn mehrere Fachdisziplinen zusammenwirken müssen, in der Wechselwirkung mit Partnern anderer Fachsparten. Bei großen komplexen Entwicklungen kommt hinzu, daß oft eine ganze Kette von Erfindungen und Lösungen zu durchlaufen ist, bei der ein Glied auf das andere aufbaut. Hier bildet es fast die Regel, daß der schließlich erzielte Fortschritt der fleißigen und ausdauernden Zusammenarbeit einer Gemeinschaft zu verdanken ist.

Das Elektronen-Rastermikroskop

Im Februar 1937 begann mit der geschilderten Erfindung des Elektronen-Rastermikroskopes für uns die Arbeit auf einem neuen wissenschaftlichen Gebiet. Von da an bis zum Ende des Zweiten Weltkrieges wurden etwa fünfzig Prozent unserer Arbeitskapazität für Entwicklung und Anwendung des Elektronenmikroskops und der Elektronenmikroskopie in Anspruch genommen.

Bei dem ersten Elektronen-Rastermikroskop wurde das Objekt durch einen Elektronenstrahl (Elektronensonde) mit etwa 10 µm (1/100 000 m) Durchmesser in nebeneinanderliegenden Zeilen abgetastet und das Objektbild durch einen synchron gesteuerten, in seiner Intensität von der Objektstruktur (zum Beispiel Sekundärelektronenausbeute) modulierten Elektronenstrahl stark vergrößert auf den Leuchtschirm einer Fernsehbildröhre oder aber auf eine Fotoschicht geschrieben.

Dieser Mikroskoptyp wurde ungefähr fünfundzwanzig Jahre später in England durch den Arbeitskreis um McMullen unter der Firmenbezeichnung »Stereo-Scan« auf den Markt gebracht. Ein weiterer verbesserter Mikroskoptyp dieser Art mit höherer Auflösung wurde fünfunddreißig Jahre später von Siemens entwikkelt und angeboten. Man verwendet das Elektronen-Rastermikroskop allgemein für die Oberflächenuntersuchung von Metallen, Halbleitern, Fasern, medizinischen und biologischen Objekten und so weiter. Seit 1967 werden laufend eindrucksvolle Oberflächenbilder in den wissenschaftlichen Zeitschriften und Büchern vieler Fachsparten veröffentlicht. Durch ihre extrem große Tiefenschärfe, ihre Plastik und gute Auflösung vermitteln sie neue Einblicke in den Mikrokosmos. So erhielt ich 1970 von dem Amerikaner A. V. Crewe die Mitteilung, ihm sei mit dem Elektronen-Rastermikroskop durch die auch von mir vorgesehen gewesene Kombination mit einem Feldemissions-Elektronenstrahler die Abbildung einzelner schwerer Atome gelungen.

1937 erzielte ich erstmals mit dem Rastermikroskop – ich wandte dabei den schon erwähnten Kunstgriff mehrstufiger elektronenoptischer Verkleinerung an – Elektronenstrahlen beziehungsweise Elektronenflecke mit Durchmessern bis herab zu 10 μm. Es war naheliegend, nach weiteren Einsatzmöglichkeiten für diese feinen Strahlen zu suchen. In der Folgezeit entstanden bei uns Einrichtungen zur Feinstrahl-Beleuchtung in normalen Durchstrahlungs-Elektronenmikroskopen, das Elektronen-Schattenmikroskop und das Röntgenstrahlen-Schattenmikroskop.

Vertrag mit Siemens

Die Erfindung und Entwicklung des Elektronen-Rastermikroskops führte zu einem Vertrag mit Siemens. Damals begann diese Firma gerade in Zusammenarbeit mit Dr. B. von Borries und Dr. E. Ruska eine elektronenmikroskopische Abteilung aufzubauen. Einer Abmachung dieses Vertrages folgend, bot ich sowohl das Elektronen-Schattenmikroskop als auch das Röntgenstrahlen-Schattenmikroskop zur Verwertung an. Das Elektronen-Schattenmikroskop ergab bei unseren Experimenten saubere Elektronenbilder auf Einkristall-Leuchtschirmen. Von Borries und Ruska beurteilten es jedoch so negativ, daß ich sogar von einer Publikation unserer Versuche absah. Ein Jahr später erschien dann die Veröffentlichung von Dr. Boersch über das Elektronen-Schattenmikroskop, die Beachtung in der Fachwelt fand.

Man soll seinem eigenen Urteil folgen

Ähnlich erging es mir mit dem Röntgenstrahlen-Schattenmikroskop, dem der Siemens-Kreis keinerlei Zukunftsaussichten zubilligte. In diesem Fall schrieb ich wenigstens zwei Publikationen über den Grundgedanken und verschiedene Ausführungsformen. Später sind dann in den Vereinigten Staaten von Amerika und in England Röntgenstrahlen-Schattenmikroskope industriell hergestellt worden, deren Bauweise und Daten ziemlich weitgehend mit den von mir veröffentlichten Unterlagen übereinstimmten. 1956 wurde in Cambridge sogar ein Symposium »Microscopy with X-Rays« unter Leitung von Professor Cosslett abgehalten, das zu einem großen Teil der Röntgenstrahlen-Schattenmikroskopie gewidmet war.

Die Erfahrungen, die ich im Zusammenhang mit der Beurteilung meiner beiden Schattenmikroskope sammelte, lehrten mich: Auch das Urteil sehr anerkannter Fachkollegen kann unrichtig sein. Wenn man glaubt, einen neuen Weg gefunden zu haben, sollte man ihn selbst so weit beschreiten, bis seine Grenzen erkennbar und in einer wissenschaftlichen Abhandlung darstellbar werden.

Meine Elektronen-Mikrosonde

Aus der Arbeit mit der feinen Elektronensonde ergaben sich noch 1938 im Lichterfelder Labor die Feinstrahl-Elektronen-Beugung, die ersten Materialbearbeitungsversuche mit dieser Mikrosonde extrem großer Energiedichte und der Elektronen-Mikrooszillograph. Dieses Gerät schreibt die Oszillogramme in mikroskopischer Feinheit und mit sehr großer Geschwindigkeit auf feinkörnige fotografische Schichten. Der Mikrooszillograph ist in den Vereinigten Staaten während des Zweiten Weltkrieges in großer Stückzahl industriell gefertigt worden und hat dort zur Entwicklung der Dezimeterwellentechnik beigetragen.

In der Folgezeit wurde unsere feine Elektronensonde unter anderem noch beim Feinstrahlkondensor der Elektronenmikroskopie, beim Elektronen-Mikroanalysator von Hillier-Baker und insbesondere bei den Röntgen-Mikroanalysatoren nach Cosslett-Duncumb und anderen angewandt.

Grundelemente der Elektronenstrahl-Technologie

Jahrzehnte später war die Elektronen-Mikrosonde das Grundelement einer sich schnell ausweitenden Technik, der Elektronenstrahl-Technologie. Ab 1966 halfen die in unserem Institut auf dem Weißen Hirsch entwickelten »Elektronenstrahl-Mikrobearbeitungsautomaten mit Programmiereinrichtung« unter anderem entscheidend, die Dünnschicht-Mikroelektronik durch Großserienherstellung von Schaltkreisen mit passiven und sogar aktiven Elementen bei Taktzeiten von nur wenigen Sekunden industriell aufzubauen.

Diese Aufzählung der verschiedenen Anwendungsgebiete der durch elektronenoptische Verkleinerung hergestellten feinen Elektronensonde zeigt wohl deutlich, wie eine ursprünglich nur für eine ganz bestimmte Aufgabe erarbeitete Anordnung viele kaum voraussehbare weitere Möglichkeiten erschließen kann.

So ist es sehr oft in der Forschung. Hat man neue Methoden und Anordnungen gefunden, ist es meist sehr lohnend und reizvoll, gründlich darüber nachzudenken, in welcher Richtung sie noch erfolgreich eingesetzt werden könnten. Dazu gehören allerdings viel Phantasie, gute Fachliteraturkenntnisse, hohe Konzentrationsfähigkeit und nicht zuletzt auch Diskussionen mit Fachkollegen, aus denen sich oft wichtige Anregungen ergeben.

Das Universal-Elektronenmikroskop

In einer Arbeit, die ich 1938 über »Die Grenzen für das Auflösungsvermögen des Elektronenmikroskops« in der »Zeitschrift für Physik« veröffentlichte, begründete ich, daß mit dem Durchstrahlungs-Elektronenmikroskop ein Auflösungsvermögen von mindestens 1 μm erreichbar sein müßte. Gegenüber dieser Schätzung zeigten die besten elektronenmikroskopischen Aufnahmen zu jenem Zeitpunkt kaum 10 μm. Danach war also wenigstens noch eine Steigerung der spezifischen Bildpunktezahl elektronenmikroskopischer Aufnahmen im Verhältnis 100 : 1 möglich.

Diese Erkenntnis veranlaßte mich, zunächst ohne Unterrichtung des Siemens-Kreises ein Durchstrahlungs-Elektronenmikroskop für höchste Auflösung, das *Universal-Elektronenmikroskop*, zu entwickeln. Ende 1939 war es betriebsbereit, und schon die ersten, Anfang 1940 gewonnenen Bilder ließen einen sehr bedeutenden Schärfegewinn gegenüber den besten Aufnahmen anderer Elektronenmikroskope erkennen. Sie gestatteten zum Teil Einblick in bis dahin unbekannte Bereiche des Mikrokosmos, zum Beispiel die Morphologie der Rauche, unentwickelter und entwickelter Bromsilberkörner, der Katalysatoren, der Fasern sowie die ersten Bilder von Teilungsvorgängen der Bakterien und von definierten chemischen Molekülen. In einem Aufsatz für die »Naturwissenschaften« faßte ich Abbildungen und Technik zusammen.

Hohes Entwicklungstempo durch Baukastenprinzip

Beim Universal-Elektronenmikroskop war ein Konstruktionsprinzip angewendet worden, welches wir auch später immer wieder befolgten. Es besteht darin: Das in Metall angefertigte Instrument wird so gebaut, daß alle für seinen Betrieb wesentlichen Bestandteile bequem, ohne Demontage oder Umbau des Gerätes, ja sogar ohne Verjustierung der übrigen Teile, herausgenommen und ausgewechselt werden können.

Wir wandten dieses Baukastenprinzip – aus der modernen naturwissenschaftlichen Forschung ist es nicht mehr wegzudenken – an, weil es eine schnelle Realisierung neuer Ideen und Methoden erlaubt, etwa durch kurzfristigen Neubau der auswechselbaren Einzelelemente, ohne das Gesamtinstrument umkonstruieren zu müssen. Ein viel rascheres Entwicklungstempo ist die Folge.

Bilder, die das menschliche Auge noch nie sah

Im Fall des Universal-Elektronenmikroskops zum Beispiel kamen wir relativ schnell zu einer Fülle von Ergebnissen: Die übergroße Empfindlichkeit des Gerätes gegen mechanische Erschütterungen konnte beseitigt und im wesentlichen dadurch Anfang 1940 das Auflösungsvermögen von vorher etwa 10 μm auf zunächst 3 μm gesteigert werden. Aus der Überlegung, daß die sehr hohe Tiefenschärfe des Elektronenmikroskops für das Stereoverfahren große Vorteile gegenüber den Verhältnissen beim Lichtmikroskop bietet, entstanden eine Einrichtung für die Aufnahme stereoskopischer Teilbilder und die *ersten elektronenmikroskopischen Stereoaufnahmen.* Wir rüsteten das Objektivsystem mit im Betrieb zentrierbaren hochgereinigten Blenden von wenigen μm Durchmesser aus. Dadurch erreichten wir die ersten Dunkelfeld-Elektronenbilder mit übermikroskopischer Auflösung. Nachdem wir ein Objektivsystem mit einer Objektabschattungseinrichtung geschaffen hatten, wurden die ersten übermikroskopischen Bildpaare vom Ablauf bestimmter Lebensvorgänge gewonnen. Weiter bauten wir in Verbindung mit dem 1941 entwickelten 200-kV-Universal-Elektronenmikroskop ein Objektivsystem mit Objekterhitzungseinrichtung, das zusammen mit einer Vakuumfilmkamera Platzwechsel und Sintervorgänge bei einstellbaren, definierten Objekttemperaturen bis über 1500 °C kinematografisch festzuhalten gestattete und den Weg zur späteren Elektronenmikroskopie mit sehr viel höheren Spannungen wies. Schließlich gelang es noch während des Krieges durch Verstärkung des Objektiv-Magnetfeldes und Objektivlage nahe dem Feldmaximum (Vorläufer der heutigen Kondensor-Objektiv-Einfeldlinse), das Auflösungsvermögen auf 1,2 μm (12 Å) zu steigern.

Als Anfang 1940 diese Verbesserung und mit ihr die erste Abbildung definierter chemischer Moleküle glückte, als darüber hinaus wenige Wochen später die ersten stereoskopischen Bilder von Welten hergestellt werden konnten, die dem menschlichen Auge bis dahin verschlossen waren, verwirklichte sich ein Traum meiner Jugendjahre.

Max von Laue besichtigt mein Universal-Elektronenmikroskop

Der erste Besucher, der im Dezember 1939 mein Universal-Elektronenmikroskop in Betrieb beobachtete und bei dieser Gelegenheit auf dem Schirm einer Fernsehröhre auch die Abbildung von Oberflächen (Diatomeen) mit meinem Elektronen-Rastermikroskop in hoher Tiefenschärfe sah, war der Nobelpreisträger Professor Dr. Max von Laue. Angeregt durch hochgradig aufgelöste Bilder sich teilender Bakterien, sprachen wir damals besonders über die zu erwartenden Konsequenzen aus der Entwicklung des Elektronenmikroskops sowie des Elektronen-Rastermikroskops für den Fortschritt der Biologie und vor allem der Zellforschung.

Bei seiner Ankunft erwarteten wir den hohen Gast am Haupteingang des Lichterfelder Gebäudes. Groß war unsere Überraschung, als der Besucher in sportlichem Dreß mit einem Rucksack über die Hintertreppe erschien. Er hatte vorher unerkannt sein Fahrrad an der Rückseite des Hauses abgestellt.

Drittes Kapitel

Krieg

Start ins Unglück

Vom Kriegsausbruch 1939 ist mir noch heute das Gefühl tiefster Depression gegenwärtig, das die Geschehnisse und Reden dieser Tage bei mir auslösten. Seit dem Simon-Eden-Besuch in Berlin hatte ich einen solchen Start in das Unglück erwartet. Mit Wehmut denke ich an die letzten Gespräche mit meinen beiden jüngeren Brüdern vor ihrer Abreise an die Front zurück. Sie wußten, welchem Schicksal sie entgegengingen. Wenige Monate später waren Gothilo und Ekkehard gefallen; der eine vor Warschau und der andere bei Rethel.

Der Weiterbestand des Laboratoriums während des Krieges schien zunächst auf dem üblichen Wege über das Rüstungskommando gesichert, obwohl infolge meiner politischen Zurückhaltung gegen Ende 1939 keine speziellen Aufgaben von aktueller militärischer Bedeutung bearbeitet wurden.

Mein Buch »Elektronen-Übermikroskopie«

Meine ganze Kraft galt zu jener Zeit der Forschung am und mit dem Elektronenmikroskop sowie der Abfassung meines im Frühjahr 1940 herausgekommenen Buches »Elektronen-Übermikroskopie«. Dieses erste Buch über Technik und Anwendung der Elektronenmikroskopie erschien noch während des Krieges in der Sowjetunion, in den Vereinigten Staaten und in Japan. Die japanische Ausgabe löste, wie mir Elektronenoptiker aus dem Fernen Osten später erzählten, eine starke Orientierung der Industrie des Landes auf Elektronenmikroskope und Elektronenstrahlanlagen aus.

Ein großer Teil der Arbeiten, die in dem Buch zusammengefaßt sind, waren gemeinsam mit Mitarbeitern des Kaiser-Wilhelm-Instituts für physikalische Chemie geleistet worden. Auf Initiative des Leiters dieses Instituts, des Kolloid-Chemikers Professor Dr. Peter-Adolf Thiessen, kam es zu einem Abkommen zwischen der

Deutschen Forschungsgemeinschaft und meinem Laboratorium. Bald darauf wurde eine weiterer Vertrag mit der von Professor Houdrement geleiteten Versuchsanstalt von Krupp in Essen abgeschlossen, der dazu führte, daß Krupps gesamte übermikroskopische Forschung bei uns erfolgte. Außerdem bestand ja noch die Siemens-Vereinbarung. Diese Bindungen sicherten nicht nur die finanziellen Mittel für unsere Forschungen, sondern gaben der Tätigkeit einen Anstrich, der die Wichtigkeit des Instituts auch während des Krieges außer Zweifel stellte. Darauf mußte ich im Interesse meiner Mitarbeiter und der Erhaltung des bisher Geschaffenen Wert legen.

Denkwürdiges Gespräch mit Max Planck

Am 2. Februar 1940 besuchte Geheimrat Max Planck das Lichterfelder Laboratorium und sah die mit dem neuen Universal-Elektronenmikroskop erzielten Ergebnisse. Sein Freund von Laue hatte ihn neugierig gemacht. Plancks sonst stets ernster Blick hellte sich auf, als er die zahlreichen hochvergrößerten elektronenmikroskopischen Aufnahmen, die ersten Stereobilder aus dem Mikrokosmos und speziell die ersten Wiedergaben von chemischen Molekülen auf dem Leuchtschirm des Mikroskops erblickte.

Als Professor Planck sich verabschieden wollte, fragte ich, ob ich ihn nach Hause fahren dürfe. Er setzte sich neben mich in den Mercedes. Der Weg von Lichterfelde bis zu seinem Haus im Grunewald dauerte vielleicht nur eine Viertelstunde. In meiner Erinnerung spielt diese Fahrt jedoch eine besonders große Rolle, und der Gedankenaustausch mit ihm ist mir unvergeßlich geblieben.

Dadurch, daß Geheimrat Planck meinen Arbeiten im Institut soviel Interesse entgegengebracht und sich sehr zugänglich gezeigt hatte, war ich ermutigt, ein ganz persönliches Gespräch mit ihm zu führen – in aller Offenheit. Vielleicht trug das enge Nebeneinander im Wagen mit zu diesem Wunsch bei. Natürlich hätten wir auch im Institut keine Zuhörer gehabt. Aber der begrenzte Raum des Autos vermittelte das Gefühl einer besonderen Vertrautheit, was unsere Unterhaltung offenbar erleichterte.

Auf dem Rücksitz lag der »Völkische Beobachter« mit dem Wehrmachtsbericht: »...Die deutsche Luftwaffe setzte die Aufklärungstätigkeit gegen Großbritannien fort.« Max Planck hatte die Zeitung in die Hand genommen und sprach diese Zeilen laut nach. In jenem Augenblick stand in seinem Gesicht geschrieben, was er dachte. Ich fragte ganz spontan: »Was wird werden?«

»Das können Sie ja im ›Völkischen Beobachter‹ nachlesen. Wir fahren gegen Engeland.« Sein Ton war sarkastisch. Den anschließenden Dialog habe ich so in Erinnerung:

Er fragte, wobei er mich von der Seite ansah: »Oder glauben Sie das nicht? Haben Sie Zweifel?«

»Ja«, antwortete ich. »Ich kenne Amerika. Die ungeheure industrielle Potenz dieses Landes.«

»Sie glauben also, Amerika wird uns eines Tages den Krieg erklären?«

»Ja«, gestand ich.

»Dann erwarten wir das gleiche. Die jetzigen militärischen Erfolge sollten einen Wissenschaftler, der kritisch zu denken gelernt hat, nicht täuschen. Leider täuschen sich noch immer sehr viele.« Nach längerer Pause fügte er hinzu: »Ich bin sehr besorgt.«

Max Planck zur Urankernspaltung

Daraufhin fragte ich: »Sie denken an die Hahnsche Entdeckung der Urankernspaltung? Was werden die Folgen sein?«

»Die Folgen werden unvorstellbar sein.«

Heute weiß ich nicht mehr, wie es mir möglich war, den Wagen an diesem Mittag sicher durch den Verkehr zu lenken. Planck hatte ein tiefernstes Gesicht. Und wie zu sich selbst sagte er: »Wenn dieses Machtmittel in unrechte Hände gerät…« Er sprach den Satz nicht zu Ende.

Ich wollte etwas erwidern. Mir fiel nichts Besseres ein als: »Es ist die gewaltigste Energiequelle der Natur.«

»Ja«, entgegnete Planck, »und sie müßte zum Wohle der Menschheit eingesetzt werden.« Wieder Schweigen. Und dann der Satz, den ich nie vergessen werde: »Aber es wird anders kommen.«

Als wir zu Beginn unserer Unterhaltung über die Kriegslage sprachen, mußte ich unwillkürlich an die Unterredung denken, die ich nach der Machtergreifung der Nazis mit meinem Freund Richard Wienstein führte. Schon damals war von ihm der Krieg und alles Schreckliche vorausgesehen worden. Planck kannte das »Dritte Reich« noch besser. Er hatte miterlebt, wie die Blüte der deutschen Wissenschaft in Tod, Elend und Emigration getrieben wurde.

So, wie damals das Gespräch mit Wienstein meine Skepsis gegen die nazistische Politik verstärkt hatte, ist der 2. Februar 1940 für mich ein Markstein geworden. Die ernsten Mahnungen Max Plancks ließen in mir die Erkenntnis reifen: Der wahnsinnige, von Hitlerdeutschland ausgelöste Krieg kann nur in einer Katastrophe enden.

Die Grundhaltung von Max Planck

Tief beeindruckt von Max Plancks hohem ethischen Verantwortungsgefühl begann ich mir Gedanken darüber zu machen, wie der einzelne Forscher auf die Anwendung seiner Arbeitsergebnisse im Sinne der Menschlichkeit und des Fortschritts Einfluß nehmen kann.

Max Planck wird oftmals als ein Mann beschrieben, der in seinem Urteil bis aufs äußerste abwägend und vorsichtig gewesen sei. Ich habe ihn so eigentlich nicht kennengelernt. Er war sicherlich zurückhaltend, bis er sich eine Meinung gebildet hatte. War er in seinen Überlegungen zu einem Ergebnis gekommen, vertrat er seine Überzeugung jedoch mit eindringlicher Bestimmtheit und seltener Zivilcourage. Das erlebte ich an manchen Abenden im Kreise seiner berühmten Kollegen. Aus dieser Haltung erklärt sich sein mutiger Gang zu Hitler nach 1933, um als Präsident der Kaiser-Wilhelm-Gesellschaft sein Veto gegen die Judenverfolgungen einzulegen. Hitler hatte ihn stehenlassen.

Max Plancks Sohn wird hingerichtet

Plancks hohe Gesinnung, sein Widerstandsgeist gegen die Hitlerherrschaft wurde von seinen Angehörigen geteilt. Immer wieder muß ich daran denken, wie 1945 kurz vor Kriegsende Hermann Priebe vor uns stand, der Pfarrer mit dem zweifachen Doktortitel, der meine Frau und mich getraut hatte und mit dem die Familie meiner Frau schon seit langer Zeit befreundet war. Als er uns begrüßte, spürten wir sofort, daß er uns etwas Schreckliches sagen würde: »Plancks Sohn ist hingerichtet worden.« Wir saßen wie versteinert. Hitler hatte sich an seinem Widersacher gerächt, der menschliche Ungeist am menschlichen Geist. Max Planck trug für den Rest seines Lebens schwer an dieser Last.

Zum letzten Mal sah ich ihn 1941 bei einer Akademiefeier, während der mir für meinen Beitrag zur Entwicklung des Elektronenmikroskops die Silberne Leibniz-Medaille der Preußischen Akademie der Wissenschaften verliehen wurde.

Max Planck – der klare Formulierer

Max Planck, der kühle Denker, war auch ein großer Formulierer. Ich wüßte nicht, wer die Aufgaben des experimentellen Physikers gegenüber denen des theoretischen Physikers klarer und anschaulicher mit im Grunde so einfachen Worten hätte darlegen können wie er. »Es stellt sich immer dringender die Notwendigkeit einer zweckmäßigen Arbeitsteilung ein«, sagte er das letzte Mal vor Studenten am 28. März 1947 in einem Vortrag, der dank einer Bandaufnahme erhalten geblieben ist: »Der Experimentator steht in vorderster Linie. Er ist es, der die entscheidenden Versuche und Messungen ausführt. Ein Versuch bedeutet die Stellung einer an die Natur gerichteten Frage. Und eine Messung bedeutet die Entgegennahme der von der Natur darauf erteilten Antwort. Aber ehe man einen Versuch ausführt, muß man ihn ersinnen, das heißt: Man muß die Frage an die Natur formulieren. Und ehe man eine Messung verwertet, muß man sie deuten, das heißt: Man muß die von der Natur erteilte Antwort verstehen. Mit diesen beiden Aufgaben beschäftigt sich der Theoretiker.«

Plancks Aufzeichnungen

Das Spiel des Zufalls ließ die handschriftlichen Ausarbeitungen dieses großen Wissenschaftlers über die Vorlesungen, die er in seiner Studienzeit gehört hat, und seine persönliche wissenschaftliche Bibliothek bei Kriegsende in das Institut gelangen, das ich in der Sowjetunion leitete. Wegen der Luftangriffe hatte Professor Planck diese Dinge verlagert, und so waren sie schließlich in die Sowjetunion gekommen. Als die Aufzeichnungen eintrafen, ließ ich sie umgehend registrieren und sicher verwahren. Die Niederschriften beeindruckten und berührten mich tief. Sie zeichneten sich durch außergewöhnliche Übersichtlichkeit, Gründlichkeit und – durch gestochene Schrift aus. Als im Winter 1956/57 eine sowjetische Delegation bei uns weilte, regte ich an, diese persönlichen Dokumente aus der Hand des Schöpfers der Quantentheorie der Deutschen Akademie der Wissenschaften zur Verfügung zu stellen. Meine Bitte fand Gehör. Auf der Festsitzung der Deutschen Akademie der Wissenschaften zu Berlin aus Anlaß des hundertsten Geburtstags von Max Planck am 23. April 1958 wurden die handgeschriebenen Materialien und die Bibliothek übergeben.

Zusammenarbeit mit Instituten anderer Fachrichtungen

Bis zur Inbetriebnahme des ersten Universal-Elektronenmikroskops beschränkte sich die Zusammenarbeit mit anderen Forschungsinstituten fast ausschließlich auf fachlich gleichartige Entwicklungsstellen. Eine solche Kooperation, die den Charakter eines Wettbewerbs hat, verlangt vom erfinderisch und publizistisch tätigen Wissenschaftler, wenn die Verbindung über mehrere Jahre stabil bleiben soll, ein besonders hohes Maß an Produktivität, Geschicklichkeit in der gegenseitigen Abgrenzung der Aufgaben und viel Diplomatie. Meine beiden Universal-Elektronenmikroskope – sie stellten mit ihren Zusatzeinrichtungen über mehr als ein Jahrzehnt die leistungsfähigsten Instrumente dieser Art dar – führten nun zu einer anderen Form des Zusammenwirkens, bei der Partner verschiedener Fachrichtungen einem gemeinsamen Ziel zustreben und sich wechselseitig helfen. Die Interessen liegen nicht im Widerstreit miteinander, sondern ergänzen sich. Das fördert die Ergebnisse und schafft eine Atmosphäre, an die alle Beteiligten besonders gern zurückdenken.

Projekt eines Panorama-Radargerätes zur Abwehr von Luftangriffen

Auf der Physiker-Tagung 1936 in Bad Salzbrunn hatte ich über eine speziell für die Zwecke der Radartechnik entwickelte Elektronenstrahleinrichtung, den Polarkoordinaten-Oszillographen, referiert. Er war nicht nur für Meßzwecke, sondern auch für eine besondere Art von Fernsehen ausgezeichnet geeignet. Ein Freund der Familie, der Kurzwellen-Physiker Dr. H. E. Hollmann, wollte dieses Gerät in den ersten Kriegsmonaten für das Sehen mit sehr kurzen elektrischen Wellen verwenden; ein Thema, mit dem er sich schon früher beschäftigt hatte. Wir faßten den Plan, gemeinsam die Entwicklung eines Panorama-Radargeräts mit aller Energie durchzusetzen. Uns war die Möglichkeit, die neue Einrichtung zur Abwehr von Luftangriffen zu verwenden, so klar, daß wir unseren Vorschlag, erläutert durch allgemeinverständliche Zeichnungen und Fotos von Leuchtschirmfiguren, am 28. Oktober 1940 unmittelbar Göring unterbreiteten. Der lehnte jedoch ab, weil es sich bei dem Projekt um eine mehrjährige Entwicklung handle, die einzuleiten sich nicht mehr lohne, da der Krieg schon so gut wie gewonnen sei. Er schien 1940 überhaupt wenig an Maßnahmen zum Schutz gegen feindliche Angriffe aus der Luft interessiert zu sein. Mit unserer Anlage hätten die Echos angreifender Flugzeugverbände – heute eine Selbstverständlichkeit – auf weite Entfernung vom Erdboden aus geortet werden können.

Gleiche Lösung wie das Panorama-Radargerät der Alliierten

Die 1940 von uns eingereichte Anordnung ist fast bis in alle technischen Einzelheiten, sogar in der Wahl der Wellenlänge, mit jenem Gerät identisch, das etwa zweieinhalb Jahre später erstmals dem Oberkommando der Wehrmacht bekannt wurde, als eine entsprechend ausgerüstete Maschine der Alliierten bei Rotterdam abgeschossen worden war.

In England war Sir Watson-Watt zum gleichen Zeitpunkt wie wir zu den – im Gegensatz zu unserem Projekt freilich auf offensive Verwendung zugeschnittenen – technischen Lösungen gelangt und auf starkes Interesse der britischen Regierung gestoßen. Er war in den entscheidenden Anfangsstadien seiner Tätigkeit auf dem Gebiet der Radiowellenmessung mit Elektronenstrahlröhren in den Jahren vor 1933 durch Zusammenarbeit mit uns stimuliert worden. Bei seiner Konstruktion zeichneten sich auf dem Schirm einer Elektronenstrahlröhre im Flugzeug bei Dunkelheit und durch dichte Wolken die wichtigsten Konturen der überflogenen, beziehungsweise anzugreifenden Städte und Gebiete ab. Die Steuerung des Bildinhalts erfolgte durch Wellen eines 9,2-cm-Impuls-Magnetronsenders mit Hohlraummagnetron nach Megaw, die vom Erdboden reflektiert wurden. Während des Kriegs lief dieses Gerät in England unter der Geheimbezeichnung H2S-Radar.

Am 1. Januar 1944 schrieb Goebbels im »Völkischen Beobachter«: »Das scheinbare Abflauen des U-Boot-Krieges beruht auf einer einzigen technischen Erfindung auf seiten unserer Gegner. Sie auszuschalten sind wir nicht nur im Begriff, sondern wir sind überzeugt, daß dies auch in kurzer Frist gelungen sein wird.«

Zu spätes Interesse

Als das englische Panorama-Radargerät in Deutschland bekannt und die ganze deutsche Physik von Dönitz zu seiner Bekämpfung aufgerufen wurde, erinnerte man sich unseres Vorschlags aus dem Jahre 1940 und zog uns zur technischen Analyse des bei Rotterdam erbeuteten Apparates hinzu. In diesem Zusammenhang hatten Dr. Hollmann und ich Besprechungen mit dem Beauftragten von Dönitz, Admiral Stummel, und dem Beauftragten für Hochfrequenzforschung, Staatsrat Dr. Plendl. Typisch für den Charakter der Großen jener Tage ist, daß Dr. Plendl, der mir seit über zehn Jahren gut bekannt war und mir wenige Tage vorher noch herzlich zur Geburt meines Sohnes gratuliert hatte, unseren schriftlichen Hinweis auf den von Göring nicht beachteten Vorschlag aus dem Jahre 1940 mit plötzlicher eisiger Zurückhaltung beantwortete.

Mir scheinen diese Dinge vor allem deshalb noch erwähnenswert, weil sie ein bezeichnendes Licht auf die menschenverachtende Haltung der faschistischen Führung und des von ihr repräsentierten Systems werfen. Wahrscheinlich hätte, entgegen der damaligen Hoffnung, auch unsere Erfindung keinen entscheidenden Schutz für die Städte gebracht. Heute muß unser ehrlicher Wunsch, das Leben deutscher Menschen verteidigen zu helfen, im Bannkreis jener aggressiven Politik zumindest als Illusion verdächtig erscheinen. Vielleicht war ich wie mancher andere Physiker zu jener Zeit in politischen Fragen noch allzu sehr nur Physiker. Die kaltschnäuzige Ignoranz aber, mit der sich die braunen Herrenmenschen über die Interessen des Volkes hinwegsetzten, empörte mich damals maßlos.

Keine Perspektive für die Atomphysik

Meine wissenschaftliche Faszination über die Hahnsche Entdekkung, gepaart mit dieser mir heute nur noch schwer erklärbaren Leichtfertigkeit hinsichtlich der Einschätzung möglicher politischer Konsequenzen, führte mich bald darauf in eine noch kritischere Position.

Während besonders in den Vereinigten Staaten die experimentelle und später die angewandte Kernphysik in den Jahren nach 1933 gewaltig gefördert und ausgebaut wurde, konnten die maßgebenden Atomphysiker in Deutschland eine großzügige staatliche Unterstützung in der gleichen Zeit nicht durchsetzen.

Der Grund dafür lag zum Teil in der Gleichgültigkeit der Staatsführung, zum Teil in der Unfähigkeit und dem mangelnden Durchsetzungsvermögen des für die Forschung verantwortlichen Kultusministers Rust und nicht zuletzt wohl auch darin, daß die führenden Atomphysiker von vornherein auf zeitraubende Versuche verzichteten, staatliche Unterstützung zu bekommen. Die wissenschaftlichen Führungsspitzen der großen Elektrokonzerne schienen ebenfalls die gewaltigen Zukunftsaussichten der Kernphysik nicht erkannt zu haben. Folglich wurden größere Atomumwandlungsanlagen in Deutschland weder entwickelt noch gebaut. Erst als die Bedeutung der Hahnschen Entdeckung am 15. August 1939 durch einen Aufsatz von Dr. Flügge – zu dieser Zeit Mitarbeiter im Kaiser-Wilhelm-Institut für Chemie – in der »Deutschen Allgemeinen Zeitung« leicht verständlich dargestellt wurde, zeigten sich einige höhere Staatsstellen zeitweilig interessiert.

Damals besuchte ich Professor Philipp, den Mitarbeiter von Professor Hahn, und versuchte ihn zu bewegen, eine Sonderunterstützung zum Bau größerer Atomumwandlungs-Anlagen zu beantragen. Er hielt diesen Weg für nicht opportun, da hierbei die für die Kaiser-Wilhelm-Institute zuständigen Instanzen übergangen worden wären. Zwei Jahre später leiteten Professor Hahn und seine Mitarbeiter doch noch über das Luftfahrtministerium solch ein Vorhaben ein, das aber nicht vollendet wurde – wobei die anglo-amerikanischen Luftangriffe sicher eine wesentliche Rolle gespielt haben.

Da das eigentlich zuständige Hahnsche Institut seine Forschungsbasis nicht erweiterte, machte ich Ende 1939 den Reichspostminister Ohnesorge in einem Schreiben und durch persönlichen Vortrag auf die ungeheure Bedeutung der Hahnschen und Straßmannschen Entdeckung aufmerksam. Dieser Vorstoß blieb ebenfalls erfolglos.

Eine Möglichkeit, die zum Glück nicht realisiert wurde

Bei Besuchen in Dahlem und Lichterfelde hatte ich 1940 sowohl Professor Otto Hahn als auch Professor Werner Heisenberg die Frage gestellt, wieviel Gramm des reinen Isotops Uran-235 zur Entfesselung einer momentan ablaufenden Kernkettenreaktion benötigt würden. Sie antworteten mir: »Wenige Kilogramm.« In diesen Gesprächen vertrat ich die Auffassung, es sei technisch durchaus möglich, mit Hilfe hochgezüchteter magnetischer Massentrenner (die wir damals gedanklich vorbereitet hatten), Uran-235-Mengen von einigen Kilogramm zu erhalten, wenn man dafür große Elektrokonzerne einsetzen würde.

Es kam glücklicherweise nicht zu einem gemeinsamen Schritt in dieser Richtung. Unausdenkbar, wäre unter der braunen Herrschaft die Atombombe gebaut worden! Durch die Unmenschlichkeit der Faschisten wäre für die Völker Europas und darüber hinaus für die gesamte Menschheit schlimmstes Unheil entstanden. Die furchtbaren Opfer und Verluste des Zweiten Weltkrieges hätten dann ein Maß erreicht, das wohl alles Vorstellbare weit übertroffen hätte.

Mich hatte dieses neue Feld der Atomphysik so gepackt, daß ich nicht nachließ, auf seine wissenschaftliche Bedeutung hinzuweisen. Allerdings beschränkte ich mich 1940 darauf zu betonen, wie wichtig es sei, leistungsfähige Umwandlungsanlagen für die zukünftige kernphysikalische Forschung mit markierten Isotopen zu schaffen. Insgeheim dachte ich dabei besonders an die technischen Voraussetzungen zur Herstellung von radioaktiven Isotopen für die Indikatorenmethode. Diese vor allem für biochemische, biologische und medizinische Untersuchungen hochwichtige Analysenmöglichkeit interessierte mich damals sehr. Daher schrieb ich 1944 ein Buch über die Grundlagen der Herstellung und Anwendung von Isotopen als Indikatoren.

Die Intervention bei Ohnesorge hatte schließlich doch noch Auswirkungen. Ich erhielt von ihm den Auftrag, im Lichterfelder Laboratorium eine 1-Million-Volt-van-de-Graaff-Anlage zu errichten. Sie war 1941 vollendet. Angeregt durch meine Pläne, gründete Ohnesorge außerdem im Bereich der Postverwaltung ein kernphysikalisches Institut in Miersdorf bei Zeuthen (nach 1950 Kernphysikalisches Institut der Deutschen Akademie der Wissenschaften Miersdorf bei Zeuthen), das zunächst eine Philips-Kaskaden-Generator-Anlage erhielt. 1940 wurde dann sowohl in meinem Laboratorium als auch im Miersdorfer Institut der Deutschen Reichspost mit dem Bau einer 60-Tonnen-Zyklotron-Anlage und später einer Pilotanlage für magnetische Massentrennung mit Plasma-Ionenquelle begonnen.

Bei den Versuchen mit der 1-Million-Volt-Anlage erwies es sich als günstig, sie mit einer Elektronenquelle und am unteren Ende des Entladungsrohres mit einem Lenardfenster zu armieren. So arbeitete sie als Elektronenstrahl-Generator. Wurde die Anlage angeschaltet, sahen wir im Meßbunker das magische blaue Leuchten eines 2 m langen Elektronenstrahles in der freien Atmosphäre. Ein unvergeßliches Bild gewaltiger, gebändigter Energie.

Inzwischen war es mir geglückt, den Auskeimungsvorgang von Kartoffelbazillussporen im Übermikroskop abzubilden. Wohl in dem Gedanken, daß dabei die lebendige Substanz den viele Größenordnungen höheren Elektronendichten im Elektronenmikroskop standgehalten hatte, streckten ich und zwei meiner Mitarbeiter etwa für eine halbe Sekunde die rechte Hand in den 1-Millionen-Volt-Elektronenstrahl. Wir wußten: Er dringt nicht tiefer als etwa 4 mm in das lebende Gewebe ein. Auch das mag zu unserer leichtsinnigen Handlungsweise beigetragen haben. Wir spürten nur ein leichtes Hitzegefühl. Wie sich später herausstellte, hatte die ionisierende Wirkung einem hypothetischen Radiumpräparat von etwa 100 kg entsprochen.

In den folgenden Wochen und Monaten lernten wir drei Betroffenen die Strahlenschädigungen auf so schmerzhafte und eindrucksvolle Weise kennen, daß wir für dieses Physiker-Leben gegen jede weitere Unbedachtheit beim Umgang mit Strahlen gefeit sein dürften. Verbrennungen dritten Grades riefen nach etwa vierzehn Tagen das höchste Interesse der Spezialärzte wach. Abgesehen von steif bleibenden Fingern traten jedoch keine anderen Dauerschäden auf, weil größere Gefäße unbestrahlt geblieben waren. Ich erwähne diese am eigenen Leib gemachte Erfahrung, um die Notwendigkeit der modernen Strahlenschutz-Maßnahmen und Strahlenschutz-Gesetzgebung zu betonen. Außerdem hat das Erlebnis dazu beigetragen, mein fachliches Interesse an Strahlentherapie und am Krebsproblem wachzurufen.

Etwa um die gleiche Zeit geriet eine meiner Laborantinnen in Lebensgefahr. Sie hatte ein Glasröhrchen mit unserem stärksten Radiumpräparat – wie sich zeigte, einem fehlerhaften – dicht vor ihrem Gesicht, als es explodierte. Ihr Leben verdankt sie wohl nur dem Umstand, daß sie zum kritischen Zeitpunkt nicht ein- sondern ausatmete. So blieb, wie sich aus den Messungen ergab, die von ihrem Körper aufgenommene Menge an Radiumelement unterhalb des schädlichen Wertes.

Durch die Radiumexplosion wurde leider ein Teil unserer kernphysikalischen Laboratorien unbrauchbar, denn in dem betreffenden Raum und seiner Umgebung ergab sich trotz sofort eingeleiteter und erfolgreicher Wiedergewinnungsmaßnahmen, Auswechslung der gesamten Einrichtung und Neugestaltung der Zimmerwände und -böden eine für die empfindlichen Zählrohr-Apparaturen kritische Zunahme des sogenannten Nulleffektes.

Beschäftigung »belasteter« Personen

Im Gegensatz zu den staatlichen Instituten und den vom Staat kontrollierten beziehungweise subventionierten Laboratorien der Industrie konnte ich auch politisch belastete oder von dem »Arier«-Paragraphen betroffene Personen beschäftigen. In verschiedenen Fällen wurden mir sogar von Kollegen, die in ihrem eigenen Bereich nicht helfen konnten, Bitten übermittelt, denen wir im Rahmen unserer Einstellungsmöglichkeiten immer mit Freude entsprochen haben. Unsere Breitschaft dazu wurde auch Professor Max von Laue bekannt, der sich im Herbst 1940 an mich wandte. Er tat es für den Kernphysiker F. G. Houtermans, der bereits viele unerfreuliche Erlebnisse und manche Verhöre hinter sich hatte. Da in Lichterfelde gerade die kernphysikalischen Laboratorien aufgebaut wurden und mich die Indikatormethode mit radioaktiven und stabilen Isotopen immer stärker zu interessieren begann, erfüllte ich den Wunsch Max von Laues besonders gern.

Houtermans als Mitarbeiter und Forscher

Houtermans trat am 1. Januar 1941 in den Kreis der Mitarbeiter des Lichterfelder Laboratoriums ein und war dort bis kurz vor Kriegsende tätig. Während dieser Jahre ist er mit seinen phantasievollen, genialen Ideen eine der tragenden Säulen im Lichterfelder Team gewesen. Bald nach dem Krieg folgte dieser hervorragende Kernphysiker, für den sich schon Niels Bohr eingesetzt hatte, einem Ruf an die Universität Bern, wo er bis zu seinem Tod den Lehrstuhl für Physik innehatte.

Mit seinen früheren Arbeiten hatte Houtermans wichtige physikalische Grundlagen für die Entwicklung der Wasserstoffbombe geschaffen. In Lichterfelde beschäftigte er sich mit der Abschätzung des Energieverbrauchs bei der Isotopentrennung. Dieses Thema stellte ich ihm gleich zu Beginn im Hinblick auf die vermutete und später in den Vereinigten Staaten und in der Sowjetunion zur Gewißheit gewordene Bedeutung der Isotopentrennung für die Indikatorenmethode und für die Realisierung von Kernkettenreaktionen. Auch bei der Messung von Wirkungsquerschnitten für langsame Neutronen machte er sich verdient.

Die wichtigsten Ergebnisse seiner Tätigkeit faßte Houtermans in einem Geheimbericht »Zur Frage der Auslösung von Kernkettenreaktionen« zusammen, der damals allen maßgebenden deutschen Kernphysikern übermittelt wurde. In dieser Schrift aus dem Jahre 1941 sagte Houtermans die Spaltbarkeit und die Perspektiven des Plutoniums voraus. Er stellte die Überlegenheit des Plutonium-Verfahrens gegenüber der Spaltstoffherstellung durch Isotopentrennung dar und machte auf jenen Weg aufmerksam, der heute in den sogenannten Brutreaktoren als wohl rationellste Methode zur Energiegewinnung angewandt wird. Sie allein gestattet die vollständige Ausnutzung des Energieinhaltes von natürlichem Uran.

Es ist überraschend, diese Arbeit in den zusammenfassenden offiziellen Nachkriegsberichten kaum erwähnt zu finden, obwohl die Houtermansschen Untersuchungen sowohl von sowjetischen als auch von amerikanischen Wissenschaftlern mit größtem Interesse zur Kenntnis genommen wurden.

Das Lichterfelder 60-Tonnen-Zyklotron

Professor Houtermans, der bei seinen Messungen zunächst an die verhältnismäßig schwachen natürlichen Strahlenquellen gebunden war, setzte sich sehr für die Errichtung des 60-Tonnen-Zyklotrons in Lichterfelde ein. Außerdem war mit Professor Hahn besprochen worden, daß unsere Anlage auch seinem Dahlemer Kreis zur Verfügung stehen sollte. Ich hatte auf eine genauso gute Zusammenarbeit mit dem Hahnschen Kaiser-Wilhelm-Institut für Chemie gehofft, wie sie mit dem Thiessenschen Kaiser-Wilhelm-Institut für physikalische Chemie und dem Butenandtschen Kaiser-Wilhelm-Institut für Biochemie schon länger bestand. Leider ist es durch den Luftkrieg nicht mehr zur endgültigen Inbetriebnahme des Zyklotrons gekommen.

Und doch hat sich der Bau der Anlage sehr positiv ausgewirkt. Die dazu notwendigen Strahlenschutz-Maßnahmen erforderten erhebliche Sorgfalt und gaben mir eine Handhabe, 1941, das heißt zu einer Zeit, als dies noch möglich war, die sofortige Errichtung mehrerer großer unterirdischer Betonbunker durchzusetzen. Wenn die Entscheidung des Krieges auch eindeutig von den sowjetischen Armeen erkämpft wurde – in meiner damaligen Lage fühlte ich mein Institut besonders durch die vorausgesehenen anglo-amerikanischen Luftüberfälle bedroht. Ich fürchtete sie um so mehr, weil ich die Leistungsfähigkeit der Motorenindustrien dieser Länder aus eigener Anschauung kannte.

Während die Parallelanlage der Reichspost in Miersdorf oberirdisch installiert wurde, entstand unser Zyklotron in dem Hauptbunker von 10 × 10 m Grundfläche, dessen Boden 10 m unter der Erdoberfläche lag. Über 1½ m starke Eisenbetonwände bildeten einen guten Bombenschutz.

Daneben ließen wir noch zwei kleinere bauen, von denen der eine die 250-kW-Transformatorenstation aufnahm und der andere speziell als Luftschutzbunker diente. Wegen dieses Sonderzwecks gab es keine Verbindungstür zu den anderen unterirdischen Räumen. Er hatte auch nur eine Bodenfläche von etwa 2 × 3 m.

Diese Bauten waren Ende 1942, das heißt gerade rechtzeitig vor Einsetzen des verstärkten Luftkriegs fertig geworden. Ehe der Bombenhagel Berlin erreichte, entschloß ich mich im Frühjahr 1943, die wertvollsten Apparate des Instituts und die wichtigsten Anlagen in arbeitsfähigem Zustand auf engem Raum im Bunker aufzustellen. Den größten Teil der Wohnungseinrichtung ließ ich ebenfalls dorthin bringen. Dadurch konnte ich die Laboratoriums- und Wohnungseinrichtung trotz der Ereignisse, die nach dem Frühjahr 1943 über uns hereinbrachen, erhalten.

Der erste schwere Luftangriff

Den ersten schweren Luftangriff erlebten wir in Lichterfelde am 1. März 1943. An diesem Abend brannte unter anderem das Nachbarhaus und das nahe gelegene Laboratorium unseres

Freundes Hollmann ab. Der Eindruck dieser Zerstörungen veranlaßte mich, sofort eine Reihe von Maßnahmen zu ergreifen, um unsere Gebäude möglichst zu schützen. So wurde zum Beispiel der gesamte Dachstuhl innen und zum Teil auch außen mit Glaswolle umkleidet, der Boden mit einer 3 cm starken Sandschicht und teilweise mit Eisenblech und Glaswolle bedeckt; den Raum über meinem unverlagert gebliebenen Arbeitszimmer ließ ich gleichfalls mit Glaswolle auslegen.

Schutzmaßnahmen bewährten sich

Als ein Jahr später, Ende März 1944, ein »Bombenteppich« über unseren Stadtteil gelegt wurde und dabei mehrere Brandbomben in das Hauptgebäude einschlugen, verdankte ich diesen vorsorglich getroffenen Anordnungen, daß ich Werte von mehreren hunderttausend Mark retten konnte. Der Dachstuhl des Hauses und die oberen Räume brannten infolge meiner Maßnahmen sehr langsam ab, und so hatten wir genügend Zeit, die wichtigsten noch im Hause verbliebenen Sachen und Anlagen herauszuholen.

Da sich die Glaswolle auf dem Boden über meinem Arbeitszimmer mit Löschwasser vollsog, blieb dieser wichtige Raum vom Brand unberührt; ebenso gelang es, alle Werkstätten, die 1-Million-Volt-Atomumwandlungsanlage und das nicht in den Bunker verlegte 200-kV-Elektronenmikroskop zu erhalten. Am folgenden Tag fanden wir alle fünf Meter Einschlagstellen auf dem Grundstück.

In dieser Brandnacht kam es darauf an, die eigenen Luftschutzgeräte unter Berücksichtigung der Windrichtung, der Lage von Brandtüren und Brandmauern im Gebäude und der bereitstehenden Löschwassermengen mit kühlem Kopf zu führen und immer wieder zu kontrollieren, ob die Anordnungen trotz der Aufregung auch wirklich ausgeführt wurden. Durch die Glaswollverkleidung und die Räumung der oberen Etagen blieben die Mauern völlig unbeschädigt und erwiesen sich beim wenig später mit Hilfe des Rüstungskommandos eingeleiteten Wiederaufbau als stabil genug, ein Eisenbetondach von 45 cm Stärke zu tragen. Bei Kriegsende war das Hauptgebäude mit allen komplizierten Institutsinstallationen wieder hergestellt und in betriebsbereitem Zustand.

Schon vor dem Brand hatten wir bei dem englischen Nachtangriff auf Lankwitz am 23. August 1943 die Wirkung sogenannter Luftminen nachhaltig gespürt. Damals fielen an der Grundstücksgrenze zwei dieser Sprengkörper, die das gerade fertiggestellte Gartenhaus und zwei Nachbargebäude zerstörten. Die Bewohner kamen mit dem Leben davon, weil sie unsere Bunker aufgesucht hatten. Teilweise eingestürzte Außenmauern und viele eingedrückte oder geborstene Zwischenwände in unserem Hauptgebäude waren das Ergebnis der in einer Entfernung von nur 40 m detonierten Minen.

Selenphotozellen zur Brandstellenmeldung

Wir hatten in sämtlichen Räumen, von den äußersten Ecken der Dachstühle bis zur untersten Etage, Selenphotozellen installiert, die zunächst in Parallelschaltung mit einem Galvanometer im Luftschutzbunker verbunden waren. Sobald bei einem Nachtangriff das Licht einer Brandbombe direkt oder indirekt eine der Selenzellen traf, schlug das Galvanometer kräftig aus; man konnte dann die Parallelschaltung aufheben, über einen Wahlschalter mit Raumbezeichnung sofort den Brandort bestimmen und das Feuer noch im Entstehen bekämpfen. Als unser Hauptgebäude getroffen worden war, funktionierte die Anlage ausgezeichnet, nützte uns jedoch nur begrenzt, weil mehrere Brandbomben mit Sprengladung ausgerechnet auf die Treppe unseres Bunkers gefallen waren und uns hinderten, ihn schnell zu verlassen.

Nachdem ich die Anlage in der Zeitschrift »Gasschutz-Luftschutz« im Mai 1943 beschrieben hatte, sollten in Deutschland die wichtigsten Betriebe mit solchen Meldeeinrichtungen versehen werden. Tatsächlich wurden aber nur etwa fünfzig auf diese Weise geschützt und erhielten die erforderlichen Teile mit den notwendigen technischen Anweisungen.

Auf unserem Grundstück ließ ich zusätzlich an der Fahnenstange eine größere Selenphotozelle wasserdicht anbringen. Verbunden mit einem hochempfindlichen Galvanometer, zeigte sie im Bunker den Feuerschein von Brandbomben an, die in einem Umkreis von etwa 100 m auftrafen. Sie diente zur örtlichen Vorwarnung.

Im Ausstieg des Luftschutzbunkers hatten wir ein kleines 2-Zoll-Fernrohr aus meiner Sternwarte mit einigen Spiegeln und einer starken Verkleinerungslinse von etwa 15 cm Durchmesser kombiniert. Mit dem Instrument konnte man vom Bunker aus den Himmel in einem Raumwinkel von 90° ungefähr wie mit bloßem Auge betrachten. Durch diese optische Einrichtung sahen wir während der Angriffe, wann und wo die Markierungszeichen – damals allgemein Christbäume genannt – abgeworfen wurden und vor allen Dingen den Lichtblitz explodierender Bomben.

Die von den Detonationen im Verlauf der Angriffe verursachten Luftdruckschwankungen zeichneten wir seit Mitte 1944 mit einem umgebauten Barographen auf. Aus dem Zeitabstand zwischen Lichtblitz und Barometerreaktion ergab sich jeweils die Entfernung des Bombeneinschlages. Diese Hilfsmittel erlaubten uns, vor allem in Verbindung mit der gleichzeitig per Radio abgehörten Luftlagemeldung, ungefähr den jeweiligen Schwerpunkt des Bombardements und die noch bevorstehende Dauer einzuschätzen. Besonders die Barographen-Aufzeichnungen spiegelten eindrucksvoll die zunehmende Stärke der englischen Nacht- sowie der amerikanischen Tagangriffe gegen Kriegsende wider.

Physik und Elektronik beschäftigten uns übrigens während der Fliegeralarme so sehr, daß keine Zeit zum Nachdenken über die Gefahren des Augenblickes blieb. Dadurch haben wir uns damals alle viel Nervensubstanz erhalten.

Deutsche »Luftkriegsführung« 1944

Ungefähr Mitte 1944 kündigte der Präsident der Forschungsanstalt der Deutschen Reichspost, Gerwig, den Besuch des Generalfeldmarschalls Milch und des Postministers an. Thema des Besuchs sei die Frage, ob und wie man mit kernphysikalischen Strahlen feindliche Flugzeuge herunterholen könne. Ich äußerte so unverhohlenes Erstaunen über die Naivität der Fragestellung, daß der Besuch gar nicht zustande kam. Die Führung der Luftwaffe schien aber doch ernstere Absichten zu haben, denn im Januar 1945 suchte mich Dr. Baer vom Planungsamt des Reichsforschungsrates auf, um verschiedene technische Möglichkeiten zu diskutieren. Er hatte wenige Tage zuvor von Göring den Auftrag erhalten, die »physikalischen Methoden zur Bekämpfung feindlicher Bomber zu erforschen und zusammenzustellen«. Das zu einem Zeitpunkt, als die meisten deutschen Städte bereits in Schutt und Asche lagen!

Vernachlässigter Schutz der Zivilbevölkerung

Damals stellte ich mir die Frage, warum die deutsche Luftkriegführung nicht bei Bekanntwerden der Produktionsziffern der amerikanischen und englischen Flugzeugindustrie oder zumindest bei den ersten mit der Teppich-Taktik geflogenen Bombenangriffen der Gegner Forschung und Technik alarmierte. Einen Katalog von Maßnahmen zum Schutz der Zivilbevölkerung hätte man entwickeln oder, besser noch, die Einstellung des verbrecherischen und obendrein völlig aussichtslos gewordenen Krieges veranlassen müssen. Natürlich waren diese Vorstellungen sehr subjektiv. Mir schien der Lauf der Ereignisse einfach eine Folge davon zu sein, daß keine kompetenten Leute aus den verschiedensten Gebieten von Wissenschaft und Technik in führenden Stellungen saßen! Der »Reichsforschungsrat« konnte solche Aufgaben nicht lösen. Dazu war seine Einflußsphäre viel zu begrenzt. Diese Gedanken, die mich in ihrem Kern schon Anfang der dreißiger Jahre bewegt hatten, bedrängten mich während des Krieges besonders stark. Deswegen hatte ich Anfang 1942 einen Besuch des Postministers Ohnesorge benutzt, meine Überlegungen in dieser Richtung noch einmal mit allem Nachdruck auszusprechen. Bei der Unterredung waren der Staatssekretär im Postministerium Nagel und der Präsident des Reichspostzentralamtes Gladenbeck zugegen.

Ohnesorge meinte schließlich, er halte meine Ansichten prinzipiell für richtig und erkenne die Notwendigkeit der vorgeschlagenen Maßnahmen ohne Einschränkung an, aber nach den Erfahrungen, die er in letzter Zeit gesammelt habe, resigniere er. Gegenüber den Militärs und Hitler könne er sich nicht durchsetzen. Am Ende unseres Gesprächs stellte er meine Berufung in den Reichsforschungsrat in Aussicht. Sie erfolgte jedoch erst drei

Jahre später durch ein Schreiben Görings vom 2. Januar 1945 und brachte für mich insofern einen informatorischen Gewinn, als ich mich in drei Kuratoriumssitzungen über den Stand von Wissenschaft und Technik sowie über die bei Kriegsende aktuellsten Probleme orientieren konnte.

Nutzlose Denkschrift

Auch nach der Aussprache mit Ohnesorge habe ich mich im Herbst und Winter 1942 unter dem Eindruck der immer stärker werdenden Bombenangriffe auf unsere Städte bemüht – diesmal durch eine Denkschrift mit konkreten Vorschlägen für die Bildung eines wissenschaftlichen Rates –, meine Vorstellungen zu verwirklichen. Dabei stimulierte mich das starke Interesse des später im Zusammenhang mit den Ereignissen des 20. Juli 1944 hingerichteten Generalmajors Thiele und des Chefs der Berliner Rüstungskommandos, Generalmajor Hillert. Diese beiden Generäle, die sich vielfach für die Milderung des hereinbrechenden Unglücks verwandten, erhofften von einem wissenschaftlichen Rat neue Einflußmöglichkeiten auf die »Nach-mir-die-Sintflut«-Weisungen der letzten Hitlerzeit. Einer der engeren Mitarbeiter Speers, Generalmajor Hartmann, der Chef des Amtes Entwicklung, ließ sich bei mehreren Besprechungen völlig für die Vorschläge gewinnen. Doch dann schied er nach einer schweren Herzattacke aus dem Dienst aus. Ich war entmutigt.

Wenn man sich vergegenwärtigt, daß meine fast zehnjährigen Bemühungen um die Gründung eines wissenschaftlichen Rates als Einflußinstrument in Richtung Vernunft, Menschlichkeit, Zivilbevölkerungsschutz negativ verliefen und daß ähnliche Versuche von Max Planck und anderen Persönlichkeiten ebenfalls scheiterten, so drängt sich die Schlußfolgerung auf, daß dahinter nicht schlechthin einfach eine Mißachtung von Wissenschaft und Technik stand, sondern bewußte Mißachtung des Menschen, brutale Unmenschlichkeit. Und eben gegen diese waren Gesuche, Empfehlungen und Denkschriften, wissenschaftliche Räte oder Kommissionen, war das ganze Instrumentarium zur Beschwörung der Vernunft machtlos, sinnlos, ja vielleicht sogar gefährlich, weil es selbst bei scharfer subjektiver Distanz objektiv in mancher Situation immer noch etwas Loyalität des Verhaltens einschließen konnte.

Ich lehne Wernher von Brauns Angebot ab

Das Laboratorium beschäftigte sich während des Krieges – nicht zufällig – vorwiegend mit Themen der Grundlagenforschung. Hieraus resultierte eine gewisse Zurückgezogenheit. Trotzdem ergab sich manche Berührung mit wichtigen Persönlichkeiten im Mittelpunkt und am Rande des Geschehens. Zum Beispiel besuchte mich Mitte 1942 Wernher von Braun, um mich als Mitarbeiter für Spezialthemen der Raketentechnik zu gewinnen. Ich lehnte sein Angebot ab. – Eine Einladung in die Wilhelmstraße konnte ich nicht zurückweisen. Dort lernte ich Ribbentrop kennen, arrogant und unheilbringend, die Gräfin Ciano, den japanischen Botschafter Oshima, den italienischen Botschafter Alfieri und viele andere. Die einzige Freude auf diesem Empfang war die ausgiebige Unterhaltung mit dem Heidelberger Biochemiker Richard Kuhn.

Der Dichter Werner Bergengruen

Im Frühjahr 1943 – die Armee von General Paulus hatte gerade in Stalingrad kapituliert – besuchte uns der in Riga geborene Onkel meiner Frau, Werner Bergengruen. Eine der großen Leistungen dieses Dichters und Schriftstellers ist bekanntlich die Übersetzung von Leo Tolstois wunderbarem Werk »Krieg und Frieden« in die deutsche Sprache. Es war naheliegend, daß sich unsere Unterhaltung zuerst nur um die Ereignisse von Stalingrad, die Sowjetunion und das bevorstehende Ende des »Dritten Reiches« drehte. Werner Bergengruens Worte: »In der Sowjetunion stehen tüchtigen Vertretern deines Faches alle Türen offen« trugen kurz vor Kriegsende zu meiner späteren Entscheidung für die Sowjetunion bei.

Dann wandte sich unser Gespräch Erinnerungen an das Berlin der zwanziger Jahre zu. Er erzählte von der Hilfe, die ihm der Dichter Meyer-Förster bei ersten schriftstellerischen Arbeiten gab, von Begegnungen mit Paul Lindau und von der Verehrung, die der Dichter Hermann Sudermann meiner Schwiegermutter Edith Bergengruen in ihren jungen Jahren geschenkt hatte.

Premiere elektronischer Musik

Ich wußte, daß Werner Bergengruen sich für Musik interessierte und lenkte die Unterhaltung auf jene denkwürdige Veranstaltung am Potsdamer Platz, zu der die größte Berliner Konzertdirektion 1926 eingeladen hatte. Es war die Premiere elektronischer Musik mit Vorführungen des Leningrader Professors Theremin. Er hatte ein Gerät konstruiert und spielen gelernt, bei dem geigenartige Interferenztöne mit wählbarer Höhe und Vibrato scheinbar aus der Luft gegriffen wurden. Kein Stuhl im Saal war leer geblieben. Unmittelbar neben mir saß Graf Arco, vor ihm Albert Einstein. In den vordersten Reihen waren mir Max Reinhardt und der berühmte Theaterkritiker Alfred Kerr sowie die musikinteressierte Nora von Siemens aufgefallen. Mitten im Saal entdeckte ich Gerhart Hauptmann, der aber während des Konzertes protestierend aufstand und kopfschüttelnd hinausging. Wir waren uns einig: Die damalige Veranstaltung hat großen Einfluß auf die Musikinstrumenten-Technik gehabt.

Professor Walter Nernst, der dabeigewesen war, konzipierte seinen Neo-Bechstein-Flügel. Ihm folgten bald mein guter Bekannter aus der Loewe-Zeit Dr. Trautwein mit seinem Trautonium sowie Dr. Vierling mit seiner elektronischen Orgel. – Bei diesem Treffen 1943 haben wir Werner Bergengruen das letzte Mal gesehen.

Eine unerfreuliche Begegnung

Zu den für mich unerfreulichsten Begegnungen während des Krieges gehört die mit Staatsrat Professor Esau. Mitte 1943 beendete ich das Manuskript für ein Buch über die beiden kernphysikalischen Indikatormethoden mit Isotopen, ein wichtiges Thema, das nach 1945 besonders für die biochemische und medizinische Forschung sehr große Bedeutung erlangte. Professor Esau war damals Beauftragter für Kernphysik im Reichsforschungsrat. Ich hatte mich vor Beginn der Niederschrift bei ihm vergewissert, daß keine Bedenken gegen eine solche Veröffentlichung bestanden. Dennoch verhinderte er mit Hilfe einer Kontrollstelle im Propagandaministerium länger als ein Jahr ihr Erscheinen. In dieser Zeit veranstaltete er in Straßburg eine

Tagung, die sich mit ganz ähnlichen Themen beschäftigte. Erst als Professor Esau zufällig abgelöst und Professor Gerlach Beauftragter für Kernphysik wurde, konnte meine Arbeit kurz vor Kriegsende gedruckt werden. Mit viel Glück rettete ich trotz des sich immer mehr verstärkenden Luftkrieges wenigstens einen Teil der Auflage noch rechtzeitig in einen Bunker. Damals ist das Buch in Deutschland offiziell nicht mehr erschienen. Eine sowjetische Ausgabe kam 1948 heraus.

Vorsorge für die Zukunft

Im letzten Jahr der Hitlerherrschaft konzentrierte ich alle Kräfte auf das Ziel, bei Kriegsende über möglichst viele wichtige Spezialanlagen, Einrichtungen und arbeitsfähige Laboratorien zu verfügen. So entstanden auf Anregung von Walter Glaser – dem Mitbegründer der heutigen theoretischen Elektronenoptik – nach einem Besuch im Bunker das neue Universal-Elektronenmikroskop mit dem schon erwähnten Hochleistungsmagnet-Objektiv und seiner Objektlage etwa im Feldmaximum, mit Feinstrahlkondensor und Objektkühlung sowie ein Registrier-Massenspektrometer. Die Arbeiten an der Zyklotronanlage und an einem magnetischen Isotopentrenner eigener Konzeption für hohen Massentransport forcierte ich ebenfalls. Bei dem Isotopentrenner handelte es sich um eine Versuchsanlage mit 2-Tonnen-Magnet, ringförmigem Trennmagnetfeld und zentral angeordneter Plasma-Dampf-Ionenquelle. Über eine sehr ähnliche Anlage berichtete 1947 in den USA die »Physical Review«. Die Tatsache, daß wir uns fast während des ganzen Krieges mit dem Thema Isotopentrennung theoretisch und – soweit es der Luftkrieg zuließ – mit der magnetischen Isotopentrennung auch experimentell beschäftigten, hat nach dem Krieg die Arbeitsrichtung des Forschungsinstitutes, das ich in der Sowjetunion aufbaute und leitete, bestimmt.

Baupläne

Gegen Ende des Krieges war in Deutschland die Bautätigkeit selbst in Fällen, bei denen die volle Unterstützung des Rüstungskommandos sicher war, fast ganz zum Erliegen gekommen. Dennoch gelang es mir, nicht nur das abgebrannte Hauptgebäude in neuer, zweckmäßiger Aufteilung wieder vollständig zu restaurieren, ich ließ sogar noch ein neues Laboratorium errichten. Die Baubehörde fragte ich allerdings nicht, und als Material wurden Steine aus der Ruine eines inzwischen erworbenen Nachbargrundstückes gewonnen. Das 5000 m² große günstig angrenzende Gelände hatte ich im Frühjahr 1944 gekauft. Damit wollte ich die Erweiterung des Instituts durch drei neue Gebäude unmittelbar nach dem Krieg vorbereiten. Der Dekan der bauwissenschaftlichen Fakultät der Technischen Hochschule, Professor Seeger, entwarf die Pläne dafür bis ins Detail. Sie wurden zwar dann in Lichterfelde nicht realisiert, halfen mir jedoch unmittelbar nach Beendigung des Krieges sehr, als ich in der Sowjetunion den Auftrag übernahm, ein großes Forschungsinstitut zu errichten.

Noch einmal werden unsere Anlagen besichtigt

Im Sommer 1944 besuchte uns Dr. Hermann von Siemens zum letzten Mal. In seiner Begleitung befanden sich der Nobelpreisträger Professor G. Hertz und Professor K. Küpfmüller. Die Herren besichtigten im unterirdischen Bunker das neue Universal-Elektronenmikroskop, das Registrier-Massenspektrometer, das damals nahezu fertiggestellte 60-Tonnen-Zyklotron und die Versuchsanlage unseres magnetischen Isotopentrenners mit Plasma-Ionenquelle. Diese prominenten Wissenschaftler zeigten ein unverhohlenes Interesse an den Einzelheiten der Anlagen. Das gab mir die Gewißheit, über mehrere wichtige physikalische Spezialanlagen zu verfügen, die für die kommende Zeit eine solide Grundlage zur Fortsetzung der wissenschaftlichen Forschungsarbeiten sicherten.

Bald nach dem geschilderten Besuch war Professor Hertz noch einmal in Lichterfelde. Bei dieser Gelegenheit nahmen wir kein Blatt vor den Mund. Der Krieg war verloren. Wir besprachen Möglichkeiten, wie wir unsere Mitarbeiter in dem zu erwartenden Chaos bei Kriegsende am besten schützen konnten.

Ende Oktober 1944 erläuterte ich meinen Mitarbeitern im Rahmen eines letzten Betriebsabends in Lichterfelde den Stand und die künftige Bedeutung unserer technischen Entwicklungen beziehungsweise Forschungen. Ich wollte ihnen damit einen geistigen Rückhalt in den bevorstehenden schweren Monaten geben und den Zusammenhalt unseres ganzen Kreises festigen. Dieser Abend hat wesentlich dazu beigetragen, daß die wichtigsten Mitarbeiter sich entschlossen, bei mir zu bleiben, als das Lichterfelder Laboratorium unmittelbar nach dem Krieg in die Sowjetunion überführt wurde.

Eine folgenreiche Unterlassung

In meinem Buch über die beiden kernphysikalischen Indikatorenmethoden mit Isotopen hatte ich bei dem kurzgefaßten Dank für die Unterstützung unserer Forschungsarbeiten durch die Reichspost nur die Formulierung »Reichspostminister« benutzt und den Namen »Ohnesorge« weggelassen. Mitte Januar 1945, wenige Tage nachdem ich den Jahresbericht mit meiner Buchveröffentlichung übergeben hatte, wurden auf Anordnung von Ohnesorge sämtliche Verträge zum nächstmöglichen Termin (Ende 1945!) gekündigt, die mein Laboratorium mit der Deutschen Reichspost verbanden. Professor Gladenbeck eröffnete mir in höherem Auftrag, ich sei »persona non grata« beim Herrn Reichspostminister geworden. Die Vereinbarungen mit der Post bildeten damals die Hauptquelle für die Finanzierung unserer Forschung. Um niemand unnötig zu beunruhigen, hielt ich die Kündigung bis zum Kriegsende geheim.

Als die sowjetischen Truppen in den ersten Wochen des neuen Jahres näher rückten, trafen wir alle Vorbereitungen, um die engeren Mitarbeiter mit ihren Familien, die eigenen Angehörigen, das Laboratorium und die Wohnung möglichst gut durch den bevorstehenden Kampf um Berlin zu bringen. Wir kaschierten die Bunkereingänge mit abgebrannten Laborschränken und einem gewaltigen Schrotthaufen. Das Einstiegloch in der Mitte des Gerümpelberges war durch ein zerknittertes Eisenblech verdeckt. Die Tarnung ist uns so gut gelungen, daß die Bunkereingänge später von keinem Uneingeweihten gefunden wurden.

Die Front erreicht Lichterfelde

Im April 1945 erreichte die Front Lichterfelde. Wir lebten und schliefen, gemeinsam mit zahlreichen Familien von Mitarbeitern und Nachbarn, in den Bunkern. Ein rechtzeitig vorbereiteter Brunnen sorgte für Wasser, die notwendigsten Lebensmittel hatten wir in vereinten Bemühungen beschafft, Wachskerzen und Notbeleuchtungsanlagen sicherten das Licht.

Auch gegen etwaige Plünderer war vorgesorgt. Tränengas-Ampullen standen bereit, die im Kaiser-Wilhelm-Institut für physikalische Chemie fabriziert worden waren. Glücklicherweise brauchten wir sie nicht anzuwenden. Als weitere Vorsichtsmaßnahme hatten wir die verschiedenen unterirdischen Räume durch eine spezielle Telefonanlage miteinander verbunden. An den Grundstückszugängen verwiesen Schilder in russischer Sprache auf den Institutscharakter des ganzen Komplexes.

Außerdem war meinem Vorschlag entsprechend mit den Leitern verschiedener befreundeter Forschungseinrichtungen eine Art Schutzring verabredet worden; derjenige, der als erster prominenten sowjetischen Wissenschaftlern begegnete, sollte sich sofort für alle angeschlossenen Institute einsetzen. Der Wert dieser Verabredung hat sich in den kritischen Tagen für uns und unsere Freunde eindrucksvoll bewiesen.

Der Schutzbrief

Es war am 27. April abends. In einem Augenblick tiefster Depression. Die Kämpfe in unserem Bezirk verebbten. Gerade waren die Hilfeschreie eines in der Nähe Verwundeten verstummt, als die Nachricht vom Tod des Bruders eines Nachbarn eintraf, der mit uns im Bunker Zuflucht gesucht hatte. Da hörten wir das Brummen eines schweren Motors. Aus einem sowjetischen Panzerwagen stieg Professor Thiessen, der Leiter des Dahlemer Kaiser-Wilhelm-Institus für physikalische Chemie, und winkte uns beruhigend zu. Er wurde von einem Major der Sowjetarmee begleitet – einem führenden Chemiker, wie sich später herausstellte. Der Major fertigte eine Art Schutzbrief für mein Lichterfelder Institut aus, und von diesem Augenblick an waren die Bunker ein noch begehrteres Asyl für die verängstigte Nachbarschaft. Den Schutzbrief ließ ich sofort originalgetreu mit unserer Kopiereinrichtung vervielfältigen und an den Kreis der Mitarbeiter verteilen.

Unsere Vereinbarung, an der sich neben Professor P. A. Thiessen auch Professor G. Hertz beteiligt hatte, ist sicher nicht ohne Einfluß auf unser Nachkriegsschicksal in der Sowjetunion gewesen. Unter anderem führte sie wahrscheinlich dazu, daß Professor Hertz und ich in der Sowjetunion in enger örtlicher Verbindung blieben und gleichzeitig vor ähnliche Aufgaben gestellt wurden.

Nur geringe Kriegsschäden

Bei den Kampfhandlungen war nur eines unserer Nebengebäude von einer Granate beschädigt worden. Das ist nicht nur Glück gewesen. Schon zweieinhalb Monate vorher, als die unverantwortlichen »Verteidigungsmaßnahmen« für Berlin eingeleitet wurden, hatte ich um eine Besprechung mit dem zuständigen Kampfkommandanten, Generalleutnant Schroeder, gebeten. Er sagte mir zu, bemüht zu bleiben, bei unserem Institut und den Bunkern keine wesentlichen Kämpfe entstehen zu lassen. Ich erreichte das wohl nur deshalb, weil ich nachdrücklich auf die Bedeutung der Anlagen und Gebäude für den Wiederaufbau einer deutschen Forschung nach dem Krieg hinwies. Jedenfalls unterblieb in der Nähe der Bau von militärischen Stellungen, der Einbau von Flakgeschützen und vor allem die Verteidigung der unmittelbar gegenüberliegenden SS-Kaserne durch deren Besatzung.

»Lähmungsaktion« in letzter Stunde

Die sogenannte Lähmungsaktion, die nach Weisung des Berliner Rüstungskommandos darin bestehen sollte, in frontnahen Gebieten alle Anlagen durch Zerstörung von wichtigen Bestandteilen außer Betrieb zu setzen, gab mir die Möglichkeit, meine wichtigsten Mitarbeiter im kritischen Augenblick sogar vom Volkssturm frei zu halten und in den Bunkern verschwinden zu lassen. Ich brauchte sie eben für die wirksame Durchführung der Lähmungsaktion im letzten Augenblick. Zerstört wurde natürlich nichts!

Unsere Freistellungen vom »Volkssturm« riefen beim Ortsgruppenleiter der NSDAP eine derartige Feindschaft gegen mich hervor, daß er bei seinem letzten Gang in brauner Uniform unmittelbar vor dem Eintreffen der sowjetischen Panzerspitzen auf einen meiner Mitarbeiter schoß, der eine gewisse Ähnlichkeit mit mir hatte. Glücklicherweise traf die Kugel nicht, sondern schlug wenige Zentimeter neben dem Kopf meines Kollegen ein.

Keine Verlagerung nach dem Westen

Kurz vor dem Durchbruch der sowjetischen Armeen bei Küstrin war mir, ohne daß ich darum gebeten hatte, vom Rüstungskommando eine Bescheinigung ausgestellt worden, die es mir ermöglicht hätte, zusammen mit meiner Familie sowie den meisten Anlagen und Dokumenten Berlin zu verlassen und einen Ort westlich der Elbe aufzusuchen. Ich folgte dieser Aufforderung nicht, was unter den damaligen Umständen keineswegs ungefährlich war. Ich wußte, wie die territoriale Abgrenzung zwischen der Sowjetunion und den Westmächten in Deutschland vorgesehen war. Ich entschied mich zum Bleiben – und damit für die sowjetische Seite. Die Richtigkeit dieses Entschlusses, der unsere und unserer Kinder Zukunft bestimmte, habe ich später immer wieder empfunden, je mehr ich mir der ganzen Tragweite meiner Entscheidung bewußt wurde.

Durch mein Verbleiben in Berlin-Lichterfelde handelte ich auch gegenüber meinen Mitarbeitern, die mir voll vertrauten, nach bestem Wissen und Gewissen. Ich ließ sie im kritischen Augenblick nicht allein, gab ihnen einen starken Rückhalt und wurde durch ihre Treue belohnt. Das so fest zusammengewachsene wissenschaftlich-technische Kollektiv mit seiner vielfältigen Tradition zerflatterte nicht im Sturmwirbel der Ereignisse.

Die im Laufe von zwanzig Jahren erarbeiteten Einrichtungen hatte ich mit viel Mühe über den Krieg gerettet. Ich war froh, daß sie für das weitere Wirken des Instituts voll zur Verfügung standen.

Sobald das Infanteriefeuer aufhörte – die letzten Granaten detonierten noch in der Nachbarschaft – gingen wir zunächst vorsichtig, jedoch nachdem wir den »Schutzbrief« besaßen, ganz offen dazu über, die Gebäude wieder betriebsbereit zu machen und mit dem auf die Bunker verteilten Inventar fertig einzurichten sowie die unterirdischen Laboratorien in einen für die weitere Arbeit zweckmäßigen Zustand zu bringen. Während Berlin und Umgebung bei Kriegsende nahezu überall Bilder stärkster Zerstörung und chaotische Zustände zeigten, befanden sich unsere Häuser mit ihren Laboratorien und der Wohnung bereits in einem fast friedensmäßigen Zustand. Die Fenster waren normal verglast, die Räume fertig gestrichen, die Labormöbel und die Wohnung eingeräumt, die wichtigsten Anlagen und Apparate an ihrem vorgesehenen Platz. Auch darin kam die innere Stärke unserer zusammengebliebenen arbeitsbereiten Gemeinschaft zum Ausdruck.

Generaloberst Machniow unterbreitet mir einen Vorschlag

Am 10. Mai 1945 erschien Generaloberst Machniow mit seinem Stab bei uns. Er war Beauftragter für den Sektor Wissenschaft und Technik und Verbindungsoffizier zur sowjetischen Akademie der Wissenschaften. Mitglieder dieser Gruppe waren, wie wir später erfuhren, die bekannten Professoren Artzimovich, Flerow, Kikoin und Migulin. Die sowjetischen Wissenschaftler dehnten die Besichtigung und die nachfolgende Besprechung über mehrere Stunden aus. Ihr Interesse fand seinen Grund in unseren Arbeiten am Elektronenmikroskop, die besonders Professor A. Joffé, der Senior der sowjetischen Physik, aufmerksam verfolgt hatte. Beeindruckend waren natürlich auch die kernphysikalischen Anlagen und die vollkommene Unversehrtheit der Laboratorien. Jahre danach sagte Professor Artzimovich, wir hätten wie eine einsame friedliche Insel im Chaos Berlins gewirkt.

Schon zu Beginn des Besuches war unser Grundstück durch eine stärkere Gruppe sowjetischer Soldaten unter Schutz gestellt worden. Diese Wache riegelte in den folgenden Tagen das Areal bei Tag und Nacht lückenlos ab.

Gegen Ende der Unterhaltung legte General Machniow mir nahe, bei den zuständigen Stellen der UdSSR einen Antrag auf wissenschaftliche Zusammenarbeit einzureichen. Ich schrieb ohne innere Vorbehalte ein Gesuch, das meiner einige Monate vorher getroffenen Entscheidung, keine Verlagerung vorzunehmen, genau entsprach. Hatte mir doch Professor Houtermans oft aus eigener Anschauung von der hohen Achtung erzählt, die in der Sowjetunion Menschen entgegengebracht wird, welche durch schöpferische Leistungen den Fortschritt von Naturwissenschaft und Technik fördern. Diese Erfahrung fand ich später immer wieder und oft in überraschender Form bestätigt. Außerdem hatte ich ausländische Rundfunksendungen abgehört und kannte die Vereinbarung aus dem Jalta-Vertrag, die Arbeit deutscher Spezialisten und Wissenschaftler den Siegerstaaten zur Verfügung zu stellen, um sie so durch ihre Leistungen zur Wiedergutmachung der angerichteten materiellen Schäden beitragen zu lassen.

Eine Umsiedlung des Lichterfelder Instituts in die Sowjetunion stand zwar nicht zur Debatte, doch war vom Tag des Gesprächs mit der Wissenschaftlerkommission an die Zukunft für uns fest vorgezeichnet.

Generaloberst Saweniagins Angebot

Am 19. Mai 1945 kam Generaloberst Machniow noch einmal zu mir. In seiner Begleitung befand sich der spätere Stellvertretende Ministerpräsident der Sowjetunion, Generaloberst Saweniagin, der Begründer von Magnetogorsk. Mit diesem bedeutenden Mann sollte ich im folgenden Jahrzehnt alle großen Probleme und Fragen zu besprechen haben. Ich lernte ihn wegen seiner außerordentlichen Klugheit, Tatkraft und Menschlichkeit sehr schätzen. In schwierigen Situationen hat er uns deutschen Spezialisten gegenüber stets mit großem Verständnis und mit allem Entgegenkommen gehandelt, das ihm die Rücksichtnahme auf die Staatsinteressen der Sowjetunion erlaubte.

Bei dem Zusammentreffen am 19. Mai 1945 unterrichtete Generaloberst Saweniagin mich von dem Vorschlag seiner Regierung, Aufbau und Leitung eines großen, für die Sowjetunion arbeitenden, technisch-physikalischen Forschungsinstitutes zu übernehmen.

Seine Thematik sollte sein: Feinstrukturforschung (Elektronen-Mikroskopie, Elektronen-Rastermikroskopie, verschiedene Arten der Mikroanalyse mit der Elektronen-Mikrosonde), Anwendung der Indikatormethoden mit radioaktiven und stabilen Isotopen (kernphysikalische Meßtechnik, magnetische Isotopentrennung und Massenspektrometrie), also eine Fortsetzung unserer Lichterfelder Forschungen. Ohne mehr als Sekunden zu zögern, akzeptierte ich diesen überraschenden Vorschlag.

Abflug in die Sowjetunion

Zwei Tage später, am 21. Mai 1945, fuhren meine Frau und ich in militärischer Begleitung durch das Trümmerfeld Berlins zum Flughafen Tempelhof. Von dort aus traten wir, gemeinsam mit meiner Sekretärin, Frau Elsa Suchland, meinem Schwiegervater, Alexander Bergengruen, und dem Biologen Dr. Wilhelm Menke als wissenschaftlichem Berater die Reise nach Moskau an. – Als wir die Wälder überflogen, die noch von den Schlachten brannten und die deutsche Grenze passierten, sagte Professor Artzimovich, der uns begleitete: »Sie werden bei uns in der Sowjetunion vieles ganz anders finden, als Sie es bisher gewohnt waren.« – Und so ist es auch gewesen.

Die Kinder und alles andere hatten wir relativ leichten Herzens in Lichterfelde zurückgelassen, denn wir reisten ja nur »zum Abschluß eines Vertrages für zwei Wochen in die Sowjetunion«. Aus diesen »vierzehn Tagen« sind dann zehn inhaltsreiche Jahre geworden.

Drittes Buch
Sowjetunion

1945-1955

Erstes Kapitel

Das Forschungsinstitut bei Suchumi

Ankunft in Moskau

Wir eilten Moskau in einer Douglas-Transportmaschine entgegen, die mit zwei Sofas und einigen Teppichen provisorisch für die Personenbeförderung hergerichtet worden war. Nach mehrstündigem Flug über unbekannte Weiten und schier endlose Wälder landeten wir auf dem Zentralen Militärflughafen Wnukowo. So wenige Tage nach Kriegsende herrschte hier außergewöhnlicher Betrieb. In kürzesten Zeitabständen starteten und landeten Maschinen.

Als wir das Rollfeld betraten, gesellte sich ein Mädchen vom dunklen Typ der Südkaukasierinnen zunächst wortlos zu uns. Später stellte sich heraus, daß sie uns als ständige Begleiterin und Dolmetscherin attachiert war. Nach einigen hundert Metern gemeinsamen Weges eröffnete sie die Unterhaltung mit den Worten: »Haben Sie Ihre Kinder nicht mitgebracht?« Eine Frage, die uns bald recht nachdenklich stimmte.

Während beim Abflug in Berlin schönstes Frühlingswetter geherrscht hatte, schneite und regnete es in Moskau, und auch das Bild der Straßen mit den bis auf die Trittbretter überfüllten Straßenbahnen trug nicht dazu bei, unsere Stimmung zu heben. Die Fahrt im Auto durch die Vorstädte, vorbei an den kleinen, damals noch typischen Holzhäuschen, dauerte lange. Schließlich erreichten wir einen am Moskwa-Kanal gelegenen Vorort mit Datschen, kleinen, von Gärten umgebenen Sommer- und Wochenendhäusern. Der Name dieses Vorortes, in dem wir die nächsten Monate verbringen sollten, lautete in der Übersetzung »Silberwald«.

Schöne Tage im Silberwald

Der Wagen bog von der Straße in ein hochumzäuntes Waldgrundstück ab und hielt vor einer dieser Datschen. Dann folgte Überraschung auf Überraschung. Ein ganzer Stab stand zu unserer Betreuung bereit: ein Koch mit weißer Mütze, zwei Hausmädchen und ein Heizer. Kaum hatten wir das für vierzehn Tage zusammengestellte Gepäck in den zugewiesenen Zimmern untergebracht, als wir zum Essen gebeten wurden.

Die Tür zu einem Speisezimmer öffnete sich feierlich. Strahlende Lichtfülle umfing uns, und eine weiß gedeckte, festlich anmutende Tafel nahm unsere Blicke gefangen. In der fast sechsjährigen Kriegszeit waren wir in bezug auf Ernährung zu äußerster Bescheidenheit gezwungen gewesen, und nun erwarteten uns hier lukullische Genüsse in völlig ungewohnter Quantität und Qualität. Kräftige Suppe mit Sahne, gebratene Hühner, dazu hellstes Weißbrot, Butter, Aufschnitt in Fülle, mehrere Sorten Käse, Dessert, Wein, Wodka, Bier und Kaffee. Ein vollkommenes Souper, wie wir es selbst in den weit zurückliegenden Friedenszeiten kaum gesehen hatten.

Als wir die erste Überraschung überwunden hatten, gaben wir uns – wenn auch mit moralischen Hemmungen wegen der allgemein herrschenden Not und mit dem Gedanken an unsere ausgehungerten Angehörigen zu Hause – den dargebotenen Genüssen hin.

Bei dieser üppigen Verpflegung blieb es bis zum Ende des dreimonatigen Aufenthaltes im Silberwald. Und das, obgleich die Bevölkerung der Sowjetunion nach Kriegsende pro Kopf weniger zu essen bekam, als selbst für die Versorgung der Kriegsgefangenen zur Verfügung gestellt wurde – das wußten wir damals allerdings noch nicht.

In der Moskauer Großen Oper

Bald nach der Ankunft, nur sechzehn Tage nach Kriegsende, reservierte man in der Moskauer Großen Oper eine Seitenloge für unsere Gruppe. Es wurde das Ballett »Schwanensee« von Peter Tschaikowski mit hervorragender Besetzung gegeben. Links neben uns saßen prominente Mitglieder der englischen Botschaft, rechts einige Angehörige der amerikanischen Vertretung – und wir als Deutsche, zwei Wochen nach Ende des Hitlerkrieges, dazwischen! Als unsere Nachbarn hörten, daß wir deutsch sprachen, warfen sie äußerst interessierte Blicke herüber. Vielleicht vermuteten sie, führende sozialistische deutsche Politiker zu sehen.

Nach den vielen Luftangriffen auf Berlin und den Schrecken des Krieges fühlten wir uns in eine andere Welt versetzt. Diese Empfindung wurde noch erheblich stärker, als wir das Opernhaus verließen und zum erstenmal wieder seit Jahren die helle Lichterflut abendlicher Straßenbeleuchtung bestaunten.

Bei einem zweiten Besuch der Großen Oper im August, kurz vor unserer Abreise nach dem Süden, erlebten wir den Augenblick, als die Nachricht von der Beendigung des kurzen Sowjetisch-Japanischen Krieges und damit vom Ende des zweiten Weltkrieges eintraf. Die Vorstellung wurde unterbrochen, ein Sprecher gab das Ereignis feierlich bekannt, und das Orchester intonierte die Hymne der Sowjetunion.

Ich beginne meine Biographie zu schreiben

Als sich Anfang Juni die zum Abschluß des Vertrages vorgesehenen vierzehn Tage dem Ende näherten, drängte ich immer energischer, aber vergeblich, auf den Beginn der Verhandlungen. Unsere Dolmetscherin tröstete mich mit den Worten: »Ruhen Sie sich aus! Gehen Sie spazieren!«

So unternahmen wir regelmäßig weite Spaziergänge an der Moskwa und durch den Laubwald, der an den Datschen-Vorort grenzte. Die große sommerliche Hitze verführte gelegentlich dazu, uns in den kleinen versteckten, von zarten Birken umstandenen Teichen abzukühlen. Schleier der Dämmerung, die sich nach unvergeßlich schönen Sonnenuntergängen über uns ausbreiteten, ersetzten dabei die im Reisegepäck fehlende Badebekleidung. Dieses freie Badeleben behielten wir anfangs am Schwarzen Meer bei, bis die Kisten aus Berlin eintrafen und der Textil-Notstand beseitigt werden konnte.

In dieser Zeit des Wartens begann ich, die vorliegende Biographie zu skizzieren. Um die erzwungene Ruhepause zu nutzen, bat ich um Schreibmaschine und Papier und verfaßte die ersten beiden Hauptkapitel hier im Silberwald.

Natürlich grübelte ich auch viel. Das Warten machte mich unruhig. Wie würde der Vertrag aussehen, den ich schließlich über die Zusammenarbeit mit sowjetischen Stellen unterzeichnen würde? Vielleicht bedeutete diese Verzögerung, daß sich überhaupt alles geändert hatte?

Unsere Kinder kommen

Es war der zweiundzwanzigste Tag im Silberwald bei Moskau. Meine Frau sprach gerade tief betrübt über die Trennung von den Kindern. Wir ahnten nicht, daß uns einer der aufregendsten und zugleich schönsten Augenblicke bevorstand.

Ein Auto fuhr vor die Datscha. Ich höre noch die Worte meiner Frau: »Das wird der Lieferwagen sein. Oder ob sie dich endlich zu den Verhandlungen abholen?« Dann warf sie einen Blick aus dem Fenster und rief: »Da sind die Kinder und Renata und Gerda!« Tatsächlich stiegen unsere fünfjährige Beatrice und der zweijährige Thomas, meine Schwester Renata und eine entfernte Verwandte, Frau Gerda Langsdorff, aus dem Wagen. Es war ein Wiedersehen, als seien seit unserem Abschied Jahre vergangen. Fragen und Antworten schwirrten durch den Raum: »Wie kommt Ihr hierher?« – »Was war nach unserer Abreise aus Lichterfelde?« Und nun erfuhren wir, die wir noch auf den Beginn der Verhandlungen warteten: »Ein Güterzug mit dem ganzen Inventar aus den Bunkern, den Labors und der Wohnung ist unterwegs nach Moskau. Mitarbeiter aus Lichterfelde begleiten den Zug!«

Gerda Langsdorff fiel meiner Schwester ins Wort: »Noch am einundzwanzigsten Mai, zehn Minuten nach eurer Abfahrt zum Flughafen, begannen hundert sowjetische Soldaten zusammen mit uns und deinen Mitarbeitern alles einzupacken. Es sind siebenhundertfünfzig Kisten geworden. Als das Holz nicht mehr reichte, haben wir eine Kegelbahn aus der Nachbarschaft demontiert. Sogar das Sechzig-Tonnen-Zyklotron und die Ein-Million-Volt-Anlage sowie der große Transformator vom Elektronenmikroskop kommen im Güterzug mit.«

Die kleine Beatrice ergänzte: »Auch alle unsere Spielsachen sind dabei, und es gab viel zu essen!«

Dann wieder meine Schwester an mich gerichtet: »Die Arbeit im großen Bunker mußte für zwei Tage unterbrochen werden, weil in der Eile einige von deinen Tränengasampullen zerbrachen. Das war furchtbar komisch!«

Fast zuletzt, gewissermaßen am Rande, erfuhr ich eine immens wichtige Tatsache: Die meisten meiner Mitarbeiter und Helfer aus Berlin-Lichterfelde waren inzwischen im Sanatorium Schodnja bei Moskau eingetroffen und warteten auf mich.

Wenige Tage darauf hatte ich dort die ersten Unterhaltungen mit ihnen und ihren Familien. Alle waren gut untergebracht und wurden ausgezeichnet verpflegt. Sie erzählten mir, daß sie beim Einpacken des Lichterfelder Inventars die komplizierten Geräte selber sachverständig verstaut hätten. Tatsächlich kamen auch die empfindlichsten optischen Instrumente völlig unversehrt am endgültigen Bestimmungsort an.

Nach all diesen Nachrichten, die unsere Freunde mitbrachten, stand die ursprünglich vorgesehene Rückreise nach Berlin nicht mehr zur Diskussion. Allerdings hatte ich mit dieser Möglichkeit absolut nicht gerechnet. Deswegen waren zahlreiche besonders wertvolle technische Geräte in sehr schwer auffindbaren Verstecken geblieben. Wir konnten sie nur wiedererlangen, wenn eine Vertrauensperson noch einmal zurückfuhr. Dies durchzusetzen erwies sich als äußerst schwierig. Doch schließlich durfte meine Kusine, Frau Langsdorff, die Dinge aus Lichterfelde holen.

Zu essen gibt es genug

Auch nach Ankunft der Kinder und Mitarbeiter mußten wir noch eine Weile warten, bis ich zu den Verhandlungen gerufen wurde. Wir vertrieben uns die Zeit, so gut es eben ging. Während der Spaziergänge am Moskwa-Kanal trafen wir öfter auf deutsche Kriegsgefangene, die unter Bewachung Holzstämme aus Kähnen ausluden. Bei unserem reich gedeckten Tisch war es natürlich naheliegend, den Landsleuten Nahrungsmittel und Zigaretten zukommen zu lassen. Unbemerkt packten wir handliche Päckchen mit Brot, Brathühnern, Eiern, Tabakwaren und anderem und legten sie vorsichtig an heimlich verabredeten Stellen.

Einige Male glückte dieses Unternehmen, doch dann wurden die Wachmannschaften aufmerksam und arretierten mich. Ich mußte meine Wohnadresse angeben, und man brachte mich zu unserer Datscha, wo mein Erscheinen unter doppelter Bewachung erhebliche Bestürzung auslöste. Glücklicherweise klärte der für meine Sicherheit verantwortliche NKWD-Mitarbeiter den Offizier der Wachmannschaften über uns auf, und ich wurde mit einer freundlichen Ermahnung sofort wieder in Freiheit gesetzt.

Die Wahl fiel auf Grusinien

Ende Juni fanden in Moskau endlich die ersten Besprechungen statt. Ein Beauftragter der Regierung erklärte mir, unsere künftige Arbeitsstätte würde in der Sowjetunion liegen; den Ort für das Institut könne ich selbst wählen: Moskau, die Krim oder Grusinien.

Wir überlegten uns, daß die Schönheit der Natur die schöpferischen Kräfte sehr fördern kann, und entschieden uns trotz gewisser Bedenken wegen des Klimas für Grusinien. Ich bat darum, den Standort möglichst dort zu wählen, wo der Kaukasus besonders nahe an das Schwarze Meer heranreicht. Diesem Wunsch wurde entsprochen.

Suchumi, herrlicher Ort an der kaukasischen Schwarzmeerküste

So haben wir dann fast zehn Jahre in Sinop bei Suchumi gelebt. Unser Sohn Alexander und viele Kinder der deutschen Gruppe sind hier geboren worden. Das nahe Meer, die subtropische Natur und die Berge waren immer wieder eine Quelle vieler Freuden. Haben wir doch später auf zahlreichen Autofahrten die kaukasische Riviera mit ihren Kurorten Sotschi, Gagra, Nowi Afon, Gudauta und Suchumi kennengelernt.

Unter all diesen Orten ist Suchumi der landschaftlich weitaus reizvollste, denn diese Stadt liegt an einer bezaubernden Meeresbucht, überragt von dem einzigartigen Panorama der schneebedeckten Gebirgskette des Zentralkaukasus. Wie keiner der anderen Kurorte ist Suchumi Ausgangspunkt für zahlreiche schöne Hochgebirgstouren, aber auch für kleinere Ausflüge. Nicht weit entfernt in südöstlicher Richtung um Kutaissi liegt die Kolchis des Altertums. Die Sage berichtet von diesem fruchtbaren Gebiet als dem Land, wo Milch und Honig fließen.

Unmittelbar nach der Entscheidung über den Standort des Instituts wurden mir Zeichnungen und Fotos von dem großen Intourist-Sanatorium Sinop bei Suchumi mit dem Auftrag übergeben, Pläne für die Umgestaltung der Gebäude als Technisch-Physikalisches Forschungsinstitut und für notwendige weitere Instituts- und Werkstattbauten auszuarbeiten.

Zwei benachbarte Institute – ein großer Vorteil

Zu diesem Zeitpunkt hörten wir davon, daß auch Professor Dr. Gustav Hertz mit einer Gruppe von Mitarbeitern in die Sowjetunion kommen und den Auftrag, eine ähnliche Forschungsstätte zu organisieren, erhalten würde. Ich schlug vor, das Hertzsche Institut in der Nähe des unseren zu projektieren, und wies dabei auf die Vorteile einer solchen Entscheidung für die wissenschaftliche Zusammenarbeit beider Einrichtungen hin. Meine Argumente wurden akzeptiert, und so etablierte sich Professor Hertz bald darauf in dem 7 km von Sinop entfernten Ort Agudseri.

Diese Nachbarschaft war tatsächlich äußerst wertvoll. In den folgenden Jahren konnten wir uns manches Mal gegenseitig geistig und materiell helfen. Das beeinflußte das Tempo der wissenschaftlichen Arbeiten positiv und befruchtete oft die wissenschaftlichen Ergebnisse.

Außerdem entwickelten sich zwischen beiden deutschen Spezialistenkreisen menschliche Beziehungen, die in einem fremden Land, in dem wir kaum Kontakt mit der Außenwelt hatten, große Bedeutung erlangten. Es ergab sich ganz von selbst, daß Professor Hertz und ich viele wichtige, besonders menschliche Probleme miteinander besprachen, bevor wir uns an die zuständigen sowjetischen Stellen wandten. Die Gemeinsamkeit des Handelns, die zwischen uns bis zur Rückkehr aus der Sowjetunion bestehen blieb, hat sich für beide Mitarbeiterkreise sehr günstig ausgewirkt

Unser Institut und seine Aufgabe

Das Hauptgebäude des Sinoper Forschungsinstituts, ein früheres Sanatorium, umfaßte ungefähr hundert Räume, aufgeteilt in drei

Stockwerke. Grundlage für die Planung des Instituts war die in Lichterfelde mit dem Beauftragten der sowjetischen Regierung besprochene wissenschaftliche Thematik, die eine Fortsetzung der in Berlin durchgeführten beziehungsweise begonnenen Arbeiten in vergrößertem Maßstab sein sollte. Im Laufe der Ereignisse verlagerten sich die Schwerpunkte allerdings, und die Zielsetzung wurde variiert. Die Hauptaufgabe bestand darin, industrielle Verfahren zur Trennung von Uranisotopen zu entwickeln.

Schicksalsentscheidungen für weitere zugeteilte Spezialisten

Um diese Probleme bewältigen zu können, sollten dem Hertzschen und unserem Institut Wissenschaftler, Techniker und Handwerker aus den Kriegsgefangenenlagern zugeteilt werden. Wahrscheinlich rettete dieser Beschluß manchen der dafür herangezogenen Männern das Leben, denn bei der unmittelbar nach Beendigung des Hitlerkrieges allgemein herrschenden Nahrungsmittelnot und den Seuchen, die unter den gefangenen Soldaten zunächst grassierten, war die Sterblichkeit auch in den Gefangenenlagern hoch. Dafür hatten die Betroffenen allerdings damit zu rechnen, einige Jahre länger als ihre Kameraden in der Sowjetunion zu bleiben.

Professor Thiessen kommt zu uns

Schließlich gelang es mir noch, die Berufung von Professor Thiessen an das in Sinop aufzubauende Institut zu erreichen. Er hatte wenige Tage vorher brieflich darum gebeten. Ich bemühte mich besonders gern, diesen Wunsch zu erfüllen, weil ich ihm für die langjährige Förderung unserer elektronenmikroskopischen Arbeiten sehr zu Dank verpflichtet war. Außerdem bedeutete seine Anwesenheit in Sinop für mich eine große Hilfe, da mir klar war, daß so ein Mammut-Institut nicht von mir allein zu Höchstleistungen geführt werden konnte.

Der Mißbrauch der Atomenergie wird furchtbare Realität

In den heißen Augusttagen wurden wir von den schrecklichsten Geschehnissen des Zweiten Weltkrieges, den amerikanischen Atombombenabwürfen auf die japanischen Städte Hiroshima und Nagasaki, unterrichtet. Entsetzt verfolgte ich alle Meldungen über die grauenvolle Wirkung dieser neuen Waffe. Ich fragte mich: Warum das? Der Krieg war doch schon entschieden. Weshalb mußten Hunderttausende von Menschen sterben oder zum Siechtum verurteilt werden? Diese antihumane Kriegsführung der Amerikaner konnte ich nicht begreifen. Sie versetzte mir einen Schock, den ich lange nicht überwand.

In Japan war durch die Amerikaner vollzogen worden, was Max Planck vom Hitlerregime in Deutschland befürchtet hatte. Sollten nun unmenschliche Kräfte aus Übersee die Schreckensherrschaft des Faschismus in Europa ablösen? Das durfte einfach nicht geschehen! Wo aber lag nach dem schlimmsten aller Kriege die Kraft, die das verhindern konnte? Ich stellte mir erneut die Frage, welche Verantwortung ich als Wissenschaftler in dieser Situation zu tragen hatte. Mußte ich nicht meine Kräfte und Fähigkeiten einsetzen, um jene zu unterstützen, die einer derartigen Entwicklung entgegenwirken konnten?

Die Reise nach dem Süden

Ende August kam der sehnsuchtsvoll erwartete Augenblick, der die Anweisung zur Abreise nach dem Süden brachte. Für die Fahrt wurde extra für uns ein Schlafwagen modernster Bauart zur Verfügung gestellt. Auf dem Bahnhof trafen wir die Ehepaare Hertz und Vollmer, die gemeinsam mit uns nach Suchumi reisen sollten.

Meine Kollegen Professor Hertz und Professor Vollmer

Die beiden Professoren und ich brachten eigentlich ähnliche Voraussetzungen für die Aufgaben mit, die vor uns lagen. Wir besaßen alle drei praktische Erfahrungen, um wissenschaftliche Erkenntnisse in industrielle Produktion umzusetzen. Professor

Hertz hatte sich große Verdienste erworben, als er Anfang der zwanziger Jahre bei der Einrichtung der Philips-Forschungslaboratorien in Eindhoven entscheidend mitwirkte. Hier hatte er auf dem Sondergebiet der Hochzüchtung elektrischer Gasentladungen gearbeitet und für die Klärung des Elementarvorganges durch die Elektronenstoßmethode gemeinsam mit James Frank den Nobelpreis erhalten. Er war maßgebend am Aufbau des Physikalischen Instituts der Berliner Technischen Hochschule beteiligt gewesen und hatte viele Jahre hindurch ein großes Forschungslaboratorium in der Industrie geleitet. Von Professor Vollmer war auf dem Fundament seiner bahnbrechenden physikalisch-chemischen Forschungen Produktionsverfahren entwickelt worden, die ihn eng mit der chemischen Industrie in Kontakt gebracht hatten.

Erinnerungen an berühmte Berliner Kolloquien

Auf der langen Bahnfahrt tauschten wir viele Erinnerungen miteinander aus. Häufiges Gesprächsthema bildeten die berühmten Kolloquien am alten Physikalischen Institut der Berliner Universität in den zwanziger und dreißiger Jahren. Hertz und Vollmer waren bedeutend älter als ich, und das, was sie dort sagten, hinterließ schon damals bei mir einen tiefen Eindruck. Hertz hatte eine besondere Art, das wissenschaftliche Gespräch in diesen Runden zu eröffnen, an denen Einstein, Planck, Nernst, von Laue, Pringsheim, Westphal und viele andere teilnahmen, die heute zu den Klassikern der Naturwissenschaften zählen. Ich höre noch heute, wie Professor Hertz meist mit den Worten begann: »Ich sage jetzt wahrscheinlich etwas sehr Dummes, aber ...« Und dann entwickelte er stets einen seiner geistvollen Gedankengänge!

Übrigens hielt er es während der Unterhaltung im Zug ebenso, und bis in diese Tage, in denen ich ihn leider nur noch selten sehe, ist es dabei geblieben.

Auch Professor Vollmer hatte an etlichen Kolloquien teilgenommen. Sein glänzender Disput mit Irving Langmuir über Fragen der Wanderung von Fremdatomen auf Oberflächen ist mir noch heute gegenwärtig. Der amerikanische Gelehrte war einer der zahlreichen Gäste, die es sich nicht nehmen ließen, bei ihren Berlinbesuchen an einem der Abende mit Einstein, Planck und den anderen Kollegen teilzunehmen.

Die Rückschau auf ein, wie uns schien, goldenes Zeitalter der Physik wurde zuweilen von den Ehefrauen unterbrochen. Sie holten uns auf den Boden der Wirklichkeit zurück. Außerdem beanspruchten meine beiden Kinder, die mitfuhren, einen Teil der Zeit. Sie hatten natürlich Fragen über Fragen.

Doch immer wieder kreiste das Gespräch unter uns drei Männern um die in allernächster Zukunft zu lösenden Aufgaben. Professor Dr. Max Vollmer, der später nach seiner Rückkehr einige Jahre Präsident der Deutschen Akademie der Wissenschaften war, sollte zunächst am Hertzschen Institut in Agudseri eine Arbeitsgruppe übernehmen. Später trennte er sich von Hertz und wirkte mit seinen Schülern Dr. Richter und Dr. Bayerl in der Nähe von Moskau.

Reisebilder

Die Reise nach Suchumi dauerte eine Woche. Wirklich, das russische Land war so weit, so unendlich groß, wie wir immer gehört hatten. Bis Armawir begegneten wir vielen zerstörten Städten, Dörfern, Ruinen von Bahnhöfen. Überall wurde aber aufgeräumt und aufgebaut, manchmal mit Hilfe deutscher Kriegsgefangener. Nur wenige Jahre später waren in dem gleichen Gebiet keinerlei Spuren des Krieges mehr zu entdecken.

Da die direkte Strecke nach Suchumi gesperrt war, fuhr der Zug am Nordrand des Kaukasus entlang. Wir hatten wunderbares Wetter und konnten das schneebedeckte Massiv des Elbrus und in der Ferne einige Fünftausender der Zentralkette erkennen.

Am Kaspischen Meer

Bei sommerlicher Gluthitze erreichten wir eines Mittags die Ufer des Kaspischen Meeres. Fast orientalisch mutete hier die Bevölkerung mit ihren turbanartigen Kopfbedeckungen und ihren fremdartigen Verhaltensweisen an. Nach einer mehrstündigen Fahrt zwischen Kaspischem Meer auf der einen Seite und den felsigen Ausläufern des Kaukasus auf der anderen, erblickten wir gegen Abend die Bohrtürme von Baku. Dann bog der Zug ins Innere des Landes ab – am Südrand des Kaukasus entlang. Am folgenden Mittag hielt er im schön gelegenen Tbilissi. Nachts ging die Reise weiter.

Erste Eindrücke von unserer neuen Heimat

Als der nächste Morgen graute, fuhren wir bereits durch die kaukasische Riviera mit ihren Teeplantagen, Eukalyptusbäumen, Mimosenhainen. Wir waren erstaunt über die üppige Vegetation, die sich da in voller Pracht vor uns ausbreitete. Bald kam auch das Schwarze Meer in Sicht, und unser Sonderwagen wurde auf dem Bahnhof Suchumi abgestellt.

Einige Stunden mußten wir warten, dann hieß uns ein General, der mir auch in der ersten Periode des Institutsaufbaus zur Seite stand, in fließendem Englisch mit großer Liebenswürdigkeit willkommen.

Er brachte mich und meine Familie zu unserem künftigen Wohnhaus in Sinop – einem kleinen, historischen, zweistöckigen Gebäude. Hier wurden wir von zwei unserem Haushalt zugeteilten Helferinnen vor einer reich gedeckten Tafel erwartet.

Danach führte der General uns durch das weite Institutsgelände. Der Eindruck war überwältigend. Das moderne, aus rötlichem Tuffstein errichtete Hauptgebäude des Institutskomplexes lag in einem großen Botanischen Garten von seltener Schönheit und Vielfalt. Die verschiedensten Palmenarten, Zypressen, Korkeichen, Kamelienbäume, Bananenstauden, Bambushaine, Feigenbäume und Oleanderbüsche gaben den parkähnlichen Anlagen ein wahrhaft südländisches Gepräge.

Märchen und rauhe Wirklichkeit

Die subtropische Natur, der tiefblaue Himmel, die unmittelbare Nähe des Schwarzen Meeres, der sorgfältig vorbereitete Empfang ließen mich glauben, in ein Märchen versetzt zu sein. Aber die Fragen der Mitarbeiter, die schon einige Tage vorher in Suchumi angekommen waren, holten mich bald auf den Boden der Wirklichkeit zurück. Jetzt zeigte sich erst der ganze Umfang der übernommenen Aufgabe. Es galt nicht nur, Aufbau und Einrichtung des Forschungsinstituts zu organisieren, auch der Bau der Hilfsgebäude und Werkstätten, einer Elektrizitätsstation, eines kleinen Wasserwerkes, einer kleinen Gasanstalt und nicht zuletzt die Errichtung der Wohngebäude für die Mitarbeiter des ganzen Objektes und ihre Familien war zu planen.

Das Wirkungsfeld war so weit gesteckt, daß wir anfangs sogar die benachbarten Täler auf ihre Eignung zur Anlage einer Siedlung prüfen mußten. Dieser Ort, Kaschtak bei Kelassuri, ist dann an dem Platz gebaut worden, den ich vorgeschlagen hatte. Die Häuser liegen an den Hängen der Ausläufer des Kaukasus und bieten zum Teil eine wunderbare Aussicht auf das Schwarze Meer und die Bucht von Suchumi.

Wir richten uns ein

Viele Probleme standen in diesen Tagen vor uns. Nur einige seien erwähnt. Die Mitarbeiter brauchten zunächst eine vorübergehende Unterkunft. Die siebenhundertfünfzig Kisten aus Lichterfelde mußten ausgepackt und das Inventar zuerst provisorisch und danach endgültig in den Laboratorien aufgestellt werden. Die Ausrüstung für Laboratorien und Werkstätten war zu komplettieren. Die Bestelliste nahm den Umfang eines kleinen Buches an. Obwohl sie speziell auf unser Institut ausgerichtet war, wurde sie von der für uns zuständigen Verwaltung kurzerhand verdoppelt und in dieser Form gleich auch für das Hertzsche Institut in Agudseri benutzt.

Die Suche nach kriegsgefangenen deutschen Spezialisten

Jetzt war es an der Zeit, unseren Mitarbeiterstab zu ergänzen. Professor Hertz und ich bekamen eine Liste von internierten deutschen Wissenschaftlern, die sich nach Kriegsende in Lagern bei Moskau aufhielten. Wir konnten Vorschläge unterbreiten, wer uns für unsere Institute geeignet erschien. Darüber hinaus sollten wir in verschiedenen Suchumi benachbarten Kriegsgefangenenlagern die in Aussicht genommenen Spezialisten selbst befragen und nach den geführten Gesprächen eine Entscheidung treffen.

Auf dem ersten Weg gelangten der bekannte Gasentladungsphysiker Dr. Max Steenbeck und mit ihm noch zahlreiche weitere internierte Wissenschaftler an das Sinoper Institut. Auf dem zweiten Weg kam der Hauptteil der Laboranten, Feinmechaniker und Handwerker zu uns.

Das erste Kriegsgefangenenlager, das Professor Hertz und ich im Februar 1946 besuchten, lag bei Otschemtschiri südlich von Suchumi. Wir erregten – begleitet von General Kotschlawaschwili in voller Uniform – unter den Lagerinsassen großes Aufsehen. Die Aufregung wuchs noch, als allmählich unsere Absichten bekannt wurden. Alle vorgesehenen Fachkräfte wurden einzeln in eine mit Hitler-Karikaturen ausgeschmückte Baracke geführt, in der Hertz und ich mit dem General und dem begleitenden Dolmetscher hinter einer Tischreihe Platz genommen hatten.

Schicksalsentscheidungen in wenigen Minuten

Für viele der Befragten bedeutete das Fünfminutengespräch die Entscheidung über ihr weiteres Lebensschicksal und die Zukunft ihrer Familie. Aber auch für Professor Hertz und mich war die Aussprache mit den künftigen Mitarbeitern eine sehr ernste Angelegenheit. Standen wir doch vor der Aufgabe, in diesem kurzen Wortwechsel einen Eindruck von den fachlichen und charakterlichen Eigenschaften der uns gegenübergestellten Menschen gewinnen zu müssen. Von der Richtigkeit der Entscheidungen konnte Erfolg oder Mißerfolg der uns übertragenen schwierigen Entwicklungsarbeiten abhängen.

General Saweniagin

Wie tief diese Auswahl in das Leben der Betroffenen eingreifen konnte, zeigte sich bald darauf, Anfang 1947, als die Regierung der UdSSR den aus der Kriegsgefangenschaft gekommenen Mitarbeitern die Möglichkeit gab, Frauen und Kinder nach Suchumi zu holen. Für viele war es ein schwerer Entschluß, den Antrag auf Übersiedlung ihrer Familien zu stellen. Den Ausschlag gab für die meisten die offizielle Äußerung General Saweniagins, daß die Rückkehr nach Deutschland nicht vor 1951 möglich sein würde.

Ich selbst habe, wenn ich gefragt wurde, meinen Mitarbeitern geraten, ihre Angehörigen nach Suchumi kommen zu lassen, denn ich war der Meinung, gerade in schweren Zeiten sollte die Familie möglichst zusammen sein.

Die mit der Organisation des Instituts und mit der Gestaltung der Lebensverhältnisse des deutschen Kreises zusammenhängenden Fragen waren schon im Oktober 1945 mit General Saweniagin durchgesprochen und von ihm entschieden worden. Diese Sitzung, an der nur noch meine Sekretärin und von sowjetischer Seite der Chef des Objektes teilnahmen, war insofern bemerkenswert, als sie im Salonwagen des Generals in der Zeit von zweiundzwanzig Uhr abends bis vier Uhr morgens stattfand. Das menschliche Verständnis General Saweniagins erleichterte mir damals die Vertretung der Interessen des deutschen Spezialistenkreises sehr.

Kurze Freude über zwei Motorboote

Um dem Botaniker und Strahlengenetiker die Meeresflora näherzubringen und unter den gegebenen Umständen unser Leben so angenehm wie möglich zu gestalten, hatte ich für das Botanische Laboratorium ein kleines Motorboot beantragt. Es wurde in jener Nachtsitzung auch von Saweniagin bewilligt. Knapp einen Monat später erhielt ich vom Chef des Objektes die Nachricht, auf dem benachbarten Bahnhof Kelassuri seien zwei Wasserfahrzeuge eingetroffen. Ich solle mir aussuchen, welches ich haben wolle. Das zweite sei für das Hertzsche Institut bestimmt. Wir fuhren sofort los und waren erstaunt, zwei große, hochseetüchtige Kajütenboote mit 200-PS-Chrysler-Motoren vorzufinden. Meine Hoffnung, daß auch die übrige bestellte umfangreiche Institutsausrüstung bald und in guter Qualität eintreffen würde, wurde dadurch gewaltig gestärkt. Im übrigen freuten wir uns schon sehr auf die ersten Schwarzmeerfahrten.

Leider sollte nie etwas daraus werden. Zunächst wartete ich eine Weile vergebens auf die Überführung der Boote. Als ich dann ein paar Mal nachgefragt hatte, wo die Fahrzeuge blieben, erhielt ich die Auskunft, wir könnten sie nicht bekommen. Was war geschehen? Der Sicherheitsbeauftragte für unseren Institutsbereich hatte – vor allem wegen der nahen türkischen Grenze – Bedenken angemeldet. Die Motorboote waren nach Moskau zurückgeschickt worden.

Ein wohlbehütetes Dasein

Ungefähr zu dieser Zeit begannen sowjetische Soldaten, einen engmaschigen Stacheldrahtzaun einmal um das Institut selbst und dann um das übrige Areal zu ziehen, auf dem die Wohnhäuser standen. Nach dieser Maßnahme durften die deutschen Mitarbeiter und ihre Angehörigen das Gelände nur noch in sowjetischer Begleitung verlassen. Die Vorschrift galt sowohl für Einkäufe in Suchumi, die nun in Gruppen durchgeführt wurden, als auch für Ausflüge sowie gegenseitige Besuche zwischen den beiden Instituten A (Ardenne) und G (Hertz). Erhebliche Schwierigkeiten traten zuweilen auf, wenn weniger Begleiter zur Verfügung standen, als für Erledigungen außerhalb des Objektes nötig gewesen wären. Aber wir mußten uns damit abfinden – wir waren schließlich nicht als Touristen hier. Dieses wohlbehütete Dasein hinter einer Umzäunung dauerte bis zur Einleitung unserer Rückkehr nach Deutschland, das heißt etwa neun Jahre.

Es war jetzt nicht mehr gestattet, irgendwelche Unterhaltungen oder Korrespondenzen mit Personen, die nicht zu unserem Kreis gehörten, zu führen. In den Briefen an Verwandte und Freunde wurden direkte oder indirekte Mitteilungen gestrichen, aus denen der Ort der Institute zu entnehmen gewesen wäre. Durch die strenge Zensur und vor allem durch die mehrmonatige Laufzeit der Briefe war die Verbindung mit der Heimat vorübergehend sehr lose geworden – ein Umstand, der häufig Depressionen auslöste. Heute weiß ich: Diese für uns so schwerwiegenden Beschränkungen sind damals aus Geheimhaltungsgründen im sowjetischen Staatsinteresse unerläßlich gewesen. Wie notwendig und berechtigt die Sicherheitsmaßnahmen waren, geht auch daraus hervor, daß trotz allem im Laufe der Jahre erstaunlich viele Einzelheiten im Westen bekannt und zu einem Mosaik zusammengefügt wurden, aus dem gewisse Rückschlüsse gezogen werden konnten.

Wir mußten uns anpassen

Unsere Lebensumstände schufen in mancherlei Hinsicht außergewöhnliche Verhältnisse; vielleicht etwas gemildert durch die relativ hohe Zahl der in diesem Kreis vereinten Menschen. Sympathien und Antipathien begannen eine große Rolle zu spielen, Freundschaften und Feindschaften zeichneten sich mit einer Schärfe ab, wie sie im Leben unter Normalbedingungen sonst kaum auftreten.

Wir hatten uns einem Umgewöhnungsprozeß seltener Intensität zu unterziehen. Er betraf keineswegs nur die relativ eingeschränkte Bewegungsfreiheit, sondern wir mußten uns dem Leben an der Grenze Kleinasiens anpassen, uns von einer deutschen Großstadt auf ein ländliches Gebiet in der Sowjetunion umstellen. Hinzu kamen noch das ungewohnte subtropische Klima, die andersgeartete Ernährung und schließlich das enge Miteinanderleben besonders in der Anfangszeit, in der die Mitarbeiter noch in provisorischen Unterkünften wohnten. Es war sehr wichtig, diese Probleme durch eine Reihe psychologisch richtig gewählter Maßnahmen zu lösen oder wenigstens auszugleichen, damit bei den Mitarbeitern und ihren Familien Arbeitsfreude, Gesundheit und Lebensfreude erhalten blieben.

Kleine Freuden, große Wirkung

Deswegen organisierten wir Feste aller Art, das heißt Kinderfeste, Kostümfeste und Sommerfeste im Botanischen Garten des Objektes, veranstalteten Schallplattenkonzerte und Klavierabende. Auf einem mit Unterstützung der sowjetischen Verwaltung selbst gebauten Tennisplatz fanden regelmäßig Turniere statt, und manch andere sportliche Wettkämpfe wurden ausgetragen. Auch das Badeleben am nahen kaum hundert Meter entfernten Strand des Schwarzen Meeres sowie die in kleineren und größeren Gruppen unternommenen Ausflüge in die bergige Umgebung Suchumis brachten vielfache Abwechslung in unser Dasein.

Zur geistigen Anregung richteten wir Unterrichtszirkel für Russisch, Chemie, Physik, Mathematik und Politik ein. Es wurden populärwissenschaftliche Vorträge über aktuelle Themen gehalten. Den gleichen Zweck hatte die umfangreiche Leihbibliothek, die mein Schwager Otto Hartmann in Berlin im Auftrag der sowjetischen Verwaltung zusammenstellte.

Fester Zusammenhalt, enge Verbundenheit

Aus dem gemeinsamen Streben und Erleben erwuchs auf dem Fundament der Achtung vor der fachlichen Leistung des anderen schon nach wenigen Monaten eine menschliche Bindung von seltener Stärke zwischen Wissenschaftlern und Handwerkern. Gerade der experimentell arbeitende Forscher im Bereich der Naturwissenschaften ist mehr als in den meisten anderen geistigen Disziplinen auf die Hilfe und das Können der Facharbeiter (zum Beispiel Mechaniker, Elektroniker, Glasbläser) angewiesen, die ihm die jeweils erforderlichen Spezialgeräte und Anlagen bauen. Der Wissenschaftler aus diesem Bereich fühlt sich daher auch schon unter normalen Umständen seinen handwerklichen Kollegen besonders eng verbunden. Wieviel mehr mußte dies in unserem isolierten Kreis der Fall sein!

Zehn Liter Eierlikör

Bei einem Sommerfest, das wir nur für die deutschen Mitarbeiter veranstalteten, herrschte aus finanziellen Gründen großer Mangel an alkoholischen Getränken, denn die Kriegsgefangenen bezogen noch nicht ihr späteres normales Gehalt.

Dieses Übel wurde damals auf ganz unbürokratische Weise beseitigt: Im chemischen Labor standen für die Arbeit stets erhebliche Mengen reinen Alkohols zur Verfügung. Kollegen mit besten Fachkenntnissen fabrizierten davon hochprozentigen Eierlikör, den sie in einen 10-l-Glasballon abfüllten. Bis dahin war die Sache einfach. Die Schwierigkeit begann damit, diesen großen Behälter aus dem Institut herauszubringen, dessen Eingang Tag und Nacht durch sowjetische Soldaten bewacht wurde. Sie hatten strenge Anweisung, Materialien nur mit sorgfältig ausgefüllten Kontrollscheinen passieren zu lassen. Unsere findigen Berliner wußten sich aber zu helfen. Sie bildeten einen »Stoßtrupp« von zwei Mann. Einer setzte eine Gasmaske auf. Dann rannten beide heftig gestikulierend auf den Institutsposten zu. Der vorderste schrie schon von weitem: »Ostoroschno, jad!« (Vorsicht, Gift!), während der Gasmaskenträger die Flasche weit von sich weghielt und durch Gebärden die Gefährlichkeit des Inhalts betonte. Erschreckt wich der Posten zur Seite – und zehn Liter Eierlikör hatten die Wache passiert. Natürlich war die Stimmung auf dem Fest durch dieses – juristisch allerdings bedenkliche – Husarenstück gesichert.

Grusinische Feste an Gebirgsbächen

Einige Ausflüge unternahmen wir gemeinsam mit den sowjetischen Angehörigen des Instituts. An kleinen Gebirgsflüssen wurde stundenlang kampiert, und der reichlich fließende grusinische Wein trug viel zum engeren Kontakt zwischen sowjetischen und deutschen Mitarbeitern bei, der für die Arbeit so wichtig war. Solche Unternehmungen brachten für mich als Institutsleiter meistens einige Sonderbelastungen mit sich – zum Beispiel in bezug auf den Alkoholkonsum oder wenn ich von einer der Damen unserer sowjetischen Verwaltung zur Vorführung des grusinischen Messertanzes aufgefordert wurde.

Schallplattenabende im Botanischen Park

Unvergeßlich blieb allen, die es miterlebten, eines der Schallplattenkonzerte im Freien. Auf Parkbänken unter Palmen und blühenden Kamelienbäumen verteilt saßen zum großen Teil erst kurz vorher zu uns gekommene Kriegsgefangene und hörten der Musik zu. In dieser späten Dämmerstunde bei fast tropischer Wärme schwirrten Hunderte von Glühwürmchen umher und illuminierten mit ihren Lichtimpulsen den Park. Dabei erklang auch jenes bekannte Lied von Robert Schumann nach einem Heine-Gedicht, in dem von den beiden aus russischer Kriegsgefangenschaft zurückkehrenden Grenadieren die Rede ist.

Die Kostümfeste mit ihren Vorbereitungen und Überraschungen lenkten die Gedanken für Wochen in eine heitere Richtung. Es ist nur zu verständlich, wenn in einigen Fällen Mitarbeiter, die aus Kriegsgefangenenlagern direkt in das Milieu unserer Feiern kamen, Mühe hatten, die sprunghafte Wandlung ihrer Lebensbedingungen innerlich zu verarbeiten.

Auf Treppen wurden Rutschbahnen aus glatten Einlegebrettern von Ausziehtischen kunstgerecht improvisiert. So konnte man von einer Wohnetage in die andere mehr oder weniger sanft seinem Glück entgegenschweben. Hatte die Stimmung ihren Höhepunkt erreicht, geschah es gelegentlich, daß die Damen sogar auf den Schultern ihrer Kavaliere besagte schiefe Ebene hinabglitten.

Bei einem dieser Feste passierte die Sache mit dem vertauschten Ehemann. In vorgerückter Stunde hatte eine unserer reizvollsten jüngeren Ehefrauen auf dem Diwan eines durch kollektive Arbeit hervorgezauberten türkischen Zimmers eine Stellung à la Madame Récamier eingenommen. Sie war in einer lebhaften Unterhaltung begriffen, die ihre ganze Aufmerksamkeit gefangennahm, während ihr Ehemann durch liebevolles Streicheln ihrer Beine zu ihrem unterbewußten Wohlbefinden beitrug. Trotz der geringen Raumbeleuchtung hatte ein gegenübersitzender Freund des Hauses neidvoll diese ehemännliche Aktivität wahrgenommen. Ein Gedankenblitz, und beide vertauschten, unbemerkt von der betreffenden Dame, ihre Plätze und Tätigkeiten. Nunmehr amüsierte sich der Ehemann mit einigen aufmerksam gewordenen Festteilnehmern über die sich allmählich steigernden Bemühungen des Freundes. Erst nach zehn heiteren Minuten fand die Komödie mit einem lauten Schrei der Getäuschten ihr Ende.

Was man sich so erzählte

Wenn der in eine Kinderbadewanne eingefüllte und aus diesem Reservoir abzapfbare grusinische Wein die Zungen löste, wurden Geschichten aus vergangenen Zeiten erzählt. Was unser Werkstattleiter Willy Roggenbuck dann über seinen Busenfreund »Wasserwelle« berichtete, verdient hier wenigstens mit einer kleinen Episode festgehalten zu werden. Wasserwelle war ebenso wie der Werkstattleiter während des Zweiten Weltkriegs Versuchsmechaniker bei der Radargeräte-Fertigung von Telefunken. Trotz seiner Unregelmäßigkeiten im Dienst wurde er von der Werkleitung u. k. gestellt und gehalten, weil seine vielen Streiche in ungewöhnlichem Maße zur Verbesserung der Stimmung aller Beschäftigten beitrugen. Wasserwelle machte sich zum Beispiel nichts daraus, eines Tages mit verstellter Stimme bei der Betriebsleitung anzurufen: »Hier spricht der Vater von Herrn Wasserwelle. Ich muß Ihnen leider mitteilen, daß mein Sohn gestern durch einen Verkehrsunfall ums Leben gekommen ist.« Große Trauer im Werk. Sofort wurde eine Sammlung eingeleitet, um einen besonders schönen Kranz zu beschaffen – und am nächsten Morgen erschien Wasserwelle wie immer, gesund an Leib und Seele, zur Arbeit.

Der vorstehende Fall erinnert mich übrigens an eine Mitteilung westlicher Nachrichtendienste, Professor Hertz und ich seien in der Sowjetunion ums Leben gekommen, während wir doch gerade unsere Institute bei Suchumi organisierten. So hatten wir beide die ungewöhnliche Gelegenheit, unsere eigenen Nachrufe lesen zu können.

Die verbrannte Sonntagsgans

Herzhaftes Gelächter löste immer wieder die Begebenheit mit der Sonntagsgans aus. Ein Physiker am Institut war schon damals ein großer Anhänger der Automation und pflegte sie überall und oft auf verschlungensten Wegen einzusetzen, wenn er glaubte, damit seine Lebensbedingungen verbessern zu können.

Für das Sonntagsmenü hatte seine Frau mit viel Beredsamkeit auf dem Suchumer Basar eine fette Gans erworben. Dieses Tier sollte im elektrischen Backofen gebraten werden.

Jede Familie verfügte über einen Elektroanschluß mit Sicherungsautomaten, die auf dem Treppenflur außerhalb der Wohnung angebracht waren. Zwecks optimaler Zeitausnutzung und Bequemlichkeit wollte der Mitarbeiter den in die späten Abendstunden verlegten Bratprozeß vom ehelichen Bett aus fernsteuern. Mit diesem Ziel fabrizierte er, als die im Kochbuch vorgesehene Zeit abgelaufen war, am Stecker seiner Nachttischlampe einen Kurzschluß. Daraufhin fiel der Automat der Hauptsicherung vorschriftsmäßig heraus, und der Abschluß des Bratprozesses schien gesichert zu sein. Als jedoch die Hausfrau am Sonntagmorgen in die Küche ging und erwartungsvoll die Tür des Ofens öffnete, fand sie nur noch verkohlte Reste ihres zuvor so ansehnlichen Vogels. Die Erklärung für diesen programmwidrigen Ablauf der Dinge lag ganz einfach darin, daß ein anderer Hausbewohner den herausgesprungenen Sicherungsautomaten gesehen und kameradschaftlich wieder in Kontaktstellung gebracht hatte. Man sieht – dem Einsatz moderner Technik sind Grenzen durch nicht einkalkulierte Zwischenfälle gesetzt.

Der Austausch von Freizeitepisoden außerhalb der Arbeitsstunden war auch für mich ein kleiner Ausgleich für den Ernst und die Anstrengung bei der Lösung der wissenschaftlichen Probleme.

»Technische Sowjets« als Leitungsinstrument

Alljährlich wurden die Arbeitsergebnisse auf einem Technischen Sowjet ausgewertet und die Aufgaben für das kommende Jahr fixiert. Das Besondere dieser Zusammenkünfte lag darin, daß man oft in einer einzigen Sitzung über mehrere Vorhaben entschied. Gleichzeitig legte das Gremium die erforderlichen Durchführungsmaßnahmen fest. Ich habe erlebt, wie auf diese Weise Projekte von sehr großer wirtschaftlicher und staatspolitischer Bedeutung gründlich beraten und nach einem Sitzungsaufwand von nur wenigen Stunden in Gang gebracht wurden. Das war möglich, weil in den Technischen Sowjets zusammen mit führenden Wissenschaftlern und Ingenieuren auch die Leiter der zuständigen Industriewerke, die für die Administration maßgebenden Mitarbeiter und die entscheidungsberechtigten Mitglieder der Regierung anwesend waren. Alle hatten nur ein Ziel – den wissenschaftlich-technischen Fortschritt ihres Landes zu beschleunigen.

Professor Kurtschatow

Eine der hervorragenden Persönlichkeiten in diesen Sitzungen war der Kernphysiker Akademiemitglied Professor Kurtschatow. In ihm begegnete ich einem bedeutenden Wissenschaftler, der durch Können und Tatkraft in den Nachkriegsjahren entscheidende Leistungen für die Sowjetunion vollbrachte. Er hat mich auch in menschlicher Hinsicht tief beeindruckt. Seine Fähigkeit, das Wesentliche sofort zu erkennen, seine stets sachliche Denkweise und seine liebenswürdigen Umgangsformen befähigten ihn in hohem Maße, Mitarbeiter zu besonderen Leistungen anzuspornen. Als er 1960 starb, wurde seine Urne – wie schon wenige Jahre vorher die von Generaloberst Saweniagin – an der Kremlmauer beigesetzt. Das ist ebenfalls ein Zeichen der hohen Achtung, die der Wissenschaft in der Sowjetunion, wie überhaupt in allen sozialistischen Ländern, entgegengebracht wird.

Das Lichterfelder Inventar bleibt mein Eigentum

Schon bald nachdem wir unsere Tätigkeit in der UdSSR aufgenommen hatten, wurde von den zuständigen Stellen eine grundsätzliche Entscheidung gefällt, die für mich und den Aufbau des späteren Dresdner Instituts von größter Tragweite war: Mein ganzes bei Kriegsende nach Suchumi transportiertes Inventar des Lichterfelder Laboratoriums sollte nicht als Reparationsleistung angesehen werden, sondern mein Privateigentum bleiben und bei der Rückkehr nach Deutschland wieder mitgenommen werden dürfen. Die Überführung erfolgte im Herbst 1954 ohne Schwierigkeiten. Diese Festlegung, die mir selbst und unserem Land erhebliche Werte erhielt, wurde wohl auch deswegen getroffen, weil das Inventar des Lichterfelder Laboratoriums vorwiegend von mir persönlich erarbeitet worden war, denn es stellte hauptsächlich den Gegenwert für Hunderte von Patenten dar, die meinen Namen als Erfinder trugen.

Drei Arbeitsgruppen, drei Verantwortungsbereiche

Ende 1945 trafen kurz nacheinander Professor Dr. Thiessen und Dr. Steenbeck in Sinop ein.

Schon wenige Tage später grenzten wir die Verantwortungsbereiche unter uns ab und teilten das Mammutinstitut in drei nahezu unabhängige, jede für sich gut steuerbare Arbeitsgruppen auf. Gleichzeitig wurde auch ihre wissenschaftlich-technische Thematik präzisiert und aufeinander abgestimmt. Dank dieser klaren Richtlinien und der Besonnenheit jener beiden bedeutenden Persönlichkeiten ist es in der langen Zeit unserer Zusammenarbeit trotz mancher schwieriger Situationen niemals zu ernstlichen Differenzen gekommen. Fast immer führte eine offene Aussprache zu einer einheitlichen Auffassung, die wir dann einzeln oder gemeinsam vertraten. Rückblickend bin ich besonders glücklich darüber, gerade Professor Dr. Thiessen und Dr. Steenbeck an meiner Seite gehabt zu haben. Ihre Arbeit hat in allen drei Bereichen des Instituts entscheidend dazu beigetragen, daß wir alle Aufgaben erfolgreich erfüllen konnten.

Das Rückkopplungsprinzip bei der Leitung der Mitarbeiter

Bei der ständigen Suche nach den besten Organisationsformen, bei der Entscheidung vieler wichtiger persönlicher Fragen der etwa zweihundertköpfigen deutschen Gemeinschaft mußte ich die Erfahrung machen, daß »Regieren« gar keine einfache Sache ist – selbst wenn es sich nur um einen relativ kleinen Kreis von Menschen handelt. Erst allmählich fanden wir die unter unseren Verhältnissen psychologisch günstigsten Leitungsprinzipien heraus und lernten die Reaktionen auf Anordnungen, die erlassen wurden, abzuschätzen. Für ein solches in sich geschlossenes Kollektiv im Ausland die Verantwortung zu tragen, kann geradezu eine Schule der Menschenführung sein, denn unter den geschilderten Bedingungen sieht man selbst noch sehr deutlich die Auswirkung seiner Weisungen und Maßnahmen in ihren feinsten Verästelungen, und die vielfältige Kritik dringt noch unmittelbar ans Ohr. Diese stabilisierende negative Rückkopplung schwächt sich in zunehmender Größe der zu lenkenden Gruppe leider oft bedeutend ab. In solchen Fällen wird der Einbau eines unabhängigen Rückkopplungskanals, der die Informationen unverfälscht von unten nach oben weiterleitet, zur dringenden organisatorischen Aufgabe. Wie weise handelten die Kalifen, als sie sich in geeigneten Zeitabständen verkleidet unter ihr Volk mischten, um seine Probleme und Ansichten wirklich ungeschminkt kennenzulernen. Sehr viele innere politische Spannungszustände, deren Auswirkungen ich miterlebt habe, hätten sich niemals entwickeln können, wenn der Informationsrückfluß ausgereicht hätte. Um das Leiten in Wirtschaft und Politik zu optimieren, sollten viel stärker als bisher die Modelle der Kybernetik und der modernen Systemtheorie sinnvoll genutzt werden.

Auch daran mußten wir denken

Eines unserer schwierigsten organisatorischen Probleme in Sinop war die gerechte Verteilung des besonders anfangs sehr beschränkten Wohnraums an die Mitarbeiter und ihre Familien. Um es zu lösen, bildeten wir eine Kommission von Vertrauensmännern der drei Arbeitsgruppen und der Werkstätten, die untereinander heiß debattierte – und sich schließlich auf einen Vorschlag einigte, der nur noch bestätigt zu werden brauchte. Eine andere Methode, unnötige Mißstimmungen zu vermeiden, bestand darin, die Formulierungen geplanter Anordnungen mit den Vertrauensmännern der verschiedenen Gruppen vorher zu diskutieren – und vor allem stets auch die Begründung für ihre Notwendigkeit mit bekanntzugeben.

Professor Joffé, Nestor der sowjetischen Physik

Der Besuch von Akademiemitglied Professor Joffé, dem Nestor der sowjetischen Physik, leitete am 12. Oktober 1945 die wissenschaftliche Arbeit am Institut in Sinop ein. Wir führten eine lange Fachdiskussion über die Lösung der Aufgaben, die uns die sowjetische Regierung gestellt hatte.

Professor Joffé sah ich zum letztenmal kurz vor seinem Tode im Frühjahr 1958 bei einem Vortrag, den ich auf der Leipziger Physikertagung über meinen Elektronen-Anlagerungs-Massenspektrographen hielt. Sein Wissen und seine Tatkraft haben einen entscheidenden Einfluß auf die Entwicklung der sowjetischen Physik gehabt und ihren heutigen hohen Stand mitbegründet.

Joffé war in jungen Jahren einer der befähigtsten Schüler Conrad Röntgens in München gewesen. Nach der Großen Sozialistischen Oktoberrevolution, als viele russische Physiker, die der Bourgeoisie verbunden waren, emigrierten, blieb er in seinem Petersburger Institut und bekam von Lenin den Auftrag, ein neues Fundament der physikalischen Forschung in der Sowjetunion aufzubauen. So wurde er der Organisator dieses unerhört wichtigen Wissensgebietes.

Professor Joffé war aber auch Hochschullehrer und hat die meisten der führenden sowjetischen Physiker ausgebildet. Die Professoren Kurtschatow, Alichanow, Alichanian, Krassin, Veskler, Artzimovich, Kikoin und etliche andere gehören zu seinen Schülern. Viele der von ihm geprägten Wissenschaftler haben in den folgenden Jahren das Institut bei Suchumi besucht und unsere Ergebnisse mit kontrolliert.

Glasapparaturen oder Metallbauweise

Organisation und Aufbau des Instituts beanspruchten in der ersten Zeit meine Arbeitskraft sehr stark. Daher mußte mein wissenschaftlicher Stellvertreter, der Physiker Dr. Streudel, sehr selbständig handeln. Er war früher an Oszillographenröhren-Entwicklungen beteiligt gewesen und daher gewohnt, seine Versuche mit Glasapparaturen durchzuführen. Diese Methode wollte er auch im Rahmen der uns übertragenen Aufgabe, eine Großanlage für magnetische Isotopentrennung zu entwickeln, anwenden und ließ sich nicht davon überzeugen, daß in unserem Fall die Metallbauweise notwendig war. Ich sah mich gezwungen, ihn durch einen anderen Wissenschaftler zu ersetzen.

Meinen alten Lichterfelder Mitarbeitern und mir schien die Metallkonstruktion für größere Vakuumanlagen selbstverständlich, und die vorausgegangene Entwicklung des 60-Tonnen-Zyklotrons, der Elektronenmikroskope und anderer Geräte hatte die Richtigkeit dieses Weges bestätigt. Wir wären in eine katastrophale Lage geraten, wenn ich nicht gleich zu Beginn meine Auffassung durchgesetzt hätte. Der magnetische Trenner, zu dem wir schließlich gelangten, war eine Großanlage in Metallausführung mit einer Vakuumkammer, die allein schon über 10t Gewicht hatte. Sie wurde durch riesige Öldiffusionspumpen mit einem Saugvermögen von etwa 20000l pro Sekunde evakuiert, und der dazu gehörige Magnet wog 200t.

Tisch-Elektronenmikroskop und Staatspreis

Ich erhielt zusätzlich die Aufgabe, ein Tisch-Elektronenmikroskop zu entwickeln. Die Konstruktionszeichnungen konnte ich schon bald abliefern. Etwa ein halbes Jahr später erschien im Januar 1947 der Chef unseres Objektes, eine prall mit Rubelscheinen gefüllte Aktentasche unterm Arm. Mir war ein Staatspreis verliehen worden.

Eine Rundfunksendung hat Folgen

Während die technisch-wissenschaftliche Arbeit zur Lösung der uns übertragenen Hauptprobleme auf vollen Touren lief, kursierten in kapitalistischen Publikationsorganen zwei Berichte über uns, welche die Lebensbedingungen des deutschen Kreises recht nachhaltig beeinflußten. 1947 brachte die Rundfunkstation Jerusalem eine Sendung, in der die Namen der Hauptmitarbeiter meines Instituts lückenlos aufgeführt wurden, und etwa ein Jahr darauf erschien in Westdeutschland ein Aufsatz mit dem Titel »Im goldenen Käfig«. Er beschrieb nicht nur das Leben in Sinop, sondern brachte auch gewisse Einzelheiten über Institutsstruktur und Aufgabenbereich.

Strenge Vorschriften waren notwendig

Bald nach seinem Erscheinen wurde mir ein Zeitungsexemplar mit diesem Artikel vorgelegt. Als ich ihn gelesen hatte, wunderte ich mich nicht über die Verschärfung der Geheimhaltungsvorschriften. Tatsächlich wurden dann so strenge Maßnahmen getroffen, daß durch sie zeitweilig sogar die Arbeit selbst erschwert war. Ich informierte meine Mitarbeiter ohne jede Beschönigung über die Lage und erklärte ihnen die Ursache der neuen Anordnungen. Jeder von uns mußte, um selbst richtig zu handeln, den Ernst der Situation kennen. Das war meine Pflicht, die mich zwischen zwei Feuer stellte. Immerhin kam es damals im Bereich des Sinoper Instituts A nicht zu schwerwiegenden Zwischenfällen, was ich mit auf diese offene Unterrichtung aller Institutsangehörigen zurückführe.

Kleine Ursache, große Wirkung

Die Befolgung der Geheimhaltungsvorschriften löste zuweilen auch heitere Ereignisse aus. So spielte sich bei einem der jährlichen Technischen Sowjets über die Institutsarbeit in Moskau folgendes ab:

Für die Sitzung hatten Professor Dr. Thiessen, Dr. Steenbeck und ich weisungsgemäß ausführliche Jahresberichte mit viel Zahlenmaterial und den Plänen für das kommende Jahr ausgearbeitet. Immer wenn wir nach Moskau mußten, wohnten wir etwa 40 km von der Stadt entfernt in dem idyllisch gelegenen abgeschlossenen Gebäudekomplex Osero. Dort hat sich übrigens auch Generalfeldmarschall Paulus nach seiner Gefangennahme mit anderen höheren Offizieren einige Zeit aufgehalten. Unsere durch Sonderkurier nach Osero gebrachten Unterlagen waren vorschriftsmäßig in den Panzerschrank eingeschlossen worden. Der Termin für die Abfahrt zum Technischen Sowjet rückte näher, aber zum Schrecken der Verantwortlichen fehlte der Schlüssel für den Safe. Ein Soldat der Wache hatte ihn an sich genommen, und es hieß, er sei spazierengegangen. Große Aufregung! Suchkommandos schwärmten aus. Nach etwa einstündigem Bemühen fand man den Soldaten mit seinem Mädchen und dem Panzerschrankschlüssel im Wald. Die anschließende Fahrt nach Moskau glich einem Autorennen, denn eine Reihe Minister und Mitglieder der Sowjetischen Akademie der Wissenschaften mußten ungefähr eine Stunde lang auf uns und unsere Berichte warten.

Zusammentreffen mit alten Bekannten in »Osero«

Wegen der Technischen Sowjets und anderer Besprechungen verbrachte ich durchschnittlich ein bis zwei Wochen pro Jahr in Osero. Der Aufenthalt dort hatte seinen besonderen Reiz durch das Zusammentreffen mit Professor Max Vollmer und seiner Gattin, die sich stets unermüdlich für das Wohlbefinden der Gäste aus dem Süden einsetzte. Hier traf ich unerwartet auch den Pionier auf dem Gebiet der Luftverflüssigung, Dr. Ing. h. c. Paul Heylandt, den ich das letzte Mal vor dem Zweiten Weltkrieg bei einem gemeinsamen Rundfunk-Interview mit dem greisen Luftschiffer Professor Dr. Ing. h. c. August von Parseval gesehen hatte. Dieses Rundfunk-Interview leitete übrigens ein Student namens Blüthgen, den ich dann 1957 in Ilmenau als Professor für Elektromedizin begrüßen konnte.

Bei den wiederholten Reisen nach Moskau beobachteten wir die rasante Entwicklung der Stadt schon in den Jahren zwischen 1945 und 1955. Es wurde sehr viel gebaut, und die Bevölkerung sah nicht mehr ärmlich aus wie unmittelbar nach Kriegsende. Hübsche Kleidung und fröhliche Menschen kennzeichneten das Straßenbild. Auch die gewaltige Zunahme des Autoverkehrs in Moskau war symptomatisch für den raschen ökonomischen Aufschwung des Landes.

Ein gewisser Dr. Ronald Richter

Aus fachlichen Gründen hatte eine Reise nach Moskau im Jahre 1951 einen etwas dramatischen Charakter: Eines Abends um dreiundzwanzig Uhr erschien ein Beauftragter der sowjetischen Verwaltung in unserem Sinoper Haus und eröffnete mir, ich möchte um drei Uhr morgens, also nur vier Stunden später, nach Moskau abreisen. General Saweniagin wünsche mich dringend zu sprechen. Auf der Fahrt stellte sich heraus, an Professor Hertz und Dr. Steenbeck war die gleiche Bitte gerichtet worden. Beide Herren kannten ebensowenig wie ich den Zweck des plötzlich arrangierten Aufbruchs. Wir hatten jedoch den Eindruck, es müsse sich um etwas ganz besonders Wichtiges handeln.

Erst im Arbeitszimmer von General Saweniagin beziehungsweise Professor Jemeljanow lüftete sich das Geheimnis. Meldungen waren eingetroffen, wonach es einem österreichischen Physiker, Dr. Ronald Richter, gelungen sein sollte, in einem Geheimlaboratorium des argentinischen Diktators Peron auf der Insel Huemul das Problem der geregelten Kernfusion praktisch zu lösen. Diese Nachricht verursachte bei unserer Moskauer Dienststelle beträchtliche Aufregung. Während der Besprechung trafen aus allen Teilen der Welt Stellungnahmen und Gutachten zu den spärlichen amtlichen Mitteilungen aus Argentinien ein. Wir wurden gefragt, was nach unserer Meinung von den Meldungen zu halten sei, und sollten uns über die Möglichkeiten, Plasma mit Temperaturen von mehreren Millionen Grad herzustellen, äußern.

Für den Fall, daß dieser Dr. Ronald Richter bei Peron der gleiche Dr. Ronald Richter sei, der im März 1943 im Kernphysikalischen Institut des Reichspostministeriums, welches ich damals leitete, eingestellt worden war, empfahl ich General Saweniagin, die ganze Angelegenheit nicht ernst zu nehmen. Ich hatte nämlich mit diesem Herrn ausgesprochen schlechte Erfahrungen gemacht und ihn trotz des kriegsbedingten Arbeitskräftemangels bald wieder entlassen müssen. Phantasie und wissenschaftliche Wirklichkeit vermischten sich bei ihm so sehr, daß man sich auf seine Arbeitsergebnisse nicht verlassen konnte. Sofort angeforderte Informationen über den Lebenslauf jenes Physikers in Argentinien ließen keinen Zweifel an der Identität mit meinem zeitweiligen Mitarbeiter aus Berlin-Lichterfelde. Damit war der Fall für uns erledigt. Professor Hertz, Dr. Steenbeck und ich konnten wieder nach dem Süden zurückreisen. Ich erinnere mich, von diesem Dr. Richter bereits 1943 in Lichterfelde den Gedanken gehört zu haben, man müsse mit Hochstrom-Gasentladungen die Vereinigung von leichten Kernen zu Helium versuchen. Damit bewegte er sich durchaus auf der richtigen Linie. Sein, eines Wissenschaftlers unwürdiges Handeln, lag darin, theoretische Spekulationen als reale Tatsachen auszugeben und sich durch unwahre Darstellung der Lage Mittel für experimentelle Entwicklungsarbeiten sowie persönliche wirtschaftliche Vorteile zu verschaffen.

Leningrad und das Werk »Elektrosila«

Während die Aufenthalte in Moskau stets nur wenige Tage dauerten, habe ich in Leningrad mehr als ein Jahr verbracht. Der vorübergehende Wechsel des Arbeitsortes nach dem Norden wurde 1949 notwendig, als unsere Entwicklungsarbeiten am magnetischen Isotopentrenner den Übergang zur Großanlage mit einem Elektromagneten von 200 t Gewicht verlangten. Ein solcher Großmagnet stand in einer der Hallen von »Elektrosila«. Dieses Werk ist in der Weltöffentlichkeit inzwischen besonders durch den Bau des 10-Milliarden-Elektronenvolt-Synchrophasotrons in Dubna an der Wolga bekannt geworden. Das leistungsfähige Kollektiv von Wissenschaftlern und Konstrukteuren, das wir hier bei »Elektrosila« in Aktion sahen, machte einen hervorragenden Eindruck.

In der Werkhalle erlebten wir einige recht dramatische Stunden. Ich denke besonders daran, wie die Trennanlage nach langen, vergeblichen Versuchen erst beim Besuch der Abnahmekommission der Regierung in Anwesenheit mehrerer Minister endlich mit der geforderten Betriebszeit einwandfrei arbeitete. Erregend war auch jener Augenblick, als wir, und mit uns auch sowjetische Wissenschaftler, wie zum Beispiel Professor Artzimovich, zum ersten Mal die scharf begrenzte Plasmasäule der Uranmetall-Ionenquelle isoliert im Raum des starken Magnetfeldes erblickten. Bei diesen Experimenten im Jahre 1949 mit Plasmaführung in homogenen und inhomogenen Magnetfeldern zeigte sich optisch und uns allen unvergeßbar die Ausschaltung der Wandeinflüsse bei einem erhitzten Plasma durch Anwendung starker Magnetfelder, eine Methode, die heute für die Kernfusionsforschung große Bedeutung erlangt hat.

Ab und zu ein Knall

Eine heitere Episode fällt mir aus unserer Arbeitsperiode bei »Elektrosila« ein: Während der Großmagnet in Betrieb war, ertönte ab und zu ein fürchterlicher Knall, der zunächst die völlige Zerstörung der Versuchsanlage vermuten ließ. Dieser akustische Vorgang fand aber jedesmal eine völlig harmlose Aufklärung. Einer unserer Physiker war ein leidenschaftlicher Pfeifenraucher und pflegte seine Tabakvorräte in einer großen Eisenblechbüchse bei sich zu tragen. Gelegentlich schaffte es das starke Magnetfeld, ihm diese Blechbüchse aus der Tasche zu ziehen, und sie prallte dann mit entsprechendem Getöse auf eine der Polschuhflächen auf.

In der Kantine des Werkes fiel mir ein hübsches junges Mädchen auf, das mich bei meinem ersten Erscheinen dort wie ein Wundertier betrachtete. Als ich diskret nachforschte, erfuhr ich, daß dieses junge Menschenkind wissen wollte, wie ein »wirklicher Baron« aussieht. Es war bereits unter neuen gesellschaftlichen Verhältnissen herangewachsen, und ein Adliger gehörte für seine Vorstellungen schon der Geschichte an.

Silvester im Hotel »Europeiskii«

Zwei Silvester haben wir in Leningrad miterlebt. Bekanntlich ist dieses Fest in der Sowjetunion die größte Familienfeier des Jahres, bei der ein geschmückter Tannenbaum selten fehlt. Eine begingen wir gemeinsam mit unseren sowjetischen Mitarbeitern und ihren Frauen sowie der für unsere Sicherheit verantwortlichen Begleitung. Wir wohnten damals im Hotel »Europeiskii«, nahe dem Newski-Prospekt, und die sowjetischen Kollegen hatten für die Feier ein geräumiges Appartement gemietet.

Immer war Vorsicht geboten

In Leningrad durften wir die Wohnung nie allein verlassen. Zum Teil lag das sicher in einem Vorkommnis begründet, das sich gleich am ersten Tag meines Aufenthaltes in dieser Stadt abspielte. Ich war damals im »Oktober-Hotel« am Moskauer Bahnhof untergebracht, und zwar zusammen mit den Regierungsbeauftragten für die Suchumer Institute, zwei Generälen. Kurz nach der Ankunft schlenderte ich, flankiert von diesen beiden hohen Offizieren, durch die Eingangshalle des Hotels. Man sah mir wohl den Ausländer an, denn plötzlich kam ein eleganter Herr mit ausgestreckter Hand auf mich zu, um mich zu begrüßen. Kaum bemerkten die Generäle diese Absicht, als sie sich von beiden Seiten hindernd dazwischenschoben. Der Unbekannte war der Vertreter einer großen englischen Tageszeitung und wollte mich interviewen.

Leningrader Kunstgenüsse

Leningrad ist eine Reise wert. Wir haben es im Winter erlebt, als sich die Eisschollen auf der Newa türmten. Wir sind im Frühling durch den Puschkin-Park, den »Letnii Sad«, spaziert. Die Kinder erinnern sich besonders an ein großes Feuerwerk und manche lustige Vorstellung im kleinen Sommertheater. Die Admiralität, die Peter-Pauls-Festung und die Isaak-Kathedrale sind nur einige der bekanntesten historischen Bauten, welche die Konturen dieser einzigartigen, weiträumig gestalteten Stadt prägen.

Die größte Anziehungskraft besaßen für meine Frau und mich die Ermitage und das Winterpalais. Nicht weniger als dreißigmal weilten wir gemeinsam in dieser berühmten Gemäldegalerie. Jedesmal fanden wir neue Kunstwerke, ja sogar neue Räume, die uns vorher entgangen waren.

Anregung und Harmonie durch klassische Musik

Oft besuchten wir auch die Leningrader Philharmonie. Beeindruckend ist die wunderbare Akustik und Ausgestaltung des ganz in weißen Marmor gekleideten Konzertsaals. So bedeutende Künstler wie David Oistrach und Svjatoslav Richter durften wir hier wiederholt erleben.

Selten vermag das dichterische Wort in mir gleich starke Empfindungen auszulösen wie die klassische Musik. In meinem Stereoplattenschrank haben »Der Rosenkavalier« von Richard Strauss mit seiner Partie der »Silbernen Rose« und vom gleichen Komponisten das Duett aus »Arabella«, aber auch seine berühmten Liebeslieder ihren bevorzugten Platz. Daneben liegen die Platten von Beethoven: das Klavierkonzert Nr. 5, die Eroica, die Pastorale, die Neunte.

Ich empfinde mit denen, die sagen, von Beethovens Musik gehe eine starke moralische Kraft aus, die es verbietet, uns mit der einfachen Feststellung unseres Daseins zu bescheiden. Sie fordert bewußtes Tätigsein im Sinne des Humanismus. Alle Leidenschaften, die Musik entfacht, münden in befreiende Menschlichkeit und in dem Wunsch, Großes zu leisten!

Einstein über Musik

Freunden gegenüber habe ich mich im Gespräch über Musik oft auf eine Äußerung berufen, die Hedwig Born überliefert hat. Als sie einmal an Einstein die Frage richtete, ob sich prinzipiell alles auf physikalische Gesetzmäßigkeiten zurückführen ließe, erwiderte dieser: »Ja, das ist denkbar, aber es hätte doch keinen Sinn. Es wäre eine Abbildung mit inadäquaten Mitteln, so, als ob man eine Beethoven-Symphonie als Luftdruckkurve darstellte.«

Während des Leningrader Aufenthalts mußte ich vorübergehend getrennt von der Familie leben. Das Alleinsein war für mich völlig ungewohnt. Manchmal saß ich in meinem Zimmer im Hotel Europeiskii und hatte genügend Zeit, um über viele Probleme unseres Lebens nachzusinnen. In diesen Stunden der Besinnung, in denen mich auch die Leitung des großen Instituts in Sinop nicht unmittelbar belastete, überdachte ich meine bisherigen Entscheidungen. Ich hatte den Krieg, dem auch meine beiden Brüder zum Opfer gefallen waren, als Mittel zur Lösung politischer Fragen tief verabscheuen gelernt; und es war mir seit dem Gespräch mit Max Planck klar, daß künftige militärische Konflikte eine noch unvergleichbar größere Tragik für die Menschheit bedeuten würden. Bei allen bewaffneten Auseinandersetzungen der neueren Zeit traf der weit überwiegende Anteil der Leiden stets die wenig begüterten Menschen, die Arbeiter und Bauern. Deshalb war ich der festen Überzeugung, daß nur ein von der Arbeiterklasse im Bündnis mit der Bauernschaft geführtes System wahrhaft für den Frieden sein konnte. Aus diesen Überlegungen heraus hatte ich meine Forschungen und die mit so viel Schwierigkeiten über den Krieg geretteten Anlagen dem Aufbau des Sozialismus zur Verfügung gestellt.

In meinen nachdenklichen Stunden und oft nach vorausgegangenen Gesprächen mit den Arbeitern und Wissenschaftlern bei »Elektrosila«, fern von der relativen Abgeschlossenheit unseres Daseins am Schwarzen Meer und in stärkerem direkten Zusammenleben mit den vom Krieg so schwer geprüften Leningradern, gewannen diese Gedanken noch größere Klarheit. Diese ruhige Zuversicht der sowjetischen Menschen in eine sozialistische Zukunft und ihr zielstrebiges einsatzbereites Wirken dafür übertrugen sich auf mich, ohne daß ich mir dessen anfangs bewußt geworden wäre. Hinzu kamen viele große und kleine Ereignisse, Beobachtungen, Freundschaften und Lösungen vieler sozialer Probleme, deren humanistische Zielsetzungen tiefen Eindruck bei mir hinterließen. So beschleunigten gerade die Leningrader Monate meine innere Hinwendung zum Sozialismus.

Um mir die Stunden des Alleinseins zu verkürzen, las ich viel in den Werken unserer großen Dichter. Ich war reif geworden, die ganze Größe ihres Denkens und ihrer Darstellungskunst zu erfassen. Schließlich unternahm ich sogar selbst einige tastende Schritte auf dem Gebiet der Dichtkunst und Malerei. Es blieb jedoch bei diesen Vorversuchen, denn auf meine intensiven Anträge hin erschienen Frau und Kinder in der Stadt an der Newa. Wie gut hatten wir es in dieser Hinsicht gegenüber den aus den Kriegsgefangenenlagern zu uns gestoßenen Kollegen!

Das Zahlenverhältnis zwischen den Letztgenannten und den mit ihren Familien aus Deutschland gekommenen Spezialisten betrug zwischen 1946 und den Massenentlassungen der Kriegsgefangenen 1949 etwa 2:1. Infolgedessen fehlte es sehr an Frauen. Dieser Mangel und das in dem subtropischen Klima verstärkte Kräftefeld Amors bewirkten die Ankristallisation von »Hausfreunden« bei manchen Familien. Auf den Institutsfesten schilderten zwar talentierte Minnesänger in wirkungsvollen Gedichten die Vorzüge einer solchen Form des Zusammenlebens, der Großteil der Ehemänner ließ sich aber davon offensichtlich nicht so recht überzeugen. Um zur Milderung der geschilderten Situation beizutragen, stellte die Spitzweg-Figur unseres Kreises, der Apotheker und Optiker Hoffmann, der jener schon früher erwähnten Berliner astronomischen Vereinigung angehört hatte, seine langbrennweitigen astronomischen Fernrohre zur Verfügung. Gemeinsam mit einigen unbeweibten Männern beobachtete er so die sich in 100 m Entfernung auf einem Balkon ebenso ahnungslos wie hüllenlos sonnende Damenwelt.

Amouröse Ruhestörung

Auch unter den sowjetischen Kollegen unseres Kreises war Amor wirksam und ließ sie vereinzelt in lauen Sommernächten gewaltige Hindernisse überwinden. Jedenfalls erwachten meine Frau und ich eines Nachts vom Geräusch vieler Schritte, das durch die geöffneten Fenster ins Schlafzimmer drang. Wir warfen einen vorsichtigen Blick über das Balkongeländer. Das Haus war von einer halben Kompanie Soldaten lückenlos umstellt. Vor der

Tür stand ein Offizier, an den ich mich nach einiger Zeit mit der Frage wandte, was diese nächtliche Truppenübung zu bedeuten habe. Er stellte die Gegenfrage, ob wir wüßten, wo sich der fremde Mann befinde, der durch eines der Fenster eingestiegen sei. Ein Wachposten habe ihn beobachtet. Ich erklärte, nichts bemerkt zu haben, woraufhin sich der Offizier für die Störung entschuldigte. Offenbar um uns nicht zu erschrecken, wurde das Haus nicht durchsucht. Es blieb aber weiter umzingelt, wenn auch in so vergrößertem Abstand, daß in der Dunkelheit nichts mehr zu erkennen war.

Als der Morgen dämmerte, entstand erneuter Lärm. Ein Unbekannter war aus dem Zimmer der unteren Etage gestiegen, in dem unsere gute Olga, die Betreuerin der Kinder, mit einer weiteren Hausangestellten schlief. Er wurde sofort von der Postenkette abgefangen und festgenommen. Später erfuhren wir, der nächtliche Eindringling war ein fremder Soldat gewesen, der ungeachtet aller damit verbundenen Risiken von der Straße her die scharf bewachte Umzäunung des Institutsgeländes durchbrochen hatte, um zu seiner Freundin zu kommen.

Erdbeben, Nordlicht, Stürme

Nicht immer waren die nächtlichen Ruhestörungen in Sinop so harmlos. Zweimal schreckten uns tektonische Erdbeben, die unsere Kronleuchter in kräftige Schwingungen versetzten und sogar Risse in der Wand verursachten. Erregend war vor allem das dumpfe Dröhnen, das den Erdstößen vorausging beziehungsweise sie begleitete.

Auch eine andere Naturerscheinung, die wir in der Sowjetunion kennenlernten, wird unvergeßlich bleiben: ein besonders starkes Nordlicht mit ständig wechselnden farbigen, meist grünen Draperien, das wir während einer der »Weißen Nächte« in Leningrad sahen.

Ein ebenfalls sehr eindrucksvolles Bild bot das Schwarze Meer an stürmischen Tagen, wenn vier bis fünf Meter hohe Wellen gegen unseren Strand tobten. Die gewaltige Brandung wirbelte vom Meeresboden nicht nur Sand, sondern auch ziemlich große Steine auf. Dadurch kam leider ein tollkühner Schwimmer unserer deutschen Gruppe ums Leben.

Zehn Gräber ließen wir zurück

Dieser erste Unfall erschütterte uns alle sehr. Nachlässiger Umgang mit Giften, kindliches Spiel mit Streichhölzern und das Älterwerden der Mitarbeiter waren die Ursachen für weitere tragische Ereignisse. So hatte ich im Laufe der Jahre als Institutsleiter immer wieder die traurige Pflicht, am offenen Grab Abschied von den Dahingegangenen zu nehmen und die Angehörigen in Deutschland zu unterrichten. Bei der Abreise 1955 blieben zehn Gräber auf dem schönen, auf einer Anhöhe gelegenen Friedhof Michailowka nördlich von Suchumi zurück.

Unser Sohn Thomas und die Tüte Malariamücken

Glücklicherweise hatten wir keine Malariafälle mit letalem Ausgang, obwohl in den ersten Jahren etwa die Hälfte der Mitarbeiter an dieser heimtückischen Krankheit litt. Wie sehr sie damals Gegenstand von Familiengesprächen war, charakterisiert folgende Antwort unseres Sohnes Thomas, die er 1947 im Alter von vier Jahren seiner Mutter nach Ankündigung von Erziehungsmaßnahmen gab: »Wennste mich noch mal haust, sammle ich eine Tüte Mücken, dann stechen die dich und dann kriegste Malaria!« Durch systematische Bekämpfung der Anophelesmücke ist es der Suchumer Gesundheitsbehörde in den Jahren nach 1947 gelungen, die Malariagefahr in diesem Gebiet fast vollständig zu beseitigen.

Gebirgsausflüge mit unserem Esel

Die schöne Lage Suchumis lockte besonders im Frühjahr und im Herbst, wenn der Himmel wochenlang wolkenlos bleibt, immer wieder zu kleinen Ausflügen in die Vorberge des Kaukasus. Bei einer dieser Unternehmungen erwarben wir zur Freude der Kinder einen jungen Esel. Das Tier war allen Jugendlichen des Mitarbeiterkreises bald ein geduldiger Spielgefährte. Es wurde in einem kleinen Holzstall unmittelbar neben unserem Haus untergebracht. Oft begleitete der Esel uns nach der Arbeitszeit auf Spaziergängen über die Vorberge, die hinter unserem Wohngebäude begannen, und tobte sich bei solchen Gelegenheiten kräftig aus. Manchmal galoppierte er kilometerweit über die Hänge, kehrte jedoch als kluges Tier stets zurück.

Der erste große Urlaub in Borschom

Schon bald nach der Ankunft in Sinop hatten wir mit dem Dienstwagen, der mir als Institutsleiter während der ganzen Zeit in der Sowjetunion zur Verfügung stand, die Schönheiten unserer Umgebung erforscht. Häufig fuhren wir auf den guten Straßen längs der Küste nach dem wundervoll gelegenen Kloster Nowi Afon und den weiter entfernten modernen Schwarzmeer-Kurorten Gadauta, Gagra und Sotschi.

Die erste Urlaubsreise führte uns nach Borschom, einem 800m hoch gelegenen Kurort nahe der türkischen Grenze. General Kotschlawaschwili bereitete den Aufenthalt dort vor. Am 28. August 1947 mittags sollte die Fahrt beginnen. Ich hatte mich von meinen Mitarbeitern verabschiedet, und unsere Familie harrte gestiefelt und gespornt zur festgesetzten Stunde erwartungsfroh der vielbesprochenen Abreise. Zwar pünktlich, aber mit der Nachricht, der Dieselzug fahre erst einen Tag später, erschien schließlich einer der Dolmetscher. Unser Sohn Thomas brach in Tränen aus.

Am nächsten Tag zur gleichen Zeit war es dann wirklich soweit. Kaum hatte der General die letzten Abschiedsworte gesprochen, ergriff der Chef der Wache das Puppenköfferchen unserer Tochter Beatrice und gab damit das Signal zum Aufbruch. Unter Führung unseres Obersts eilte die ganze Familie, attachiert von drei Wachsoldaten, einem Dolmetscher und den beiden Chauffeuren, zu den bereitstehenden Autos. Wenig später verließ der bequeme Dieselzug den Bahnhof Suchumi. Zwölf Stunden dauerte die Reise. Dann waren wir mit Gepäck und Lebensmitteln für vier Wochen am Zielort angekommen und weckten erst eine falsche und danach die richtige Wirtin aus tiefem Schlaf.

Die lange und heiße Fahrt hatte den Wunsch nach einer ausgiebigen Reinigung hervorgerufen. Leider erfuhren wir, daß aus dem einzigen Wasserhahn des Hauses nur morgens das kostbare Naß flösse. Nach wortreichem Hin und Her konnten wir schließlich eine Katzenwäsche veranstalten, bei der die Wirtin aus einer Teetasse Wasser spendete.

Delikate elektrische Reparatur

Nun wollten wir der ersehnten Nachtruhe entgegengehen. Dafür mußte die kleine 220-Volt-Glühbirne ausgeschaltet werden, die das Schlafzimmer bei dem in Borschom installierten 110-Volt-Netz mit einer ausgesprochen intimen Beleuchtung versah. Der Lichtschalter war jedoch defekt und die Lampe in ziemlicher Höhe angebracht. Immerhin gelang das Vorhaben, indem meine Frau – recht leicht bekleidet – den Tisch in der Zimmermitte bestieg und von mir gestützt die Birne in der Fassung lockerte. Dieses Unternehmen löste ein vielstimmiges, herzliches Gelächter auf dem Flur aus. Wir Mitteleuropäer hatten übersehen, daß ein Klarglasfenster mit nur schüchtern angedeuteten Scheibengardinen unseren Schlafraum mit dem von neugierigen Mitmenschen angefüllten Korridor verband.

Nach einer, ungeachtet der vorgerückten Stunde, ausgiebigen ehelichen Diskussion der Tageserlebnisse schliefen wir schließlich ein.

Vorzüge der »Nitschewo-Philosophie«

Einige organisatorische Maßnahmen und meine nervensparende »Nitschewo-Philosophie« (nitschewo = es macht nichts) ließen am nächsten Tag bei sonnigem Wetter alles in rosigem Licht erscheinen. Ein Wasserreservoir wurde geschaffen, der Lichtschalter repariert und eine 110-Volt-Glühbirne aufgetrieben. Außerdem gewannen wir die Erkenntnis, daß wirklich kein moralischer Schaden entsteht, wenn sich die morgendliche und abendliche Tätigkeit am Waschbecken unter den Augen von Mitbewohnern und Nachbarn abspielt. Auch an die Tatsache, daß ich während der ganzen Borschomer Zeit zur Tarnung unter einem fremden Namen leben mußte und in den amtlichen Registraturen als Kunstmaler geführt wurde, gewöhnte ich mich schnell.

Viele Wanderungen und Autotouren in die Täler und Berge der Umgebung des Kurorts haben wir damals gemacht. Sie führten uns durch Flußtäler mit alten Burgen und Schlössern und zu Dörfern, die zum Teil 1800 m hoch lagen. Wir besichtigten auch das als Museum eingerichtete frühere Schloß eines Großfürsten inmitten eines herrlichen Parks am Ufer der Kura.

Die Fahrt zum »schönsten Tal der Erde«

Drei Jahre später unternahmen wir die schönste, aber auch gefährlichste Tour während unserer Zeit in der Sowjetunion – die Fahrt durch das Ingur-Tal im Zentralkaukasus. Dieses landschaftlich herrliche Gebiet im Inneren Swanetiens war von erfahrenen Alpinisten in begeisterten Superlativen als das »schönste Tal der Erde« gepriesen worden. In meteorologischer Hinsicht um etwa zwei bis drei Wochen zu spät, aber gerade noch vor Einsetzen der Regenzeit, starteten meine Frau, Dr. Gernot Zippe, ich und zwei kräftige Begleiter am 2. Oktober mittags von Sugdidi aus mit einem offenen Willies-Personenkraftwagen (ca. 30 cm Bodenfreiheit, Vierradantrieb).

Gefährliche Kurven

Bereits in den Vorbergen stieg die etwa 170 km weit mit Lastwagen befahrbare, sehr schmale Straße auf eine Höhe von mehr als 100 m über dem scharf eingeschnittenen Flußbett des Ingur an. Zu ungefähr einem Drittel ihrer Länge war sie in steil abfallende felsige Bergwände eingehauen. Dadurch bestand Steinschlaggefahr. An den zahlreichen Holzbrücken und balkonartigen Straßenausbauten ließen sich häufig deutliche Abnutzungserscheinungen erkennen. Außerdem gaben die dortigen Chauffeure vor unübersichtlichen Abschnitten nicht regelmäßig Signal. Das alles machte das Befahren dieser Strecke – die inzwischen zu einer modernen Hochgebirgsstraße mit allen notwendigen und möglichen Sicherungen ausgebaut wurde – damals wirklich recht gefährlich. Ein Bekannter aus dem Nachbarinstitut, der die Tour wiederholte, entging nur dadurch dem Absturz in die Tiefe, daß sein Wagen bei einem Zusammenstoß zufällig in Richtung des Berges gedrückt wurde. Wären uns diese Einzelheiten bekannt gewesen, hätten wir seinerzeit – schon unserer Kinder wegen – wahrscheinlich von dem Vorhaben abgesehen. Damit wären uns jedoch einmalige Erlebnisse verloren gegangen.

Nachtlager unter freiem Himmel

Bei dieser Hochgebirgstour waren uns die zwei Begleiter in vielen Fällen eine große Hilfe, besonders durch ihre Beherrschung der grusinischen Landessprache. In Russisch konnten wir uns mit der Zeit zwar fast fließend unterhalten, doch Grusinisch ist – außer ein paar Gedichten und Liedern, die die Kinder in der Schule lernten und zu Hause aufsagten – bis zuletzt »ein Buch mit sieben Siegeln« geblieben. Wenige Kilometer hinter Chaischi wechselte die Fahrstraße von der südlichen auf die nördliche Seite des Inguri. Unweit der Brücke schlugen wir das erste Nachtlager unter freiem Himmel auf.

Kurz vor dem Einschlafen sah ich, wie sich hinter einem der Felsblöcke nacheinander die Konturen von drei Männerköpfen gegen den nächtlichen Himmel abzeichneten. Sie betrachteten aufmerksam Dr. Zippe, meine Frau und mich, die wir uns um das Lagerfeuer gruppiert hatten. Die zwei anderen schliefen – vom flackernden Schein des Feuers nicht erreicht und dadurch unsichtbar für die geheimnisvollen Späher – etwas abseits.

Meiner Frau rief ich leise zu: »Du, da sind drei Leute, die uns beobachten. Was wollen die wohl?« Sie sprang mit sportlichem Elan aus dem Schlafsack und alarmierte unsere Begleitung. Fast gleichzeitig stürmten drei verwegene Gestalten, wie sie in den Nachkriegsjahren in vielen Ländern zu finden waren, mit lauten Rufen auf uns zu. Ihre offenbar nicht gerade freundlichen Absichten änderten sich jedoch sofort, als aus dem Dunkel unsere Begleiter auftauchten und zu ihnen traten. Nach kurzem Disput setzten sich die Drei an unserem Feuer nieder und zündeten als Symbol friedlicher Haltung ihre Pfeifen an. Wortlos rauchten sie bis zum letzten Pfeifenzug und verschwanden dann still wieder in der Nacht.

Im Tal des Inguri

Die Fahrt am folgenden Tage brachte uns bald hinter Tawrali, wo der Inguri aus seiner südöstlichen Hauptrichtung abbiegt und nach Osten in das eigentliche innere Swanetien weiterfließt. Das vorher eng und tief eingeschnittene Tal öffnete sich hier weit. Ausgedehnte grüne Hochflächen, die nur von der schmalen Inguri-Schlucht durchschnitten sind, bilden den Vordergrund eines unerhört eindrucksvollen Hochgebirgspanoramas. Eingestreut in die fruchtbaren Hochflächen mit Mais- und Kartoffelfeldern und großen Viehherden liegen die überraschend zahlreichen Dörfer und Höfe mit ihren charakteristischen viereckigen Türmen. Die 10 bis 20 m hohen Wehrtürme stammen aus der noch nicht lange zurückliegenden Zeit, da die Männer dieses Tales Blutrache übten und sich so mit großem prozentualem Erfolg gegenseitig umzubringen pflegten. Viele der älteren Steinhäuser und Höfe gleichen daher kleinen Festungen.

Der Uschba

Gegen Mittag erreichten wir Betscho, das in einem etwa 10 km langen Seitental des Inguris liegt. An seinem Ende steigt das gewaltige Felsmassiv des Uschba (4695 m) empor. Nach Form und Lage erinnert der Berg, von hier aus gesehen, stark an das Matterhorn aus der Richtung Zermatt. Am 4. Oktober bestiegen wir auf bequemen, auch mit Tragtieren begehbaren Wegen den zum Uschba führenden Südostgrat bis ungefähr zum Einstieg in das Felsmassiv (ca. 2500 m). Leider war der Berg meist von Wolken eingehüllt, doch milderten herrliche Ausblicke, zum Beispiel auf die Gletscher der Leila-Kette, unsere Enttäuschung.

Ein Totengeleit

Am folgenden Tag weckten uns in der Frühe schrille Klageschreie, die durch das Betscho-Tal hallten. Ein Fahrer, mit dem wir noch am Vortag gesprochen hatten, war mit seinem Auto von der schmalen Straße in die Tiefe gestürzt. Bald hatte sich ein großer Teil der Einwohner von Betscho am Dorfeingang versammelt und gab dem Toten das Geleit in sein Haus. An der Spitze des feierlichen Zuges schritt die Gruppe der Klageweiber, dann folgten die Träger mit der Bahre und, den Zug beschließend, die Männer des Dorfes mit glockenartigem Chorgesang.

Unvergeßliche Ausblicke

Am frühen Vormittag fuhren wir noch 18 km tiefer in das Inguri-Tal hinein bis Mestia, das am Fuße des sich dort steil erhebenden Tetnuld (4800 m) liegt. Dieser Abschnitt war einmalig und bildete zweifellos den absoluten Höhepunkt unserer Tour. Wir hatten eine klare Sicht, wie man sie meist nur nach starken Regenfällen erlebt. So erblickte man von einzelnen Aussichtspunkten gleichzeitig die gewaltigen Bergmassive des Koschtan-Tau (5151 m) und des Dych-Tau (5203 m) am Ende des Inguritals, den dicht vor uns aufragenden Tetnuld, sowie auf der gegenüberliegenden Südseite des Tales die Eismauer der Leila-Kette.

Eingerahmt von den im Schmuck des Neuschnees glänzenden Bergriesen faszinierte das in kräftigen Herbstfarben getönte Tal mit den ungezählten Viehherden auf den Hochebenen und seinen romantischen Bauten uns bergbegeisterte Touristen. Das Wort vom »schönsten Tal der Erde« war nicht übertrieben. Eine vergleichbare Konzentration landschaftlicher Schönheiten habe ich nur auf dem Gornergrat mit seinem Rundblick auf Monte Rosa, Matterhorn und Weishorn erlebt, allerdings fehlte am Gornergrat die herrliche Einsamkeit, die den Wanderer in der kaukasischen Bergwelt umgibt.

Als sich die Wolken gegen Mittag wieder verdichteten, traten wir die Rückfahrt an, die unser Chauffeur nach den traurigen Ereignissen des frühen Morgens und einem Blick auf das abgestürzte Auto am Straßenrand mit besonderer Vorsicht absolvierte. Mit Einbruch der Dunkelheit erreichten wir glücklich wieder Sugdidi, den Ausgangspunkt unserer Reiseroute. Nach gründlicher Reinigung und dem Genuß von zwei Flaschen guten grusinischen Weins empfanden wir den Schlaf in richtigen weichen Betten als große Errungenschaft der Zivilisation.

Kodori-Tal und Bagatski-Felsen

In besonders schöner Erinnerung bleibt auch ein mehrtägiger Ausflug, den wir 1951 durch das nahe bei Suchumi gelegene Kodor-Tal zum 2800 m hohen Kluchorski-Paß unternahmen. Das Tal zieht sich etwa 80 km vom Meer bis ins Innere des kaukasischen Vorgebirges hin. Schon vorher waren wir bei verschiedenen Autotouren über Zebelda immer tiefer ins Kodori-Tal vorgedrungen. Jeder Kilometer brachte dabei größere und gewaltigere Naturschönheiten.

Kurz nach Zebelda verengt sich das Tal zu einer Bergspalte, in deren Tiefe tosend der Kodori schäumt. Die Fahrstraße verläuft hier in schwindelnder Höhe, eingehauen in den sogenannten Bagatski-Felsen, dessen Wildheit von früheren Kaukasusexpeditionen schon oft beschrieben worden ist. Der Weg war zu unserer Zeit noch so schmal, daß Autos ihn nur in einer Richtung passieren konnten. Im Laufe der Jahre haben wir diese Stelle mindestens dreißigmal überwunden und es in der Regel vorgezogen, dem Wagen zu Fuß zu folgen.

Zum Kluchorski-Paß

Etwa in der Mitte des Kodoritales liegt Lata mit einem großen Touristenlager, Ausgangsstation für zahlreiche Hochgebirgswanderungen in das Elbrus-Gebiet. Bald danach beginnen Seitentäler mit herrlichen Ausblicken auf Berggruppen, bedeckt von Gletschern und ewigem Schnee. Bei Wanderungen zum Kluchorski-Paß fuhren wir mit unseren Autos bis hinter Genze am Ende des Kodoritales, wo in etwa 1500 m Höhe die Suchumer Heerstraße aufhörte. Dort blieben Wagen und Chauffeure zurück, und vierzehn Personen begannen mit dem 12 km langen Aufstieg zum Paß. Gleich am Anfang machten Holzfäller auf eine Bärenfamilie an der gegenüberliegenden Bergwand des Tales aufmerksam. Nach einstündigem Marsch sperrten die gewaltigen Reste einer Schneelawine den Weg, doch es lohnte sich, dieses Hindernis zu überwinden. Eine seltene Konstellation von Naturerscheinungen fesselte uns gleich darauf.

An dem steilen Felsen, der den Weg rechts begrenzte, mündete eine vielleicht 200 m lange, ziemlich ausgewaschene Rinne. Hoch oben sahen wir im freien Raum einen mehrere Meter dicken Wasserstrahl, der mit fast horizontaler Anfangsrichtung unter starkem Druck aus einer senkrechten Felswand kam. Dieses Wasser stürzte dann die Rinne herunter. Mehr als 1000 m über dem Riesenwasserspiel bildeten bizarr geformte Berggrate eine malerische Kulisse. Auch an anderen Stellen belebten donnernde Sturzbäche oder schleierartig aufgefächerte Quellen mit mehreren 100 m Gefälle die Natur. Welch faszinierende Wildheit, welch gewaltige Maßstäbe hatte diese kaukasische Bergwelt!

Je weiter die Gruppe aufstieg, um so mehr traten Gletschergebiete ins Blickfeld. Kurz vor dem Kluchorski-Paß erreichten wir bei Einbruch der Dämmerung eine kleine Berghütte, in der ein Hirte mit seiner Familie wohnte. Wir wurden gastlich aufgenommen und übernachteten mit achtzehn Personen in dem 16 m² großen Raum. Von der Unterkunft aus waren etwa ein Dutzend Gletscher zu überschauen. Dieses Panorama, das von einem schmalen, spitzen Berg in unmittelbarer Nähe beherrscht wurde, genossen wir in sternklarer Nacht bei Vollmondschein und früh bei Sonnenaufgang. Es ist allen unvergeßlich geblieben.

Der Nachar-Paß

Am folgenden Morgen zogen unsere Frauen es vor, bei der Hirtenfamilie zu bleiben, während ich mit einer kleinen Gruppe weiter zum Nachar-Paß kletterte, dessen Scheitel 2930 m hoch ist. Von hier bot sich ein einzigartiger Blick auf den nur 30 km nordöstlich liegenden Elbrus. Der Weg zum Nachar-Paß führte an deutschen Granatwerfer-Stellungen aus dem Zweiten Weltkrieg vorbei, neben denen noch unbenutzte Munition aufgestapelt lag.

Beim Abstieg von der Hütte, etwa auf der Mitte des Rückweges, überholten uns Männer, die mit unserer Begleitung ein aufregendes Gespräch führten. Wir erfuhren, daß am Vortage eine Touristengruppe, Männlein wie Weiblein, durch drei Kriminelle bis auf das letzte Kleidungsstück ausgeplündert worden war. Hier befand man sich in einer sehr abseits gelegenen Gegend, in der kurz nach Kriegsende noch nicht die heutige Sicherheit gewährleistet war. Einige von uns konnten es nicht unterlassen, frivol zu bemerken, wir seien leider um einen Tag zu spät gestartet, unsere Kleidung wäre ohnehin nicht viel wert gewesen, denn wir alle hatten für diese Wanderung die ältesten Sachen angezogen. Meine Frau und ich trugen beispielsweise unsere praktischen »Gebirgsflußschuhe«. Das waren ausgediente Schuhe, bei denen eingedrungenes Wasser aus seitlichen Löchern schnell wieder abfließen konnte.

Falsch kommentiertes »Erinnerungsfoto«

Gegen Abend erreichten wir müde, aber wohlbehalten die zurückgelassenen Autos und bezogen in Genze auf dem Maisboden einer kleinen Blockhütte Nachtquartier. Ein am Morgen darauf kurz vor der Abfahrt aufgenommenes Erinnerungsfoto, das uns in der abgetragenen Bekleidung zeigt, erschien 1956 in der westdeutschen illustrierten Zeitschrift »Quick« zur »Charakterisierung unseres Lebensstils in der Sowjetunion«.

Am Riza-See

Gut gefiel uns immer wieder der Aufenthalt am Riza-See, einem Bergsee im Westkaukasus unmittelbar an der Zentralkette. Er hat fast 1 km^2 Wasserfläche und ist nur etwa 100 km von Suchumi entfernt. Über das Bsyb-Tal kann man ihn leicht erreichen. Der Riza-See ist ein sehr beliebter Ausflugsort für alle Besucher der kaukasischen Riviera. Meistens ist Sotschi Ausgangspunkt für solche Omnibusfahrten durch außerordentlich reizvolle Schluchten und über zahlreiche Serpentinen. An der Stelle, wo die Autostraße auf den See stößt, befindet sich ein modernes Hotel mit einem wundervollen Ausblick auf das Wasser und die gegenüberliegende, hier etwa 3500 m hohe, schneebedeckte Bergkette. Dieses Hotel wurde 1946 von dem Ministerium gebaut, dem wir deutsche Spezialisten unterstanden. Es galt als Kompensation für die beiden in Sinop und Agudseri zu Instituten umgewandelten Sanatorien.

Obwohl Baden, Angeln, Motorbootfahrten und Spaziergänge mancherlei Abwechslung brachten und der Riza-See in der Regel Endpunkt und Krönung der Fahrten bildet, haben wir ihn meist nur als Basis unserer Ausflüge betrachtet. Sie begannen stets 2 km oberhalb der sogenannten Quelle, die an der Fortsetzung der Autostraße etwa 20 km hinter Riza liegt. Da diese Straße noch höher, bis fast zur Baumgrenze führt, sind die Kletterpartien von dort aus nicht übermäßig anstrengend. Schon nach kurzem Fußmarsch gelangt man zu vielen wundervollen Aussichtspunkten. Ich bin mit meiner Familie und meinen Mitarbeitern wohl mehr als ein Dutzend Mal in diese einsamen Gegenden hinter Riza gewandert.

Einige Unternehmen führten uns vom damaligen Endpunkt der Betonstraße aus, die rechts um den Riza-See herumläuft, in südöstlicher Richtung auf relativ bequemen Pfaden durch hochalpine Flora zu felsigen Bergmassiven und schmalen Gratwegen mit wunderbarer Fernsicht. 100 m unterhalb eines der Grate trafen wir auf einen kristallklaren tiefblauen Bergsee, der auch im Hochsommer von Schneehängen eingerahmt ist, die zum Teil bis zum Kamm hinaufreichen. Unvergeßlich ist allen, die diese Tour miterlebten, der Anblick geblieben, als wir das erste Mal die Höhe des Berges erklommen und völlig unerwartet einen viele Quadratkilometer großen Gletscher erblickten, der sich an den nordöstlichen Hängen der Bergkette hinzog. Zugleich bot sich uns ein Gebirgspanorama von seltener Schönheit: die Aussicht auf das rund 100 km entfernte Elbrus-Massiv.

Die wilden Pferde

Bei einem anderen Ausflug begegnete uns eine Herde von etwa hundert frei umherstreifenden Pferden. Wir hatten den Gipfel schon beinahe erstiegen, da sahen sieben Pferdeköpfe neugierig über die Bergkuppe herunter – ein phantastisches Bild. Oben umringte uns die ganze Meute, und der Leithengst nahm unmittelbar vor uns Angriffstellung ein. Die Situation änderte sich sofort, als ich, die Methode der Berghirten nutzend, einen schweren Stein aufhob und damit zu werfen drohte. Nach dieser Geste rannten der Hengst und alle anderen Tiere den Weg zurück, den wir heraufgekommen waren. Der Anblick der vielen den Hang wild hinuntergaloppierenden Pferde war unerhört eindrucksvoll.

Reiterfest in Suchumi

Aus den Erinnerungen an die Jahre in Grusinien sind auch die Reiterfeste nicht wegzudenken, die jeden Herbst auf einem großen Feld nordwestlich von Suchumi stattfinden. In langen schwarzen Karakulmänteln kamen die Teilnehmer auf rassigen Pferden von weit her geritten. Die gewaltige innere Kraft der Bergvölker des Südkaukasus – in die russische Geschichte haben sie sich oft genug mit blutigem Griffel eingeschrieben – konnten wir erahnen, wenn etwa tausend Reiter in ihren Nationalkostümen, massiert im Karree, bewaffnet und mit wehenden Fahnen über das Feld galoppierten. Bei diesem Schauspiel, das sich meist unter tiefblauem Himmel vor dem Hintergrund der schneebedeckten Zentralkette des Kaukasus vollzog, glaubten wir etwas von der aufregenden, aber auch todbringenden Romantik der Reiterangriffe in den Schlachten früherer Jahrhunderte zu spüren.

Zweites Kapitel

Neue Pläne und Vorbereitung der Rückkehr

Zusätzliche eigene Forschungsthemen

Im Jahre 1950 begann ich, zunächst im geheimen, neben der Hauptproblematik des Instituts selbstgestellte Themen zu bearbeiten. Dabei wählte ich solche Aufgaben, von denen vorauszusehen war, daß sie für die sowjetische physikalische Forschung von größerer Bedeutung sein und uns daher bis zur Rückkehr in die Heimat im schönen Sinop festhalten würden. Ich fürchtete die unproduktive Belastung eines Ortswechsels, zu dem wir bei der damals schon angekündigten Quarantänezeit sonst sicher gezwungen gewesen wären. So, wie es bei Mitarbeitern anderer Institute der Fall war, hätten wir die kaukasische Riviera möglicherweise verlassen und in ein Industriegebiet mit ungünstigen Wohnverhältnissen übersiedeln müssen. Für mich wäre eine Ortsveränderung außerdem wegen des umfangreichen Inventars des Lichterfelder Instituts sehr schwierig gewesen. Vor allen Dingen aber wollte ich keine Zeit für wissenschaftliche Weiterarbeit verlieren.

Als Themen eigener Wahl möchte ich hier nur die Entwicklung von Hochstrom-Ionenquellen, die später unter dem Namen Uno- und Duoplasmatron-Ionenquellen in der Fachliteratur bekannt wurden, und die Erarbeitung von zwei Präzisions-Massenspektrographen für höchste Auflösungsvermögen erwähnen.

Die Duoplasmatron-Ionenquelle

Die Duoplasmatron-Ionenquelle war die einzige Ionenquelle mit fast hundertprozentiger Ionenausbeute. Sie hat sich daher später sehr schnell durchgesetzt. Fast hundert Arbeiten ausländischer Autoren sind inzwischen über diese Quelle publiziert worden. Bei den meisten großen Teilchenbeschleunigern der Kernphysik und der sogenannten Ionenimplantation fand sie Anwendung. Sogar für kosmische Raketen mit Ionenantrieb beziehungsweise mit Bahnkorrektur durch emittierte Ionenstrahlen scheint die

Duoplasmatron-Ionenquelle praktisches Interesse gewonnen zu haben. Das schlußfolgere ich aus meiner Wahl zum Mitglied der Internationalen Astronautischen Akademie (Paris) im Jahre 1965.

Der Präzisions-Elektronenstrahl-Oszillograph

Gegen Ende unserer Zeit in der Sowjetunion entwickelten wir den Präzisions-Elektronenstrahl-Oszillographen mit einem Schreibfleck etwa von 3 µm Durchmesser bei 9 × 12 cm Schreibfläche, das entspricht 10^9 Bildelementen pro $10^2 cm^2$ Schreibfläche. Dieses Gerät wurde dann in Dresden weiter verbessert und im heutigen VEB RFT Meßelektronik Dresden produziert. Schließlich gehörte noch ein Röntgen-Taschendosimeter zu den auf eigene Initiative begonnenen Arbeiten. Die Erfahrungen, die wir bei der Bearbeitung der genannten Themen sammelten, waren auch für die künftige Tätigkeit in der Heimat sehr wertvoll. Sie bildeten einen Teil des geistigen Fundaments, auf dem nach der Rückkehr das Forschungsinstitut in Dresden aufgebaut wurde.

»Initiative wie Ardenne«

Als der Beauftragte der Moskauer Verwaltung, General Kotschlawaschwili, schließlich diese außerplanmäßigen Forschungen und ihren bedeutenden Umfang entdeckte, gab es zunächst ernste Differenzen. Sogar der Hinweis, der Entwicklungsabschluß unserer Hauptaufgabe würde auf keinen Fall verzögert, beschwichtigte den formal durchaus berechtigten Unwillen des Generals nur wenig. Glücklicherweise änderte sich die Situation auf einem der Technischen Sowjets in Moskau sehr bald zu meinen Gunsten. Die Experimente waren zu diesem Zeitpunkt bereits so weit fortgeschritten, daß ich im Institutsbericht die Arbeitsprinzipien und einige der erstaunlichen Daten der Duoplasmatron-Ionenquellen bekanntgeben konnte. In der anschließenden Kritik des Jahresberichtes lobte der Vorsitzende des Technischen Sowjets mein Vorgehen und legte den anwesenden Leitern anderer Institute dringend nahe, »Initiative wie Ardenne« zu entwickeln.

Auf dem Sowjet war natürlich auch General Kotschlawaschwili anwesend und hörte das positive Echo. Von da an hatte ich bis zu unserer Rückkehr in der Themenwahl praktisch freie Hand. Dadurch konnten wir noch in Sinop die schwierige Standardisierung und Normierung der künftigen elektronenoptischen Anlagen erarbeiten. Zu dieser langjährigen Vorbereitung auf die Zukunft gehörte unter anderem auch die Entwicklung und Normierung zahlreicher vakuumtechnischer Bauelemente.

Einige der Ursachen des wirtschaftlichen Aufstieges der Sowjetunion

1953 verbrachte unsere Familie den Urlaub wieder am Riza-See. Diesmal wohnten wir in der dem Hotel »Riza« gegenüberliegenden stillen, abgeschlossenen Seitenbucht des Sees am Fuße der steil ansteigenden Bergkette. In der Besinnlichkeit dieser Tage beschäftigte mich besonders die Frage nach den tiefen Wurzeln des gewaltigen wirtschaftlichen Aufschwungs, der sich seit dem Frühjahr 1945 vor unseren Augen in der Sowjetunion vollzogen hatte. Bei diesen Betrachtungen kristallisierte sich als eine der wohl wichtigsten Ursachen heraus, daß im sozialistischen System der Sowjetunion, wie überhaupt ganz allgemein in der ausgereiften sozialistischen Gesellschaft, eine Selektionsmethode realisiert wird, welche die leistungsfähigsten, charakterstärksten, aktivsten Menschen an die Spitze von Staat, Industrie und Wirtschaft bringt. Die geistige Führungsschicht wird im Sozialismus aus dem großen Reservoir des ganzen Volkes gewonnen. Auf der Grundlage des Volkseigentums an den Produktionsmitteln sind nicht das Geld und die Stellung der Eltern, nicht die Herkunft, sondern das persönliche Können, die Größe der Leistung für die sozialistische Gemeinschaft sowie das gründliche Vertrautsein mit dem Gedankengut des Marxismus-Leninismus und seine bewußte Anwendung entscheidend für den individuellen Lebenserfolg.

Zu den nachhaltigsten Eindrücken meiner Zeit in der Sowjetunion gehört, daß ich eine Reihe von Persönlichkeiten kennen und achten gelernt habe, die genau auf diese Weise an die Spitze von Staat und Wissenschaft gelangten. Während der zehn Jahre unseres Aufenthaltes in der UdSSR unmittelbar nach dem Zweiten Weltkrieg wurde das Land zentral regiert, und selbst relativ unbedeutende Fragen mußten Moskauer Dienststellen zur Entscheidung vorgelegt werden. Die Energieströme der Verantwortlichen im Zentrum durchdrangen das gewaltige Land bis in die letzten Winkel und führten es steil aufwärts.

Eine weitere Ursache für den schnellen wissenschaftlich-technischen und industriellen Aufstieg der Sowjetunion schien mir die völlig offene und uneigennützige Zusammenarbeit aller jeweils in Betracht kommenden Wissenschaftler, Techniker und Spezialisten bei der Lösung wichtiger Aufgaben zu sein. Hier war eine entscheidende Überlegenheit des Sozialismus gegenüber dem kapitalistischen System festzustellen. Im Kapitalismus ist eine Zusammenarbeit dieser Art, besonders in den Frühstadien von Entwicklungen, die für das Tempo des Fortschritts doch oft ausschlaggebend sind, unmöglich. Immer wird dort die Konkurrenz zwischen den Werken und Konzernen offene Aussprachen der Beteiligten aus den verschiedenen Gruppen ausschließen.

Die unter sozialistischen Verhältnissen außerordentlich günstigen Bedingungen für jede wissenschaftliche Arbeit haben dazu geführt, daß die Sowjetunion den vor einem Vierteljahrhundert auf manchen Sektoren vorhandenen Rückstand längst überwunden hat und heute sogar in wesentlichen Zweigen von Wissenschaft und Technik die Weltspitze bestimmt oder mitbestimmt. Aus diesem Grunde habe ich dafür gesorgt, daß außer meinen Kindern Beatrice und Thomas, die noch in Grusinien die Schule besuchten, jetzt auch mein Sohn Alexander in Kiew im Institut unseres Freundes Paton Gelegenheit erhält, die russische Sprache im Lande selbst zu erlernen.

Finanzielle Grundlage für die Zukunft

Zu Beginn des Jahres 1950 war von offizieller sowjetischer Seite verschiedentlich geäußert worden, die deutschen Spezialisten könnten nach Abschluß der Arbeiten und einer anschließenden zweijährigen Quarantänezeit in die Heimat zurückkehren. Damit ergab sich für mich zusätzlich die komplizierte, allerdings auch tief befriedigende Aufgabe, unser künftiges Leben vorzubereiten.

Der erste Schritt dafür war die finanzielle Grundlage. Wir hatten die Erlaubnis, einen erheblichen Teil der Gehälter auf eine Bank in der Deutschen Demokratischen Republik zu überweisen, und zwar mit dem sehr günstigen Wechselkurs ein Rubel gleich zwei Mark der Deutschen Notenbank. Mein Konto hatte sich außerdem beträchtlich erhöht, als ich 1947 einen Staatspreis und Ende 1953 den Stalinpreis verliehen bekam. Das ermöglichte mir, mit den finanziellen Ergebnissen meiner persönlichen Arbeit in der Sowjetunion bis zur Rückkehr im Frühjahr 1955 mehrere Grundstücke mit großen, gut geeigneten Gebäuden zu erwerben und alles das aufzubauen, was uns dann nach unserer Rückkehr umgab.

Im August 1953 war plötzlich der Wechselkurs Rubel-Mark der Deutschen Notenbank für uns auf ein Viertel herabgesetzt worden. Das hätte für den Aufbau in Dresden einen schweren Schlag bedeutet. Die weitere Finanzierung des Vorhabens schien unmöglich. Glücklicherweise stimmten jedoch die sowjetischen Behörden einer Rücknahme der Kursänderung für alle noch in der UdSSR arbeitenden deutschen Spezialisten zu.

Die Schilderung dieser Einzelheiten schien mir notwendig, weil sie die sehr ungewöhnliche Tatsache erklären, daß im sozialistischen System ein – wie sich noch zeigen wird – recht umfangreiches privates Forschungsinstitut heranwachsen konnte.

Nochmalige Entscheidung zwischen Ost und West

Gleich bei Beginn der Projektierung unserer Rücksiedlung aus der Sowjetunion mußten zwei Fragen von grundsätzlicher Bedeutung für meine eigene Familie und die der Mitarbeiter beantwortet werden. Ich meine die erneut an mich herantretende Entscheidung zwischen dem Leben im sozialistischen oder im kapitalistischen System. Damit hing natürlich auch die Wahl des künftigen Wohnortes zusammen.

Ohne zu schwanken, entschied ich mich für ein Leben in der Deutschen Demokratischen Republik, obwohl ich damit eine bedeutende finanzielle Belastung auf mich nahm. Wären wir an den alten Platz des Instituts in Berlin-Lichterfelde Ost – jetzt in Westberlin gelegen – zurückgekehrt, hätten uns die beiden fast 10000 m² großen Grundstücke mit ihren vier völlig wiederhergestellten Gebäuden und den unseren Arbeitsthemen angepaßten

Installationen ohne Kosten zur Verfügung gestanden. Sie waren ja mein unbelastetes Eigentum geblieben. So aber war ich gezwungen, für den Aufbau unserer Existenz in der Deutschen Demokratischen Republik neues Gelände mit geeigneten Bauten zu kaufen und große Beträge für den Umbau der Häuser sowie für die Installierung der Laboratorien aufzuwenden.

Humanistische Ziele und stürmischer Fortschritt

Seit dem Tag von Hiroshima waren Fragen der Menschlichkeit der Moral und Ethik in der Weltpolitik in mein Blickfeld gerückt, und meine Entscheidung für oder gegen eines der beiden Weltsysteme wurde wesentlich von ihrer Haltung zu diesen Problemen beeinflußt. Und in diesem Punkt fiel die Gegenüberstellung zwischen Sozialismus und Kapitalismus eindeutig zugunsten des ersteren aus. Das wußte ich aus eigener Erfahrung, das hatten mir meine Begegnungen mit führenden Persönlichkeiten beider Systeme eindeutig bewiesen. Humanistische Gedanken und Ziele sind die richtungsweisenden Grundelemente der marxistischen Ideologie, sie spiegeln sich auch in den Wechselbeziehungen der Menschen wider. Es lebt sich menschenwürdiger und harmonischer im Sozialismus, weil nur die wirkliche, persönliche Leistung zählt und nicht der finanzielle oder familiäre Hintergrund; weil bei der Lösung gemeinsamer Aufgaben das Prinzip der uneigennützigen wechselseitigen Hilfe die Gesamtheit aller jeweils beitragsfähigen Bürger des Staates umfaßt; weil die Sorge um den Arbeitsplatz wegfällt; weil die soziale Betreuung im Krankheitsfall gesichert ist, und zwar ohne die sonst in solchen Augenblicken besonders kritischen zusätzlichen Geldbelastungen; weil die Kriminalität in außerordentlichem Maße reduziert ist; und vor allen Dingen, weil eine Jugend heranwächst, die mit Achtung vor der älteren Generation und ungeschwächt von ablenkenden Einflüssen (Rauschgift, dolce vita und so weiter) sich mit großem Fleiß, gefördert durch ein modernes Ausbildungswesen, auf ihren künftigen Beruf vorbereitet.

Während meiner Tätigkeit in der Sowjetunion hatte ich aber auch gesehen: Im sozialistischen System steht dem produktiv tätigen Naturwissenschaftler ein weiteres, eigentlich nur durch das eigene Leistungsvermögen begrenztes Wirkungsfeld offen. Er kann mit viel größerer schöpferischer Kraft wirksam werden und damit dem Fortschritt der Gesellschaft dienen. Daraus resultierte meine feste Überzeugung, daß wir im Bereich der Deutschen Demokratischen Republik größere innere Befriedigung finden würden und wesentlich mehr zur friedlichen Zukunft der Menschen beitragen könnten, als dies in Westdeutschland möglich gewesen wäre. Die einzigartige Entwicklung, die nach unserer Rückkehr die Arbeit des Instituts auf dem Weißen Hirsch in ihrer Thematik und Vielfältigkeit nahm, hat die Richtigkeit meiner Ansichten nachdrücklich bestätigt.

Ich kenne die Sowjetunion. Die Eindrücke, die ich dort während meiner zehnjährigen Tätigkeit und bei späteren Besuchen gewonnen habe, sind mir Garantie: Die Zukunft gehört dem sich jugendlich-stürmisch entwickelnden sozialistischen System. Wer für das glückliche Voranschreiten der Menschheit eintreten will, der muß den Sozialismus unterstützen. Aus dieser Grunderkenntnis heraus hatte ich mich mit meiner ganzen Kraft für die Stärkung der Sowjetunion eingesetzt.

Wir wählen Dresden

Vorübergehend hatten wir Weimar als künftigen Wohnort in Erwägung gezogen. Die Nähe von Jena, Eisenach, dem Thüringer Wald und dem Harz reizte uns. Auch verbanden mich viele Jugenderinnerungen mit der Stadt an der Ilm. Wir entschieden uns am Ende jedoch aus einer ganzen Reihe von Gründen für Dresden. Wegen seiner großen Technischen Hochschule, der zahlreichen wissenschaftlichen Spezialinstitute und Bibliotheken sowie der vielen an diesen Institutionen tätigen bedeutenden Wissenschaftler schien die Stadt für unsere Arbeit sehr geeignet. Damals beeinflußten sowohl die an Namen wie Barkhausen, Binder, Görges, Hallwachs, Toepler geknüpfte große Tradition als auch die geistige Kraft der um 1955 hier tätigen Persönlichkeiten wie Görlich, Kienast, Mierdel, Peschel, Recknagel, Reichardt, Simon, Schwabe und andere unseren Entschluß.

Außerdem hatten sich in Dresden viele Industriebetriebe, Werkstätten und Handelszentralen auf den Gebieten der Elektrotechnik, Nachrichtentechnik, Feinmechanik, Optik, Metallurgie, Glastechnik und Chemie etabliert. Wir konnten also hoffen, unser Kollektiv rasch mit tüchtigen Fachkräften zu ergänzen und bei der Arbeit gute Unterstützung durch die reibungslose Belieferung mit Spezialgeräten und Materialien sowie eventuelle Fertigungshilfen von seiten der örtlichen Industrie und Werkstätten zu finden. Auch die Bedingungen für die schnelle Überleitung unserer Forschungsergebnisse in die Produktion konnten hier besonders günstig sein.

Diese Stadt zieht uns an

Für unser persönliches Leben erschien uns Dresden wegen seiner schönen Lage am Elbebogen und seiner landschaftlich so reizvollen Umgebung mit der nahen Dresdner Heide, der Sächsischen Schweiz und dem Erzgebirge besonders anziehend, aber auch sein Ruf als Stadt der Musik und bildenden Künste bestärkte den Wunsch, dort zu wohnen. Natürlich trugen diese Zukunftsbilder sehr dazu bei, uns allen den bevorstehenden Abschied von der einzigartigen Landschaft der kaukasischen Riviera zu erleichtern.

Aus dem Buch von Richard Peter »Dresden – eine Kamera klagt an« kannten wir das Chaos der Zerstörung, das sich durch den Bombenangriff am 13. Februar 1945 über die Innenstadt der Elbemetropole herabgesenkt hatte. Aus der Ferne verfolgten wir mit Bewunderung die erfolgreichen Bemühungen um den Wiederaufbau dieser Stadt unter den so unendlich schwierigen Verhältnissen nach Kriegsende. Ich war tief beeindruckt, als uns die von dem damaligen Oberbürgermeister Walter Weidauer initiierte Entscheidung bekannt wurde, den total zerstörten Zwinger wieder zu errichten. Dieser unter so unerhört komplizierten Lebensbedingungen im September 1945 gefaßte heroische Entschluß und die daraus erkennbare Geisteshaltung hatten erheblichen Anteil an dem Entschluß, in Dresden eine neue Heimat zu suchen.

Folgen unserer Wahl für die Stadt Dresden

Ohne daß wir es ahnten, ist durch unsere Wahl dem Gesicht Dresdens ein neuer markanter Zug eingeprägt worden. Das erfuhr ich von Oberbürgermeister Walter Weidauer, als er viele

Jahre später bei einem feierlichen Anlaß zu uns sprach. Er sagte, durch meine frühzeitigen Vorbereitungen von der Sowjetunion aus und auf Grund der dadurch bedingten schnellen Betriebsbereitschaft des Instituts im Augenblick der Rückkehr sei ein Kristallisationszentrum für Kernphysik und Elektronik in Dresden gebildet worden. So habe unser Handeln die Regierung 1955 dazu angeregt, das Zentralinstitut für Kernphysik mit dem Atomreaktor in Rossendorf bei Dresden zu errichten, die Kerntechnische Fakultät an der Technischen Hochschule zu gründen und das Industriewerk VEB Vakutronik (heute VEB Meßelektronik) dort aufzubauen.

Zu diesen Neugründungen kamen später auf Grund von Anregungen, die ich im Forschungsrat gab, noch der VEB Hochvakuum und das Institut für Radiologische Technik und Medizinische Elektronik hinzu.

Schließlich hat die elektronische Datenverarbeitung (Robotron, Rafena) im Dresdner Raum einen bedeutenden Platz eingenommen. Es war also eine Art Kettenreaktion ausgelöst worden.

Übrigens startete und steuerte ich schon von Suchumi aus die Entwicklung des 2-Millionen-Volt-van-de-Graaff-Generators beim Dresdner VEB Transformatoren- und Röntgenwerk. Dadurch wurde die Fertigstellung dieser 1959 auch für uns selbst recht wichtig gewordenen Einheit sicher um mehrere Jahre vorverlegt.

Grundstückserwerb auf dem Weißen Hirsch

Ende 1950 bat ich meinen Schwager Hartmann, im schönsten Bezirk Dresdens, auf dem Weißen Hirsch, ein Gelände mit passenden Gebäuden zu suchen und möglichst schnell zu kaufen. Voller Spannung öffneten wir damals alle aus Berlin kommende Post. Endlich, im Frühsommer 1951, traf der Brief mit dem ersehnten Angebot ein. Wieder stand in einem bedeutsamen Augenblick des Lebens das Glück auf meiner Seite. Gleich in der ersten Offerte präsentierte sich uns das Grundstück Weißer Hirsch, Plattleite 27/29, das schließlich im Februar 1952 unser Eigentum wurde. Lage, Ausdehnung und Schnitt des Areals sowie Größe und Architektur der Gebäude waren fast ideal. Auf dem Weißen Hirsch hätte sich kaum ein geeigneteres Objekt finden lassen. Mit tiefer Bewegung betrachtete damals die ganze Familie die Fotos und Zeichnungen. Jetzt begann das Pläneschmieden. Wie freute uns die Bemerkung in einem der Briefe, man könne vom Aussichtsturm des Hauptgebäudes auf Dresden und die Elbe herabblicken und über diesem Panorama, eingerahmt durch die Loschwitzer Höhen und die Ausläufer der Dresdner Heide, das Erzgebirge sehen! Auch die Mitteilung, daß an der langen rückseitigen Gartenfront eine romantische Schlucht läge, wurde sehr begrüßt.

Glückliche Umstände erlaubten zum Teil unmittelbar nach unserem Einzug, zum Teil einige Jahre später, die seitlich angrenzenden Nachbargrundstücke Plattleite 31, 25a, 19 und Zeppelinstraße 2, 7, 8 und 10 ebenfalls zu erwerben. Das ermöglichte dann eine wirklich großzügige und sehr zweckmäßige Gestaltung des gesamten Instituts- und Wohnkomplexes.

Ein Ziel: die Erhaltung der wissenschaftlich-technischen Tradition

Eine der wichtigsten Aufgaben für die Zukunft lag darin, menschlich und fachlich besonders geeignete Mitarbeiter für die Teilnahme an unserem Dresdner Projekt zu gewinnen. Nur auf diese Weise konnte es gelingen, die wertvollen technisch-wissenschaftlichen Traditionen des alten Lichterfelder Laboratoriums und des großen Sinoper Instituts vereint und ohne fühlbare Lükken für unsere künftige Arbeit in Dresden zu erhalten. Das war nicht einfach, denn die feste Orientierung auf Dresden bedeutete auch für die Mitarbeiter die Entscheidung für das sozialistische System. Außerdem neigten manche Kollegen zu der irrigen Auffassung, eine enge Bindung an mich würde sie noch länger in der Sowjetunion festhalten. Trotz dieser Hemmnisse gelang es, bis zur Abreise einen großen Kreis besonders tüchtiger Fachkräfte zu überzeugen. Sie sind später nicht enttäuscht worden.

Unsere auf die Rückkehr ausgerichteten Pläne hatten schließlich unter den Wissenschaftlern der Institute in Sinop und Agudseri so große Werbungskraft, daß sich noch ein zweiter Spezialistenkreis zusammenfand. Er bildete dann den personellen Kern des VEB Vakutronik (VEB RFT Meßelektronik Dresden).

Im Hinblick auf den neuen Beginn in der Heimat riet ich zu sparsamster Lebensführung in Suchumi und zu voller Ausnutzung der uns von sowjetischer Seite großzügig zugestandenen Geldüberweisungsmöglichkeiten. Zwar kursierte in diesen Jahren das boshafte Wort von den »Hungerleidern des Sachsenringes«, aber dafür fanden fast alle Mitglieder des »Dresdner Kollektivs« hohe Bankkonten vor. Ein Teil von ihnen, vor allem die fachlich wichtigsten Mitarbeiter, hatten durch meine Vermittlung auf dem Weißen Hirsch oder in der Nähe eigene Wohnhäuser gekauft. Den anderen wurden sehr schnell entsprechende Wohnungen zur Verfügung gestellt. Etliche dieser Gebäude und Räume waren bereits vor unserem Eintreffen durch Dresdner Dienststellen neu hergerichtet worden, was mancherlei Vorteile bot.

Ferngesteuerter Aufbau meines Instituts

Der im Frühjahr 1952 beginnende dreijährige Aufbau des ersten Instituts- und Wohnkomplexes auf dem Weißen Hirsch und die erwähnte Hilfe für die Mitarbeiter wären ohne eine permanente Interessenvertretung in der Heimat nicht möglich gewesen. Mein Schwager Hartmann übertrug unmittelbar nach dem Grundstückskauf Herrn Ingenieur Johannes Richter die Wahrnehmung unserer Angelegenheiten. Dieser widmete sich zuerst nebenberuflich und ab 1. Januar 1953 mit voller Arbeitskraft unseren Problemen.

Schon während der Kaufverhandlungen hatten wir anhand der Haus- und Grundstückszeichnungen die bis ins einzelne gehenden Pläne für die künftigen Laboratorien, Werkstätten und Wohnräume ausgearbeitet. In der Baubeschreibung, einem Buch von mehr als hundert Seiten, fanden sich jede Steckdose, jedes anzufertigende Labormöbel, der Aufstellort jedes Laborgeräts, die Anordnung jedes Möbelstücks und jedes Gemäldes im Raum genau bezeichnet. Über tausend Briefe steuerten den Aufbau aus der Ferne, und die allwöchentlich eintreffenden Fotos und Berichte von den Fortschritten waren eine sich immer wieder erneuernde Quelle von Freuden und angenehmen Aufregungen.

Für mich verging diese Übergangszeit besonders schnell, weil ich seit 1951 jede freie Stunde nutzte, um ein Tabellenwerk zusammenzustellen, in dem ich mich darum bemühte, unser gesamtes Fachwissen aufzuarbeiten, systematisch zu ordnen und in konzentrierter Form zu speichern. Ich hatte mich entschlossen, einen solchen »Wissensspeicher« zu schaffen, weil es für die einzelnen immer schwerer wurde, in den jeweiligen Spezialgebieten die wesentlichen Grundlagen und den wahren Entwicklungsstand mit allen Details zu überblicken. Mit Hilfe von Wissenschaft und Technik bemüht sich der Mensch, die Effektivität seiner Arbeit, seiner Maschinen, seiner Geräte, seiner Energiequellen so hoch wie möglich zu gestalten. In vielen Fällen ist dabei die natürliche Grenze, ein Nutzeffekt von 100%, nahezu erreicht worden. Wie aber steht es mit der Ökonomie der »geistigen« Arbeitsweise? Wir wollen diese Frage besonders an den Forscher richten, der stets wechselnde Probleme zu lösen hat und bei dem daher die Gefahr unrationeller Arbeitsweise viel größer ist als bei reproduktiven Wissenschaftlern und Technikern.

Auf Grund einer ausreichenden Statistik auf den Gebieten der Elektronen- und Ionenphysik glaube ich behaupten zu dürfen, daß bei der Lösung von Forschungsaufgaben sehr oft mehr als 50% der Arbeitszeit mit dem Suchen von einmal gelesenen Literaturstellen, irgendwo veröffentlichten Formeln, Daten, Stoffeigenschaften, Arbeitsmethoden, Konstruktionsprinzipien und so weiter, aber auch mit der Wiederholung lange bekannter Berechnungen beziehungsweise Formelableitungen verloren gehen. Das gilt für günstige Arbeitsbedingungen, bei denen dem Wissenschaftler eine ausgezeichnete Fachbibliothek zur Verfügung steht. Sind aber die entsprechenden Fachzeitschriften oder Bücher schwer oder gar nicht erreichbar, gestaltet sich die Forschungstätigkeit noch wesentlich unrationeller, und oft wird es nicht mehr gelingen, mit der stets schneller fortschreitenden Entwicklung des internationalen Wissensstandes Schritt zu halten.

Ich wählte für den »Wissensspeicher« die Form einer kombinierten Sammlung von Methoden, Formeln, Kurven, Daten, Konstruktionsbeispielen mit Literaturhinweisen und zum Teil Literaturauszügen. Das Werk ist in der zweiten Auflage 1962/1971 unter dem Titel »Tabellen zur angewandten Physik« in drei

Bänden mit insgesamt etwa zweitausendfünfhundert Seiten in Berlin erschienen.

Es gab aber noch andere Überlegungen, dieses Buch zu schreiben. In ihm sah ich einen gangbaren Weg, um den von meinen Mitarbeitern und mir im Laufe der zehnjährigen Sinoper Arbeit gesammelten Erfahrungsschatz mit seinen wissenschaftlichen, technischen und konstruktiven Daten ziemlich lückenlos in die Deutsche Demokratische Republik mitnehmen zu können. Für dieses Ziel lohnte es sich, besonders große Anstrengungen und Belastungen auf sich zu nehmen.

Freundschaftliches Handeln von Professor Jemeljanow

Vor Beginn dieser Schreibtischarbeit, die mich damals bis an die Grenze des physischen Leistungsvermögens beanspruchte, hatte ich von Professor Jemeljanow die Zusage erhalten, das Manuskript des Buches mit nach Deutschland nehmen zu dürfen. Wenige Wochen vor der Abreise traf dann die offizielle Erlaubnis dazu ein. Darin konnte ich einen Beweis großen Vertrauens und ein besonderes Entgegenkommen sowohl mir als auch unseren Dresdner Plänen gegenüber sehen. Man wollte uns beim Start in der Elbestadt helfen. Einen weiteren bedeutenden Vertrauensbeweis erhielt ich, als mir einige Zeit nach unserer Rückkehr durch eine freundschaftliche Entscheidung von Professor Jemeljanow über die sowjetische Botschaft in der Deutschen Demokratischen Republik eine umfangreiche Zusammenstellung von Konstruktionszeichnungen der in der Sowjetunion von uns entwickelten Anlagen und Geräte zugesandt wurde.

Auch die Arbeiten zum Elektronenstrahl-Anlagerungs-Massenspektrographen, zum Präzisions-Elektronenstrahl-Oszillographen sowie die Normierung elektronenoptischer Anlagen und vakuumtechnischer Bauelemente gelangten, eingeordnet als praktische und geistige Werte in das umfangreiche Tabellenbuch, lückenlos nach Dresden.

Arbeitsbereitschaft des Dresdner Instituts zum Zeitpunkt unserer Rückkehr

Alle diese Maßnahmen – die Abfassung des Wissensspeichers, die Zusammenstellung des Mitarbeiterstabes, der mehrjährige ferngesteuerte Aufbau des neuen Instituts- und Wohnkomplexes sowie die Rücksendung des Inventars der Lichterfelder Laboratorien und der Wohnungseinrichtung mehrere Monate vor der Rückreise – waren auf ein Ziel ausgerichtet: Das Dresdner Forschungsinstitut sollte nach unserer Ankunft so schnell und so leistungsfähig wie möglich seine Tätigkeit zum Nutzen der Heimat aufnehmen. Durch unser Vertrauen in die Zukunft und die geschilderte Vorsorge gewannen wir wohl drei bis vier Jahre. Jedenfalls brauchten einige der gleichzeitig mit uns zurückkehrenden Wissenschaftler so lange, um ihre eigenen Institute zu planen, zu bauen und einzurichten. Wir aber hatten nicht nur die Jahre gewonnen, sondern gleichzeitig eine langfristige Arbeitsunterbrechung vermieden und blieben im harten Wettrennen mit der Forschung anderer Länder. Der Keim zu einer Anzahl späterer Erfolge liegt darin begründet.

Freunde in der Heimat

Dankbar möchte ich der Tatsache gedenken, daß in einer für unseren Aufbau kritischen finanziellen Situation am 20. Februar 1954 der damalige Präsident der Deutschen Akademie der Wissenschaften, Professor Dr. Friedrich, einen Beschluß der Akademie erwirkte, der unsere Institutsplanung in Dresden dringend befürwortete. Auch dem bekannten Gasentladungs-Physiker, Akademiemitglied Professor Dr. Rompe, bin ich für die Unterstützung unserer Bemühungen in jenen Tagen zu großem Dank verpflichtet.

Wir packen

Mitte 1953 richtete ich im Parterre unseres Wohnhauses in Sinop eine kleine Tischlerei mit Kreissäge und Holzlager ein. Kistenbauen, Kistenpacken und Einschalungsarbeiten waren für die

Zeitspanne von fast eineinhalb Jahren unser regelmäßiger abendlicher Sport, bis schließlich sowohl das Inventar meines früheren Laboratoriums aus Berlin-Lichterfelde als auch die Wohnungseinrichtung versandfertig für die große Reise bereitstanden.

In den letzten Monaten schliefen wir in seltsamen spartanischen Betten, nur noch umgeben von regalartigen Möbeln, die wir in der Haustischlerei improvisiert hatten. An die Wand geklebte Bilder aus illustrierten Zeitschriften mußten uns die wohlverpackten Ölgemälde ersetzen.

Ende 1954 verließen die versiegelten Waggons mit den Kisten die benachbarte Station Kelassuri in Richtung Heimat. Bald darauf benachrichtigte uns ein Telegramm über das verlustfreie Eintreffen unserer Habe in Dresden. Wenige Tage später konnten wir schon die Fotos von den bezugsfertigen Räumen auf dem Weißen Hirsch betrachten: Laboratorien und Wohnung – ausgestattet mit dem vorausgesandten und genau nach meinen Plänen aufgestellten Inventar.

Zwei deutsche Staaten

Während dieser Monate interessierten wir uns alle besonders stark für die Vorgänge in der Heimat. Aus der Ferne hatten wir das Werden von zwei deutschen Staaten beobachtet und besorgt festgestellt, daß sie nicht – wie ich anfangs sehr stark hoffte – zueinander fanden, sondern sich immer mehr voneinander entfernten. In der Deutschen Demokratischen Republik war der Aufbau der Grundlagen des Sozialismus bereits ein gutes Stück fortgeschritten, aber die Bundesrepublik Deutschland trieb die Remilitarisierung voran und versuchte mit allen Mitteln, in das aggressive imperialistische Bündnissystem einbezogen zu werden. Die Regierung in Bonn glaubte ihr Ziel schon erreicht zu haben, als ihr Beitritt zur sogenannten Europäischen Verteidigungsgemeinschaft beschlossen war. Doch das französische Volk widersetzte sich der Ratifizierung der entsprechenden Vereinbarungen und machte sie damit zunichte.

In den Pariser Verträgen fanden die Deutsche Bundesrepublik und ihre künftigen Verbündeten einen Ausweg aus ihrem Dilemma. Noch hatten sie den Erfolg aber nicht in der Tasche. Wir gewannen den Eindruck, daß sich der Kampf gegen die Ratifizierung der Pariser Verträge in beiden deutschen Staaten mächtig ausweitete. Besonders fesselte mich jene Bewegung, die von einer Zusammenkunft an historischer Stätte, in der Paulskirche in Frankfurt/Main, ausging. Dort hatten sich Vertreter unterschiedlichster politischer und weltanschaulicher Auffassungen zusammengefunden und im »Deutschen Manifest« gegen die Pariser Verträge ausgesprochen. Eine ganze Welle von Kundgebungen und Demonstrationen flutete über die Deutsche Demokratische Republik, und sehr viele Menschen stimmten dem Manifest zu. Auch in unserer künftigen Heimatstadt Dresden nahm die Bevölkerung Stellung. Am 13. Februar 1955, dem zehnten Jahrestag der Zerstörung Dresdens, trafen sich eine Viertelmillion Einwohner, um gegen die erneute Kriegsgefahr zu protestieren, die durch die Ratifizierung der Pariser Verträge heraufbeschworen wurde, und um sich für eine friedliche Lösung der deutschen Frage einzusetzen. Wäre ich schon in Dresden gewesen, hätte ich bestimmt auf dem Opernplatz mitten unter ihnen gestanden. In der Bundesrepublik kam es ebenfalls zu eindeutigen Stellungnahmen. Im Saargebiet traten die Arbeiter und Angestellten sogar in den Generalstreik, um ihrer Ablehnung der Verträge Nachdruck zu verleihen. Die Regierung der Deutschen Bundesrepublik setzte sich über die millionenfach geäußerte Meinung der Bevölkerung hinweg und ratifizierte vom 24. bis 27. Februar 1955 die Pariser Verträge in zweiter und dritter Lesung.

Damit war die Auseinandersetzung noch keineswegs abgeschlossen. Die Volkskammer der Deutschen Demokratischen Republik wandte sich in einer Proklamation an das deutsche Volk und schlug eine gesamtdeutsche Befragung vor, und in Bochum konstituierte sich ein Kuratorium »Einiges Deutschland«, das sich die Aufgabe stellte, eine Volksbefragung auf der Grundlage des Manifests der Paulskirchen-Bewegung und der Vorschläge der Volkskammer durchzuführen. Ich sah aus der Ferne die schicksalhaften Konsequenzen dieses Geschehens und war fest entschlossen, in der Heimat auch zu den politischen Grundfragen aktiv Stellung zu beziehen.

Noch ein anderes Ereignis erregte mich in diesen Wochen. Mitte Februar zerstörte ein Großbrand die neuerbauten Sendesäle des Staatlichen Rundfunkkomitees in Berlin-Oberschöneweide. Es entstand ein Schaden von rund zwei Millionen Mark, und 14 Personen erlitten bei den Löscharbeiten schwere Verletzungen. Die Nachrichten besagten, ein Gegner der Deutschen Demokratischen Republik habe Brandsätze in das Kanalsystem der Klimaanlage eingebaut, die das Feuer auslösten. Mich empörte diese unnütze Gefährdung von Menschenleben und sinnlose Zerstörung von Werten. Glaubten denn jene Leute, die den Sozialismus ablehnten, tatsächlich durch solche Terrormaßnahmen die Entwicklung aufhalten oder gar rückgängig machen zu können?

Der Abschied

Endlich, Mitte März 1955, häuften sich die Anzeichen, daß die Abreise unmittelbar bevorstand. Professor Jemeljanow traf aus Moskau ein, um uns zu verabschieden. Man lud uns noch ein letztes Mal mit unseren sowjetischen Mitarbeitern zu einem festlichen Abendessen ein. Nach alter russischer Sitte tranken wir Wodka, viele große Abschiedsreden wurden gehalten. Wir hatten fast zehn Jahre freundschaftlich, ohne ernsthafte Differenzen zusammengewirkt, das Institut A aufgebaut und die gestellten wissenschaftlichen Aufgaben gemeinsam gelöst. Viele gute Freunde hatten wir gewonnen, von denen uns die Trennung schwer fiel. Das Leben im Sozialismus war uns vertraut und lieb geworden. Die zehn Jahre in der Sowjetunion haben unser Leben bereichert.

Am folgenden Morgen stand der Zug für die Abfahrt nach Moskau bereit. Ein letzter langer Blick streifte unsere Wirkungsstätte, die unter dem heutigen Namen »Physikalisch-Technisches Institut Suchumi« bald auch international bekannt wurde.

Unsere Kinder haben in Grusinien eine helle, unbeschwerte Jugend erlebt. Mein Sohn Alexander und manches andere Kind meiner Mitarbeiter sind hier geboren worden. Es ist nur natürlich, daß uns dies schöne Land mit dem nahen Schwarzen Meer, der südländischen Vegetation und den kaukasischen Bergen im Lichte einer zweiten Heimat erscheint.

Zwischenstation in Moskau

Nach der Ankunft in Moskau hatten wir Gelegenheit, den neuerstandenen Gebäudekomplex der Lomonossow-Universität zu besichtigen. Als ich vor den gewaltigen Hochbauten stand, mußte ich an manche Fahrten durch Moskau zurückdenken, die ich in den ersten Jahren meines Aufenthaltes in der Sowjetunion unternahm. Damals hatte ich bei den Leninbergen nur kleine Holzhäuser gesehen, und nichts deutete die einzigartige Entwicklung an, die sich jetzt auf diesem Gelände vor Moskau vollzogen hatte. Auf der Rückfahrt bot sich vom gegenüberliegenden Moskwa-Ufer ein unvergeßlicher Blick auf den Kreml mit seinen goldenen Kuppeln, charakteristischen Türmen, Kirchen und Gebäuden im Glanz der winterlichen Sonne. Dann blieb der große Omnibus auf der Uferstraße im hohen Schnee stecken. Wir wurden schon unruhig. Erst wenige Minuten vor Abfahrt erreichten wir den Zug, der uns über Brest-Litowsk in die Deutsche Demokratische Republik bringen sollte.

Wieder in Deutschland

Während der Fahrt klettert das Stimmungsbarometer immer höher, je mehr wir uns der deutschen Grenze nähern. Um die Nachmittagsstunde des 23. März 1955 treffen wir in Frankfurt an der Oder ein, wo uns ein Beauftragter des damaligen Ersten Stellvertreters des Ministerpräsidenten, Walter Ulbricht, und der Direktor der Deutschen Akademie der Wissenschaften, Professor Dr. Wittbrodt, erwarten. Bei dem anschließenden Essen ist zum ersten Mal das »Dresdner Kollektiv« vereinigt, alle Spezialisten, die im neuen Institut mitarbeiten wollen. Ich werde gefragt, ob ich schon am übernächsten Tag in der Lage sei, den Besuch Walter Ulbrichts zu empfangen. Natürlich sage ich mit großer Freude zu.

Bald darauf steigen wir in einen bereitstehenden Sondertriebwagen nach Dresden. Bereits während der Eisenbahnfahrt werden die ersten Besprechungen geführt. In Cottbus begrüßt uns eine kleine Delegation mit Blumen. Alles ist wie im Traum. Als die Elbhöhen und die Türme Dresdens im Schein der abendlichen Sonne sichtbar werden, können wir uns fast nicht mehr beherrschen. Welch ein starkes Gefühl der Beglückung kann einen Menschen erfüllen, wenn er nach so langem Verweilen im Ausland wieder heimatlichen Boden betritt.

Viertes Buch
Dresden

1955-1972

Erstes Kapitel

Das Institut auf dem Weißen Hirsch

Die erste Nacht auf deutschem Boden

Als der Triebwagen auf dem Dresdner Hauptbahnhof eintraf, wurden wir schon von den ersten Mitarbeitern meines Instituts erwartet und feierlich empfangen. Das Auto stand bereit, um meine Familie und mich zu unserem Hause auf dem Weißen Hirsch zu bringen. Wir entschieden uns jedoch dafür, gemeinsam mit den Kameraden der Suchumi-Zeit im Omnibus zum Hotel »Astoria« zu fahren und dort die erste Nacht auf deutschem Boden zu verbringen. Gleich auf den Weißen Hirsch zu fahren, hatten wir fast ein wenig Angst: die Konzentration und Intensität an freudigen Eindrücken wäre zu groß gewesen. Auch ein Übermaß an Freude kann schädlich sein. Aus dieser Einsicht heraus verteilten wir die mit unserer Rückkehr verbundenen tief erregenden Erlebnisse bewußt auf mehrere Tage.

Das Abendessen im »Astoria« führte uns alle noch einmal zusammen. Daran schloß sich ein kurzes Orientierungsgespräch an, bei dem ein Vertreter vom Rat des Bezirkes Dresden und der Rundfunkkommentator Karl-Eduard von Schnitzler anwesend waren.

Wir staunen

Am nächsten Morgen mußte ich meine Frau beruhigen. Sie stand am Fenster und staunte, und mir ging es nicht viel anders: Die deutschen Mädchen, die als Studentinnen der Technischen Hochschule zur Vorlesung gingen und in Scharen den Platz überquerten, sahen so ganz anders aus als die russischen Frauen, an deren Typ wir uns in den zurückliegenden zehn Jahren gewöhnt hatten. Andererseits muß das Äußere der eigenen Familie damals erheblich von der Dresdner Norm abgewichen sein, denn wir erregten bei den ersten schüchternen Ausgehversuchen beträchtliches Aufsehen. Vielleicht lag es an der altmodischen Kleidung, vielleicht waren aber auch die langen Zöpfe unserer großen Tochter daran schuld.

Zu Hause auf dem Weißen Hirsch

Nachdem wir Personalausweise erhalten hatten, brach ich mit meiner Familie zum Weißen Hirsch auf. Schon die Anfahrt längs des linken Elbufers mit dem Blick auf den Hirschberg war beeindruckend schön. Als das Auto dann vor dem Haus in der Plattleite hielt, standen die Hausangestellten am Eingang und überreichten uns nach alter Sitte feierlich Brot und Salz. Beim anschließenden Rundgang durch die Gebäude begrüßten wir jedes Möbelstück, jeden Gegenstand wie einen vertrauten Bekannten. Alles war genau so eingerichtet, wie es aus der Ferne geplant gewesen war.

Der wissenschaftliche Direktor der Deutschen Akademie der Wissenschaften zu Berlin, Professor Dr. Wittbrodt, der in der Aufbauzeit oft geholfen hatte, ließ es sich nicht nehmen, uns auf diesem Rundgang zu begleiten. Als die Tür zum ehelichen Schlafzimmer geöffnet wurde, trat er erschrocken zurück und entschuldigte sich sehr verlegen. Er glaubte, auf dem Bett die Rückenpartie einer unbekleideten jungen Dame erblickt zu haben. Die optischen Gründe für diese Vision klärten sich schnell auf. Wir hatten von Suchumi aus eine Kopie des berühmten Gemäldes »Toilette der Venus« von Velázquez etwa in Originalgröße anfertigen lassen. Dieses Bild stand noch ungerahmt so, daß es im gegenüber angebrachten großen Toilettenspiegel wirklich aussah, als ob die Venus auf dem Bett ruhe.

In den Laboratorien und Werkstätten fanden wir die alten Einrichtungen, ergänzt durch viele neu erworbene Anlagen und Maschinen fertig installiert und betriebsbereit an den vorgesehenen Plätzen. So konnte zugleich mit unserer Ankunft am Freitag, dem 25. März 1955, auch die Arbeit auf dem Weißen Hirsch beginnen.

Walter Ulbricht besucht uns

Am folgenden Tag traf um elf Uhr vormittags der Erste Stellvertreter des Vorsitzenden des Ministerrats und spätere Vorsitzende des Staatsrates, Walter Ulbricht, ein. Er zeigte sich an unseren Plänen außerordentlich interessiert und blieb nach dem gemeinsamen Mittagessen sogar bis zum Nachmittag. Diese ausführliche

Unterredung ist für die weitere Entwicklung des Instituts von entscheidender Bedeutung gewesen und hat, wie ich später erfuhr, auch großen Einfluß auf die Organisation der gesamten Kernphysik-Vorhaben im Dresdner Raum gehabt. Wir erhielten als Ergebnis der Besprechung einen Vertrag, der Staatsaufträge in bestimmter Höhe pro Jahr garantierte und so eine stabile finanzielle Basis für wirklich großzügige Forschungen bot. Damit war dem Institut bei erfolgreicher Arbeit eine schnelle Entwicklungsmöglichkeit gesichert.

In Walter Ulbricht war ich einem Mann der Tat begegnet, der sehr schnell das Wesentliche erkennt, sich die Argumentation des Gesprächspartners aufmerksam anhört und dann nicht lange mit der endgültigen Entscheidung zögert. Ich habe mir deswegen immer wieder erlaubt, aus meiner Sicht Empfehlungen über notwendige Maßnahmen, Veränderungen oder Festlegungen an ihn heranzutragen. Die Persönlichkeit Walter Ulbrichts wurde in der westlichen Welt lange Zeit sehr unterschätzt. Ebenso ist auch in späteren Jahren die entscheidende Bedeutung seiner Mitstreiter im Politbüro der Sozialistischen Einheitspartei Deutschlands und im Ministerrat der Deutschen Demokratischen Republik als Motoren des Fortschritts im Westen allzuoft unterbewertet worden.

Ein nagelneuer SIS-Wagen

Eine besonders erfreuliche Folge dieses Besuches zeigte sich eine Woche später, als der Oberbürgermeister von Dresden, Walter Weidauer, zu uns kam. Nachdem wir einige schwebende Fragen besprochen hatten, bat er mich, ihn zur Eingangstür des Hauses zu begleiten. Dort übergab er mir als Geschenk Walter Ulbrichts einen nagelneuen sowjetischen SIS-Wagen. Diese starke und sichere Limousine hat uns lange Zeit besonders bei den vielen Fernfahrten auf der Autobahn zwischen Dresden und Berlin ausgezeichnete Dienste geleistet. Unzählige Aufsätze und Briefe habe ich auf dieser Strecke, ungestört vom Getriebe des Instituts, in dem geräumigen SIS diktieren können.

Wenige Tage später lernten wir bei einem gemeinsamen Essen im benachbarten »Luisenhof« die Arbeiter und Handwerker kennen, die in den vorausgegangenen Jahren mit großer Sorgfalt das Institut auf dem Weißen Hirsch auf- und ausgebaut hatten. Während dieses harmonischen Beisammenseins, wo ich von unseren Zukunftsplänen erzählte, erhielt ich als Gastgeber feierlich ein schön gebundenes Buch überreicht, in dem auf mehr als hundert Seiten falsche, zum Teil recht unfreundliche Gerüchte verzeichnet waren, die uns und den Aufbau unseres Instituts in der Plattleite umgaben und die später in der westdeutschen Presse immer wieder als »Wahrheiten« serviert wurden.

Beispielsweise war das Märchen aufgezeichnet, die Regierung der Deutschen Demokratischen Republik habe mir ein Bankkonto von unbegrenzter Höhe zur Verfügung gestellt, oder es stand dort, ich sei Besitzer eines Rennstalls. Phantastisch ist auch die Behauptung, Zwiebeln seien im Augenblick nur deswegen Mangelware, weil wir »so viel Zwiebelsaft für die Isotopenversuche benötigten«!

Widrige Entscheidungen

Einen Monat, nachdem wir in unseren Gebäudekomplex an der Plattleite eingezogen waren und ernsthaft mit der Arbeit begonnen hatten, kam der damalige Innenminister und spätere Ministerpräsident, Willi Stoph, zu uns. Wir besprachen die Einzelheiten zur Realisierung aller mit Walter Ulbricht verhandelten Maßnahmen. Bei diesem Besuch wurde auch der heute »VEB RFT Meßelektronik Dresden« genannte Betrieb in der Dornblüthstraße offiziell gegründet. Unter der tatkräftigen Leitung von Professor Dr. Werner Hartmann entwickelte er sich später zu einem sehr bedeutenden Industriewerk. Zwischen unserem Forschungsinstitut und diesem Produktionsbetrieb bestand über viele Jahre eine enge vertragliche Bindung. Auf Grund dieser Vereinbarung übernahm das Werk die Fertigungen der Duoplasmatron-Ionenquelle, des Präzisions-Elektronenstrahl-Oszillographen und eines neuartigen magnetischen Isotopentrenners für hohen Massentransport bei nur 20 Tonnen Magnetgewicht.

Mitte 1956 kamen die in der ersten Auflage 1400 Druckseiten umfassenden Bände meines Wissensspeichers über Elektronenphysik, Ionenphysik und Übermikroskopie heraus. Daraufhin erreichte mich 1959 ein Weihnachtsgruß aus den Vereinigten Staaten, der unter Bezug auf diese Bücher mit den Worten endete: »Unbekannterweise von einem Physiker, der nicht mehr versteht, wie er so lange ohne Ihre beiden Tabellenbücher hat auskommen können.« Diese freundlichen Worte aus der Ferne deuteten das an, was wir selbst in unseren verschiedenen Forschungsabteilungen feststellten: Die Benutzung der Wissensspeicher führte zu einer erheblichen Zeitersparnis in der wissenschaftlich-technischen Tätigkeit.

Seit Mitte 1956 habe ich dann neben der Institutsarbeit im Durchschnitt pro Tag zwei Stunden aufgewandt, um die wichtigsten neuen Informationen aus allen uns interessierenden Bereichen zu ordnen, in Tabellenform aufzuarbeiten und in Manuskripte für weitere Auflagen und Bücher einzufügen. Infolge eines derartigen Dauerstudiums blieb ich selbst sowohl auf meinem sich rasch erweiternden Fachgebiet als auch in den neu hinzukommenden Disziplinen (zum Beispiel Medizin) fortwährend auf dem laufenden. Viele Anregungen und kombinatorisch-konstruktive Gedanken verdanke ich dem Zwang zur täglichen Auswertung der ständig eintreffenden internationalen Fachliteratur.

Die laufend durchgeführte Aufbereitung aller für unsere Arbeit wesentlich erscheinenden Informationen führte dazu, daß mir nach persönlichem Maß geschneiderte Erfahrung und Informationsspeicher zur Verfügung standen, welche 1972 einen Umfang von fast 5000 Seiten mit »Informationsblöcken« erreichten. Dieses Handeln hatte für mich eine unerwartete schicksalhafte Folge: *Das Ansteigen meiner persönlichen geistig-schöpferischen Leistungsfähigkeit mit zunehmendem Lebensalter.* Dieses Ansteigen spiegelt sich beispielsweise in der Zunahme der Zahl meiner wissenschaftlichen Veröffentlichungen pro Jahr wider. Sie erreichte mit achtundzwanzig im Jahre 1971, d. h. im letzten abgeschlossenen Jahr ihr Maximum. Aus modernen Forschungen über die Abnahme der Gedächtnisleistung des menschlichen Gehirns mit zunehmendem Lebensalter ergibt sich eine sehr einfache Erklärung. Danach nimmt nur das Kurzzeitgedächtnis und die Zugriffsfähigkeit zu ungeordneten Informationen kritisch ab, während das Langzeitgedächtnis und die Zugriffsfähigkeit zu geordneten Informationen (Informationsblöcken) nahezu voll erhalten bleibt. Weil ich selbst die Aufbereitung der Informationen vornahm, wurden sie in das Langzeitgedächtnis eingeprägt und dadurch, daß dabei gleichzeitig die Ordnung der Informationen zu Blöcken erfolgte, wurde die sonst gegebene starke Abnahme der Zugriffsfähigkeit mit dem Alter vermieden. Da die Fähigkeit des kombinatorischen Denkens, solange die Gesundheit erhalten bleibt, nicht beeinträchtigt wird und der Schatz an Erfahrungen und Informationen mit dem Lebensalter ansteigt, mußte durch meine Handlungsweise auch aus theoretischer Sicht eine Zunahme der geistig-schöpferischen Leistungsfähigkeit mit dem Lebensalter resultieren. Bei der wachsenden Bedeutung der Computer in der kommenden Zeit sollten aus diesem sehr individuellen Einzelbeispiel Schlußfolgerungen gezogen werden.

Aufgaben, Ehrungen, Pflichten

Schon wenige Monate nach der Rückkehr aus der Sowjetunion hatte ich die Freude, in die Sektion Physik der Deutschen Akademie der Wissenschaften zu Berlin und gegen Ende des gleichen Jahres in den »Wissenschaftlichen Rat für die friedliche Anwendung der Atomenergie« berufen zu werden. Letzterer hatte unter anderem die Aufgabe, den Ministerrat bei allen die friedliche Anwendung der Atomenergie betreffenden Fragen, insbesondere bei den Entscheidungen zum Aufbau der Atomkraftwerke zu beraten.

Anfang Juni 1956 wurde ich zum Honorar-Professor an der Elektrotechnischen Fakultät der Technischen Hochschule Dresden ernannt. Außer einer Vorlesung über Elektronen- und Ionengeräte habe ich weitere Verpflichtungen dieser Art an der Hochschule vermieden, um meine ganze Kraft für die Forschung und die Leitung meines Instituts und für die zunehmende Tätigkeit in fachlichen und staatlichen Gremien zu reservieren.

Anfang Mai 1955 suchte uns der ehemalige Generalfeldmarschall Paulus auf, der seit seiner Rückkehr aus der Sowjetunion ebenfalls auf dem Weißen Hirsch wohnte. Wir führten viele aufschlußreiche Unterhaltungen über die Tragödie von Stalingrad, über seine zu späte Entscheidung gegen Hitler, über die Ereignisse des 20. Juli 1944, über die charakterlichen Grenzen der Persönlichkeit des damals zum Generalinspekteur der Bundeswehr und Vorsitzenden des ständigen militärischen Ausschusses der NATO avancierten Generals Heusinger und über den Generalfeldmarschall von Reichenau, den ich noch vom Berliner »Blau-Weiß«-Klub aus der Zeit um 1935 gut in Erinnerung hatte. Die tragischen Ereignisse von Stalingrad, mit denen Paulus' Name in der Geschichte verbunden ist, hatten ihn zu einem tief überzeugten Gegner des Krieges werden lassen. Deshalb fand gerade bei ihm eine Rede, die ich bereits im April 1956 vor dem Nationalrat der Nationalen Front des demokratischen Deutschland über »Die Verwendung der für militärische Zwecke angehäuften Weltvorräte an Spaltmaterial zum Wohle der Menschheit« hielt, besonders starke Zustimmung.

Den Text dieser Ausführungen hatte ich auch an verschiedene mir von früher bekannte westdeutsche Atomphysiker gesandt, die sich ein Jahr später zu der politisch sehr bedeutsam gewordenen gemeinsamen Erklärung der »Göttinger Achtzehn« vereinigten. Immerhin konnte ich bei einigen Unterzeichnern der Göttinger Erklärung wenigstens ein freundliches Echo registrieren. Da es sich bei dieser Ansprache um meine persönliche Stellungnahme zu einer der Hauptfragen unserer Zeit handelt, soll sie im folgenden auszugsweise wiedergegeben werden:

Meine Rede über die mögliche friedliche Verwendung von Kernsprengstoffen

»Über das furchtbare Inferno eines Atomkriegs, über das gigantische Ausmaß der Einzelereignisse sowie über ihre Plötzlichkeit und Unabwendbarkeit ist die bedrohte Menschheit noch bei weitem nicht ausreichend orientiert. Dies zeigt sich darin, daß die Reaktion auf diese Gefahr in der Weltöffentlichkeit bis zum heutigen Tage noch nicht genügt hat, um einen allgemeinen Verzicht auf die Anwendung von Gewalt als letztem Mittel der Politik zu erwirken.

Die Kriege der Vergangenheit konnten durch Waffenstillstand oder bedingungslose Kapitulation im Augenblick solcher Entscheidung beendet werden. Der Atomkrieg aber setzt sich weit über den Zeitpunkt seiner Entscheidung noch lange aus sich selbst heraus fort, nämlich zwei bis drei Halbwertszeiten der gefährlichen Radioisotope (bei Anwendung von Kobalt 60 zum Beispiel zehn bis fünfzehn Jahre). Jedoch besteht darüber hinaus eine noch viel länger wirkende Bedrohung des Menschengeschlechts. Das ist der Eingriff in die Erbanlage oder, präziser gesagt, die Auslösung von Mutationen durch Einwirkung der radioaktiven Strahlungen auf die Gene des Menschen. Über tausend Jahre, also vierzig Generationen, währt der tragische Tribut (Zunahme der Geburtenrate anormaler Kinder, nicht lebensfähiger Kinder oder zeugungsunfähiger Kinder), den die Nachfahren von strahlungsexponierten Individuen für die eingetretenen Mutationen zu entrichten haben, wie der Zoologe H. J. Muller (Nobelpreisträger, USA) kürzlich begründet hat. Welch ungeheure Verantwortung trägt bei diesen furchtbaren Perspektiven die lebende Generation! Vor ihr liegt die gigantische Aufgabe, die Kräfte von Moral und Ethik in wenigen Jahren so zu vervielfachen, daß wir und viele auf uns folgende Generationen nicht zum Opfer des Mißbrauchs der von uns selbst geschaffenen Technik werden.

In einigen Staaten wird seit zum Teil mehr als zehn Jahren mit Hilfe riesiger großindustrieller Werke sogenanntes Spaltmaterial, wie Uran 235 und Plutonium, in ständig steigenden Mengen produziert und angesammelt.

Dieses Spaltmaterial ist in erster Linie für Atomwaffen, das heißt für Atombomben, Atomgeschosse und so weiter sowie als Zünder für Wasserstoffbomben bestimmt. Außerdem wird in großen, ständig steigenden Mengen Uran 238 gewonnen, welches als Mantelmaterial der Wasserstoffbombe den Hauptanteil der Energieentwicklung bei ihrer Explosion beisteuert. Je länger diese Großproduktionen andauern, je mehr sich die Raketentechnik zur Weltraumschiffahrt hin entwickelt und je weiter die Fernsteuerung von nuklearen Geschossen mit den Mitteln der neuesten elektronischen Rechentechnik und der Hochfrequenztechnik ausgebaut wird, desto größer wird das Unheil sein, welches bei kriegerischem Einsatz der Atomenergie über die Menschheit hereinbricht. Darum ist der Verzicht auf den Krieg als Mittel zur Entscheidung von Streitfragen und das Verbot der Atomwaffen die Schicksalsfrage, der die Menschen gegenwärtig gegenüberstehen. Endgültiger Verzicht auf den Krieg und Verbot der Atomwaffen sind die höchsten politischen Forderungen der Gegenwart, und ihre Erfüllung wird mit jedem Tag dringlicher.

Die britische Zeitung Manchester Guardian vom 28. Februar 1956 berichtet, daß zum Beispiel allein die USA über Vorräte an Spaltmaterial verfügen, die ausreichen, 32500 Atombomben herzustellen. Legt man solche Zahlen zugrunde, so ergibt sich als düsteres Bild: Schon heute genügen mit hoher Wahrscheinlichkeit die Weltvorräte an spaltbarem Kernmaterial, um alle Großstädte auf der Erde zu zerstören.

Das Verbot der Atomwaffen wird die Atomenergie aus einem Fluch fast sprunghaft in einen Segen für die Menschheit verwandeln, denn man könnte die riesigen, in Jahren aufgesammelten Vorräte an Spaltmaterial und an Uran 238 statt als Super-Explosivstoff für Tod und Vernichtung in den Atomkraftwerken der Zukunft als Super-Brennstoff zur Erzeugung von Elektroenergie und Wärmeenergie verwenden. Diese günstige physikalische Situation wird in den politischen Erörterungen gegenwärtig noch merkwürdig wenig betont. Man könnte also den zunächst für militärische Zwecke betriebenen gewaltigen Spaltmaterial-Aufwand, der den Lebensstandard der Völker auf beiden Seiten seit 1945 stark belastet hat, noch nachträglich und im Laufe der kommenden Jahrzehnte fast verlustfrei zum Wohle der Menschen einsetzen. Die Natur selbst hat unserer Generation hier einen Weg offengehalten, der uns vom Abgrund fort in eine gesicherte, schöne Zukunft führen könnte.

Lassen Sie mich mit der gezügelten Phantasie eines technischen Physikers einmal dieses Bild einer hellen Zukunft ausmalen: Der Energiegehalt von Spaltmaterial und Mantelmaterial für die angenommene Menge von 50000 Atombomben des gegenwärtigen Typs (jede äquivalent etwa 1 Million Tonnen des Standard-Sprengstoffes Trinitrotoluol) entspricht etwa $5 \times 10^{13} = 50$ Billionen kWh oder 5 Milliarden Tonnen reiner Kohle. Diese Menge ist das Sechsfache der Kohleförderung der USA, der Sowjetunion und Englands zusammen im Jahre 1954. Würde man solche gewaltigen Energiebeträge und die laufend hinzukommenden noch größeren Beträge wirklich friedlichen Zwecken zuwenden, so brauchte in den kommenden Jahrzehnten auch in den kältesten Wintern niemand mehr zu frieren, Verkehrswesen, Technik und Industrie ließen sich relativ schnell auf eine viel höhere Entwicklungsstufe bringen. Ein großer Teil der Kohlevorräte könnte der chemischen Industrie für die Kunststoffherstellung reserviert bleiben und so weiter.

Niemals ist in der Weltgeschichte ein für Kriegswerkzeuge betriebener Aufwand so menschheitsfeindlich gewesen wie die Atombombenproduktion des vergangenen Jahrzehnts.

Niemals ist ein Aufwand dieser Größenordnung für Kriegswerkzeuge durch das eingetretene Gleichgewicht der furchtbaren Kräfte in kurzer Zeit so völlig sinnlos geworden.

Aber auch niemals in der Geschichte der Welt hat eine solche Möglichkeit wie heute bestanden, eine ursprünglich für militärische Zwecke vorgenommene Ausgabe, welche nach Hunderten von Milliarden Mark zählt, wieder zurückzuerhalten.

Kanonen konnte man eben nicht in landwirtschaftliche Maschinen, Explosivstoffe nicht in Kohle verwandeln, aber Spaltmaterial kann man in Wärme oder Elektroenergie umformen. In der nächsten Zeit muß unsere Generation die politischen Schlußfolgerungen aus den geschilderten Realitäten ziehen. Da sollte es dann keinen Menschen mit Verstand, Verantwortungsgefühl und moralischem Denken mehr geben, der den Tod von einigen Hundert Millionen Kindern, Frauen und Männern stärker anstrebt als die endliche Erfüllung der ewigen Sehnsucht des Menschen ›Friede auf Erden‹.

Möge eine solche Auffassung von der Lage bei immer mehr Völkern zur Grundlage ihres Wollens und Handelns werden.

Mögen die Stimmen beider Seiten sich auf der Basis solcher Überlegungen treffen.

Dann werden die Lichter am politischen Horizont dieser Tage zu strahlendem Glanz im Zenit aufsteigen und die tiefen Schatten auslöschen, von denen die Gegenwart noch immer verdunkelt wird.«

Seit dieser Rede hat sich die Gefährlichkeit einer nuklearen Auseinandersetzung unvorstellbar verstärkt. Leider nahm die Öffentlichkeit vor allem in den westlichen Ländern diese Tatsache kaum zur Kenntnis. Ich meine nicht allein die Überproduktion von nuklearen Sprengköpfen und von interkontinentalen Trägerraketen, die »overkill«-Situation. Ich denke besonders an die Erkenntnis (siehe Anhang zu diesem Buch), daß bei Ausbruch eines totalen Kernwaffenkriegs mit der *gleichzeitigen* Zündung eines ganzen Netzes von H-Bomben gerechnet werden muß. Dadurch würde sich die Hitzeentwicklung auf der Erdoberfläche etwa verdreifachen, und die Radarsteuerung der Antiraketen-Raketen wäre ausgeschaltet. Immer wieder bin ich, wenn sich weitere Gedanken und Argumente bei mir angesammelt hatten und wenn sich die Gelegenheit dazu ergab, in Wort und Schrift gegen den Atomkrieg – gegen den Krieg als Mittel zur Entscheidung von Streitfragen überhaupt – aufgetreten und habe mich für die allgemeine Abrüstung eingesetzt.

Auch heute, über fünfzehn Jahre nach meiner Rede hoffe ich, daß die internationale Abrüstung kommen wird. Ich glaube wirklich fest daran: Nicht, weil ich eine wesentliche Besserung der politischen Ethik des Westens erwarte, sondern weil sich das Kräfteverhältnis bedeutend zugunsten des sozialistischen Lagers verändert hat und die immer mehr steigenden Rüstungsausgaben die Annahme dieses Vorschlages der UdSSR schließlich erzwingen werden.

1956 stellte ich mich wiederholt in den Dienst der Aufklärung über die furchtbare Wirkung der verschiedenen Waffen vom Kernspaltungs- beziehungsweise Kernfusionstyp und versuchte die militärischen und politischen Folgen einer Kombination dieser Waffen mit elektronisch gesteuerten Fernraketen hoher Tragfähigkeit zu demonstrieren. Meine Reden und Äußerungen in Presse, Rundfunk und Fernsehen haben über den Rahmen der Deutschen Demokratischen Republik hinaus spürbare Resonanz gezeigt. Dazu hat die Wiedergabe meiner Stellungnahmen auch in westlichen Zeitungen und Zeitschriften mit beigetragen. In diesem Zusammenhang führte ich ebenfalls eine umfangreiche Korrespondenz mit einigen Unterzeichnern der Göttinger Erklärung und hatte einen Briefwechsel mit Frédéric Joliot-Curie, der in einer persönlichen Einladung zur Weltfriedenskonferenz in Stockholm 1958 gipfelte.

Als Anerkennung meiner steten Bemühungen im eigenen Land darf ich wohl die Auszeichnung mit der »Ernst-Moritz-Arndt-Medaille« des Nationalrates der Nationalen Front des demokratischen Deutschland im Dezember 1957 und mit der »Deutschen Friedensmedaille« im April 1957 sowie meine Wahl zum Mitglied des Deutschen Friedensrates werten.

Mit meinem öffentlichen Eintreten gegen den Atomkrieg und für die allgemeine Abrüstung handelte ich im Sinne meiner tiefen Überzeugung: Die Ergebnisse von Naturwissenschaften und Technik dürfen nur zum Wohl der Völker eingesetzt werden!

Als ich 1945 aus dem Munde von General Saweniagin zum ersten Male von den amerikanischen Atombombenabwürfen auf Hiroshima und Nagasaki gehört hatte, war mir mit Entsetzen klar geworden, welches Grauen über die Menschheit hereingebrochen wäre, wenn die faschistische deutsche Führung dieses Machtmittel zuerst in die Hand bekommen hätte. Ich habe bereits davon erzählt, daß ich in der Sowjetunion an der Entwicklung großtechnischer Verfahren zur Trennung der Uranisotope, die sowohl für die friedliche Nutzung zur Energiegewinnung als auch für die Atombewaffnung notwendig war, mitgearbeitet habe. Ich tat dies nach eingehenden Diskussionen mit verantwortlichen sowjetischen Politikern in der absoluten Gewißheit: Unsere Arbeit dient der Erhaltung des Weltfriedens. Ich habe mich hierbei nicht geirrt. Beweis ist die Tatsache, daß wir seither in Europa die längste Friedensperiode unseres Jahrhunderts haben erleben dürfen.

Ein Gespräch mit Otto Grotewohl

Auf Grund einer Rede vor dem Nationalrat hatte ich 1956 das erste eingehendere Gespräch mit dem damaligen Ministerpräsidenten unseres Staates, Otto Grotewohl. Der Gedanke, die Weltvorräte an Atomwaffen könnten auch für friedliche Zwecke ausgenutzt werden, interessierte ihn lebhaft.

Unsere Unterhaltung fand während einer festlichen Veranstaltung in Dresden statt. Nach den ersten Sätzen ergriff er meinen Arm und hakte sich unter. So durchquerten wir mehrere Male den Saal. Obwohl ich durch diese Geste ausgezeichnet werden sollte, fragte er vorher, ob mir solche Vertraulichkeit auch nicht unangenehm sei. Gerade durch diese liebenswürdige, feine Art, durch die menschliche Wärme seines Wesens hat Otto Grotewohl mich damals fester als durch Verträge mit unserem Staat verbunden. Später hatte ich noch oft Gelegenheit, mit ihm zu sprechen, bei meinen Bemühungen um die Gründung des Forschungsrates, auf der gemeinsamen Sechs-Länder-Reise im Januar 1959, im kleinen Kreis abends in seiner Wohnung in Berlin-Niederschönhausen, im Dresdner Klub und auf vielen Staatsempfängen. Niemals hat sich dabei das Bild meines ersten Eindrucks gewandelt. Auch die Frau des Ministerpräsidenten besaß diese seltene Gabe, die Herzen ihrer Mitmenschen sofort zu gewinnen.

Ein Fernrohr aus der Hand Galileo Galileis

Während der ersten Dresdner Jahre hatte ich einen sehr aufregenden Besuch. Kurz vor seinem Tod, dessen Nähe er wohl schon ahnte, kam Carlo Donaldini, der Sohn des früheren sächsischen Hofrats, Professor Ermengildo A. Donaldini, zu mir. Er war der letzte Nachkomme eines alten Florentiner Guelfengeschlechts. Zu meiner großen Freude bot er mir ein einzigartiges Kulturdokument aus dem Besitz seiner Familie zum Geschenk an, ein terrestrisches Fernrohr aus der Hand Galileo Galileis. Die Übersetzung der Signatur auf dem Rohr lautet: »Ich, Galileo Galilei, schrieb dies mit eigener Hand am 20. März 1629 zu Florenz.« Nachdem ich dieses für die Geschichte des Fernrohrs so wertvolle Gerät erhalten hatte, untersuchte ich die Bauweise sowie den Strahlengang und berichtete darüber in der Zeitschrift »Optik«.

Die Sternwarten Plattleite 27 und Zeppelinstraße 7

Ende 1956 ließ ich auf dem Institutsgelände an der Plattleite eine kleine Sternwarte mit drehbarer 4-m-Kuppel errichten, in der ein aus der Sowjetunion mit zurückgebrachter 20-cm-Zeiss-Refraktor aufgestellt wurde. Zehn Jahre später kam dann die in der Zeppelinstraße 7 am Elbhang gelegene größere Sternwarte mit 7-m-Kuppel und 25-cm-Zeiss-Refraktor hinzu, die vorzugsweise wissenschaftlichen Aufgaben diente. Die Betrachtung von Planeten, Kugelsternhaufen und der größeren Nebelflecke in Teleskopen dieser Abmessungen ist einer der besten Wege, um dem Menschen die gewaltigen Maßstäbe des Kosmos näherzubringen und ihn innere Bescheidenheit zu lehren.

Aus Dankbarkeit für die Hilfe der Stadt Dresden beim Aufbau des Instituts habe ich die kleinere Einrichtung für alle astronomisch interessierten Besucher zugänglich gemacht. Zehntausende, meist Schulkinder, haben hier im Laufe der Jahre unter Anleitung meines Mitarbeiters Kurt Monke die Schönheiten des nächtlichen Himmels kennengelernt. Im Innern der Kuppel sieht man eine künstliche Nachbildung des Wintersternenhimmels, die fluoresziert und alle mit bloßem menschlichen Auge sichtbaren Himmelskörper zeigt. Auf der schwarzen Kuppelinnenfläche mußten dafür insgesamt 2840 Sternnachbildungen mit photometrisch kontrollierten Helligkeitswerten und hoher Genauigkeit an den kartographisch richtigen Stellen befestigt werden. Da bei dieser Methode (wie bei der Malerei mit Fluoreszenzfarben) ein Kontrastumfang von mehr als 1000:1 möglich ist, entsteht ein einzigartig natürlicher Eindruck.

Dieses Ergebnis ermutigte mich, durch einen Kunstmaler Leuchtfarben-Lehrbilder ausgewählter astronomischer Objekte herstellen zu lassen und sie in der Sternwarte an der Plattleite aufzuhängen. Auf sechzehn Tafeln wird das, was man sonst im Teleskop zu sehen bekommt, so gut nachgeahmt, daß den Gästen auch bei bedecktem Himmel oder am Tage ein intensiver Eindruck von den Wundern des Firmaments vermittelt werden kann. Diese Bilder, deren Fluoreszenz durch eine kleine Standard-Quecksilberdampflampe mit Schwarzglaskolben und ultraviolettem Licht erregt wird, sind später auch als Lehrmittel in unseren Schulen verbreitet worden.

Ein »Sächsischer Kunstverein« mit neuen Zielen

Der mit uns bekannte Direktor der Dresdner Galerie »Neue Meister«, Herr Joachim Uhlitsch, hatte eines Tages von meiner Vorliebe für schöne Gemälde erfahren. Ich erzählte ihm von der Freundschaft meiner Großeltern mit Max Liebermann und ihrem engen Kontakt zu den Mitgliedern des vor der Jahrhundertwende sehr bekannten Düsseldorfer »Malkastens«, der damals den Anlaß für das »Effi Briest«-Schicksal meiner Großmutter Else von Ardenne lieferte.

So bat Joachim Uhlitsch mich eines Tages, den Vorsitz des »Vereins der Freunde der Galerie neue Meister« zu übernehmen. Diese Bitte erfüllte ich ihm gern. Der Verein setzt, angepaßt an die neuen, unserer sozialistischen Gesellschaft entsprechenden Ziele, einige Traditionen des früheren »Sächsischen Kunstvereins« fort. Seine Veranstaltungsreihe »Begegnung der Künste« hat einen festen Platz im kulturellen Leben der Stadt Dresden.

Gründung des »Dresdner Klubs«

Im Zusammenhang mit der Gründung der Kernphysikzentren und dem Aufbau neuer Industrien im Bezirk Dresden hatte die Regierung den Gedanken gefaßt, im ehemaligen Lingner-Schloß am rechten Elbhang einen Klub für die schöpferisch tätigen Geistesschaffenden ins Leben zu rufen. Im Juni 1955 richtete der damalige Oberbürgermeister der Stadt, Walter Weidauer, kurz nachdem der offizielle Auftrag aus Berlin eingetroffen war, die Bitte an mich, ihm Vorschläge für die Organisation des Klubs, die Verwendung der Räumlichkeiten im Lingner-Schloß sowie für besondere Einrichtungen zu unterbreiten. Meine Anregungen wurden dann nach Beratung mit den verschiedenen Interessengruppen in den wesentlichen Punkten akzeptiert. Im März 1957 erhielt ich den ehrenvollen Auftrag, den »Dresdner Klub« zu eröffnen.

Die Zusammenführung schöpferischer Menschen aus verschiedenen Fachgebieten

In meiner Eigenschaft als 1. Vorsitzender des Kuratoriums des Dresdner Klubs habe ich mich viele Jahre lang darum bemüht, durch Beratung und eigene Vorträge der Entwicklung dieses Unternehmens zu dienen. Auf ausdrücklichen Wunsch der Regierung sollte die Mitgliederzahl dieser Vereinigung begrenzt bleiben. Ihre berufliche Zusammensetzung unterschied sich vorteilhaft von so manchem Klub, den ich bis dahin kennengelernt hatte. Die verschiedenen Wissenschaftsgebiete waren durch zahlreiche bedeutende Persönlichkeiten aus der Technischen Universität, der Pädagogischen Hochschule, Institutionen der angewandten Kernphysik sowie der verschiedenen naturwissenschaftlich-technischen Forschungsinstitute und der Medizinischen Akademie Dresden vertreten. Viele Mitglieder gehörten der Industrie an. Diesem Kreis stand in harmonischer Ergänzung ein zweiter gegenüber, der Musiker, Schauspieler, Tänzer, Schriftsteller, Maler und Bildhauer umfaßte. Zu den beiden genannten, einander komplementären Gruppen gesellten sich als dritte Komponente Persönlichkeiten, die in der Politik, in der Volksarmee und im Staatsapparat tätig waren. Auf die Weise bot der Dresdner Klub die in unserem Zeitalter zunehmender Spezialisierung der Wissenschaften und Künste so wichtige Möglichkeit, durch Vorträge, Diskussionen und direkte Gespräche Querverbindungen zwischen den Vertretern der einzelnen Gebiete herzustellen. Aus dieser geistigen Wechselwirkung ergaben sich dann im Laufe der Zeit viele bedeutende Impulse, deren wirtschaftliche Auswirkungen die Investitionen für diese Einrichtung sicherlich weit übertroffen haben.

Höhepunkte des Klublebens waren zweifellos Veranstaltungen, für die wir so bekannte Persönlichkeiten gewinnen konnten wie den Vorsitzenden des Staatsrates Walter Ulbricht, die Mitglieder des Politbüros des Zentralkomitees der Sozialistischen Einheitspartei Deutschlands Professor Hager, Professor Albert Norden und Werner Krolikowski, den inzwischen verstorbenen Präsidenten der Volkskammer Professor Dr. Johannes Dieckmann, den jetzigen Präsidenten Gerald Götting, den damaligen Außenminister Dr. Lothar Bolz, den langjährigen Minister für Gesundheitswesen Max Sefrin, den Präsidenten des Nationalrates Professor Dr. Erich Correns, den Vorsitzenden des Rates des Bezirkes Manfred Scheler, den jetzigen Oberbürgermeister Gerhard Schill sowie die Professoren Theodor Brugsch, Werner Ludwig, Herrmann Henselmann und schließlich Dr. Hermann Rühle.

Die Zusammenführung schöpferischer Menschen aus Politik, Wirtschaft, Wissenschaft und Kunst, das sich daraus entwikkelnde Wissen um Arbeiten des anderen, führte zu einem viel besseren Verständnis manch aktueller Probleme.

Themen und Ziele der Klubveranstaltungen

Das Themenspektrum der Vorträge reichte von Studien über die Stadt der Zukunft, den Wiederaufbau Dresdens, die innere Gestaltung der neuen Semperoper, neue Lösungen medizinischer und technischer Probleme, bis zu Gesprächen mit dem Komponisten Werner Egk und zu aktuellen Fragen über die innen- oder außenpolitische Lage aus berufenem Munde.

Eine der ersten Vortrags- und Diskussions-Veranstaltungen im Dresdner Klub beschäftigte sich mit der Frage, wie der Nutzeffekt der hohen Staatsausgaben für Forschung und Entwicklung verbessert werden könne. Von ihr gingen starke Impulse aus, die zusammen mit anderen gleichgerichteten Bestrebungen bald darauf zur Gründung des Forschungsrates der Deutschen Demokratischen Republik durch den Ministerrat führten. Mit der Schaffung dieses Gremiums, das sich später zu einem hervorragenden Hilfsinstrument unserer Wirtschaftsführung entwickelte, wurden Bemühungen belohnt, deren Anfänge in den Herbst des Jahres 1956 zurückreichen. Seit damals hatte ich in Gesprächen mit der Leitung des Zentralen Amtes für Forschung und Technik, mit Walter Ulbricht, mit meinem früheren Kollegen aus Suchumi, Professor Dr. Thiessen, mit dem damaligen Präsidenten der Akademie der Wissenschaften Professor Dr. Vollmer, und schließlich in einem ausführlichen Schreiben an Ministerpräsident Otto Grotewohl immer wieder auf die Notwendigkeit solch eines wissenschaftlichen Beirates hingewiesen.

Berufung in den Forschungsrat

Unmittelbar nach seiner Gründung wurde ich im Juli 1957 in den Forschungsrat berufen. Als sein Mitglied konnte ich die Bildung des VEB Hochvakuum sowie der Zentralen Entwicklungsstelle für radiologische Technik und medizinische Elektronik in Dresden durchsetzen. Diese beiden Institutionen haben später kritische Lücken im Wirtschaftsgefüge unseres Staates ausgefüllt.

Der Vorsitz des Forschungsrates wurde Professor Dr. Thiessen übertragen, der damit eine gewaltige Verantwortung und Arbeitslast auf sich nahm. Er hat diese schwere Aufgabe bis 1965 mit großer Energie und Gewandtheit gemeistert. Dann trat Professor Dr. Max Steenbeck seine Nachfolge in diesem Amt an, unter dessen Leitung das erste Atomkraftwerk der DDR gebaut wurde.

Als beratendes Organ des Ministerrates ist der Forschungsrat für fast alle bedeutsamen Vorhaben der Deutschen Demokratischen Republik in Wissenschaft und Technik zuständig. Über die zentralen Arbeitskreise und Kommissionen kann er auf alle wichtigen Forschungs- und Entwicklungsprobleme Einfluß nehmen. Ich sehe es als eine wesentliche Bereicherung meines Lebens an, daß ich bei den Tagungen dieses Wissenschaftlerkollektivs regelmäßig mit den geistig führenden Persönlichkeiten der verschiedenen Fachsparten zusammenkam und mit ihnen über viele Fragen diskutieren durfte. Eine sehr harmonische Atmosphäre kennzeichnete alle unsere Sitzungen, Diskussionen und Gespräche. Fast stets herrschte reine Sachlichkeit. Man kannte nur das hohe gemeinsame Ziel und ordnete alles dem Willen zur gegenseitigen Hilfe unter.

Als gemeinsames Ziel stand vor uns, Wissenschaft und Forschung zum Wohle des Menschen einzusetzen. Unsere gesellschaftliche Umwelt, das Wirken dieses Gremiums im Sozialismus gaben mir die Garantie hierfür. Wissenschaft und Technik sind verbündet mit einem System, dessen höchstes Bestreben die Erhaltung des Friedens und die Durchsetzung humanistischer Entwicklung ist. Das war Grundlage und Sicherung auch meines glücklichen Lebens für Technik und Forschung.

Besuch von Professor Jemeljanow

Im Februar 1957 hatten wir die Freude, Professor Wassili Jemeljanow zusammen mit einigen führenden sowjetischen Wissenschaftlern und sowjetischen Kollegen aus der Suchumi-Zeit das erste Mal auf dem Weißen Hirsch zu empfangen. Die Gäste besichtigten das Institut und seine Einrichtungen mit großem Interesse. Dieses Zusammensein, das sich bis spät in die Nacht hinein ausdehnte, hat unsere langjährigen freundschaftlichen Beziehungen zu Professor Jemeljanow noch mehr vertieft. Als Minister für die friedliche Anwendung der Atomenergie, als Delegationsleiter auf den Genfer Konferenzen und bei der internationalen Atombehörde in Wien hat dieser weltgewandte und sympathische Wissenschaftler sehr viel für die Sowjetunion getan. Mit innerer Anteilnahme folgten wir damals den Worten dieses bedeutenden und doch so bescheidenen, gütigen Mannes über die Aussichten der Weltabrüstung.

1935 war Professor Jemeljanow der Aufbau des ersten Elektro-Stahl-Werkes der Sowjetunion in Tscheljabinsk übertragen worden. Sein Wirken in dieser Stadt an den Osthängen des Südurals und sein Beitrag zur Konstruktion des bekannten sowjetischen Panzers T 34 während des Zweiten Weltkrieges sind von geschichtlicher Bedeutung.

Der verschluckbare Intestinalsender

Die Fortschritte der Transistortechnik erlaubten mir 1956, den verschluckbaren Intestinalsender, auch Endoradiosonde genannt, zu konzipieren. Das ist ein frequenzmodulierter Sender in Mikrobauweise, der aus der Speiseröhre, dem Magen oder dem Darmtrakt für die ärztliche Diagnostik wichtige Meßwerte an einen außerhalb des Körpers installierten Meßempfänger signalisiert. Auf diese Weise können die örtlichen Druck-, Säure- und Temperaturwerte bei der Passage der Senderpille durch den Körper gemessen werden. Um bei Anwendung der Radiopille schnell einen umfassenden Einblick in die physiologisch bedingten und sehr charakteristischen Schwankungen dieser Werte zu erhalten, hatte ich den Empfänger gleich als Registrierapparat mit direkter Schreibung der Meßwertgruppen entwickelt.

Mein medizinischer Partner bei diesen Bemühungen, der Chef der Chirurgischen Klinik in Dresden-Johannstadt und Mitglied des Senats der Medizinischen Akademie »Carl Gustav Carus«, Professor Dr. med. H. B. Sprung, den ich durch den Dresdner Klub kennen gelernt hatte, probierte das neue Diagnosegerät sofort in zahlreichen Versuchen unter variierten Bedingungen aus. Die Ergebnisse veröffentlichten wir unmittelbar danach gemeinsam. Unsere Arbeiten gehören zu den ersten Mitteilungen über die nach dieser Methode kenntlich gewordenen typischen Erscheinungen in der Speiseröhre sowie im Magen- und Darmtrakt. Mit dem Bau des verschluckbaren Intestinalsenders erhielt die Innere Medizin ein neues Hilfsmittel für die Funktionsprüfung des gesunden und kranken Körpers in den genannten Bereichen und zum Beispiel für das Studium der Säurereste in Abhängigkeit von Ernährung, Medikamenten, Zeit und Ort im Intestinaltrakt. Als äußere Anerkennung für die Erfindung der Endoradiosonde übertrug man mir auf der 2. Internationalen Konferenz für medizinische Elektronik in Paris 1959 die Leitung der Sitzung, in der dieses Thema behandelt wurde.

Der Kontakt zur Medizin vertieft sich

Diese Forschungen vertieften meinen schon seit 1934 (Röntgenbildwandler 1934, Elektronenmikroskopie 1937, Isotopenmethoden!) bestehenden Kontakt zur Medizin weiter, und zwar nunmehr besonders zu dem schnell wachsenden Gebiet der medizinischen Elektronik beziehungsweise biomedizinischen Technik. Hier trat unser Institut seitdem mit zahlreichen Entwicklungen an die Öffentlichkeit: elektronische Geräte und Anlagen zur Patientenüberwachung, Herz-Lungen-Maschinen für die Herzchirurgiezentren der Deutschen Demokratischen Republik, Stationen mit extrakorporalem Kreislauf zur Rettung aus schweren Krisen, Ultraschall-Diagnostik-Anlagen, Krebs-Therapie-Anlagen und vieles andere mehr.

Eine neue Forschungsmethode: Die EA-Massenspektrographie

In der Sowjetunion hatten wir in den letzten Jahren zwei Präzisions-Massenspektrographen für hohes Auflösungsvermögen geschaffen. Die dabei gesammelten Erfahrungen halfen mir unmittelbar nach der Rückkehr, als ich mit den Arbeiten an einem Elektronen-Anlagerungs-Massenspektrographen für die Molekulargewichtsbestimmung vielatomiger Moleküle begann. Im Gegensatz zu den bis dahin gebauten Präzisions-Massenspektrographen kam bei diesem Gerät die Erzeugung der Ionen nicht durch Elektronenstoß, sondern durch den sanfteren Vorgang einer Anlagerung von negativen Ladungsträgern (Elektronen, negative Ionen) sehr kleiner kinetischer Energie zustande. Bei einer Ionisierung solcher Art erhält man nicht positive, sondern negative Ionen, und es unterbleibt in der Regel die Aufsplitterung der zu untersuchenden Moleküle in viele Bruchstücke kleiner Masse.

Frühere tastende Vorstöße in dieser Richtung im Ausland waren an der sehr geringen Ausbeute der genannten Ionisierungsmethode gescheitert. Durch die Entwicklung der Ionenquelle für die Anlagerung negativer Ladungsträger mit ihrer um viele Größenordnungen höheren Effektivität wurde das Gebiet neu erschlossen.

Für die präzise Molekulargewichtsbestimmung vielatomiger organischer Moleküle, für die Untersuchung von Gemischen verschiedener Arten von Molekülen (zum Beispiel von Ölen), für die Analyse von bekannten oder unbekannten Naturstoffen, für die Abschätzung der Bindungskräfte zwischen den Atomen solcher Moleküle hat die Elektronen-Anlagerungs-Massenspektrographie als Forschungsmethode heute große Bedeutung gewonnen. 1968 wurde sie für die Feinanalyse von Körperflüssigkeiten und der chemischen Zusammensetzung von Zellmembranen (Lipidspektren) eingesetzt. Sie eröffnete der medizinischen und biochemischen Forschung sowie einigen speziellen Sparten der medizinischen Diagnostik und Therapie neue Möglichkeiten. Unter anderem fanden wir große Unterschiede zwischen den Spektren der Membranlipide von Krebszellen und Normalzellen. 1971 faßte ich diese Arbeiten mit Dr. K. Steinfelder und Dr. R. Tümmler in einem Buch zusammen.

»*Honoris causa*«

Im September 1958 wurde ich – völlig überraschend – für die Erschließung der EA-Massenspektrographie und für die Erfindung des Röntgenstrahlen-Schattenmikroskops 1939 von der Mathematisch-Naturwissenschaftlichen Fakultät der Universität Greifswald mit der Verleihung des Doktortitels »honoris causa« ausgezeichnet. Die würdige Feier im Auditorium maximum der Greifswalder Universität fand bei meiner Rückkehr ihre heitere Ergänzung durch eine Begrüßungszeremonie, an der sich alle Mitarbeiter des Dresdner Instituts beteiligten.

Tages Arbeit, abends Gäste…

Auch auf dem Weißen Hirsch sind wir der Gewohnheit vorausgegangener Jahre treu geblieben, die ernste Arbeit ab und zu durch heitere Festlichkeiten zu unterbrechen. Bei solchen zwanglosen Zusammenkünften verwandelte sich gelegentlich das optische Laboratorium des Instituts für die Dauer einer Nacht in ein türkisches Zimmer mit den letzten Finessen orientalischer Lebensweise.

Viele der neu hinzugekommenen Dresdner Freunde trugen manches Mal durch geistvoll-humoristische Reden, kleine gesangliche oder schauspielerische Einlagen zur Steigerung der Stimmung der anderen Gäste bei. An eine kleine Episode von einem Beisammensein, für das wir keine Kostümierung vereinbart hatten, denke ich mit leichtem Schmunzeln. Im feierlichen schwarzen Anzug erschien die Magnifizenz der Technischen Hochschule Dresden, der spätere Präsident der Kammer der Technik, unser Freund Horst Peschel. Bei der Begrüßung der Hausfrau schien ein unbekanntes Ereignis ihn seelisch zu erschüttern. Zur Überraschung der Gastgeber erklärte er, unbedingt noch einmal nach Hause zurückfahren zu müssen, und eilte die Treppe wieder hinunter. Wir stürzten ihm nach und erfuhren nun endlich die wahre Ursache seines seltsamen Benehmens. Seine Magnifizenz hatte bei der Verbeugung vor der Hausfrau bemerkt, daß er noch die häuslichen Filzpantoffeln trug. Glücklicherweise hatte er die gleiche Schuhnummer wie ich, und so konnte schnelle Hilfe gewährt werden.

Nationalpreis 1. Klasse

Am 7. Oktober 1958 erhielt ich die höchste wissenschaftliche Auszeichnung unseres Staates, den Nationalpreis 1. Klasse »für wissenschaftliche Leistungen bei der Entwicklung der Wissenschaft in der Deutschen Demokratischen Republik und für bahnbrechende Arbeiten auf dem Gebiet der Elektronen- und Ionenphysik sowie der Hochfrequenztechnik und für umfangreiche Beiträge in der Literatur der Kernphysik«. Die Freude bei meiner Familie und mir war natürlich riesengroß. Ich war glücklich über diese Auszeichnung, die mir zuteil wurde. Außerdem ermöglichte mir die mit dem Nationalpreis verbundene beträchtliche Summe, ein weiteres Nachbargrundstück zu kaufen und durch Ausbau des dazugehörigen Gebäudes unser Institut um einiges zu erweitern.

Studentische Ehrung

Kurz vor Weihnachten hatte ich in Meißen eine etwas ungewöhnliche Begegnung, die damals in dem engen Gäßchen, das vom alten Marktplatz zum Dom emporführt, erhebliches Aufsehen erregte. Nach Erledigung einiger geschäftlicher Dinge war ich mit meiner Sekretärin vor der Rückfahrt nach Dresden in eine Milchbar gegangen, die in der besagten kleinen Gasse liegt, um einige Erfrischungen zu bestellen. Plötzlich sah ich außen am Fenster einen jungen Mann mit bunter Papiermütze, der einen ebenso herausgeputzten Begleiter auf uns aufmerksam machte. Wenige Sekunden später waren es etwa hundert junge Leute, die uns durch das Fenster anstarrten. Dann drang eine Gruppe von ihnen in die Bar ein. Hintergründig schmunzelnd, denn meine Begleiterin war eine hübsche junge Dame, wurde mir eröffnet: »Herr Professor, Sie sind erkannt! Studenten der Dresdner Technischen Hochschule laden Sie zur Teilnahme an der Semester-Abschlußfeier im Meißner Burgkeller ein.«

Leider mußte ich dieses Angebot wegen anderer Verpflichtungen ablehnen, aber genügend vertraut mit studentischen Gedankengängen bei solchen Anlässen, schob ich dem Sprecher einige Geldscheine unter seinen Papierhut zum besseren Gelingen des Festes. Kaum war das geschehen, erklang in der kleinen Straße aus hundert Kehlen ein dreifaches »Hoch soll er leben«. Der Chorgesang in und vor der Milchbar ging dann über in »Gaudeamus igitur« und wurde mit einigen anderen alten Studentenliedern fortgesetzt. Schließlich verschwand die fröhliche Sängerschar in Richtung Meißner Dom. Fast konnte man sich in längst vergangene Zeiten studentischer Romantik zurückversetzt fühlen.

Schönes altes Meißen mit den verwinkelten engen Gäßchen, den vielhundertjährigen Bauten und dem alles beherrschenden Dom hoch über der Elbe! Welch ein Glück, daß die Bombergeschwader des Zweiten Weltkriegs an dieser malerischen Stadt vorbeigeflogen sind!

Einladung zur großen Reise

Im Herbst 1958 kam für mich ein völlig überraschender Anruf: Der damalige Stellvertretende Ministerpräsident und Minister für Auswärtige Angelegenheiten, Dr. Lothar Bolz, fragte mich im Auftrag von Otto Grotewohl und Walter Ulbricht, ob ich bereit sei, als Mitglied der Regierungsdelegation an einer Reise des Ministerpräsidenten nach China teilzunehmen. Die Route würde über Ägypten, Syrien, Irak, Indien und Vietnam mit Zwischenaufenthalten von fünf bis zehn Tagen in den jeweiligen Ländern führen.

In einem abendlichen Gespräch mit meiner Frau wurde mir klar, wie reich mich das Leben bisher beschenkt hatte. Brachte doch seit Jahrzehnten fast jeder neue Tag aufregende Arbeitsergebnisse, Begegnungen mit bedeutenden Menschen, reizvolle Ereignisse in der privaten Sphäre. – Ich freute mich über das außergewöhnliche Angebot zu dieser großen Reise sehr.

Zweites Kapitel

Die große Reise

Ein kleines rosa Glücksschwein

Wenige Minuten vor der Abfahrt betrat ich noch einmal kurz mein Arbeitszimmer. Dabei entdeckte ich ein kleines rosa Glücksschweinchen auf meinem Schreibtisch. Die sofort eingeleiteten Erkundigungen nach dem aufmerksamen Spender blieben ohne Ergebnis. Besonders energisch bestritten meine beiden Sekretärinnen, in diesem Fall Initiative entwickelt zu haben, wobei aber jede die andere in Verdacht hatte. Schließlich stellte sich heraus, unser zweieinhalbjähriger Sohn Hubertus hatte den Talisman, der seinen Spielsachen entstammte, auf meinen Schreibtisch gelegt, als er wieder einmal Lutschbonbons aus der ihm wohlvertrauten rechten Schreibtischschublade stibitzte. So hat dann auch die weite Reise bis zu ihrem Ende unter einem glücklichen Zeichen gestanden.

Feierliche Verabschiedung

Nach einer Besprechung beim Ministerpräsidenten Otto Grotewohl über die politischen Ziele und die Aufgaben der einzelnen Mitglieder starteten wir am 4. Januar 1959 in früher Morgenstunde. Zur Regierungsdelegation gehörten Ministerpräsident Otto Grotewohl, der Stellvertretende Ministerpräsident und Außenminister Dr. Lothar Bolz, der Stellvertreter des Außenministers Sepp Schwab, der Stellvertreter des Ministers für Innen- und Außenhandel Gerhard Weiß und ich. Hinzu kamen noch achtundzwanzig Begleitpersonen (Chef des Protokolls, Botschaftsräte, Reporter von Presse, Fernsehen, Film und Funk, Sekretäre, Sicherheitsbeauftragte und so weiter).

Ehe sich der große Vogel, eine sowjetische TU 104 mit zwei Düsentriebwerken, in die Luft hob, fand eine Verabschiedung mit Ehrenkompanie und Musikkapelle statt, die im Licht der Scheinwerfer besonders feierlich wirkte. Der damalige Erste Stellvertreter des Ministerpräsidenten, Walter Ulbricht, viele

Mitglieder des Ministerrats und der Leitung des Staatsapparats sowie das diplomatische Korps hatten sich eingefunden und gaben uns ihre besten Wünsche mit auf den Weg.

Achtundzwanzig Tage dauerte diese Reise. Fünfundzwanzigtausend Kilometer waren es – und unzählige Menschen, Gesichter, Eindrücke, Erschütterungen, Tatsachen, Freuden und Hoffnungen, die jeden Reisetag bis zum Rand ausfüllten.

Aus meinem Reise-Tagebuch

Ich entnehme meinem Tagebuch:

4. Januar.
Zwischenlandung in Budapest. Nachmittags afrikanische Küste, bald darauf Kairo. Auf dem Flughafen wird der Ministerpräsident mit militärischen Ehren von Vertretern der Regierung, den Diplomaten der befreundeten Länder und den Mitgliedern unserer Vertretung begrüßt, ein würdiger, aber zeitraubender Vorgang. Nasser gibt unserer Delegation im Kubbeh-Palast ein Abendessen. Hohe Auszeichnungen für unsere Delegation. Ich selbst wurde durch die Verleihung des Großkreuzes des Verdienstordens mit Band überrascht.

Gespräch mit dem Vizepräsidenten und Verteidigungsminister.

5./6. Januar.
Abstecher nach Port Said und El Ismailiya. Ägyptisches Museum. Cheopspyramide von Gizeh. Ich referiere vor Naturwissenschaftlern und Mitgliedern der ägyptischen Atomenergie-Kommission.

7. Januar.
Kurzer Aufenthalt in Damaskus. Essen mit dem Staatspräsidenten.

8.–11. Januar.
Vier Tage in Bagdad. Unterredung mit dem irakischen Ministerpräsidenten. Begeistertes Volk und herzlicher Empfang. Besichtigung einer Klinik. Vortrag vor Wissenschaftlern und Mitgliedern der irakischen Atomenergie-Kommission. Besuch in Babylon.

12. Januar.
Neu-Delhi. Wohnen im Palast des Maharadschas von Haiderabad. Nachmittags auf Einladung Professor Kotharis Vortrag vor Naturwissenschaftlern der Delhi-Universität. Abendessen im kleinen Kreis bei Premierminister Nehru. Unterhaltung mit Frau Indira Gandhi, der Tochter Nehrus, die mich durch ihre klugen Gedanken und ihr sicheres politisches Urteil sehr beeindruckte.

13. Januar.
Vorlesung im National Physical Laboratory auf Einladung Professor Krishnans. Wichtige Kontakte zu maßgebenden Wissenschaftlern. Empfang im »Ashoka-Hotel« mit Nehru. Atompolitisches Gespräch mit Verteidigungsminister Menon.

14. Januar.
Agra. Beim Grabmahl Tadsch Mahal und in Kaiser Akkars »Rotem Fort«. Bauweise und Bäder eines Harems besichtigt.

15. Januar.
Am Vormittag Fahrt zum Bhakra-Staudamm am Himalaja. Er dient sowohl der Energiegewinnung als auch der Bewässerung weiter Landstriche der Provinz Pandschab. Eines der größten wirtschaftlichen Unternehmen gegenwärtig in Indien. Mittagessen mit Ministern der Provinz Pandschab. Nachmittags nach Chandigarh. Le Corbusier demonstriert an dieser Stadt die Prinzipien moderner Städteplanung.

16. Januar.
Wieder in Neu-Delhi. Besuch beim indischen Staatspräsidenten Prasad. Nachmittags Empfang durch ein Bürgerkomitee von Neu-Delhi, etwa tausendzweihundert Personen. Abends Flug nach Kalkutta. Mitternächtliche Fahrt durch die Straßen. Indien des Elends und der Hungersnöte: Zu Hunderten liegen die Menschen in Decken gehüllt auf den Straßen und schlafen.

17. Januar.
Bei Sonnenaufgang nach Hanoi, der Hauptstadt der Demokratischen Republik Vietnam. Überschäumende Begeisterung beim Empfang. Wohnen im Palais des Staatspräsidenten Ho Chi-minh. In der herzlichen inneren Grundstimmung spiegeln sich die Ge-

meinsamkeit der Ziele, die freundschaftliche Verbundenheit aller Mitglieder der sozialistischen Völkerfamilie. Ho Chi-minh, Ministerpräsident Pham Van-dong und die anderen Minister sind Menschen mit ungezwungenem, offenem Wesen, mit denen sofort warmer menschlicher Kontakt entsteht. Abends Vorstellung im Stadttheater von Hanoi.

18. Januar.
Große Kundgebung mit der Bevölkerung Hanois. Stadtbummel. Besichtigung von zwei Pagoden.

19. Januar.
Fahrt zur größten Hafenstadt Haiphong. Tropische Vegetation, bizarre Berge, Bananenplantagen und Reisfelder. Begeisterung beim Besuch einer Schule für fünfhundert Mädchen aus Südvietnam. Mittagessen beim Oberbürgermeister. Gespräche mit einer Gruppe von Spezialisten aus der DDR, die hier beim Aufbau der Werftindustrie und einer Glasfabrik mitarbeiten.

20. Januar.
Mein Geburtstag. Unsere ganze Reisegesellschaft bringt mir Liebenswürdigkeiten entgegen. Ministerpräsident Pham van Dong macht mir Geschenke. Vor allem aber überrascht mich Staatspräsident Ho Chi-minh mit dem größten Strauß, den ich je erhielt: 200 der schönsten roten Rosen.

Hier möchte ich meine Tagebuchaufzeichnungen einmal unterbrechen, um einige Impressionen über Ho Chi-minh wiederzugeben.

»Aber der Duft der Rose strömt in die Tiefen des Gefängnisses und belehrt die Häftlinge über Unrecht und Leid im Leben.«

Diese zwei Zeilen aus den Gedichten in seinem Gefängnistagebuch haben seit damals eine besondere Bedeutung für mich. Ho Chi-minh gehörte zu den seltenen Ausnahmemenschen, die angesichts der Not unserer Mitmenschen ihre Empfindungen in dichterische Sprache und ihre Einsicht in politische Wirksamkeit umzusetzen vermögen.

Er fragte mich nach meiner Familie und wollte wissen, ob ich schon Enkel habe. Ich wußte, daß er kinderlos war, aber eine ganz besondere Beziehung zu Kindern hatte, wie ja überhaupt für die Vietnamesen die Familie eine sehr große Bedeutung besitzt. Das drückt sich sowohl in der überall spürbaren Liebe zu den Kleinen als auch in der hohen Achtung vor alten Menschen aus. Nirgendwo anders habe ich das so stark empfunden wie in Hanoi.

Man hat mir erzählt, daß Ho Chi-minh nach der Unabhängigkeitserklärung im Jahr 1945 als Staatschef nicht etwa einen Appell an die Parteimitglieder, an die Soldaten oder an die Bürger, sondern an die Kinder des Landes gerichtet hat. Er sprach als Onkel Ho zu ihnen und schloß mit den Worten: »In diesem Jahr habe ich euch nichts anzubieten. Ich kann euch nur meine herzlichsten Küsse geben.«

Der erste Eindruck von ihm war: Liebenswürdigkeit, Höflichkeit, Zuvorkommenheit. Als Ho Chi-minh dann von Lenin sprach, wirkte er gespannter. Minuten später, als der Name Gandhi fiel, glaubte ich, er habe von beiden etwas: von Lenin und von Gandhi. Ho Chi-minh vertrat die Ansicht, Menschen machen die Geschichte. Es fiel mir auf: Er sagte nicht »Männer«, sondern »Menschen«. Schwer zu sagen, ob er sich bei dieser Äußerung bewußt war, daß er zu den Großen der Welt zählt. Die Art wie er sprach, leise, ohne Pathos, hinerließ eher das Gefühl, er halte andere für bedeutend, weniger sich selbst. Empfand ich die Art, wie er sein Gegenüber ansieht, im ersten Augenblick als mild, so faszinierte mich bald der Wechsel im Ausdruck seiner Augen. Milde wechselte mit Härte, je nachdem, wovon er sprach. Hinter der Intelligenz seines Gesichtsausdrucks spürte man Weichheit, Toleranz, Weisheit. Seine eindrucksvolle Stirn und seine auffälligen, fast wild wirkenden weißen Haare machten ihn zu einer unverwechselbaren Erscheinung. Das, was ihn charakterisiert, würde ich zusammenfassend in einem Wort ausdrücken: Güte.

Natürlich sprachen wir von dem Leid seines Volkes. Der Eindruck, den ich aus diesem Teil des Gespräches mitnahm, hat sich in mir im Lauf der Jahre zur Gewißheit verdichtet: Das Volk liebte ihn, weil er das Volk liebte.

Doch weiter in meinem Tagebuch:

21. Januar.

Besuch in einem Krankenhaus und einer Oberschule, die teilweise mit Hilfe der Deutschen Demokratischen Republik eingerichtet worden ist. Feierliche Unterzeichnung des gemeinsamen Kommuniqués.

22. Januar.
Nach großer Verabschiedungszeremonie Start zum Flug nach Peking.

Nachmittags Empfang in der chinesischen Hauptstadt mit Fahnen, Blumen, Trommelwirbeln, Hochrufen, Händeklatschen, Militärmusik, Ehrenkompanie, Begrüßungsreden. Abendessen im kleinsten Kreis zu Ehren unserer Delegation bei Ministerpräsident Tschou En-lai. Großes Essen und feierliche Zeremonie.

23. Januar.
Nachmittags mehrstündige Verhandlung zwischen unserer und einer chinesischen Regierungsdelegation unter dem Vorsitz von Tschou En-lai. Abends Staatsbankett im modernen »Peking-Hotel«. Gespräch mit dem Oberbürgermeister über den französischen Architekten Le Corbusier und die Städte der Zukunft.

24. Januar.
Vormittags auf Einladung von Minister Professor Tschien Sandschen, Direktor des Forschungsinstituts für Atomenergie bei der Akademie der Wissenschaften Chinas, Vortrag vor etwa hundertzwanzig Wissenschaftlern. Die anschließende Diskussion zeigt ein sehr hohes Niveau der leitenden Wissenschaftler, unter denen sich langjährige Schüler von Professor Rutherford (Cambridge), Professor Joliot-Curie (Paris), Professor Bothe (Heidelberg) und Professor Hoffmann (Halle) befinden. Rundgang durch die verschiedenen Gebäude des chinesischen Forschungszentrums für Atomenergie. Ungezählte junge Wissenschaftler und ihre Helfer bevölkern Gebäude und Gelände. Es ist wie der Blick auf einen Ameisenhaufen. (Wahrscheinlich bin ich einer der letzten europäischen Wissenschaftler gewesen, der dieses Forschungszentrum sehen durfte.) Nachmittags Großkundgebung im Pekinger Sportpalast zu Ehren unserer Regierungsdelegation. Programm mit Tanz, Gesang und artistischen Vorführungen.

25. Januar.
Absoluter Ruhetag. Stadtbummel durch das alte Peking. Blick in

die »verbotene Stadt«, den Winteraufenthalt der früheren chinesischen Kaiser. Einkauf von Geschenken.

26. Januar.
Vormittags Vertretung unseres Ministerpräsidenten bei der Besichtigung der ersten Pekinger Werkzeugmaschinenfabrik. Nachmittags in einer Landwirtschaftsausstellung und Empfang beim indischen Botschafter in Peking aus Anlaß des zehnten Jahrestages der Befreiung Indiens.

27. Januar.
Besprechung beim Vorsitzenden der Volksrepublik China, Mao Tse-tung, in seinem Amtssitz. Aus allen Worten von chinesischer Seite klingt eine enge Verbundenheit zur Sowjetunion heraus. (Nichts deutete die später auftretenden Differenzen und den schließlich offenen Bruch der chinesischen Führer um Mao Tse-tung mit der kommunistischen Weltbewegung an.)

28. Januar.
Besuch des außerhalb Pekings dicht vor den Bergen gelegenen Sommerpalastes der früheren chinesischen Kaiser. Am Nachmittag auf Einladung des chinesischen Ministeriums für Gesundheitswesen im Forschungsinstitut für Medizin der Akademie der Wissenschaften Vortrag über medizinische Elektronik. Anschließend Empfang in unserer Botschaft. Außenminister Dr. Bolz und ich abends in einem Pekinger Theater: Dialoge, Gesänge, artistische Einlagen, buntfarbige Masken und Kostüme, fremdländischer Lärm einer Viermannkapelle.

29. Januar.
Abschiedszeremonie mit Ehrenkompanie. Flug über die Chinesische Mauer, die Wüste Gobi, die Transsibirische Eisenbahnlinie und den zugefrorenen Baikalsee. Nach Zwischenlandungen in Irkutsk und Omsk gegen 15.00 Uhr in Moskau. Gefährliche Landung bei kräftigem Schneetreiben und böigem Wind.

30. Januar.
Abfassung des Reiseberichtes und Abschlußbesprechung bei Ministerpräsident Otto Grotewohl, an der auch Walter Ulbricht und Heinrich Rau teilnehmen.

31. Januar.
Letzter Reisetag. Um 12.00 Uhr Moskauer Zeit startet unser Flugzeug. Nur Otto Grotewohl bleibt mit seiner Frau in der Sowjetunion, um am XXI. Parteitag der KPdSU teilzunehmen. Am späten Nachmittag erreichen wir Berlin. Glückliches Wiedersehen nach einmonatiger Trennung. –

Diese Sechsländerreise des damaligen Vorsitzenden unseres Ministerrates, Otto Grotewohl, hat wesentlich zur Erhöhung des politischen Ansehens der Deutschen Demokratischen Republik auf internationaler Ebene beigetragen. Sie war ein erster und lange nachwirkender Schritt auf dem Weg zur Durchsetzung der allgemeinen diplomatischen Anerkennung unseres Staates.

Drittes Kapitel

Für die Deutsche Demokratische Republik

Überspringen einer Entwicklungsstufe der Vakuummetallurgie

Im Januar 1959, noch während unserer Reise, konzipierte ich die technische Lösung eines vakuummetallurgischen Verfahrens, bei dem die Metalle im Hochvakuum mit Hilfe eines in einer getrennten Kammer erzeugten Elektronenstrahles sehr hoher Leistung geschmolzen, entgast und gereinigt werden. Durch diese Konzeption wurde eine Entwicklungsstufe (Vakuum-Lichtbogenofen) erfolgreich übersprungen, für die besonders in den westlichen Ländern viel investiert worden war.

Von der wissenschaftlichen Planung bis zur Betriebsbereitschaft der ersten Großanlage (30- beziehungsweise 60-kW-Type) verging nur eine Zeit von sieben Monaten. Das hohe Tempo war möglich, weil eine völlig unbürokratische Leitungsmethode nach Art der schon früher erwähnten Technischen Sowjets angewandt und zur Lösung spezieller Probleme eine überbetriebliche Arbeitsgemeinschaft gebildet wurde. Bei dieser Form des Zusammenwirkens bemüht sich jeder Partner, die von seinem Werk oder seinem Institut übernommene Teilaufgabe im Interesse des Staates so schnell und so gut wie möglich zu lösen.

Der Elektronenstrahl-Mehrkammerofen

Im Oktober 1959 nahm der erste Elektronenstrahl-Mehrkammerofen in unserem Institut die Arbeit auf. Später wurden von uns Großanlagen mit 14 m Ofenhöhe und 1200-kW-Elektronenstrahlern konstruiert und gemeinsam mit dem VEB LEW Hans Beimler in Hennigsdorf gebaut. Sie schmelzen und entgasen Stahlblöcke bis zu 20 Tonnen. Einer der Öfen prägte das Vakuumstahlwerk im Edelstahlwerk Freital bei Dresden und ist seit 1966 mit hohem Zeitausnutzungsfaktor laufend in Betrieb.

Die Entwicklung des Elektronenstrahl-Mehrkammerofen-Verfahrens wurde 1965 mit dem Nationalpreis II. Klasse ausgezeichnet und ist dank der Tüchtigkeit meines heutigen ersten

Stellvertreters, Dr. Siegfried Schiller, und weiterer inzwischen herangewachsener jüngerer Mitarbeiter (Diplomphysiker Peter Lenk, die leitenden Konstrukteure Gerhard Jäger, Winfried Kunack, Manfred Pöhler und andere) zu einem großen ökonomischen und politischen Erfolg unserer wissenschaftlichen Arbeit geworden.

Das Mehrkammerofen-Verfahren gewinnt politische Bedeutung

In einem politisch kritischen Augenblick wurde die Deutsche Demokratische Republik durch dieses Verfahren bei zahlreichen wichtigen Sondermetallen unabhängig von der Einfuhr aus westlichen Ländern. Für einige Spezialsorten verwandelten wir uns sogar vom Importeur zum Exporteur. Analysen des Eisen-Forschungsinstituts bewiesen, daß die mit den neuen Anlagen geschmolzenen Sonderstähle wesentlich höhere Festigkeitseigenschaften besaßen als die besten Schwedenstähle. In einer Rede, die der Vorsitzende des Staatsrates kurz nach Besichtigung unseres Ofens im Edelstahlwerk Freital auf dem 17. Plenum des Zentralkomitees der Sozialistischen Einheitspartei Deutschlands hielt, würdigte er die Bedeutung der von uns geschaffenen Möglichkeit zur Erzeugung hochwertigsten Stahles für die Friedenspolitik der Deutschen Demokratischen Republik.

Auf Grund unseres Vorsprungs bestand die Chance, dem Staat durch Export der Mehrkammeröfen große Devisengewinne zu verschaffen. Als es dem zuständigen Minister in Moskau nicht gelang, Aufträge dafür mitzubringen, lud ich den führenden sowjetischen Metallurgen, Professor Samarin, zu einem Besuch ein. Die Eindrücke, die er bei der Besichtigung der Anlage während eines Schmelzprozesses gewann, führten dazu, daß eine in der Sowjetunion begonnene, aber noch nicht so weit gediehene Entwicklung abgestoppt und der Deutschen Demokratischen Republik ein Auftrag in der Hundertmillionen-Mark-Größenordnung erteilt wurde. Im Zusammenhang mit diesen Ereignissen entstand im Hennigsdorfer Werk »Hans Beimler« ein Produktionsschwerpunkt. Ein Teil des Werkes ging von der Diesel-Lokomotiven-Produktion zur Fertigung unserer Mehrkammeröfen über. Noch heute ist mir die freudige Reaktion der Hennigsdorfer Arbeiter in Erinnerung, als ich sie in der großen Werkhalle über die besondere Bedeutung ihres tatkräftigen Einsatzes bei der Fertigstellung der vielen Elektronenstrahl-Mehrkammeröfen für unsere Volkswirtschaft ausführlich informierte.

Pressenotiz als Anregung

Ende 1959 brachte die gesamte Weltpresse eine wahrhaft sensationelle Meldung: »Bei der Explosion eines Düsenflugzeuges in der Luft ist ein Pilot (ohne Fallschirm) herausgeschleudert worden und hat das unwahrscheinliche Glück gehabt, in einen großen Heuhaufen zu stürzen. Die Folge seines Aufpralls ist nur ein Beinbruch gewesen«.

Mit diesem ungewöhnlichen Vorfall hatte die Natur selbst den Weg zur Lösung eines der großen technischen Probleme unserer Tage gewiesen: die konstruktive Gestaltung von Schnellverkehrsmitteln mit großer Fahrsicherheit für die Insassen. Der Fall des Fliegers zeigte mir damals, es gibt Bremsstoffe und Bedingungen, die auf einem Bremsweg in der Größenordnung von einem Meter die völlige Abbremsung eines mit mehreren hundert Kilometern pro Stunde bewegten menschlichen Körpers erlauben, ohne durch den Bremsvorgang kritische Körperverletzungen hervorzurufen.

Die Entwicklung des »Sicherheitsautos«

Bei der erschreckend hohen und ständig wachsenden Zahl von Unfallopfern regte die Pressenotiz mich an, den Bau von Sicherheitsautos, das heißt von Kraftfahrzeugen mit »innerem Bremsweg«, vorzuschlagen und gemeinsam mit meinem Mitarbeiter Dr. Siegfried Panzer in mehrjährigen Untersuchungen die Entwicklung energieverzehrender Bremsstoffe, Blechteile, Sicherheitsgurte und während des Unfalls sich explosionsartig aufblasender Kissen aus gefalteten Kunststoffolien zu betreiben.

Nachdem wir die Forschungsergebnisse in den Fachorganen veröffentlicht hatten, griffen das Fernsehen und zahlreiche in- und ausländische Zeitschriften unsere Anregungen auf. Bald begann man allgemein, sich mit der Einführung von inneren Bremswegen durch konstruktive Maßnahmen (günstig gestaltetes

Knautschblech vor und hinter dem festen Fahrgastraum, Auskleidung des Fahrgastraumes mit Bremskunststoffen und so weiter) im Kraftfahrzeug zu beschäftigen. Seit 1962 haben wir uns darum bemüht, die gefundenen Möglichkeiten im Automobilbau der Deutschen Demokratischen Republik praktisch durchzusetzen. 1966 ging dann die Fahrzeugindustrie dazu über, Ergebnisse unserer Forschungsarbeiten anzuwenden: Sicherheitsgurte mit innerer Energieaufnahme, Innenauskleidung mit einem Schutzpolster aus halbhartem Polyurethanschaumstoff, Vermeidung von punktförmigem Angriff der Unfallsenergie auf den Körper des Insassen.

Belgien, das Land meiner Vorfahren

1959 nahm ich an der internationalen Konferenz über Medizinische Elektronik in Paris teil. Meine Reise dahin führte über Hamburg und durch Belgien. Die Tage in meiner Geburtsstadt an der Elbemündung brachten nach fast fünfundzwanzig Jahren ein freudiges Wiedersehen mit den vielen und inzwischen noch zahlreicher gewordenen Verwandten.

In Belgien lernte ich als Hauptrepräsentanten des dortigen Zweiges meiner Familie den Vetter Colonel Oscar d'Ardenne kennen. Er lebte mit seiner Frau auf einem kleinen burgartigen Schloß in Dahlem Visé bei Verviers. Als Hitler Belgien überfallen hatte, hielt das von Colonel d'Ardenne befehligte Fort Neuf Chateau bei Lüttich im Mai 1940 den härtesten Angriffen stand. Paris war schon von den deutschen Truppen eingenommen, er verteidigte sein Fort immer noch. Dafür wurde ihm noch zu seinen Lebzeiten ein Denkmal gesetzt. In Verviers zeigte er uns die alten Häuser, in denen vor über hundert Jahren meine belgischen Vorfahren gelebt hatten. Beim Abschied geleitete der Vetter uns in seinem Wagen noch weit in das Ardennengebirge hinein, dessen dichte Fichtenwälder einen unvergeßlichen Eindruck hinterließen. Wir übernachteten in dem Städtchen Bouillon, das von einer Burg aus der Kreuzritterzeit beherrscht wird. Nachts sahen wir dies alte Gemäuer, in dem einst die Grafen d'Ardenne gehaust haben, von Scheinwerfern mit Quecksilberdampflampen magisch angestrahlt.

Im Herbst 1959 wurden mir die in unserer Nachbarschaft gelegenen Grundstücke Zeppelinstraße 7 und 10a zum Kauf angeboten. Das Areal in der Zeppelinstraße 7, dessen Hauptteil früher dem Industriellen R. Lieberknecht gehört hatte, umfaßte eine Fläche von über 17000 m^2.

Kurz vorher hatte der damalige Stellvertretende Oberbürgermeister von Westberlin, Herr Amrehn, mich bei einem Empfang aus Anlaß eines wissenschaftlichen Kongresses »abzuwerben« versucht. Natürlich berichtete ich über diesen mich empörenden Vorgang an hoher Stelle. Trotz meiner eindeutigen Haltung führte Otto Grotewohl mich einige Monate nach unserer »großen Reise«, als meine Frau und ich im Hause des Ministerpräsidenten eingeladen waren, etwas abseits von den übrigen Gästen. Er stellte mir die Frage: »Herr von Ardenne, können wir Ihrer auch ganz sicher sein?« Ich antwortete: »Herr Ministerpräsident, ich will Ihnen durch die Tat beweisen, daß ich und meine Familie für alle Zukunft fest mit unserem sozialistischen Staat verbunden sind. Ich bin bereit, meinen in Westberlin gelegenen, noch vor Kriegsende mit allen Installationen wieder aufgebauten wertvolleren Lichterfelder Institutskomplex gegen ein räumlich etwa gleich großes Objekt auf dem Weißen Hirsch zu tauschen, das mir gerade von einer achtzigjährigen Dame angeboten worden ist, die gerne nach dem Westen zu ihren Kindern übersiedeln möchte.« Unser Ministerpräsident war über diese spontane Antwort erfreut und veranlaßte, daß mir bei der Freistellung des neuen Gebäudes in der Zeppelinstraße 7 und vor allem bei seiner recht komplizierten baulichen Anpassung an die Zwecke meines Forschungsinstituts und des notwendig werdenden Wohnungsumzuges geholfen wurde. Mußte doch das, was an speziellen Installationen und Raumaufteilungen in Lichterfelde vorlag, dann von der Sowjetunion aus im Gebäude Plattleite 29 mit meinen privaten Mitteln hergerichtet wurde, jetzt noch ein drittes Mal in der Zeppelinstraße 7 zum großen Teil neu aufgebaut werden!

Bei dem Tausch ließ ich das neuerworbene Eigentum gleich auf die Namen unserer vier Kinder eintragen und übernahm die dafür fällig werdenden Steuersummen. Dadurch wollte ich sie enger mit dem Institut auf dem Weißen Hirsch verbinden. In die Zeppelinstraße 7 verlegte ich unsere Wohnräume, meine persönlichen Arbeitsräume und die für mich immer wichtiger werdenden Laboratorien für multidisziplinäre Medizin. Gleichzeitig sollten diese Maßnahmen dazu beitragen, die Werte des Instituts und die persönliche Habe zu trennen. Hatte ich doch vor, das in kurzer Zeit rasch gewachsene Forschungsinstitut in seiner Organisationsform dem sozialistischen System noch stärker anzupassen und so seinen Bestand auch über meine eigene Lebenszeit hinaus zu sichern.

Das Haus Zeppelinstraße 7, das frühere Naumann-Schlößchen, hat sicherlich mit die schönste Lage in Dresden. Von seinen Balkons reicht der Blick an klaren Tagen von der Sächsischen Schweiz, den Bergen der Tschechoslowakei übers Erzgebirge bis zu den Turmspitzen von Meißen. Gern läßt man von hier aus die Augen über den weiten Elbebogen schweifen, wenn Dampfer der »Weißen Flotte« die Urlaubsgäste stromaufwärts transportieren, Segelflieger sich in die Luft erheben und ihre Kurven drehen, oder Schafherden friedlich die Uferwiesen abgrasen. Und bei Nacht fasziniert das flimmernde bunte Lichtermeer Dresdens und seiner Vorstädte, das bei Vollmond einem Bild aus orientalischen Märchen gleicht. Kein Zufall, daß wir uns auf historischem Boden befinden. Eine 1883 erschienene Chronik enthält folgenden Kommentar, der sich unmittelbar auf die heutigen Grundstücke Zeppelinstraße 7 und 10a bezieht:

»Was den Weinberg anbelangt, so gehörte der obere Teil zu den Besitzungen des Königs August und war ein Lieblingsplatz von ihm. In Ansehung dieses Umstandes ließ auch Apotheker Hoffmann als nachfolgender Besitzer zum oberen Thore einen silbernen Schlüssel für den Gebrauch des Königs und der Königin anfertigen. Noch in späterer Zeit besuchten sie alljährlich einige Male den Weinberg. Auf der Höhe saßen sie da, vor dem Lusthause auf einer Bank und erlabten sich an der paradiesischen Aussicht.«

Der in diesem Auszug erwähnte Apotheker Hoffmann hatte 1852 etwa auf der Mitte des Hanges ein bis heute erhalten gebliebenes Gebäude errichtet, von dem noch jetzt eine Treppe zu uns heraufführt. Vor anderhalb Jahrhunderten gehörten die Grundstücke zum Weinberg des Malers Gerhard von Kügelgen, der sein später abgerissenes Haus an der Stelle des Hoffmannschen gebaut hatte. In der bekannten Autobiographie Wilhelm von Kügelgens, den »Jugenderinnerungen eines alten Mannes«, finden wir folgende begeisterte Schilderung, die auf unsere Aussicht Bezug hat – und zum Teil auch die eigenen Gedanken ausdrückt, wenn wir von dieser bevorzugten Stelle den Blick ins Weite richten:

»Von hier aus stieg die mit Obstbäumen untermischte Weinanlage aufwärts bis zum Rücken des Berges und verlief dann weiter nach dem ›Weißen Hirsch‹ und der Bautzener Straße zu in Wiesen, Feld und Eichgestrüpp. Ich glaube nicht zu übertreiben, wenn ich sage, daß man von der Höhe mindestens sechzehn Quadratmeilen übersah mit noch einmal so viel Ortschaften, unzähligen Schlössern und Landhäusern, Wäldern und Feldern, Bergen und Tälern, den breiten Elbstrom mitten durchgeschlungen. Zählt man zu diesen Eigenschaften noch das pretium affectionis eigenen Besitzes, so konnte unser Weinberg, wie er eben war, uns schon als Paradies erscheinen, und das mußte es erst werden, wenn alle Neubauten und Verbesserungen hinzukamen, die noch im Plane lagen.«

Die obere Terasse vor dem Haus Zeppelinstraße 7 soll jener Platz gewesen sein, von dem Kaiser Napoleon I. die Schlacht um Dresden leitete. In der heutigen Bezeichnung dieses Flecks als »Napoleonblick« klingt diese Legende an.

Eine Romanze aus der Familienchronik

Bei einer solchen örtlichen Beziehung verdient folgende Romanze aus der Familienchronik vor dem Vergessen bewahrt zu werden. Die Urgroßmutter einer meiner Tanten, in jungen Jahren ein Fräulein Caroline von Schachten, lebte Ende der zwanziger Jahre des vorigen Jahrhunderts in Wien. Während ihres Aufenthalts dort trat ihr der junge Herzog von Reichstadt, der Sohn Napoleons I., näher, und es erwuchs zwischen den beiden eine tiefe Zuneigung. Als Caroline in ihre Heimat nach Schachten in Hessen zurückkehren mußte, fiel die Trennung schwer. Vergebens hatte sie bis zum letzten Augenblick auf einen Abschiedsgruß ihres Freundes gewartet, da traf kurz vor der Abfahrt ein Kurier ein und übergab ihr ein kleines Päckchen. In der Hoffnung, darin einen Brief zu finden, öffnete Caroline es und hielt enttäuscht nur einen Marzipanapfel in der Hand.

Heimgekehrt nach Hessen heiratete sie bald darauf. Ihr Mann, ein dreißig Jahre älterer Diplomat, starb bereits 1841. Die Kinder wuchsen heran. Später nahm sie eines der Enkelkinder, das seinen Vater früh verloren hatte, ganz zu sich. Den Marzipanapfel des Herzogs von Reichsstadt, der 1832 jung aus dem Leben schied, hatte sie über all die Jahre aufbewahrt. Er befand sich treu behütet in einer Glasvitrine, deren Schlüssel abgezogen in einem Versteck lag. Eines Tages war ihre Enkelin Luise allein in der Wohnung geblieben. Bei der Heimkehr fand Großmutter ihren Schützling, der den Schlüssel aus seinem Versteck geholt hatte, vor der geöffneten Vitrine mit dem Marzipanapfel. Das Kind ließ den Apfel beim Eintreten der Großmutter erschrocken fallen. Er zerbrach, und ein Türkis-Ring seltener Schönheit fiel heraus. Nun endlich wußte die alte Frau, was der junge Sohn Napoleons I. ihr vor vielen Jahren hatte sagen wollen. Caroline starb 1885, ihre Enkelin Luise haben wir noch kennengelernt. Wie seltsam spielt doch zuweilen das Schicksal mit den Menschen!

Konzentration der Kräfte und Investitionen

Im Herbst 1959 zeichnete es sich immer deutlicher ab, daß die gute Verzinsung der Milliardenbeträge, die unser Staat für die Unterstützung von Forschung und industrieller Entwicklung in den vergangenen Jahren aufgewendet hatte, in Frage gestellt war. Viele Ergebnisse wurden zu langsam oder gar nicht in die Produktion überführt. Eine neue Entwicklungsetappe mit neuen Notwendigkeiten zeichnete sich ab. Deshalb unterbreitete ich im Winter 1959 dem damaligen Ersten Sekretär des Zentralkomitees der Sozialistischen Einheitspartei Deutschlands, Walter Ulbricht, den Vorschlag, die Kräfte nicht mehr auf allzu viele

Produktionszweige zu zersplittern, sondern die zur Verfügung stehenden Kapazitäten auf bestimmte ökonomisch günstige Schwerpunkte, besonders auf auszuwählende Spitzenergebnisse unserer Forschung, zu konzentrieren.

Konstruktive Kritik hochwillkommen

Bei Unterredungen im kleinen Kreis und bei meinen öffentlichen Äußerungen zu diesem Thema bemühte ich mich, jener bekannten These Theodor Storms zu entsprechen: »Nur die haben ein Recht zu kritisieren, die ein Herz haben zu helfen«.

Die Konzentration der Kräfte und der Investitionen auf Objekte mit ausgesprochenem Pioniercharakter, die keine Konkurrenz auf dem Weltmarkt zu fürchten haben, gewährleistet bei der richtigen, zur Wirtschaftsstruktur passenden Auswahl, daß auch unter der Bedingung einer hohen einkalkulierten Gewinnquote der Auslandsabsatz über längere Zeit gesichert bleibt. Das gilt besonders dann, wenn bei allen Gliedern der Produktionskette, von der Forschung bis zum Vertrieb, laufend ein hohes Tempo aufrechterhalten wird. Außerdem muß die Fabrikation von Großserien angestrebt werden, die wiederum die Installation von mechanisierten und automatisierten Fertigungsstraßen möglich macht. Schnelle Produktionsabläufe für größere Zeiträume zu garantieren, schien in diesem Zusammenhang eine der wichtigsten Forderungen zu sein. Meine eigenen Erfahrungen hatten mir immer wieder gezeigt, daß die Beachtung des Zeitfaktors für das zu produzierende Objekt einen weit besseren Schutz auf dem Weltmarkt bildete als das beste Patent. Deswegen empfahl ich, bei der Organisation der Schwerpunktaufgaben fachlich gut fundierte, zeitsparende Leitungsmethoden nach Art der schon öfter erwähnten Technischen Sowjets anzuwenden und für die wichtigsten Komplexe Themen-Bevollmächtigte einzusetzen, die direkt der höchsten Regierungsebene unterstehen.

Durch viele Aufsätze in Zeitungen und Zeitschriften, durch Reden auf der V. Bezirksdelegiertenkonferenz der Sozialistischen Einheitspartei Deutschlands in Dresden, auf dem 12. und 14. Plenum des Zentralkomitees der SED, auf dem III. Kongreß der Kammer der Technik und auf dem VI. Nationalkongreß der Nationalen Front des demokratischen Deutschland habe ich meine

Ansichten geäußert. Ebenso legte ich in Einzelgesprächen mit Mitgliedern des Politbüros des Zentralkomitees der SED, mit dem Vorsitzenden des Staatsrates und Mitgliedern der Regierung in der Zeit zwischen 1959 und 1962 diese Gedankengänge immer wieder dar. Auf der Plenarsitzung des Forschungsrates im Frühjahr 1962 und wenige Monate später auf dem VI. Nationalkongreß der Nationalen Front des demokratischen Deutschland forderte ich die Miteinschaltung der im Forschungsrat vereinigten Spitzenwissenschaftler mit Industrieerfahrung in die staatliche Exekutive und damit auch in die Verantwortung.

Die Mitverantwortung des Wissenschaftlers

Ich war der Meinung – und das sprach ich 1963 auf der Plenarsitzung des Forschungsrates offen aus –, daß man uns zur Verantwortung ziehen würde, wenn wir uns nicht selbst darum bemühten, im Wirtschaftsmechanismus unseres Staates eine gute Verzinsung der für Forschung und Entwicklung aufgewandten Milliardenbeträge zu erreichen. Ich schlug vor, viel stärker als bisher das Leistungsprinzip auch in die Wissenschaft hineinzutragen. Wo angemessene Leistungen der Wissenschaftler ausbleiben, dürfte man nicht vor Veränderungen zurückschrecken. Wie in der Landwirtschaft solle man dort stärker düngen, wo laufend wertvolle Früchte heranwachsen, und dafür in ertragsarmen Bereichen entsprechend sparen. Ein turbulenter Meinungsstreit von drei Stunden war die Folge dieser offenen Worte.

Folgenreiche Regierungsmaßnahmen

Seit Anfang 1960 hatte bereits eine Reihe von Regierungsmaßnahmen der Lage Rechnung getragen. Der Forschungsrat wurde umgestaltet und durch jüngere Mitglieder ergänzt. 1961 entstand ein Staatssekretariat für Forschung und Technik, das später in das Ministerium für Wissenschaft und Technik unter Dr. Herbert Weiz und danach Günter Prey umgewandelt wurde. Auf dem 17. Plenum des Zentralkomitees der SED im Oktober 1962 und auf dem VI. Parteitag der Sozialistischen Einheitspartei Deutschlands im Februar 1963 fielen dann die endgültigen Entscheidungen über die Neuorientierung unserer Wirtschaft auf »weltmarktfähige, qualitäts- und bedarfsgerechte Produktion«. In unserer Gesetzgebung fanden diese grundlegenden Entscheidungen durch das »Neue ökonomische System der Planung und Leitung der Volkswirtschaft« ihren Niederschlag. Zu seiner Ausarbeitung glaube ich durch meine Gedanken und Vorschläge mit beigetragen zu haben. Die Reden und Aufsätze, die ich zu diesem Thema verfaßte, erschienen im Frühjahr 1963 gesammelt in einem Band.

Ein ehrenvolles Angebot, aber die Gesundheit geht vor

Im November 1962 erhielt ich eine Einladung in das Zentralkomitee der Sozialistischen Einheispartei Deutschlands. Im Auftrag Walter Ulbrichts fragte Hermann Axen mich, ob ich bereit sei, als Nachfolger des kurz zuvor verstorbenen Georg Handke die Pflichten des Präsidenten der Gesellschaft für Deutsch-Sowjetische Freundschaft zu übernehmen. Es gab gute Gründe, mir diese Aufgabe anzutragen: Die Gesellschaft war damals bestrebt, die technisch-wissenschaftliche Komponente in ihrem Wirken zu verstärken, außerdem mußte ich durch meine zehnjährige Tätigkeit in der Sowjetunion und als Leninpreisträger für diese Funktion geeignet erscheinen. Der Vorschlag war für mich sehr ehrenvoll. Damals fürchtete ich jedoch, einer zusätzlichen starken Belastung gesundheitlich nicht mehr standhalten zu können. Aus diesem Grunde, und weil ich noch wichtige Forschungsaufgaben vor mir sah, entschloß ich mich, jene verantwortungsvolle Funktion nicht zu übernehmen.

Wie richtig ich gehandelt hatte, zeigte sich wenige Wochen später. Die vorangegangene Zeit war überreich mit Vorträgen, Sitzungen und der Arbeit an verschiedenen wissenschaftlichen Veröffentlichungen ausgefüllt gewesen. Zusätzlich hielt ich an der Parteihochschule der Sozialistischen Einheitspartei Deutschlands einen zweieinhalbstündigen Vortrag über das Thema »Wissenschaft als Produktivkraft«. Ich hatte mein Leistungsvermögen überfordert. Mehrere Kreislaufstörungen mit schwerem Kollaps mahnten mich, künftig mit meinen Kräften vorsichtiger umzugehen. Dieses Ereignis veranlaßte mich, den Problemen der Medizin mehr Aufmerksamkeit zu widmen.

Walter Ulbrichts Hilfe

Am 19. Juli 1963 fand eine Unterredung mit dem Vorsitzenden des Staatsrates, Walter Ulbricht, statt, um die ich gebeten hatte. Nur Professor Dr. Steenbeck, der damals Vizepräsident der Deutschen Akademie der Wissenschaften und 1. Stellvertreter des Vorsitzenden des Forschungsrates war, nahm außer mir daran teil. Zwei Stunden lang diskutierten wir über aktuelle Vorschläge zur Durchsetzung der Kräftekonzentration auf weltmarktfähige Erzeugnisse in den unteren Ebenen unserer Wirtschaftslenkung. In der Folge wurden administrative Maßnahmen getroffen, die unter anderem entscheidend dazu beigetragen haben, eine Reihe von Entwicklungsergebnissen unseres Instituts mit außergewöhnlichem Tempo in die Serienproduktion zu überführen.

Im letzten Teil dieses Gesprächs betonten wir die Bedeutung technisch-wissenschaftlicher beziehungsweise technologischer Traditionen in Instituten und Fertigungsbetrieben und wiesen auf die wirtschaftlichen Schäden hin, die durch ihre Unterbrechung entstehen können. Ich erinnerte daran, daß wir 1955 viel Mühe aufgewandt hatten, um die wichtigsten Mitarbeiter aus Sinop für das neue Institut auf dem Weißen Hirsch zu gewinnen und auf diese Weise die Tradition in voller Breite zu erhalten. Da schaltete Walter Ulbricht sich lachend mit den Worten ein: »Wissen Sie eigentlich, daß ich Ihnen auch vor Ihrer Rückkehr sehr geholfen habe? Wir dachten damals, was ist das eigentlich für ein merkwürdiger Mensch; er will mit kapitalistischen Methoden im sozialistischen System arbeiten. Dann erkannten wir aber, daß Ihr Streben doch für die Sache des Fortschritts nützlich zu werden versprach.«

Silberne Hochzeit

Am 25. Oktober 1963 feierten wir im Kreis der Familie und unserer Freunde das Fest der silbernen Hochzeit. Ich möchte hier meine Tischrede zu diesem Anlaß wiedergeben, weil sie gewisse Einblicke in eine Sphäre gewährt, die in dieser Biographie nur selten anklingt, in Wirklichkeit aber im Leben jedes einzelnen von entscheidender Bedeutung ist. Ich meine die »private

Sphäre«. Den Ausführungen stellte ich den Hinweis »nicht für Jugendliche unter achtzehn Jahren« voran:

»Liebe Freunde und Freundinnen – mit und ohne Anführungsstriche, je nachdem, wie es ist!

Unter den vielen Persönlichkeiten von hohem Rang, die heute unserem Fest erst den richtigen Glanz verleihen, befindet sich als besonders respektable Erscheinung der Präsident der Kammer der Technik. Er kann nachher genauere Auskunft geben über das Wort, welches den weiteren Teil meiner Ausführungen beherrschen wird, über den Begriff ›Optimieren‹. Optimieren heißt, soweit ich es verstehe, eine Sache optimal gestalten; also auf solche Weise, daß es keine bessere Lösung mehr gibt. Man optimiert jetzt Verkehrsprobleme, man optimiert Fertigungsprozesse und noch vieles andere. Wir beide, Bettina und ich, haben mit dem Optimieren schon vor fünfundzwanzig Jahren begonnen, und zwar bei dem wichtigsten Problem im Leben des einzelnen, nämlich bei der Ehe. Die Optimierung einer Ehe fängt bei der Wahl des optimalen Ehepartners an. Die Reife dazu hat man nach den Erfahrungen, die ich in meinem Leben gesammelt habe, als Mann oft erst im Alter von fünfundzwanzig bis dreißig Jahren. Das ist gleichzeitig eine zarte Empfehlung an meine Söhne, die Partnerwahl erst ab ihrem fünfundzwanzigsten Jahre zu treffen. Ich war einunddreißig Jahre alt, als Bettina und ich geheiratet haben. Und niemand, der hier anwesend ist, wird bestreiten, daß ich neunzehnhundertachtunddreißig dieses Problem durch die Wahl von Bettina Bergengruen optimal gelöst habe.

Erlaubt mir ein paar Worte zu Bettinas Eigenschaften: Sie hat ein frauliches Gemüt, dem die Herzen der Umwelt sofort entgegenschlagen. Sie ist eine friedliche harmonische Natur. Sie ist gar nicht prüde (auch das ist wichtig). Sie hatte neunzehnhundertachtunddreißig sehr faszinierende Kurven, besonders wenn sie in ihrem kurzen Tennisröckchen vor mir in unseren niedrigen Sportwagen einstieg. Sie hat sich nach heute fünfundzwanzig Jahren in dieser Hinsicht kaum verändert. Ja, ihr lacht darüber, aber ich könnte das beweisen. Denn ich habe bereits auf der Hochzeitsreise in Voraussicht unserer heutigen Betrachtung durch eindrucksvolle Farb- und Stereobilder ihre Kurven unvernebelt festgehalten. Aber ich will einen weniger kandaulischen Beweis führen: Man kann auch aus der Gewichtskurve zu diesem Punkt viel entnehmen. Sie hat ihr Körpergewicht in fünfundzwanzig Jahren nämlich nur um zehn Prozent erhöht. Also sie ist auch noch als Großmutter jung. Sie fühlt sich jung und fühlt sich auch jung an. Sie ist temperamentvoll und ist bei allen Streichen, die mir einfallen, gleich mit dabei. Sie versteht, einem großen Haushalt vorzustehen und kann Feste, wie das heutige, ankurbeln und feiern. Vor allen Dingen aber besitzt sie eine bestimmte, besonders für den Ehemann optimale Eigenschaft: Sie hat innerhalb der Grenzen der weiblichen Psyche Verständnis für die polyga..., ich meine polytechnischen Instinkte des Mannes. – Sie hat Kinder mit guten charakterlichen Anlagen das Licht der Welt erblicken lassen, die stets zu uns, ihren Geschwistern und unserem Staat gehalten haben. Das ist ein Wort des Dankes besonders an dich, Beatrice. Zu den charakterlichen Veranlagungen der Kinder möchte ich noch eine Episode, die sich gerade gestern mit Hubertus (sieben Jahre) abgespielt hat, erzählen:

Ich wollte, daß ihr heute eine saubere Straße vor unserem Hauseingang vorfindet. Gestern früh lagen aber, bedingt durch Ausschachtungsarbeiten für unser weiteres Bauprojekt 1964 noch ungefähr hundert große Steine lose auf der Straße. Ich gab daher Hubertus den Auftrag, mit seinem Freund Heinz diese Steine aufzusammeln und in die Baugrube zu werfen. Als ich zurückkam, war tatsächlich die Straße völlig sauber. Ich lobte ihn: ›Das habt ihr sehr gut gemacht‹, und sagte zu Hubertus: ›Hier hast du dreißig Pfennige, zwanzig Pfennige für dich und zehn Pfennige für deinen Freund Heinz!‹ Darauf wurde er sehr nachdenklich, sah mich mit seinen strahlenden blauen Augen etwas verschmitzt an und meinte: ›Ja, Papi, aber eigentlich hat der Heinz mehr gearbeitet als ich.‹ Darauf wurde dann sein Lohn beibehalten und die Summe für Heinz entsprechend erhöht.

Nach dieser Abschweifung wollen wir noch einmal kurz auf die optimalen Eigenschaften der Mutter zurückkommen. Sie hat die seltene und für das Leben auf dieser Welt so wichtige Gabe, sich in das Denken und Fühlen anderer Menschen hineinversetzen zu können. Daher versteht sie auch zuzuhören, wenn andere reden!

Eine entscheidende Tatsache für den Erfolg bei der Optimierung unserer Ehe habe ich mir bis zum Schluß aufbewahrt. Bettina war in ihren jüngeren Jahren ein ausgesprochen leicht erziehbares Wesen. Es kommt nämlich auch bei der Gleichberechtigung der Frau, die ich voll anerkenne, für die Optimierung der Ehe darauf an, daß sich die jungen Eheleute einander anpassen. In unserem Fall hat Bettina das durch ihr großes Einfühlungsvermögen nie zu einem Problem werden lassen. Kurz und gut: Auf Gesundheit und Glück dieses für mich optimalen Eheweibes, das fünfundzwanzig sehr bewegte Jahre an meiner Seite ausgehalten hat, möchte ich euch bitten, das erste Glas Wein bis auf den Grund zu leeren.«

Bei genauer Betrachtung der Rede wird der aufmerksame Leser bemerken, daß die frivolen Passagen periodisch eingestreut sind. Empfindsame Naturen werden mir dies verzeihen, wenn ich noch ergänze, es handelt sich hier um ein bewußtes Ablenkungsmanöver. Diesen Kunstgriff anzuwenden, war einfach opportun, weil meine Frau seit jeher eine tiefe Abneigung gegen das »Angefeiertwerden« und gegen allzu gefühlvolle Tischreden hat.

Mein Familienleben

Seitdem ich meine medizinischen Forschungen aufgenommen hatte und mit wachsender Intensität betrieb, mußte unsere Familie manche Opfer bringen. Allzu oft dauerte die Arbeit von sieben Uhr morgens bis in die späten Abendstunden, und die Wochenenden waren fast regelmäßig unentbehrlich, um die anstehenden Aufgaben zu erledigen. Die Leitung des Instituts mit seinen inzwischen einigen hundert Mitarbeitern, die schöpferische wissenschaftliche Arbeit, die Erschließung und Aufbereitung der Informationen, die Auswertung der anfallenden Meßergebnisse und die daraus abzuleitenden Programme für die nächsten Versuche, die sich immer stärker ausweitende Korrespondenz, die Abfassung und Korrektur der Bücher sowie die vielen wissenschaftlichen Veröffentlichungen, die Arbeit in politischen, gesellschaftlichen und wissenschaftlichen Funktionen und Kommissionen – alle diese Tätigkeiten ließen immer weniger Zeit für persönliche Belange übrig.

Meine Frau zeigte Verständnis für meine Situation und nahm mir, wo es ging, Belastungen ab. Es entwickelte sich eine Art Aufgabenteilung zwischen uns. Sie hat durch ihr stilles, liebevolles Wirken viel zu den Ergebnissen meiner Arbeit beigetragen. »Kinderabende«, Familienausflüge, Rundgänge im Gelände mit den jeweils kleinsten Kindern oder Enkeln, Tennistreffen, Partys, Geburtstagsfeiern, Geselligkeiten mit Freunden, zu denen ich dann im letzten Augenblick, meistens vom Schreibtisch weg, geholt wurde, standen unter ihrer Regie. Große Freude bereiteten mir dann die knappen Stunden, in denen ich Ehemann, Vater, Großvater oder Freund unter Freunden sein durfte.

Abgeordneter der Volkskammer

Im Sommer 1963 wurde die ehrenvolle Frage an mich gerichtet, ob ich bereit sei, im Rahmen der Fraktion des Deutschen Kulturbundes für die Volkskammer zu kandidieren. Ich sagte trotz meiner hohen Beanspruchung zu, weil ich wußte, daß ich als Abgeordneter der obersten Volksvertretung noch besser der Entwicklung der Deutschen Demokratischen Republik dienen konnte. So unterbreitete ich bald nach der Wahl den Vorschlag, auf die Strafverfolgung aller Bürger zu verzichten, die vor dem 13. August 1961 die Deutsche Demokratische Republik illegal verlassen hatten, und einen entsprechenden Erlaß herauszubringen. In der zweiten Sitzung der Volkskammer teilte Professor Hager mir zu meiner großen Freude in offiziellem Auftrag mit, das Zentralkomitee der Sozialistischen Einheitspartei Deutschlands und der Staatsrat hätten meinen Gedanken zugestimmt. Schon in nächster Zeit würden sie verwirklicht werden. Durch die Volkskammersitzung vom 1. September 1964 ist dann der »Erlaß des Staatsrates über die Aufnahme von Bürgern der Deutschen Demokratischen Republik, die ihren Wohnsitz außerhalb der Deutschen Demokratischen Republik haben«, bestätigt worden. Im Paragraph 2 heißt es: »Bürgern der Deutschen Demokratischen Republik, die vor dem 13. August 1961 unter Verletzung der gesetzlichen Bestimmungen außerhalb der Deutschen Demokratischen Republik Aufenthalt genommen haben, wird für diese Gesetzverletzung Straffreiheit gewährt.«

Mit dieser Maßnahme hatte unsere Regierung einen großen Beitrag zur Entspannung zwischen den beiden deutschen Staaten geleistet. Durch die Gewährung von Straffreiheit wurden dem genannten Personenkreis wieder Reisen in die Deutsche Demokratische Republik ermöglicht. Manchem, der inzwischen die westdeutsche Wirklichkeit kennengelernt hatte, erschien die Entwicklung in der Deutschen Demokratischen Republik bei seinem Besuch in neuem Licht.

Wissensspeicher-Bücher für die Schul- und Universitätsausbildung

Als Abgeordneter der Volkskammer hatte ich 1965 Gelegenheit, vor dem hohen Haus für die Rationalisierung der Schul- und Universitätsausbildung durch Schaffung von Wissensspeicherbüchern in den grundlegenden Fächern einzutreten. Zweck dieser Bücher, die zum Beispiel bei Klausurarbeiten und Prüfungen eingesehen werden dürfen, ist es, das Auswendiglernen von Wissensstoff zu reduzieren und die Kapazität der jugendlichen Gehirne stärker für schöpferische, kombinatorische Denkleistungen zu reservieren. Meine Rede »Weniger passives Wissen, dafür mehr aktives Können« führte zu einer kleinen Sonderberatung im Arbeitszimmer des Volkskammerpräsidenten, an welcher der Vorsitzende des Ministerrates, Willi Stoph, Dr. Günter Mittag und der Sekretär des Staatsrates teilnahmen.

Volkskammerpräsident Professor Dr. Johannes Dieckmann

Freundschaftliche Beziehungen, die sich im Laufe der Jahre immer fester gestalteten, verbanden uns mit dem langjährigen Präsidenten der Volkskammer, dem 1969 verstorbenen Professor Dr. Dr. h. c. Johannes Dieckmann und seiner Familie. Regelmäßig wiederholten sich unsere abendlichen Gespräche mit ihm und seiner liebenswürdigen Gattin. Stets waren sie eine Quelle fruchtbarer Anregungen. Viele wertvolle menschliche und politische Ratschläge verdanke ich ihm. Professor Dr. Dieckmann besaß jene Eigenschaften, die den Politiker von Rang kennzeichnen: nüchterne Einschätzung der Realitäten, frei von Illusionen; Erkennen der großen bewegenden Fragen der Gegenwart; Übergang zur Tat dort, wo das Ziel greifbar war; auf Fakten gegründete Argumentation; Schlagfertigkeit und souveräner Blick für die Zusammenhänge; humanistisches Streben aus tieferer innerer Überzeugung; ein heißes Herz, das durch kühlen Verstand gezügelt wurde.

Daß eine solche Persönlichkeit in den ersten zwei Jahrzehnten unserer Republik an der Spitze der höchsten Volksvertretung stand und auch im Staatsrat an den großen Entscheidungen aktiv teilnahm, ist ein gewichtiges Symptom für den demokratischen und humanistischen Charakter unseres Staates, in dem auch viele Menschen bürgerlicher Herkunft den Weg zum Sozialismus fanden.

Das Travelboard-Büro verhindert meine Reise nach Toronto

Im Mai 1964 freute ich mich sehr über die Einladung, als »Opening Speaker« die »World Conference On Electron Beam Technology« in Toronto zu eröffnen. Die Karten für das Flugzeug nach Kanada waren schon beschafft, da verweigerte das Travelboard-Büro in Westberlin mir im letzten Moment die für die Reise notwendigen Dokumente. Mein Vortrag mußte verlesen werden. Der amerikanische Physiker W. Nottingham, der mich auf der Konferenz treffen wollte, fuhr vergeblich nach Toronto und besuchte uns dann im Oktober des gleichen Jahres, wenige Wochen vor seinem Tode, in Dresden. Wir dankten ihm für zwei wissenschaftliche Kolloquien über uns sehr interessierende Spezialfragen der Elektronenemission.

Eine Anekdote um Irving Langmuir

Nottingham war ein enger Freund des bedeutenden Physikers Irving Langmuir, von dem er folgende Anekdote erzählte. Das Ehepaar bewohnte ein Häuschen auf einer kleinen Insel in einem der vielen Binnenseen im Norden der USA. Nach anstrengendem Tagesablauf trafen Langmuir und Nottingham am Ufer dieses Sees ein, aber das Ruderboot zum Übersetzen fand sich nicht an gewohnter Stelle vor. Um zum Häuschen zu gelangen, blieb den beiden Physikerfreunden kein anderer Weg, als ihre Bekleidung in Bündel zu schnüren und damit zur Insel zu schwimmen. Bei ihrer Ankunft sollen sie sehr zur Erheiterung der Gäste einer Party beigetragen haben, mit der Ehefrau Langmuir sich gerade über die Abwesenheit ihres Mannes hinwegtröstete.

Außergewöhnliche Besucher auf dem Weißen Hirsch

Die Zahl der Wissenschaftler aus Ost und West, die das Institut auf dem Weißen Hirsch besuchten, hatte mit dem Anwachsen der Mitarbeiterzahl auf mehr als vierhundert und mit der dazu fast proportionalen Vermehrung unserer Forschungsthemen so stark zugenommen, daß wir manchmal etwas bremsen mußten, um allzu häufige Störungen zu vermeiden. Prominente Gäste, die meist hochinteressante wissenschaftliche Informationen mitbrachten, waren natürlich stets sehr willkommen. Einen Höhepunkt dieser Art bildete am 2. April 1965 der Besuch des Arzt-Kosmonauten Dr. h. c. Boris Jegorow, der durch unsere Forschungen an medizin-technischen und medizinischen Themen veranlaßt wurde. Die Diskussionen über Spezialfragen dehnten sich über viele Stunden aus. Jegorows Persönlichkeit hinterließ einen tiefen Eindruck bei allen, welche die Freude hatten, ihn kennenzulernen.

Warum es keinen Nobelpreis für Mathematik geben soll

Auf der Internationalen Vakuumtagung in Stuttgart 1965 lernte ich den Chef des französischen Atomzentrums, Professor Dr. Debiesse, kennen. Bei einem Essen im kleinen Kreis erzählte er mir die Geschichte, warum es keinen Nobelpreis für Mathematik geben soll: Nobel sei mit einer um dreißig Jahre jüngeren Frau befreundet gewesen, die er in einem Tête-à-tête mit einem Mathematiker antraf. Dieses Ereignis soll ihn veranlaßt haben, bei der Nobelstiftung das Fach Mathematik in den Satzungen der Stiftung auszusparen. Kleine Ursache, große Wirkung!

Viertes Kapitel

Forschung an den großen ungelösten Problemen unserer Zeit

Nobelpreisträger Otto Warburg als Begründer der modernen Biologie

1934 lernte ich eine schon damals fast legendäre Persönlichkeit kennen – Professor Dr. phil. et med. Otto Warburg (gestorben am 1. August 1970). Professor Warburg war Anwärter auf drei Nobelpreise. 1931 wurde ihm der Medizin-Nobelpreis für die Entdeckung des Sauerstoff übertragenden Atmungsfermentes verliehen. Doch bereits 1927 erkannte ihm das zuständige Komitee den Medizin-Nobelpreis für seine Entdeckung des Gärungsstoffwechsels der Krebszellen zu. Die Auszeichnung scheiterte damals an der Medizinischen Fakultät der Universität Stockholm, welche die letzte Stimme hatte. Den dritten Nobelpreis, den er für die Entdeckung des Wasserstoff übertragenden Fermentes erhalten sollte, durfte er wegen des von Hitler ausgesprochenen Verbots nicht annehmen. Vier seiner Schüler wurden Nobelpreisträger: die Professoren Sir Hans Krebs und Fritz Albert Lipmann 1953, Professor Hugo Theorell 1955 und Professor Severo Ochoa 1959. Die Leitung und Organisation der Forschung in seinem relativ kleinen Dahlemer Institut galt stets als ein Musterbeispiel für einzigartigen Nutzeffekt.

Otto Warburg hatte als Sohn des Physikers und späteren Präsidenten der Physikalisch-Technischen Reichsanstalt Emil Warburg engen Kontakt zu den großen Ereignissen und Persönlichkeiten der Berliner Physik am Anfang dieses Jahrhunderts. Das revolutionierende Wirken von Planck, Einstein und Nernst erlebte er unmittelbar mit. Wenige Jahre nach seinem Studium bei Emil Fischer (Chemie) und bei Ludolf von Krehl (Medizin) ist er durch Einführung von Messung (Manometrie mit dem Warburg-Apparat, enzymatisch-optische Messungen und so weiter) und Rechnung zum Begründer der modernen Biologie geworden.

Erste Kontakte mit Otto Warburg

1934 hatte ich vom damaligen Kaiser-Wilhelm-Institut für Zellphysiologie einen größeren Auftrag erhalten, aus dem die Entwicklung des ersten elektronischen Spektralphotometers für enzymatisch-optische Messungen resultierte. Dieses Gerät, mit dem in Dahlem Messungen vorgenommen wurden, die zur Entdeckung des roten Atmungsfermentes führten, brachte mich direkt mit Professor Warburg in Verbindung. Der Eindruck seiner Persönlichkeit bewirkte, daß ich seit 1934 den Warburgschen Veröffentlichungen zum Krebsproblem, die mich schon wegen ihres prägnanten Stils faszinierten, stets besondere Aufmerksamkeit widmete. Fünfundzwanzig Jahre später führte Warburgs Einfluß dazu, daß ich mich mit einer kleinen Gruppe junger Wissenschaftler sehr intensiv der multimedizinischen und insbesondere der Krebsforschung zuwandte.

Anfang 1959 erschien in der Zeitschrift »Die Naturwissenschaften« von ihm ein Aufsatz, in dem ein neuer Weg zur Krebsbekämpfung erwogen wurde. Sein Vorschlag, den Unterschied im Katalasegehalt von Normalzellen und Krebszellen auszunutzen, interessierte mich sehr, war aber klinisch schwer realisierbar. Daher fand meine hierzu im Herbst 1959 veröffentlichte Konzeption zur Verwirklichung des Therapieverfahrens beim Menschen durch tiefe Unterkühlung bei Professor Warburg ein lebhaftes Echo.

Ausschlaggebende Sitzung in der Deutschen Akademie der Wissenschaften

Sein Interesse bewirkte, daß ich am 17. Dezember 1959 vor der Klasse Medizin der Deutschen Akademie der Wissenschaften einen Vortrag mit dem Titel »Über ein Vorhaben zur Krebszellenvernichtung durch H_2O_2-Einwirkung auf von roten Blutzellen nahezu befreites und tief unterkühltes Körpergewebe« hielt. Zu dieser Sitzung war die gesamte medizinische Prominenz der Akademie – von Brugsch, Felix, Kaatsch, Kraatz bis Warburg – erschienen. Nach Beendigung der Diskussion führte Professor Warburg mich etwas abseits und stimulierte durch folgende liebenswürdige Äußerung meinen Mut zum Handeln: »Hören Sie bitte jetzt genau zu! Ich glaube, die Forschung am Krebsproblem wird Ihre größte Lebensleistung werden, noch größer und noch bedeutsamer als die Dinge, die Sie bereits geschaffen haben.«

Damals habe ich das nicht ganz ernst genommen. Aber wenn ich heute die Ergebnisse unserer 1963 begonnenen intensiven Krebsforschung und die Fülle unserer Veröffentlichungen auf diesem Felde betrachte, muß ich zugeben, Professor Warburgs prophetische Worte auf der Akademiesitzung im Dezember 1959 sind vielleicht doch richtig gewesen.

Wenige Tage vorher, es war die Zeit des Sputniks, hatte uns der Stellvertretende Minister für den Bereich Forschung des Gesundheitswesens, Professor Dr. Friedeberger, durch die Worte ermuntert: »Es wäre doch zu schön, wenn die Sowjetunion der Menschheit die Technik des Weltraumflugs erschlösse – und wenn es der kleinen DDR gelänge, das Krebsproblem zu lösen.«

Vielleicht ist es unbescheiden, solche Worte hier wiederzugeben. Sie haben jedoch große Bedeutung im Kampf um den wissenschaftlichen Fortschritt, weil sie anspornen und Kraft geben, die vielen auf dem Wege liegenden Schwierigkeiten und Hindernisse zu überwinden.

Biomedizinische Technik als Voraussetzung der neuen Arbeitsrichtung

Im Rahmen der Forschungen, die schließlich zur »Krebs-Mehrschritt-Therapie« und der »Intensivierten O_2-Mehrschritt-Therapie« führten, hatten wir uns zum Teil in Gebiete einzuarbeiten, mit denen wir bisher überhaupt nicht in Berührung gekommen waren. 1960 mußten wir beispielsweise in kürzester Frist einen auf unser Verfahren zugeschnittenen Operationssaal für die Chirurgische Klinik der Dresdner Medizinischen Akademie mit zahlreichen elektronischen Geräten für die Kreislaufüberwachung, mit Hypo- beziehungsweise Hyperthermiewanne und Herz-Lungen-Maschine entwerfen und den Hauptteil der Einrichtungen auch noch mit eigenen Kräften bauen. Für das umfangreiche technische Programm wurde damals unser neuer Institutionsbereich »Biomedizinische Technik« in Dresden und Berlin geschaffen.

Diese Maßnahmen ermöglichten in den folgenden Jahren die

Fertigstellung des Operationssaales für Forschungszwecke in der Chirurgischen Klinik der Medizinischen Akademie »Carl Gustav Carus« in Dresden, sie führten zur Entwicklung des in Großserie gefertigten Elektrokardiotachographen mit Alarmanlage (Zwönitz EKT-1) und zur Herstellung der Standard-Herz-Lungen-Maschinen für die Herzzentren der Deutschen Demokratischen Republik. Diese und weitere Entwicklungen wurden durch meine Wahl zum 1. Vorsitzenden der Gesellschaft für biomedizinische Technik (medizinische Elektronik) in der DDR und zum Mitglied des Wissenschaftlichen Rates des Ministeriums für Gesundheitswesen anerkannt.

Professor Navratils Interesse für unseren Operationssaal

Nachdem der Operationssaal fertig war, veröffentlichten wir eine Arbeit darüber, von der wir auch dem damaligen Minister für Gesundheitswesen einige Sonderdrucke überreichten. Er hatte unsere Forschungen auf dem Gebiet der multidisziplinären Medizin von Anfang an stark gefördert. Minister Sefrin nahm einen Sonderdruck mit auf die Reise in die Tschechoslowakische Sozialistische Republik zu dem bekannten Herzoperateur Professor Navratil. Zu diesem Zeitpunkt waren die Herz-Operationszentren bei uns noch nicht aufgebaut, während Navratil bereits eintausendfünfhundert Herzoperationen in tiefer Hypothermie an Kindern mit angeborenem Herzfehler durchgeführt hatte. Hauptziel der Reise Max Sefrins war es, das der Deutschen Demokratischen Republik zugebilligte Kontingent von sechs Herzoperationen pro Monat zu erhöhen. Im Laufe der Verhandlungen zeigte er auch die Bilder unseres Operationssaales. Professor Navratil interessierte sich für alle Einzelheiten; er ging so weit, die Dresdner Einrichtung als den realisierten Traum seines Lebens zu bezeichnen. Minister Sefrin erzählte mir, der Eindruck des Berichts und der bald darauf folgende Besuch des tschechoslowakischen Mediziners in Dresden habe sehr dazu beigetragen, daß die Navratilsche Klinik sich bereit erklärte, das Kontingent der monatlichen Herzoperationen auf zwanzig zu erhöhen. Ein solches Nebenergebnis unserer Arbeit machte mich natürlich sehr glücklich. Viele Kinder mit angeborenen schweren Herzfehlern, die sonst bekanntlich meistens bei Beginn des Pubertätsalters sterben, durften jetzt am Leben bleiben. Wir vereinbarten die Lieferung bestimmter Geräte der medizinischen Elektronik und konnten damit einen kleinen Dank für die uns gewährte Hilfe abstatten.

Die medizinische Forschung wird zu meiner Hauptaufgabe

1963 waren die bio-medizinisch-technischen Vorarbeiten nahezu abgeschlossen. Seitdem hat das Krebsproblem und die Forschung auf angrenzenden Gebieten der Medizin einen sehr großen Teil meiner persönlichen Kräfte in Anspruch genommen. Die Intensität, mit der wir uns dieser Richtung widmeten, geht schon daraus hervor, daß im Januar 1967 insgesamt vierzig und im Januar 1972 bereits einhundertsechsundzwanzig wissenschaftliche Arbeiten zu diesem Thema vorlagen, bei denen ich als Autor oder Mitautor zeichnete.

Gegenwärtig wird in den hochentwickelten Industrieländern der Erde jeder dritte Mensch krebskrank, und jeder fünfte stirbt daran. Diese Krankheit, die durch unerbittliches Fortschreiten meist starker Schmerzen und in der Endphase oft auftretende furchtbare Zerfallserscheinungen gekennzeichnet wird, verläuft in der Regel grausam. Der Kampf gegen den Krebs ist deshalb eine der wichtigsten Aufgaben unserer Zeit im Zeichen der Humanität. Bei der Arbeit an diesem Problem bilden die Erkundung und Gestaltung eines klinisch gangbaren Weges zur selektiven Vernichtung der Krebsgeschwülste einschließlich der Tochtergeschwülste eine der größten, erregendsten, zugleich aber schwierigsten Forschungsaufgaben des 20. Jahrhunderts.

Welche Umstände gaben uns 1963 die Kühnheit, als Außenseiter der Medizin viele Lebensjahre diesen komplizierten medizinischen Aufgaben zu widmen? Ich habe bereits erwähnt: Der erste starke Impuls, auf diesem Felde tätig zu sein, ging von Professor Dr. Otto Warburg aus. Aber mußte es nicht abschrecken, daß seit vier Jahrzehnten, das heißt seit der Entdeckung des Gärungsstoffwechsels der Krebszellen durch Warburg, kein Fortschritt von universellem Charakter bei der Bekämpfung des Krebses gelungen war? Mußte es nicht wie ein Lotteriespiel mit minimaler Gewinnchance erscheinen, wenn man den Versuch einleitete, mit etwa fünfundzwanzigtausend Krebsforschern, denen jährlich rund eine Milliarde Mark zur Verfügung standen, zu konkurrieren? Was hat uns angesichts dieser Lage den Mut zum Handeln gegeben?

Was gab mir den Mut zur Krebsforschung?

Es war die Erkenntnis, daß die Morgenröte jener großen Zeit anbrach, da die Medizin und die exakten Naturwissenschaften mit ihrer quantitativen, durch Messung und Rechnung gekennzeichneten Arbeitsweise ihr Bündnis zum Heile der Menschheit schließen würden. Es war die Einschätzung, daß zur Bekämpfung der Krebskrankheit gerade nach den jahrzehntelangen vergeblichen Anstrengungen der klassischen Medizin und Biochemie ein Versuch unter starker Mitbeteiligung physikalischer und mathematischer Methoden besonders gute Erfolgsaussichten haben würde. Hierin bestärkte uns die fast triviale Einsicht, eine Heilung der fortgeschrittenen Krebskrankheit könne nur durch therapeutische Maßnahmen extrem hoher Selektivität gelingen. Damit das Geschwulstwachstum nach der Therapie nicht wieder auflebt, müssen nicht nur im Primärtumor, sondern auch in allen Tochtergeschwülsten, die sich im Organismus gebildet haben, die Krebszellen etwa im Verhältnis von 1 Million : 1 abgetötet werden. Pro eine Million Krebszellen darf nur eine überleben, damit die natürliche Körperabwehr mit diesem Rest fertig wird. Das haben besonders die Forschungen Hermann Druckreys gelehrt.

Gleichzeitig sollen möglichst keine Zellen des gesunden Gewebes geschädigt werden, vor allem nicht die empfindlichen Zellen der körpereigenen Abwehr (Leukozyten, Lymphozyten). Während und auch nach der Therapie wird ja gerade eine möglichst kräftige Abwehr zur Vernichtung des kleinen Restes überlebender Krebszellen dringend benötigt. Die quantitative Betrachtung dieser beiden Forderungen führte mich zu der Erkenntnis, daß hier ein Selektivitätsgrad verlangt wird, wie er sich in dieser Größe nur in hochgezüchteten physikalischen und elektronischen Anordnungen findet. Es ist zum Beispiel etwa der gleiche Grad, der in modernen Rundfunkgeräten gegeben ist. Daher erschien es sehr aussichtsvoll, jene Methoden für den Kampf gegen den Krebs nutzbar zu machen, mit denen in der Elektronik und Radiotechnik die extrem hohe Selektivität erzielt wird. In der Radiotechnik wird die hohe Gesamtselektivität durch zwei Methoden herbeigeführt: durch die Verkettung vieler aufeinander abgestimmter selektiver Elemente (etwa Schwingungskreise) und durch die Anfachung einer Kettenreaktion (Rückkopplung).

Hohe Selektivität durch Krebs-Mehrschritt-Therapie

Diese beiden Methoden auf die Verhältnisse im lebenden, am Krebs erkrankten Organismus sinnvoll zu übertragen ist der theoretische Lösungsweg zur Heilung der Krebskrankheit. Nach Jahren der Erkundungsforschung gelang dies etwa ab 1968, und die so abgeleiteten therapeutischen Maßnahmen konnten immer besser realisiert werden. Daraus geht hervor: Die Aussichten, die notwendige, äußerst hohe Gesamtselektivität zu erzielen, werden um so besser, je größer die Zahl und die Einzelselektivität der miteinander verketteten Therapiemaßnahmen werden. Deshalb und zur Unterscheidung gegenüber der einfachen Kombinationstherapie wählten wir für diese neue Dresdner Forschungsrichtung die Bezeichnung »Krebs-Mehrschritt-Therapie«.

Als wir bei unseren Forschungen zur Gestaltung der Krebs-Mehrschritt-Therapie im Laufe der Jahre immer mehr selektive Einzelschritte in das Konzept aufnahmen, wurden wir von den Krebsforschern und Onkologen klassischer Ausbildung oft nicht verstanden. Manche kritisierten uns, weil wir so viele und immer noch mehr therapeutische Einzelschritte miteinander kombinierten. Diese Kritiken gingen am Kern der Sache völlig vorbei, denn was wir taten, war weiter nichts, als daß wir – der theoretischen Wegweisung folgend – zur Steigerung der Gesamtselektivität ein selektives Element nach dem anderen der Schrittkette hinzufügten.

Erfolgsaussichten nur durch quantitative, multidisziplinäre Forschung

Zu unserem Engagement für das neue Arbeitsgebiet trug weiter die Vorstellung bei, die mehr qualitative Arbeitsweise der klassischen Medizin könnte wegen der schwierigen Selektionsproblematik gerade für die Bekämpfung der Krebskrankheit nicht ausreichen. Streng quantitative Forschungsarbeit, also Messungen unter Simulation aller wesentlichen Parameter der Tumoren und der Therapie, mathematische Auswertung der Messungen und abschätzende Rechnungen über das komplexe Zusammenspiel der verschiedenen Größen im lebenden Organismus erschienen notwendig.

Unseren Optimismus, ungeachtet des riesigen Aufwandes für die Krebsforschung auf der ganzen Welt selbst Wesentliches beitragen zu können, leiteten wir auch aus der Hoffnung her, daß die geistigen Methoden der Physik und Mathematik uns zunächst zu wegweisenden theoretischen Vorstellungen führen würden und dann bei der Erkundung des hochkomplexen Zusammenspieles vieler zu kombinierender Einzelattacken mit unterschiedlichen Wirkmechanismen das polyfunktionelle Denken des Physikers große Vorteile bringen würde. Außerdem glaubten wir, unsere Elektronik-Tradition könnte es uns erleichtern, geeignete Schnellmeßmethoden anzuwenden.

So ist es dann auch gewesen. Beim Hauptteil unserer Arbeiten benutzten wir zum Beispiel Schnellmeßmethoden, deren Zeitaufwand nur etwa ein Tausendstel der klassischen Untersuchungsmethoden zur Wirkung von Krebstherapien betrug. Damit wurde die meßtechnische Kapazität unserer kleinen Gruppe kommensurabel mit der Untersuchungskapazität der Krebstherapie-Forschung in der gesamten übrigen Welt.

Schließlich erleichterte mir die Erfahrung, daß gerade während der Periode des Eindringens in ein neues Fachgebiet die schöpferische Aktivität erhöht ist, meinen Entschluß, mich der Krebsforschung zu widmen. In einer solchen Phase liegt gewissermaßen eine Art »angeregter Zustand« vor, und die Aufgaben beziehungsweise die Wege zu ihrer Lösung zeichnen sich besonders klar ab.

Angriff auf große ungelöste Probleme unserer Zeit

Nicht zuletzt wurde mir der Kampf und die Kampfmethode gegen den Krebs durch jene philosophische These Professor Otto Warburgs nahegebracht, die nach seinen eigenen Worten das Geheimnis seines erfolgreichen Wirkens in den Grenzbezirken zwischen Biologie, Biochemie, Medizin und Physik gewesen ist:

»Ein Wissenschaftler muß den Mut haben, die großen ungelösten Probleme seiner Zeit anzugreifen, und ihre Lösungen müssen durch Ausarbeitung unzähliger Experimente ohne kritische Zeitverluste vorangetrieben werden.«

Damals konnte ich nicht ahnen, in welch überraschender Breite mich unsere weiteren Forschungen an die großen ungelösten medizinischen Probleme der Zeit heranführen würden. In letzter Konsequenz war es das Ziel unserer Krebs-Mehrschritt-Therapie-Methodik, vor allem durch optimale Vergrößerung der bestehenden Unterschiede im Zellstoffwechsel, die Krebszellen im lebenden Organismus bis zu ihrer Lyse zu labilisieren und alle Normalzellen z. B. durch starke Verbesserung ihres energetischen Status zu stabilisieren. Im Laufe der Jahre erkannte ich immer schärfer: Die Lösung der zweitgenannten Aufgabe hat nicht nur für Krebstherapie und Krebsprophylaxe entscheidende Bedeutung, sondern greift auch tief in andere zentrale Bereiche der Medizin hinein. So kam es dazu, daß wir durch einfaches logisches Fortschreiten auf dem eingeschlagenen Wege und keineswegs etwa durch Zersplitterung unserer Kräfte 1970/71 in Gestalt der *»Intensivierten O_2-Mehrschritt-Therapie«* einen Prozeß fanden, den man als universal einsetzbare Waffe gegen die Sauerstoffmangelzustände und die vielen Sauerstoffmangelkrankheiten des höheren Lebensalters einschätzen darf. So kam es außerdem dazu, daß wir in der gleichen Zeitspanne und auf dem gleichen Wege fortschreitend *wirksame Waffen gegen den Tod durch Herz-Kreislauf-Krankheiten – die Haupttodesursache unserer Zeit* – fanden beziehungsweise weiterentwickelten. Diese unerwartete Kette von Resultaten veranlaßte mich, in dankbarer Rückschau die Warburgsche These meiner Biographie als Motto voranzustellen.

Verzicht im Interesse der Konzentration

Durch meine Entscheidung, den Schwerpunkt meiner Arbeit für viele Jahre auf das Feld der multidisziplinären Medizin zu verlegen, hatte ich auch gleich eine Problematik beseitigt, die uns sonst in schwere Konflikte gebracht hätte.

Infolge der von mir seit 1951 praktizierten Erschließung, Aufbereitung und Speicherung aller für unsere Arbeit wesentlichen wissenschaftlich-technischen Informationen ergab sich automatisch ein beträchtlicher Überschuß an interessanten wissenschaftlichen und erfinderischen Gedanken. Die Fülle dieser Ideen und Konzeptionen überstieg bei weitem die Möglichkeiten unseres Institutes.

Es gab nur zwei Wege: Konzentration unserer Kapazitäten auf elektronenstrahltechnologische beziehungsweise vakuumtechnologische Verfahrensforschung in enger Verbindung mit der Industrie und der Aussicht, bedeutende Auswirkungen für die Volkswirtschaft zu erreichen –, oder Verzettelung auf viele einzelne Forschungsthemen, deren Ergebnisse nur zum Teil hätten volkswirtschaftlich genutzt werden können. Wir entschieden uns für die erste Variante und verzichteten bewußt auf die Realisierung vieler reizvoller wissenschaftlich-technischer Projekte, die am Rande oder abseits unseres Weges lagen.

Ein solcher Verzicht aus Gründen der Vernunft hinterläßt ein Gefühl des Unbefriedigtseins, besonders wenn es sich um Entdeckungen und Erfindungen mit Pioniercharakter handelt. Solche Empfindungen mögen zu jenen Betrachtungen beigetragen haben, mit denen ein mehr auf Grundlagenforschung orientierter ausländischer Physiker vor Jahren seine Rutherford-Gedächtnis-Rede beendete:

»Mit dem Jahr, in dem Rutherford starb (1938), endete für immer die glückliche Zeit freien wissenschaftlichen Arbeitens, das uns in unserer Jugend so beflügelt hatte. Die Wissenschaft hat ihre Freiheit verloren. Sie ist zur Produktivkraft geworden. Sie ist reich geworden, aber sie hat sich versklaven lassen und sich teilweise in Geheimnis gehüllt.«

Wissenschaft als Produktivkraft

Seit unserer Lichterfelder Ära hatten sich Pflichten und Verantwortung des schöpferisch tätigen Wissenschaftlers gegenüber der Gesellschaft grundlegend gewandelt. Diese Veränderungen empfand ich jedoch als Fortschritt. Meine Gedanken waren daher weit entfernt von solchen wehmütig stimmenden Überlegungen. Seit meiner Jugend war mir an vielen Beispielen klargeworden, wie sehr eine enge Wechselbeziehung zwischen Wissenschaft und Produktion die Entwicklung beschleunigt. Deshalb begrüßte ich innerlich das lawinenartige Heranwachsen der Wissenschaft zur Produktivkraft und versuchte, unseren hohen Staatsfunktionären immer wieder durch Rat und Beispiel zu helfen, wenn sich Möglichkeiten zeigten, die Vorzüge des sozialistischen Wirtschaftssystems besser zu nutzen (überbetriebliche sozialistische Arbeitsgemeinschaft, themenorientierter Forschungsverband, auftragsgebundene Kooperationsgemeinschaft, Probleme der Organisation von Wissenschaft und Forschung, Bildung günstiger Industrieschwerpunkte, Forschungsrat und so weiter).

Aus dieser Grundhaltung resignierte ich nicht, sondern entwikkelte eine konstruktive Lösung für die Aufteilung unserer begrenzten Forschungs- und Arbeitskapazität. Ich fand sie darin, einen frei wählbaren Anteil meiner geistig-schöpferischen Kraft in den Bereich der multidisziplinären Medizin zu verlegen, weil dadurch die auf technologische Verfahrensforschung ausgerichteten Hauptabteilungen des Instituts nicht wesentlich beansprucht wurden. Auf diese Weise erschloß sich mir ein weites Feld für die Forschung mit der Aussicht auf baldige Nutzung der Ergebnisse.

Vorhaben, auf die ich verzichtete

Trotz dieser Verfahrensweise stellte sich im Laufe der Jahre eine Reihe faszinierender Konzeptionen physikalischer Thematik ein, bei denen ich noch heute traurig darüber bin, daß aus äußeren Gründen die Realisierung versagt blieb und nur Patentanmeldungen von unserer Initiative zeugen. Hierbei denke ich an das abgebrochene Vorhaben, ein Elektronen-Rastermikroskop mit Feldemissions-Elektronenrichtstrahler zu entwickeln, ein Projekt, das dann später von dem Amerikaner A. V. Crewe so erfolgreich zum Abschluß gebracht wurde (Steigerung der Auflösung des Elektronen-Rastermikroskops von etwa 10 μm auf 0,35 μm). Andere Vorhaben waren zum Beispiel ein 2-Millionen-Volt-Elektronenmikroskop oder eine Langspiel-Bildplatte für die Wiedergabe vielstündiger Programme durch normale Schwarz-Weiß- beziehungsweise Farb-Fernsehempfänger. Die Lösung dieser Aufgaben erschien möglich durch die Anwendung der von uns entwickelten Technik der Elektronenstrahl-Bearbeitungsautomaten (und ihrer Kombination mit den schon erwähnten Feldemissions-Strahlern) zur Bildsignalaufzeichnung auf Kunststoffplatten mittels einer intensitätsmodulierten Elektronensonde hoher Leistungsdichte (Größenordnung des Brennfleckdurchmessers etwa 2 bis 3 μm).

Weiter lag eine Konzeption vor, durch Elektronenbestrahlung erzeugte sogenannte Kontaminationsschichten als Bildspeichermedium zu verwenden. Diese Schichten lassen sich durch die ablenkbare Elektronensonde mit Feldemissions-Elektronenrichtstrahler bei Brennfleckdurchmessern von weniger als 10 μm mit hoher Bearbeitungsgeschwindigkeit in der Brennfleckebene erzeugen. Bei dieser Anordnung kann man die Konservierung von 10^{10} Bildpunkten oder den Informationsinhalt von etwa 10^4 Fernsehbildern auf einer Speicherfläche von $2\,mm^2$ erwarten.

Schließlich darf in diesem Zusammenhang ein vakuumtechnologisches Verfahren nicht vergessen werden, das die Produktion von mehrschichtigen Außenwandelementen mit schmalem evakuierten Zwischenraum (mit punktförmigem Abstützgitter und spiegelnder Belegung) beziehungsweise von Schaumglas mit Vakuumporen für den Häuserbau zum Ziel hatte. Hier handelt es sich gewissermaßen um die teilweise Übertragung des Thermosflaschenprinzips auf das Bauwesen. Theoretisch könnten solche Wandelemente eine so hervorragende Wärmeisolation bieten, daß im Winter die Wärmeentwicklung der Gebäudebewohner oder, anders ausgedrückt, eine Heizung durch die von ihnen eingenommene Nahrung ausreichen müßte.

Auf die Bearbeitung dieser und noch vieler anderer ähnlicher Themen zu verzichten, wurde mir durch die sich immer stärker ausweitende Mitarbeit an den großen medizinischen Problemen unserer Zeit sehr erleichtert.

Grundsätze unserer Forschung am Krebsproblem

Wir waren seit der ersten Stunde bestrebt, den Aufwand für die Krebsforschung in bezug auf Zeit, Kaderbedarf und Mittel möglichst niedrig zu halten. Wenn es tatsächlich gelang, einen hohen Nutzeffekt zu erzielen, so lag dies besonders an folgendem: Pflege eines guten Informationskontaktes mit den jeweils zuständigen Spitzenwissenschaftlern der Welt; Planung der Versuche auf Grund von Wegweisern durch aufgestellte strategische Leitsätze; Arbeitshypothesen sowie zusammenfassende Gleichungen; sofortige Neuorientierung, sobald die Natur sich anders als erwartet verhielt; Entfaltung von viel Phantasie; aber Beschränkung der realen Anstrengung auf schnell erreichbare Teilziele.

Hauptelemente der Krebs-Mehrschritt-Therapie

Ein wesentlicher Teilabschnitt unseres Weges war zurückgelegt, als ich am 5. Juni 1965 im Rahmen der Berliner Physiologischen Gesellschaft in Anwesenheit der Professoren Warburg, Burk, Jung, Kraatz, Lohmann, Rapoport und anderer sowie am 25. September 1965 auf dem Festkolloquium zum fünfundsiebzigsten Geburtstag des bekannten Krebsforschers Professor Dr. K. H. Bauer in Heidelberg über die methodischen und technischen Hauptelemente des späteren Krebs-Mehrschritt-Therapie-Konzeptes berichtete: extreme Übersäuerung aller Krebsgewebe des Organismus durch vielstündige künstliche Steigerung der Blutglukosekonzentration auf etwa das Vierfache des Normalwertes (Glukoseinfusion), Kombination dieser Maßnahme mit Hyperthermie (Überwärmung) des ganzen Körpers, Entwicklung der Zweikammer-Hyperthermiewanne mit heißer Körper- und kühler Kopfkammer (Hauptbestandteile der Therapieeinrichtung).

Gerhard Domagks Vision

Schon der Nobelpreisträger Professor Dr. Domagk (gestorben am 24. April 1964) hatte die Richtung angedeutet, der wir seit 1965 folgten, als er formulierte: »Die bisher beobachteten Einzelfälle von Spontanheilungen... zur Gesetzmäßigkeit zu machen, ist das Ziel der experimentellen Krebsforschung.« Ein solcher Hinweis verdiente sehr ernstgenommen zu werden, denn Professor Gerhard Domagk hat, worauf Otto Warburg mich einmal aufmerksam machte, mehr Menschenleben gerettet, als in zwei Weltkriegen vernichtet worden sind. Er entdeckte die Sulfonamide – die Waffe gegen Lungenentzündungen –, arbeitete am Nikotinsäurehydrazid – einem wichtigen Mittel gegen die Tuberkulose mit –, und seine Arbeiten strahlten auf die Erschließung der Antibiotika aus. Professor Warburg äußerte damals, man solle Domagk Denkmäler auf allen Bergen errichten.

Erste Hinweise auf eine natürliche Kettenreaktion der Zellschädigung

Aus der Sicht der Physik war es für mich naheliegend, bei den seltenen Spontanheilungen sowie bei den häufiger beobachteten Tumorregressionen nach therapeutischen Maßnahmen einen Rückkopplungsmechanismus oder, was mathematisch dasselbe bedeutet, einen Kettenreaktionsmechanismus der Krebszellenschädigung anzunehmen. Diese Vorstellung faszinierte mich, weil, wie schon früher erwähnt, in der Physik die Kettenreaktion beziehungsweise die Rückkopplung jenen Mechanismus verkörpert, der höchste Selektivität gewährleistet. Bei diesem Erkenntnisstand war es notwendig, die Parameter zu erkunden, welche die vermutete Kettenreaktion auslösen und dann in den Krebsgeweben gezielt herbeiführen.

Die Zytolyse-Kettenreaktion als universaler Mechanismus

Bereits 1965 habe ich in meinem Heidelberger Vortrag die Bedingungen für die Auslösung der Zytolyse-Kettenreaktion in Krebsgeschwülsten angegeben: extreme mehrstündige Tumorübersäuerung in Verbindung mit Hyperthermie. – Bis 1968 konnten die biologischen und biochemischen Einzelheiten der Kettenreaktion geklärt werden. Damit zeichneten sich die Gesichtspunkte für ihre Optimierung im Organismus der Krebskranken und für ihre therapeutische Nutzung ab. Die Entdekkung von Kettenreaktionen ist stets von revolutionierender Bedeutung für die Menschheit gewesen. Man denke nur an die Nutzung des Feuers, die Erfindung des Schießpulvers und die Hahn-Straßmannsche Entdeckung der Urankernspaltung. Auch die Zytolyse-Kettenreaktion erwies sich inzwischen als biologischer Prozeß von universalem Charakter. So ist sie maßgebend beim Herzinfarkt, bei Gehirnschädigungen nach überdosierter Narkose, bei diabetischem Koma, Herzstillstand und so weiter, bei Entzündungsvorgängen, beim Strahlenerythem und bei der generellen Autolyse nach Eintritt des Todes. Viele neue medizinisch nutzbare Aspekte resultierten aus der Kenntnis dieses in den lebenden Organismus eingebauten Mechanismus.

Obwohl ein biographischer Rückblick allgemeinverständlich sein soll, möchte ich hier doch wegen der Schlüsselfunktionen, die wir diesem elementaren Vorgang besonders im künftigen Kampf gegen die Krebskrankheit beimessen, die wesentlichen Einzelheiten kurz skizzieren.

Verstärkung der Zellgärung führt zu verstärkter Gewebe-Übersäuerung

Der Zytolyse-Mechanismus mit anschließender Schädigungskettenreaktion darf bei der Therapie des Krebses nur lokal in der Geschwulst ablaufen, auf keinen Fall aber im gesunden Gewebe. Die Basis, um diese Bedingung zu erfüllen, ist die von Professor Warburg vor fast vierzig Jahren entdeckte aerobe Gärung der Krebszellen (gegenüber der Sauerstoffatmung normaler Zellen). Sie ermöglicht die selektive Übersäuerung der Krebsgewebe, weil bei ihr in größeren Zellaggregaten hohe Konzentration von Milchsäure entsteht.

Jahrelang hatte man vergeblich versucht, den Krebs durch Hemmung der Zellengärung zu heilen. Wir schlugen die genau entgegengesetzte Wegrichtung ein, weil es physikalisch gesehen fast selbstverständlich ist, bei einer Selektionsaufgabe den Unterschied zwischen den zu trennenden Objekten so groß wie möglich zu gestalten. Die maximale Übersäuerung des Krebsgewebes durch Vervielfachung der Blutglukosekonzentration tritt jedoch nur ein, wenn die Zellaggregate eine gewisse Größe ($\approx$ 1 mm^3) erreicht haben und die Glukose-Infusion so lange fortgesetzt wird, bis sich stationäre Konzentrationsverhältnisse für Glukose und Milchsäure im Tumor ausgebildet haben.

Als wir zur Erfüllung dieser Voraussetzung mit der Glukose-Infusion zweihundert Minuten vor Beginn der Messung beziehungsweise der Therapie anfingen, fanden wir im Tumorgewebe sehr hohe Übersäuerungswerte (pH = 6,0), während im gesunden Gewebe keine Übersäuerung eintrat (Erhaltung des Normal-pH- zwischen 7,0 und 7,35 je nach Gewebeart). Die auf diese Weise optimierte Tumorübersäuerung liefert einen entscheidenden Beitrag zur Gesamtselektivität der Therapie. Durch diese starke Übersäuerung werden die Krebszellen (und nur die Krebszellen) erheblich labiler. In Kombination mit gut verträglicher, zum Beispiel auf 40 °C eingesteuerter Hyperthermie (Überwärmung), bildet die Langzeit-Glukoseinfusion die Doppelattacke des Krebs-Mehrschritt-Therapie-Konzepts, die in allen Krebsgeweben des Organismus den skizzierten Zytolyse-Mechanismus existent werden läßt und daher das Schlüsselelement unserer Therapie darstellt.

Die »Lysosomen« als Voraussetzung der Zytolyse und der Kettenreaktion

Wir wissen heute, daß die Zellauflösung und der nachfolgende Kettenreaktionsmechanismus der Zellenschädigung auf winzigen Zellorganellen, den sogenannten »Lysosomen«, beruht. Die von Professor Christian de Duve mit Hilfe des Elektronenmikroskops und der Dichtegradienten-Ultrazentrifuge entdeckten Lysosomen enthalten in einem Membranbläschen von wenigen Zehntausendstel Millimeter Größe die Lyse-Enzyme (Verdauungs-Enzyme) der Zelle. Wird zum Beispiel durch spezifisch gegen die Lysosomenmembran gerichtete Attacken dieses Membranbläschen zerstört, werden die lysosomalen Enzyme freigesetzt. Erfolgt dies im nicht übersäuerten gesunden Gewebe, passiert wenig, weil die Enzyme kaum aktiviert werden. Erfolgt die Freisetzung jedoch im hoch übersäuerten (gärenden) Gewebe (zum Beispiel Tumorgewebe), werden die zahlreichen Enzyme aus den Lysosomen so stark aktiviert (aufgegiftet), daß nicht nur der natürliche zelleigene Lysemechanismus schnell abläuft, sondern darüber hinaus die lysosomalen Enzyme aus empfindlichen Zellen zur Vernichtung unempfindlicher (benachbarter) Krebszellen sowie zum Verschluß und zur Lyse angrenzender feinster Blutgefäße beitragen. Damit wird die lysosomale Kettenreaktion der Krebszellenschädigung existent, die erst abreißt, wenn das nicht übersäuerte gesunde Gewebe erreicht ist.

Die Mitnutzung stimulierter körpereigener Abwehr ist entscheidend

Um auch die wenigen Krebszellen zu vernichten, die in dem Übergangsgebiet Normalgewebe–Krebsgewebe von der Kettenreaktion nicht hinreichend getroffen werden, wurde das Therapiekonzept durch eine hochgezüchtete immunologische Attacke ergänzt, welche speziell Krebszellen in diesem Gebiet angreift. Erstmalig erreichten wir nach dem so gestalteten Konzept 1970 bei Labortieren mit hoch resistenten Spontan-Mammakarzinomen Heilungsquoten von fast hundert Prozent, während mit der klassischen Chemotherapie unter sonst gleichen Bedingungen keinerlei Erfolg beobachtet wurde.

Bei der Optimierung der immunologischen Attacke konnten wir ein schweres Dilemma der klassischen Krebs-Chemotherapie beheben, welches daraus resultiert, daß durch die gegebenen Zytostatika ein großer Teil der Abwehrzellen in einem Augenblick geschädigt werden, in dem sie besonders nötig sind. – Unsere Maßnahme, bereits viele Stunden vor dem Therapie-Prozeß die Blutglukosekonzentration etwa um den Faktor 2,5 zu erhöhen, führte zu sehr eindrucksvollen Fortschritten bei der klinischen Erprobung. Zum Beispiel beobachteten wir bei inoperablen Ovarial-Karzinomen totale Tumorregressionen innerhalb von sechs bis acht Tagen. Die Tumorrückbildung erfolgte so schnell, daß zum Teil chirurgische Maßnahmen notwendig wurden, um die Gefahren einer Perforation auszuschalten. Zu diesem Fortschritt hat sicher stark beigetragen, daß durch die Anhebung der Blutglukosekonzentration die Geschwindigkeit der Krebszellenteilung etwa proportional der Blutglukosespiegelerhöhung vergrößert und damit ihre Therapieempfindlichkeit entsprechend gesteigert wird. Durch dieses Vorgehen gemäß unserem Therapiekonzept wird gewissermaßen der Unterschied zwischen dem schrankenlosen Wachstum der Krebszellen und dem kontrollierten Wachstum der gesunden Zellen des Organismus therapeutisch mit genutzt.

Bei der klinischen Anwendung der Therapie hat die Potenz der immunologischen Abwehr entscheidende Bedeutung für die Auswahl der Patienten. Sie müssen in einem so frühen Stadium ihrer Erkrankung behandelt werden, bei dem die Gesamtmasse an Krebszellen einschließlich der Zellen der Metastasen die (stimulierte) immunologische Abwehr noch nicht überfordert. In diesem Zusammenhang gewinnen unsere vielfältigen Bemühungen, die körpereigene Abwehr zu steigern und den günstigsten Zeitpunkt ihres Einsatzes auch nach Therapieende zu wählen, gerade in jüngster Zeit wesentliche Bedeutung. Außerdem ergaben sich aus diesen Forschungen Aspekte für die Krebs- und Krebsmetastasenprophylaxe, auf die wir später noch zurückkommen.

Lebenswichtige Moleküle als Ziel des therapeutischen Hauptangriffs

Die starke und stets gut reproduzierbare Wirkung der Krebs-Mehrschritt-Therapie bei allen Tumorarten der Labortiere, die wir behandelten, also die eindrucksvolle Universalität der Therapie bei den Tierversuchen, dürfte zum großen Teil folgendem therapeutischen Prinzip zu verdanken sein: Die meisten in unserem Therapiekonzept vereinigten Angriffe richten sich nicht gegen das komplizierte System der ganzen Krebszelle, sondern aus theoretischen Überlegungen gezielt gegen das einfache System eines für die Krebszelle lebenswichtigen Proteinmoleküls, gegen das Strukturprotein der Zellmembran, beziehungsweise genauer, der Lysosomenmenbran. Die Hauptattacken sind, wie wir sahen, Übersäuerung und Überwärmung. Säure und Wärme, besonders ihre Kombination, sind die üblichen Mittel zur Denaturierung von Proteinmolekülen. So ist der Befund über den erstaunlich geringen Einfluß der biologischen Variabilität sowie über die gute Reproduzierbarkeit der Ergebnisse bei der Krebs-Mehrschritt-Therapie zum Teil eine Folge der Kettenreaktion, welche die Streuung der biologischen Variabilität stark vermindert, und zum Teil eine Folge der Wahl eines essentiellen, also lebenswichtigen Moleküls zum therapeutischen Angriffsziel, denn bei der Protein-Denaturierung handelt es sich um einen relativ definierten physikalisch-chemischen Vorgang an den Bindungsbrücken des Moleküls. Der entscheidende primäre Effekt muß, ähnlich wie ein Schmelzvorgang, unabhängig von der biologischen variablen Umwelt des Moleküls eintreten, sobald die für das betreffende Molekül charakteristischen Parameterwerte (Säurewert und Temperaturwert im Tumor, Einwirkzeit und so weiter) herbeigeführt sind.

Die Bedeutung der »Doppelattacke«

Durch Versuche an Krebszellsuspensionen, durch quantitative Untersuchungen der beteiligten Schädigungsmechanismen und schließlich durch statistisch gesicherte Therapieergebnisse an zahlreichen Labortiertumoren konnten wir 1969/71 zeigen, daß *durch die Doppelattacke »Optimierte Tumorübersäuerung und 40° C – 150min-Hyperthermie« die Empfindlichkeit der Krebsgewebe im Organismus gegenüber therapeutischen Attacken beliebiger Art (Chemotherapie, Strahlentherapie) etwa um den Faktor zehn selektiv erhöht wird.* Dieses Ergebnis ließ die hochselektive Doppelattacke und die durch sie ausgelöste lysosomale Zytolyse mit nachfolgender Zytolyse-Kettenreaktion zum therapeutischen Grundprinzip des Krebs-Mehrschritt-Therapie-Konzeptes werden. Die fundamentale Bedeutung dieses Mechanismus beim Kampf gegen den Krebs ergibt sich daraus, daß die Schädigungswirkung jeder therapeutischen (auslösenden) Attacke in den Krebsgeweben und nur in diesen um etwa den Faktor 10 verstärkt wird. Jede therapeutische Maßnahme, die Krebszellenschädigungsquoten über etwa zwölf Prozent in den Tumoren zu erzielen gestattet, erhält in Kombination mit der Doppelattacke die Chance auf kurative Erfolge oder auf ganz wesentliche Verlangsamung des Krankheitsverlaufes (Lebensverlängerung, Leben mit dem Krebs).

Vor der klinischen Erprobung des Krebs-Mehrschritt-Therapie-Konzeptes war es selbstverständlich notwendig, eine möglichst große Verträglichkeit des Therapieprozesses herbeizuführen und zu beweisen. Der erste Nachweis gelang 1970 durch Selbstversuche von vier Medizinern der Klinik für Hautkrankheiten der Karl-Marx-Universität Leipzig. Später ergaben sich weitere bedeutende Fortschritte durch Mitnutzung unserer weiter unten besprochenen Methode der O_2-Mehrschritt-Therapie (Stabilisierung der Normalzellen) und durch die Verkürzung der 40° C-Hyperthermiedauer auf nur 150 min. Damit wurde der Prozeß auch bei Patienten mit geschwächtem Gesundheitszustand beziehungsweise in höherem Lebensalter anwendbar.

Die zeitweilige Stimulierung oder Wandlung natürlicher Vorgänge als ein Grundprinzip unserer Krebstherapie

Bemerkenswert ist, daß alle wesentlichen Maßnahmen des Konzeptes der Krebs-Mehrschritt-Therapie auf die Stimulierung oder Beeinflussung natürlicher Vorgänge hinauslaufen: hohe Verstärkung der Krebszellengärung beziehungsweise Krebsgewebeübersäuerung und des Atmungsstoffwechsels der Normalzellen, zeitweilige selektive Beschleunigung des Teilungszyklus der Krebszellen im Organismus, zeitlich begrenzte Erhöhung der Körpertemperatur und Steigerung der Konzentration bestimmter Vitamine, Auslösung des natürlichen Zytolysemechanismus der Zellen mit der nachfolgenden Zytolysekettenreaktion streng lokalisiert in Tumoren und Metastasen und schließlich starke Anhebung der körpereigenen immunologischen Abwehr in bestimmten Zeitspannen. Unsere Forschungen zur Optimierung der immunologischen Attacken als fester Bestandteil des Krebstherapie-Konzepts führten auch zur Zusammenarbeit und zu gemeinsamen Veröffentlichungen mit dem Institut für experimentelle Pathologie Suchumi. So brachte uns die Krebsforschung, wenn auch nur vorübergehend, wieder an den Arbeitsort unserer Jahre in der Sowjetunion zurück. Wie anders war jetzt die Situation als im Jahre 1945! Damals kamen wir aus dem besiegten faschistischen Deutschland, das schwerstes Leid über die Sowjetunion gebracht hatte. Nun fuhren wir zu Freunden, um mit ihnen wichtige Probleme zur Bekämpfung des Menschheitsfeindes Krebs zu erarbeiten. Das Zusammenwirken auf immer mehr Gebieten zwischen unseren beiden Staaten hat sich inzwischen bewährt und dient in stetig wachsendem Grade dem Fortschritt der Wissenschaften und Volkswirtschaften beider Länder.

Unterstützung durch Regierung, Partei und Freunde

Danken möchte ich an dieser Stelle für das große Vertrauen, das die Minister für Gesundheitswesen, Max Sefrin, und sein späterer Nachfolger Professor Dr. med. Ludwig Mecklinger sowie der Leiter des Bereiches Medizin im Zentralkomitee der Sozialistischen Einheitspartei Deutschlands, Dr. Hering, mir durch fortlaufende Förderung unserer medizinischen Forschungen entgegenbrachten. Weiter war es beglückend zu erfahren, wie über alle Staatsgrenzen hinweg aus Ost und West geistige, und wenn Substanzen oder Instrumente fehlten, auch materielle Hilfe schnell gewährt wurde. Auf Grund der humanistischen Grundhaltung der Politik unseres Staates beschränkten keine Geheimhaltungsvorschriften den Gedankenaustausch, unsere Initiative oder frühe wissenschaftliche Publikationen. Durch diese Handhabung sind unsere schwierigen Vorhaben stark beschleunigt worden, und vielleicht hat sogar der erzielte Erfolg in diesen Zusammenhängen seine Ursache, denn als Rückwirkung erhielten wir von Spitzenwissenschaftlern aus aller Welt die jeweils für uns wesentlichen wissenschaftlichen Informationen über zum Teil noch unveröffentlichte Ergebnisse ihrer Forschungen auf Anforderung oder auch spontan durch briefliche oder mündliche Hinweise.

Besondere Gelegenheiten, gewichtete Informationen aus jeweils für uns aktuellen Sondergebieten der Medizin zu erlangen, boten sich uns durch Vorträge und Kolloquien an Universitäten und Instituten in Berlin, Leipzig, Greifswald, Wien, Freiburg i. Br., Münster, Tübingen und im Krebsforschungszentrum Heidelberg.

In geeigneten Zeitabständen hatten wir die Öffentlichkeit auch durch kleine Pressekonferenzen über die Fortschritte der Arbeiten an der Gestaltung des Krebs-Mehrschritt-Therapie-Konzepts unterrichtet. Um bei krebskranken Patienten keine übereilten, vorläufig unerfüllbaren Hoffnungen zu erwecken, wurde dabei immer wieder betont: Es handelt sich um Arbeiten im Forschungsstadium, noch nicht um ihre klinische Anwendung. Daß diese Veranstaltungen notwendig waren, zeigten unter anderem unzählige, für die weitere Arbeit äußerst wertvolle Sonderdrucke und Anregungen, die uns aus allen Teilen der Erde nach solchen Konferenzen zugingen.

Seltsame Kritik

Der hohen Ethik im Bereich der Wissenschaft, die nur uneigennützige wechselseitige Unterstützung im gemeinsamen Kampf gegen den Menschheitsfeind »Krebs« kennt, steht die beschämende Haltung einiger kapitalistischer Soldschreiber gegenüber, die den vielen positiven Berichten in der westlichen Presse deprimierende Stellungnahmen entgegenzusetzen versuchten. In ihnen wurde zum Beispiel Mißfallen darüber geäußert, daß eine so erfolgreiche Arbeit am Krebsproblem vom »SED-Regime« gefördert und überhaupt Forschung mit so humanistischer Zielstellung in der Deutschen Demokratischen Republik betrieben wird.

Warburgs Vortrag in Lindau über Ursache und Verhütung des Krebses

1966 nahmen meine Frau und ich als Gast von Professor Otto Warburg an einer Tagung der Nobelpreisträger in Lindau teil. Diese Zusammenkunft war damals speziell der Biochemie und dem Krebsproblem gewidmet. Der Vortrag des zweiundachtzigjährigen Warburg zu den Ursachen der Krebsentstehung bildete den Höhepunkt der Veranstaltung. Warburg begründete in seinem weltweit diskutierten Vortrag die Erwartung, daß eine Krebsprophylaxe möglich sein müsse durch Sättigung der Zellen des Organismus mit den Wirkungsgruppen der Atmungsfermente, also insbesondere durch kontinuierliche hochdosierte Gabe von Vitaminen des B-Komplexes (Vitamin B_1 und so weiter). Sensationsgierige Reporter, die Warburg nach dem Vortrag vergeblich abzuwehren versuchte, mißverstanden unbewußt oder bewußt den genial wegweisenden Charakter der Warburgschen Ausführungen und versahen ihre Blätter mit den diskreditierenden Schlagzeilen: »Warburg sagt: Niemand braucht mehr an Krebs zu sterben!« In Wirklichkeit handelte es sich bei dem Vorschlag noch nicht um die Lösung dieses großen Problems der Medizin, sondern erst um den Hinweis auf den einzuschlagenden Lösungsweg. Professor Warburg begrüßte mich zu meiner großen Überraschung namentlich unter der hohen Zuhörerschaft und zitierte am Schluß seines Vortrages unsere auf seiner Linie liegenden Forschungen in Dresden zur Entwicklung von Waffen gegen die Krebskrankheit. Dieses freundliche Urteil Warburgs hat mich sehr dazu ermutigt, in den folgenden Jahren in der von ihm eingeschlagenen Wegrichtung weiter voranzuschreiten.

Die »Intensivierte O_2-Mehrschritt-Krebs- und Metastasen-Prophylaxe«

Im Sommer 1970, wenige Wochen vor seinem Tod, konnte ich Professor Warburg zu seiner großen Freude noch über sehr erfolgreich ausgefallene Tierversuche zur Metastasenbekämpfung mit Hilfe unserer Sauerstoff-Mehrschritt-Prophylaxe unterrichten. Ein Jahr später gelang es mir, sie durch Hinzunahme eines weiteren Schrittes entscheidend zu verbessern. Dieser noch sicherer wirkenden Prophylaxe gegen den Krebs und gegen die Bildung von Tochtergeschwülsten (zum Beispiel nach operativer Entfernung oder strahlentherapeutischer Behandlung des Primärtumors) gaben wir die Bezeichnung *»Intensivierte O_2-Mehrschritt-Krebs- und Metastasen-Prophylaxe«*. Zu dem Prozeß gehören folgende miteinander kombinierte Faktoren: hoch dosierte Gabe von sogenannten O_2-Mehrschritt-Kapseln, die gemäß dem Warburgschen Gedanken die Sauerstoffnutzung in den Zellen fördern und deren substantielle Zusammensetzung an unserem Institut durch H. G. Lippmann optimiert wurde. Erhöhung des Sauerstoffpartialdrucks um den Faktor 2 bis 3 während der Wirkung vorgenannter Substanzen; schließlich Maßnahmen, die die Durchblutung des gesamten Organismus vervielfachen, wie kraftfördernde Gymnastik, heiße Bäder und eventuell entsprechende Pharmaka. In Phasen besonderer Metastasierungsgefahr wird dieser Prozeß noch durch den weiteren Schritt einer acht bis zehn Tage voraus gegebenen BCG-Impfung zur Stimulierung der unspezifischen körpereigenen Abwehr ergänzt und ein- bis zweimal in dieser Zeitspanne wiederholt.

Durch die skizzierte Prophylaxe wird der O_2-Stoffwechsel, der Spender der Energie in allen Körperzellen, um einen bisher noch nie im Organismus erreichten Faktor vervielfacht und gleichzeitig auch der Energiestatus und damit die Wirksamkeit der (Krebszellen vernichtenden) Abwehrzellen des Organismus beträchtlich angehoben. Um diese Leukozyten verstärkt zu den latenten Mikrokrebszellaggregaten zu locken, wird gleichzeitig deren Übersäuerung durch Einnahme von stark glukosehaltigen Nahrungsmitteln etwa ab zwei bis drei Stunden vor Beginn des Prophylaxeprozesses erhöht. Diese Maßnahme soll die Blutglukosekonzentration vor und während der etwa 60 bis 90 min Prozeßdauer ungefähr verdoppeln.

Der Autor ist der Auffassung, daß überall dort, wo die Elemente dieser relativ einfachen »Intensivierten O_2-Krebs-Mehrschritt-Prophylaxe« eingesetzt und in bestimmten Zeitabständen wiederholt werden, die Zahl der Krebserkrankungen um mindestens ein bis zwei Zehnerpotenzen abnehmen, ebenso auch bei Anwendung der skizzierten Metastasenprophylaxe.

Hier stehen wir nach Bestätigung unserer Forschungsergebnisse durch unabhängige Wissenschaftler vor einer der größten Organisationsaufgaben im Weltgesundheitswesen. Zahlreiche Beobachtungen unter stark variierten Bedingungen der Experimente ließen uns Ende 1971 die feste Überzeugung gewinnen, daß es uns gelungen ist, das Ziel des Warburgschen Vortrages auf der Nobelpreisträger-Tagung 1966 voll zu erreichen.

Denkwürdiges Gespräch mit Otto Hahn

Als ich damals in Lindau nach dem Plenarvortrag von Professor Warburg den Saal verließ, stand ich einer Wand von Reportern und Fotografen gegenüber. Warburgs Äußerung hatte genügt, mich in den Mittelpunkt des Interesses zu stellen. Ich wurde mit Fragen bestürmt, lehnte aber jede Antwort ab, weil ich mich als Gast nicht befugt fühlte, Stellung zu nehmen. Gerade in diesem Augenblick tauchte Professor Otto Hahn auf, dem es Vergnügen machte, mich in solcher Situation zu sehen.

»Mensch, Manfred«, sagte er, »ich wußte gar nicht, daß du auch ein berühmter Mediziner bist.«

In Lindau hatte ich Professor Hahn das letzte Mal getroffen. Bei unseren Unterhaltungen – meist führten wir sie während dieser Tage nach dem Essen – ging es besonders um den Einsatz der Markierungsmethoden mit radioaktiven Isotopen für die Medizin. Es war wie früher in Berlin – wieder empfand ich ganz unmittelbar seine menschliche Anteilnahme und Wärme, seine Liebenswürdigkeit und seinen Humor.

Otto Hahns berühmter Rundfunk-Vortrag

An einem Abend berührte unser Gespräch einen Vortrag, den Professor Hahn 1955 im westdeutschen Rundfunk gehalten hatte.

Er erzählte mir, wie es damals dazu gekommen war. Otto Hahn, der nicht länger zu den Gefahren eines Atomkrieges schweigen wollte, schrieb einen Artikel über die Auswirkungen von Kobalt 60, der vom Westdeutschen Rundfunk ausgestrahlt werden sollte. Das geschah aber zunächst nicht. Adenauer hatte interveniert.

Professor Hahn gab jedoch nicht auf und erreichte schließlich, daß er seinen Vortrag halten konnte. Er wurde in Dänemark, Norwegen und England gesendet, dann von der »Frankfurter Allgemeinen« abgedruckt. Das bildete den Auftakt zu Hahns Aufruf an die Teilnehmer der damaligen Lindauer Nobelpreisträgertagung, eine Erklärung über die Gefahren des Mißbrauchs der Kernenergie zu unterzeichnen.

Die Reaktion von Franz Josef Strauß

Professor Hahn erzählte mir, wie aufgebracht sich der seinerzeitige Verteidigungsminister der Bundesrepublik Deutschland, Franz Josef Strauß, gebärdete, der von ihm und einigen anderen Wissenschaftlern gebeten worden war, eine öffentliche Erklärung abzugeben, in der sich die Bundesrepublik verpflichtet, keine Atomwaffen herzustellen oder zu lagern. Strauß warf daraufhin – wie könnte er auch anders reagieren – Professor Hahn vor, er unterstütze mit seinen Aktionen die Sowjetunion. Die Auseinandersetzung mit Franz Josef Strauß führte dann im April 1957 zu der vielbeachteten Presseerklärung der sogenannten Göttinger Achtzehn, in der führende westdeutsche Naturwissenschaftler eine Atombewaffnung ihres Landes ablehnten: Fritz Bopp, Max Born, Rudolf Fleischmann, Walther Gerlach, Otto Hahn, Otto Haxel, Werner Heisenberg, Hans Kopfermann, Max von Laue, Heinz Maier-Leibnitz, Josef Mattauch, Friedrich-Adolf Paneth, Wolfgang Paul, Wolfgang Riezler, Fritz Straßmann, Wilhelm Walcher, Carl Friedrich Freiherr von Weizsäker, Karl Wirtz.

Diese Erklärung verdient Respekt, wenngleich sie gegenüber dem ursprünglich vorgesehenen Appell entschärft ist. Als ich Professor Hahn darauf ansprach, daß es Strauß, unterstützt von Adenauer, Globke, Heusinger und Speidel, damals offenbar gelungen sei, ihn und die anderen zu dieser erheblichen Abschwächung ihrer Stellungnahme zu bewegen, entzog er sich der Antwort und nahm zu einer der vielen Anekdoten, die er immer parat hatte, Zuflucht: »Sie wissen doch«, sagte er, »was Einstein einem Zeitungsmann, der ihn fragte, ob man wirklich die Erde mit Hilfe der neuen Erfindungen auf dem Gebiet der Atomphysik in die Luft sprengen könne, geantwortet haben soll: ›Natürlich stimmt es. Aber das spielt doch gar keine Rolle. Die Erde ist ein völlig bedeutungsloser Planet.‹« Ich ging auf sein Lachen ein, und wir brachen dies ernste Thema ab. Unsere Unterhaltung wanderte wieder einmal zu der alten Berliner Zeit zurück. Otto Hahn warf bedeutungsvoll ein: »Sie haben ja den großen Einschnitt in meinem Leben, den Ersten Weltkrieg, nicht miterlebt, waren damals noch zu jung. Wir aber haben alle nach dem Sturz der Monarchie gelernt umzudenken. Manche schneller, andere langsamer.«

Otto Hahns menschliche Grundeinstellung

Ich glaube, es war selten, Professor Hahn über das reden zu hören, was ihn bewegte. Er war bekannt für scherzhafte Schilderungen, für liebenswürdige Übertreibungen und charmante Pointierungen. An diesem Abend in Lindau klang zwischen allen vergnüglichen Erinnerungen jedoch immer wieder ein ernster Ton an, der eine nachdenkliche Stimmung hinterließ. Professor Hahn kam noch einmal auf die Diskussion mit Adenauer und Strauß zurück und erklärte mir, die Veröffentlichung vom April 1957 sei das maximal Erreichbare gewesen, nicht nur in Anbetracht der Haltung von Adenauer oder Strauß, sondern auch im Hinblick auf manche seiner Kollegen, welche die politische Auseinandersetzung scheuten. Und dann ein Satz, für den ich ihm dankbar bin: »Es ist gut, daß du drüben das Möglichste für den Frieden versuchst.«

Er wechselte in diesem Gespräch mehrmals von »Sie« auf

»Du«, von »Du« auf »Sie«.

»Kennen Sie Willstätter?« fragte er nach einer Weile. »Den Chemiker? Seine Erinnerungen lese ich immer wieder. Sie gehören zu den Büchern, die ich nicht entbehren möchte«, erwiderte ich.

»Willstätter«, sagte Hahn, »hat damals standgehalten, hat einfach abgelehnt, mitzumachen.«

Zunächst erriet ich nicht, was er meinte. Dann aber erzählte er von seiner Militärzeit, und ich erfuhr, er habe unter der Monarchie auf den Reserveleutnant verzichtet. Aus meinen Kindheitseindrücken, die ich ja in einem Offiziershaushalt gewann, kann ich abschätzen, was das in der damaligen Zeit bedeutet hat.

Ich lernte Professor Hahn an diesem Abend als einen Menschen kennen, der Zeit seines Lebens durch und durch Zivilist gewesen ist. Er machte sich Vorwürfe, daß er im Ersten Weltkrieg an den Arbeiten für den Gaskampf mitgewirkt hatte. »Sie wissen ja, ich bin Chemiker, nicht Physiker, also war ich dran. Ich habe mir damals tatsächlich einreden lassen, der Einsatz von Gas würde den Krieg verkürzen. Ja, und sehen Sie, ein Mann wie Richard Willstätter – und der war ja auch Chemiker – hat sich dazu nicht hergegeben. Das gab es damals auch schon. Wir haben erst aus den Erfahrungen lernen müssen.«

Lise Meitner

Nach einer Weile sagte er – so, als spräche er zu sich selber: »Als Lise Meitner bei Nacht und Nebel Deutschland verlassen mußte, da wußten meine Frau und ich endgültig, was die Glocke geschlagen hat. Fürchterlicher Gedanke, was hätte passieren können, wenn Scherrer und andere nicht geholfen hätten, sie heimlich, ohne Visum, über die Grenze nach Holland zu bringen.«

Die Kollegen hatten Lise Meitner immer als das »physikalische Gewissen« von Otto Hahn bezeichnet. An diesem Abend hatte ich für einen Augenblick das Gefühl, sie könne auch sein politisches Gewissen gewesen sein. Wieder begegnete ich dem hohen politischen Verantwortungsgefühl eines großen Wissenschaftlers und Humanisten. Ich erinnerte mich an eigene Gespräche mit Lise Meitner, die ich seit ihrem ersten Besuch im Lichterfelder Laboratorium am 18. März 1928 kannte, und dann kam mir für

Sekunden jene Unterhaltung ins Gedächtnis, die ich vor fast dreißig Jahren mit Professor Max Planck geführt hatte.

Professor Otto Warburg als Vorbild und Ratgeber

Auf dem wichtigen Wegabschnitt der Forschungen zwischen 1963 und 1970 hat uns besonders Professor Dr. Otto Warburg immer wieder selbstlos unterstützt. Er ließ Sonderuntersuchungen an seinem Dahlemer Institut durchführen und förderte unsere Bemühungen durch seine Beratung, durch kritische Beurteilung der Ergebnisse, durch kurzfristige Besorgung von normalerweise schwer zu beschaffenden Spezialchemikalien aus dem Ausland, durch Einarbeitung in die von ihm geschaffenen Methoden, durch wichtige wissenschaftliche Informationen und schließlich sogar durch das Geschenk einer kostspieligen künstlichen Niere. Seine ungewöhnlichen Vertrauensbeweise haben mich immer wieder stark angespornt. Alles wollte ich daransetzen, um Professor Warburg nicht zu enttäuschen. Er sah, wie er einmal sagte, in mir seinen »letzten Schüler« und erwartete, daß durch unsere Arbeit endlich seine frühe Entdeckung des Gärungsstoffwechsels der Krebszelle in Form einer klinisch erfolgreichen Krebstherapie praktisch genutzt werden würde.

Seit 1962 bis zu Professor Warburgs Tod war ich dank einer Sondergenehmigung des Vorsitzenden des Ministerrates, Willi Stoph, fast jeden Monat für einige Stunden Gast im Dahlemer Max-Planck-Institut für Zellphysiologie. Wenn dann am langen Tisch in der Bibliothek das Gespräch mit meinem verehrten Vorbild und Lehrer begann, hatte ich das Gefühl, einer Persönlichkeit gegenüberzusitzen, wie sie im Bereich der Naturwissenschaften vielleicht nur alle hundert Jahre einmal zu finden ist, etwa einem Galilei oder einem Leibniz oder einem Faraday. War die fachliche Diskussion beendet, sprach er gern über Fragen allgemeiner Art, die ihn gerade bewegten. Manchmal erzählte er auch aus dem Schatz seiner vielen persönlichen Erinnerungen an Einstein, Planck, Lummer, Nernst oder an besondere Begebenheiten.

Warburg-Anekdoten

Während der Hitlerzeit stand Professor Warburg trotz seiner jüdischen Vorfahren unter dem Schutz des Reichsleiters Bouhler, weil Hitler wegen seiner vielen Reden und seit seiner Stimmband-Operation durch Professor von Eicken große Angst hatte, an Kehlkopfkrebs zu erkranken. Im Krieg wurden in Warburgs Institut sogar holländische Gefangene zur Weiterführung der Arbeiten zur Verfügung gestellt. Professor Warburg ließ ihnen jeden Sonnabend eine Gans braten und eine Torte backen. Die Sache wurde denunziert, und der Professor erhielt einen Anruf von höchster Stelle. Bezeichnend für die wissenschaftliche Stellung Warburgs war die Formulierung des Anrufers: »Muß das sein?« Die Antwort lautete: »Ja, es muß sein.«

Während des Ersten Weltkrieges stand Warburg als Reserveoffizier bis zu seiner durch Einstein ausgelösten Reklamation, auf deren Einzelheiten ich später noch zurückkomme, an der Front. Seine Freistellung erregte großes Aufsehen, so daß der vorgesetzte General sich beim zuständigen Kompaniechef erkundigte. Warburg berichtete schmunzelnd, der Wortwechsel zwischen beiden wäre mit militärischer Kürze geführt worden: »Was macht dieser Warburg eigentlich?« Antwort: »Füttert Seeigel, Herr General!« Weitere Frage: »Was fressen Seeigel?« Antwort: »Eigentlich nichts.« Worauf der General befriedigt das Thema wechselte.

Warburgs Ansicht zur Geschichte des Planckschen Wirkungsquantums

Einmal kritisierte Professor Warburg die häufig vertretene Meinung, Planck habe sein Wirkungsquantum durch rein theoretische Überlegungen gefunden. Dazu bemerkte er: »Richtig ist, daß Planck etwa zwanzig Jahre vergeblich versucht hat, auf rein theoretischem Weg das Gesetz der Strahlung des schwarzen Körpers abzuleiten. Nachdem jedoch Otto Lummer in der Physikalisch-Technischen Reichsanstalt mit Hilfe seines Bolometers die spektrale Verteilung der Strahlung des schwarzen Körpers bei definierten Temperaturen mit außergewöhnlicher Genauigkeit experimentell ermittelt hatte, dauerte es nur noch anderthalb

Monate bis zur Entdeckung des Planckschen Wirkungsquantums und zur Aufstellung der Planckschen Strahlungsformel. Auch bei dieser großen Entdeckung, durch welche um die Jahrhundertwende das Atomzeitalter eingeleitet wurde, ist das Experiment – die Frage des Forschers an die Natur – die eigentliche Grundlage des Fortschritts gewesen!«

Äußerungen Warburgs zum Erfolg in der Wissenschaft

Als wir in Dahlem einmal über die große Bedeutung von Leitbildern für die studentische Jugend sprachen, stellte ich Otto Warburg die Frage: »Was haben Sie als das wichtigste Ereignis für Ihre eigene Entwicklung zum Forscher empfunden?« Er antwortete: »Die erste Begegnung mit dem Genius im richtigen Augenblick. Für mich war es das Zusammenleben mit meinem Vater, dem Physiker Emil Warburg, und die Begegnung mit dem Chemiker Emil Fischer.«

Zur Wahl eines Forschungsthemas meinte er: »Am besten ist es, sich möglichst Problemen erster Ordnung zuzuwenden. Ihre Lösung macht im allgemeinen genausoviel Arbeit wie die von Problemen zweiter oder dritter Ordnung, aber der Erfolg ist viel markanter.«

In ähnlicher Richtung bewegte sich ein Gespräch mit dem berühmten Physiko-Chemiker Professor Walter Nernst (gestorben am 18. November 1941), von dem Professor Warburg erzählte. Nernst hatte Warburg gefragt, womit er sich zur Zeit befasse. »Krebsforschung und Photosynthese der Pflanzen« hatte Otto Warburg geantwortet und anschließend besorgt geäußert, beide Themen gleichzeitig zu bearbeiten, könne über seine Kräfte gehen. Nernst gab ihm den Rat: »Ich würde mich mit der Krebsforschung beschäftigen, die Photosynthese funktioniert ja.«

Mitte 1967 teilte Professor Warburg mir seine Gedanken darüber mit, wie der Staat den Fortschritt der Naturwissenschaften am wirksamsten unterstützen könne. Er meinte, trotz der so gewaltig zunehmenden Gesamtzahl der Wissenschaftler bleibe es doch eine relativ kleine Gruppe von Gelehrten, die wirklich bahnbrechende Ideen entwickle. Er verglich sogar den Aufbau einer Wissenschaft mit der Errichtung einer Kathedrale. »Ihr Bau erfolgt durch wenige Architekten und viele Handwerker«. Nach der Erfahrung seines Lebens käme es darauf an, die großen Forscherpersönlichkeiten in der Masse der jungen Wissenschaftler früh zu entdecken und sie durch Umweltbedingungen zu fördern, die höchste Konzentration und besten Nutzeffekt ermöglichen. In der weiteren Diskussion bestätigte er, daß wegen der wachsenden Aufsplitterung der Fachgebiete oft auch die Zuordnung von Spezialisten-Kollektiven zu solchen Umweltbedingungen gehöre. Abschließend betonte Professor Warburg die Bedeutung der klaren objektiven Urteilsbildung über »das Neue« für den Fortschritt der Naturwissenschaften. Es sei eine stark differenzierte Wichtung der Stimmen aller an Einschätzung und Entscheidung Beteiligten notwendig, damit das kollektive Urteil richtig gefällt wird.

Diese Worte erinnerten mich an den Ausspruch des Biochemikers und Nobelpreisträgers Professor Richard Willstätter kurz nach dem Zweiten Weltkrieg zu dem speziellen Bereich der Wissenschaft: »Die Namen, die bestimmt sind, die Jahrhunderte zu überdauern, sind nicht zahlreich. – Wir können zu verordnen versuchen, daß alle Stimmen... gleich zählen, aber die Natur hat es anders geordnet.«

Adolf Butenandt zum gleichen Problem

Zu diesem Problem sagte Nobelpreisträger Professor Dr. Adolf Butenandt 1966:

»Man hört häufig, die Zeit der großen Gelehrten, die einsam in der Studierstube und im Laboratorium um neue Erkenntnisse ringen oder denen sich – wie Helmholtz von sich selbst sagte – die Erleuchtung besonders gern einstellt, wenn sie an einem sonnigen Tag langsam einen Hügel hinaufgehen, sei vorüber, und Fortschritte der Wissenschaft seien nur noch durch Zusammenarbeit vieler Spezialisten an einem vorgegebenen Problemkreis zu erzielen. Ich halte diese Auffassung für einen bedenklichen Irrtum, der zweifellos vorliegende Gegebenheiten auf Teilgebieten der Wissenschaft unzulässig verallgemeinert. Auch heute werden die entscheidenden ersten Impulse zum Fortschritt der Erkenntnis von einzelnen geliefert, und auch die moderne Gesellschaft benötigt den Gelehrten mit weitem Horizont, der befähigt ist, immer wieder Neues zu erfassen und zu ersinnen, der ganz durchdrungen ist von seiner Berufung.«

Man mag gegen den einen oder anderen dieser Gedanken Bedenken haben, die Schlußfolgerungen scheinen mir jedoch richtig zu sein und dem Fortschritt von Wissenschaft und Wirtschaft zu dienen. Gleichmacherei ist dem Sozialismus wesensfremd. Gerade in dieser Frage liegen große Vorteile auf der Seite des sozialistischen Systems, weil aus dem ganzen Volk und nicht nur aus relativ kleinen privilegierten Schichten planmäßig der wissenschaftliche Nachwuchs herangebildet wird.

In der Vergangenheit wirkte der schöpferische Genius oft in strenger Abgeschiedenheit, ja in Einsamkeit. Etwa so, wie Albert Einstein die nach ihm benannten, zum Teil überraschend einfachen revolutionierenden Gleichungen und Gesetzmäßigkeiten fand, als er allein segelte oder wanderte, im permutierenden Gedankenspiel aller jeweiligen Lösungsmöglichkeiten. Und doch, trotz der Isoliertheit des Schöpfungsaktes wären die großen Taten der Heroen des Geistes in früheren Zeiten nicht denkbar gewesen, ohne daß bedeutende Vorgänger und stimulierende Vorbilder Pate gestanden hätten. Die umwälzenden Entdeckungen und Erfindungen entstehen aus ihrer Zeit und im Wechselspiel mit einer begünstigenden Umwelt, in Wechselwirkung mit dem Leben. In jener wunderbaren Bescheidenheit, die wirkliche Größe oft kennzeichnet und erhöht, sagt Albert Einstein zu unserer Thematik: »Jeden Tag denke ich daran, daß mein äußeres und inneres Leben auf der Arbeit der jetzt lebenden sowie der schon verstorbenen Menschen beruht, daß ich mich anstrengen muß, um zu geben, im gleichen Ausmaß, wie ich empfangen habe und noch empfange.«

In der Gegenwart haben sich die Quellen für wissenschaftlich schöpferische Leistungen und der Schöpfungsakt selbst gewandelt. Nur noch selten waltet hierfür der Genius in stiller Abgeschiedenheit. Immer häufiger stellen sich die zündenden Ideen, das Erkennen bewegender Aufgaben und ihrer Lösungen in Wechselwirkung bzw. sogar im Wechselgespräch mit klugen Diskussionspartnern, oft Vertretern anderer, aber beteiligter Fachrichtungen ein. Der wachsenden Kompliziertheit wird durch das Wirken im Kollektiv Rechnung getragen. Geblieben ist, daß die schöpferische Tat in Harmonie mit ihrer Zeit und als Fortsetzung der Leistungen von Menschen, die den Boden bereitet haben, erwachsen muß. Geblieben ist, daß diese kostbare und seltene Pflanze eines begünstigenden Umweltklimas bedarf und daß sie dort am häufigsten blüht, wo die Gestaltung einer fördernden Umwelt am besten gelingt.

Auch unter den Bedingungen der wissenschaftlich-technischen Revolution, die es dem einzelnen durch die Informationsexplosion unmöglich macht, die beteiligten Fachgebiete ganz zu überschauen, und daher die kollektive Arbeitsweise immer mehr an Bedeutung gewinnen läßt, wird die überragende, weite Gebiete beherrschende Forscherpersönlichkeit nicht an Bedeutung verlieren. Eher steigt sie noch im Rang, denn als Erster im Kollektiv trägt der leitende Wissenschaftler eine besondere Verantwortung für alle Entscheidungen. Um diese schwere Pflicht optimal erfüllen zu können, muß er in ständigem Gedankenaustausch mit den Mitgliedern seines Kollektivs stehen und ihre Anregungen aus anderen Fachsparten, Vorschläge, Kritiken und Arbeitsergebnisse laufend kennenlernen. Bei solcher Arbeitsweise bestehen die besten Voraussetzungen dafür, daß er selbst immer wieder durch starke schöpferische Impulse seine Mitarbeiter im Kollektiv als »Primus inter pares« zu großen Leistungen anspornt.

Die Rolle des Wissenschaftlers im Sozialismus ist durch die Stellung der Wissenschaft in dieser Gesellschaftsordnung bedingt. Beim Empfang einer Delegation des Präsidiums der Urania durch den Ersten Sekretär des Zentralkomitees der Sozialistischen Einheitspartei Deutschlands sagte Erich Honecker im Januar 1972: »Sozialismus und Wissenschaft sind eine untrennbare Einheit. Der Sozialismus verlangt schöpferische Arbeit und macht den wahren Sinn unseres Lebens aus. Und dazu gehört die Wissenschaft... Die DDR als sozialistischer Staat der Arbeiter und Bauern eröffnet den Wissenschaftlern ein weites und lohnendes Feld. Nur der Sozialismus versetzt den Gelehrten in die Lage, sein Wissen und Können, seine Fähigkeiten und Erfahrungen zum Wohle des Volkes zu entfalten. Damit erfüllt er den wahren Sinn seiner Berufung und Aufgabe... Wir schätzen die Meinung und den Rat der Wissenschaftler zu vielen Fragen unseres sozialistischen Lebens. Bei der Erschließung aller Möglichkeiten der Wissenschaft für die Entwicklung von Wirtschaft und Gesellschaft haben wir schon wichtige Erfahrungen gesammelt, doch das bleibt eine wesentliche schöpferische Aufgabe, für die wir immer wirksamere Lösungen brauchen und finden werden, und zwar wiederum gemeinsam mit den Wissenschaftlern... Wir werden also auch künftig großes Gewicht darauf legen, die Errungenschaften der wissenschaftlich-technischen Revolution organisch mit den Vorzügen der sozialistischen Gesellschaft zu verbinden.« Diese Formulierungen werden hier wegen ihres programmatischen Charakters wörtlich zitiert.

Beispiel Sowjetunion

Als es galt, den Weltfrieden durch beschleunigte Entwicklung der sowjetischen Kernwaffen zu stabilisieren, sind in der Sowjetunion die hier skizzierten Prinzipien zur Förderung des Fortschritts angewendet worden. Die bedeutendsten Forscher der jüngeren Generation wurden 1945 ausgewählt. Sie erhielten für ihre Arbeit nahezu ideale Bedingungen, und jedem einzelnen ordnete man Kollektive hervorragender Spezialisten zu.

In dieser Gegenüberstellung darf keine Abwertung der nicht in exponierter Position wissenschaftlich Tätigen gesehen werden. Wie stark auch gerade sie zum Fortschritt der Naturwissenschaften, insbesondere durch Verbreiterung und Vertiefung der weiten Front der verschiedensten Spezialgebiete beitragen, drückt sich in dem gegenwärtig gewaltigen Ansteigen ihrer Zahl aus.

Meine eigenen Erfahrungen

Unter den Bedingungen der wissenschaftlich-technischen Revolution und besonders der multidisziplinären beziehungsweise interdisziplinären Forschung hat der leitende Wissenschaftler im sozialistischen System nicht nur große Aufgaben und Pflichten, sondern ihm stehen auch neue Möglichkeiten offen, die es zu nutzen gilt. Ich meine hier weniger die Bildung von problemorientierten Kollektiven aus Vertretern aller beteiligten Fachsparten, sondern mehr die Einschaltung von Potenzen, die außerhalb der eigenen Richtung liegen. Hierzu gehören überbetriebliche sozialistische Arbeitsgemeinschaften, wie wir sie zum Beispiel bei der Entwicklung des Elektronenstrahl-Mehrkammerofen-Verfahrens bis zur Großproduktion organisierten, Bildung von Forschungsverbänden, Erschließung nebenberuflicher Beratung durch hervorragende Vertreter fremder Fachsparten und die Einschaltung leistungsfähiger Kooperationspartner bei zugeordneten Fertigungen.

Die für den Leiter mit seiner Funktion verbundene administrative Belastung sollte durch die Einbeziehung von Mitarbeitern so gemindert werden, daß dem leitenden Wissenschaftler möglichst ein Arbeitszeitanteil von 75 Prozent für schöpferische wissenschaftlich-technische Arbeit zur Verfügung bleibt, die er verwenden kann, um die wesentlichen Informationen zu erschließen und aufzubereiten und die mit dem Thema verbundenen fremden Fachsparten zu studieren. Kollektive multidisziplinärer Zusammensetzung können nur dann zu hohem Nutzeffekt geführt werden, wenn der Leiter selbst eine hinreichende Übersicht über alle beteiligten Fächer hat und geistig-schöpferisch mitarbeitet. Bei diesen Voraussetzungen werden Verantwortung und Leistungsvermögen des einzelnen nicht herabgesetzt, sondern stark erhöht.

Nobelpreisträger Hans Selye über Intuition und Phantasie

Zwei Eigenschaften, die wohl nur schwer lehr- und erlernbar sind, zeichnen den bahnbrechenden Forscher vor den anderen wissenschaftlich Tätigen aus: Intuition und Phantasie. Hans Selye, Nobelpreisträger für Medizin (Stress) gibt in seinem Buch »Vom Traum zur Entdeckung«, welches er mir 1971 »mit kollegialen Grüßen« übersandte, Definitionen, über die es sich nachzudenken lohnt:

»Intuition ist die Intelligenz des Unterbewußtseins; Intuition ist der Funken, an dem sich alle Formen der Originalität, des Einfallsreichtums und der Findigkeit entzünden. Sie ist die Erleuchtung, die notwendig ist, um das bewußte Denken mit der Phantasie zu verbinden. Die Definition für Einfall lautet: ›Eine verbindende oder klärende Idee, die sprunghaft ins Bewußtsein tritt als Lösung eines Problems, das uns intensiv beschäftigt.‹

Ich habe solche erleuchtenden Einfälle mit anderen diskutiert und fand, daß sie den meisten Wissenschaftlern ganz unerwartet beim Einschlafen oder während des Erwachens kamen, oder manchmal auch, wenn sie mit etwas beschäftigt waren, das in gar keinem Zusammenhang mit der Sache stand, über die ihnen so plötzlich ein Licht aufging. Hat man angestrengt und bewußt nach einer Lösung gesucht, kann sie einem plötzlich während eines Spazierganges, beim Anhören einer Oper oder beim Zeitungslesen einfallen. Andererseits wird die Intuition durch physische Erschöpfung, irgendwelchen Ärger, störende Unterbrechungen oder unter dem Druck des Zeitmangels absolut blockiert.

Wir müssen zuerst an Hand von Beobachtungen die Tatsachen sammeln und sie dann in unserem Gedächtnis aufbewahren. Dann können wir sie logisch ordnen, wie es unser rationelles Denken diktiert. Dieses Verfahren reicht manchmal schon aus, um zu einer befriedigenden Lösung zu gelangen. Wenn aber die Tatsachen nach bewußtem Überlegen und Schlußfolgern kein harmonisches Bild ergeben, muß... der Phantasie freie Hand gegeben werden. Unter der Führung ungehinderter Phantasie entstehen dann, mehr oder weniger wahllos, unzählige Gedankenverbindungen, die Träumen gleichen – die der konventionelle Intellekt als töricht verwirft. Zeitweilig kommt aber eines der vielen zufälligen Tatsachenmosaike, die im Kaleidoskop der Phantasie gebildet werden, der Wirklichkeit so nahe, daß es einen erleuchtenden Einfall entzündet, dessen explosive Gewalt die Idee ins Bewußtsein schleudert. Mit anderen Worten, Phantasie ist die Kraft des Unterbewußtseins, Tatsachen in neue Beziehungen zueinander zu setzen, während Intuition die Gabe ist, die brauchbaren Traumbilder ins Bewußtsein zu bringen.«

Albert Einstein hat zum Thema Intuition und Phantasie den kurzen Satz geprägt: »Imagination is more important than knowledge,« womit er die Bedeutung der schöpferischen Phantasie hervorheben wollte.

Ein Rückblick an meinem 60. Geburtstag

Mit den Fortschritten unserer Krebsforschung, zu denen eine verhältnismäßig kleine Gruppe junger Mitarbeiter entscheidend beigetragen hatte, und mit anderen guten Ergebnissen auf den Spezialgebieten Ionenquellen, Elektronenstrahlschmelzöfen, Elektronenstrahl-Mikrobearbeitungstechnik, Vakuumbedampfungstechnik, Plasmatechnik, Elektronen-Anlagerungs-Massenspektrographie und biomedizinische Technik stand ich, vielleicht etwas verspätet, zum Zeitpunkt meines sechzigsten Geburtstages nahe dem Kulminationspunkt wissenschaftlich-schöpferischen Wirkens.

Bei einem Fernseh-Interview am 20. Januar 1967 konnte ich, auf die vergangenen Jahrzehnte meines Lebens zurückblickend, sagen, mir ist es ergangen, wie es der indische Dichter Rabindranath Tagore in seinen tiefdurchdachten Versen schildert:

Ich schlief
und träumte,
das Leben
wäre Freude.
Ich erwachte
und sah,
das Leben
war Pflicht.
Ich handelte
und siehe,
die Pflicht
war Freude.

Hoher Besuch zum 10. Jahrestag unseres Institutes auf dem Weißen Hirsch

Am 26. März 1965 waren zehn Jahre seit der Rückkehr aus der Sowjetunion vergangen. Aus diesem Anlaß empfingen wir den Besuch des Vorsitzenden des Staatsrates, Walter Ulbricht, mit seiner Gattin, der einen ganzen Tag den Problemen unserer Arbeit widmete. Es war regnerisch, und unser jüngster Sohn Hubertus hatte spontan einen Regenschirm requiriert, um die Frau des Staatsratsvorsitzenden bei dem Rundgang durch das Institutsgelände gegen die reichlich herabfallenden Tropfen zu schützen. Als wir Frau Ulbricht ein Dreivierteljahr später bei einem Empfang in Berlin wiedertrafen, beendete sie unser Gespräch mit den Worten: »Grüßen Sie mir meinen Hubertus.« Diese kleine Episode berichte ich nur, weil sie so kennzeichnend ist für das gute Klima, das die zwischenmenschlichen Beziehungen im sozialistischen Gesellschaftssystem auszeichnet, solange nicht in der Sache liegende Gründe eine Grenze ziehen.

Auch die folgende Szene demonstriert das: Bei einem Empfang in der Sowjetischen Botschaft Anfang 1967 unterhielten wir uns zu Beginn mit der Witwe des früheren Ministerpräsidenten Otto Grotewohl. Sie, die an der Seite ihres Mannes stets im Mittelpunkt ähnlicher Veranstaltungen gestanden hatte, befand sich jetzt in der zweiten Reihe eines Menschenwalls, der sich bildete, als die Mitglieder unserer Regierung zusammen mit dem Botschafter der UdSSR den Festsaal durchquerten. In diesem Augenblick entdeckte der damalige sowjetische Botschafter P. A. Abrassimow Frau Grotewohl unter den Gästen, bahnte sich einen Weg zu ihr, hakte sie unter und führte sie in das Zentrum der Gesellschaft neben Erich Honecker und Kurt Hager.

Solche Episoden mögen, für sich betrachtet, unwesentlich erscheinen, aber sie sind Symptome für das Bestehen einer Kraft, die weitgehende Auswirkungen hat. Heiterkeit und Harmonie im menschlichen Zusammenleben gehören mit zu den starken Kraftquellen des Fortschritts. In einer solchen Atmosphäre entfalten sich schöpferische Initiative, Verantwortungsfreudigkeit und der Wille zur Tat. Auch für die Entwicklung der Wissenschaften hat ein solches Klima positive Auswirkungen – die Forschung ist speziell in ihren Anfangsstadien eine zarte Pflanze, die in besonderem Maße günstiger Umweltbedingungen bedarf.

Unterschiedliche Auffassungen

Ein Erlebnis aus der Sowjetunion, von dem Professor Max Steenbeck berichtete, ist geeignet, die unterschiedlichen Denkweisen der sich gegenüberstehenden Systeme zu charakterisieren. Er hatte sich in Odessa einer schwierigen Staroperation unterziehen müssen, die Professor Filatow, der berühmte sowjetische Augenarzt, vornahm. Einige Tage danach fragte Max Steenbeck die ihn betreuende Krankenschwester nach den Kosten. Sie antwortete: »Die Operation ist kostenlos.« Darauf Steenbeck: »Im Westen hätte der Professor sich für das Honorar ein Auto kaufen können.« Die Entgegnung der Schwester berührte ihn tief: »Wer operiert dann aber die Armen?«

Humanes Denken und Handeln ist auch die bestimmende Komponente der Außenpolitik der sozialistischen Staaten. Der ehrliche Wille zur Stabilisierung des Weltfriedens, den ich in vielen Gesprächen mit sowjetischen Ministern und Diplomaten immer wieder angetroffen habe, beruht darauf. Oft hörte ich in diesen Unterhaltungen meine eigene schon früher diskutierte Auffassung, daß im Kriege auch auf der Seite des Gegners die weitaus größten Opfer von der Masse der Arbeiter und Bauern gebracht werden müssen. Mit diesen Teilen der Bevölkerung, die zudem kaum jemals selbst die kriegerische Auseinandersetzung wünschen, fühle man sich international verbunden. Deswegen unterstütze man zwar jene Kämpfe mit konventionellen Waffen, die von den Völkern für ihre Unabhängigkeit und Freiheit geführt werden, sei aber prinzipiell gegen den Krieg als Mittel zur Entscheidung zwischenstaatlicher Streitigkeiten und halte Eroberungskriege für besonders verwerflich.

Ein weiterer Besuch meines Freundes Jemeljanow

Eine Persönlichkeit, die sich in dem geschilderten Sinn aus tiefer Überzeugung für die Erhaltung des Friedens und eine weltweite Abrüstung einsetzte, war der frühere sowjetische Atomminister Jemeljanow, von dem ich schon wiederholt berichtet habe. Bei seinem zweiten freundschaftlichen Besuch im Februar 1967 sagte er, seine Pflichten als fliegender Diplomat hätten stark zugenommen, seit er in den »Ruhestand« getreten sei. Er war wieder auf dem Weg nach Genf. Der Verständigung zwischen Ost und West zu dienen und Entwicklungen entgegenzuwirken, die zu einem dritten Weltkrieg führen könnten, darin allein noch sah er seine Lebensaufgabe. Von amerikanischer Seite war er, wie er erzählte, gerade mit einem 100000-Dollar-Friedenspreis ausgezeichnet worden, dessen Annahme er jedoch unter Hinweis auf die Ereignisse in Vietnam abgelehnt hatte. –

Im Mai 1969 fand in Dresden die 9. Bezirksdelegiertenkonferenz der Sozialistischen Einheitspartei Deutschlands statt, an der auch der Vorsitzende des Ministerrates Willi Stoph, verschiedene weitere Minister und hohe Staatsfunktionäre teilnahmen. Die Beratung befaßte sich besonders mit der Förderung von Spitzenergebnissen in Wissenschaft und Technik. Als Gast der Tagung erhielt ich Gelegenheit zu einem Diskussionsbeitrag. Aus meiner Rede möchte ich zwei Passagen zitieren, weil sie meine ganz persönlichen Auffassungen und Empfindungen betreffen:

»Die Deutsche Demokratische Republik gehört bekanntlich in die Reihe der ersten Industriestaaten unserer Erde. Wenn aber ihre Bevölkerungszahl und ihre relativ zur Bundesrepublik viel schlechtere Ausgangsposition 1945 beziehungsweise 1949 mitberücksichtigt wird, so gehört sie zu den allerersten Industriestaaten. Dieser Entwicklungsstand ist zwei elementaren Tatsachen zu verdanken:

1. dem Können, der Einsatzbereitschaft und dem Fleiß unserer Bevölkerung;

2. unserem funktionierenden sozialistischen System sowie dem organisatorischen Können und dem Fleiß der leitenden Funktionäre in Partei, Regierung und Industrie.

Lassen Sie es mich einmal aussprechen:

Auch aus einer gewissen Übersicht über das, was heute in großer Breite bei uns heranwächst an Neuem und Fortschrittlichem, habe ich persönlich die größte Hochachtung vor jenen Vertretern der Arbeiterklasse, die unter bis 1945 feindlichsten Umweltbedingungen mit der Größe ihrer Aufgaben zu staatsmännischem Format herangewachsen sind...«

Spitzenergebnisse werden sich dort mit höherer Wahrscheinlichkeit einstellen, wo die Erfahrung, die Übersicht, das Fingerspitzengefühl, die Kenntnisse und umfassende Informationserschließung über die vielfältigen persönlichen Wissenschaftsbeziehungen der älteren Generation zusammenwirken mit der Arbeitskraft, dem Fleiß, dem gesunden, aber durch innere Bescheidenheit gemilderten Ehrgeiz und dem Können der jüngeren Generation. Ich glaube, daß es auch zu den Pflichten der älteren Wissenschaftlergeneration gehört, sich immer wieder durch eigene neue Ergebnisse von hohem Rang zu bewähren und zu behaupten. Niemals darf die großzügige Förderung, die unser Staat den Naturwissenschaften angedeihen läßt, dazu führen, daß einzelne Wissenschaftler in dieser Tatsache eine Art Lebensversicherung erblicken. Wer in dieser Frage versagt, sollte in allen Ehren abtreten und jüngeren Talenten seinen Platz übergeben. In unseren Universitäten, Hochschulen, Forschungszentren und auch in unserer Industrie können solche durch gesetzliche Maßnahmen zu begünstigende Auffrischungen den Boden für Spitzenleistungen verbessern. Für diejenigen, die in dieser Frage kein reines Gewissen gegenüber unserer sozialistischen Gesellschaft haben, sei ein Geheimnis zur Erhaltung der geistigen Frische verraten. Es stammt von dem bekannten Atomphysiker Enrico Fermi. Er empfahl, daß ein Wissenschaftler etwa alle zehn Jahre sein Arbeitsfeld wechseln solle.«

Meine berufliche Laufbahn entspricht ziemlich genau dieser Empfehlung.

Rückfall in die Radiowellen-Romantik meiner Jugend

Nach diesen ernsten Betrachtungen sei ein kleines heiteres Intermezzo gestattet. Weihnachten 1969 hatte ich einen Rückfall in meine jugendliche Vor-Radioperiode von 1922/23: Ich schenkte mir einen Spezial-Radioempfänger (Weltempfänger) für alle Frequenzbereiche (den mein späterer Freund Erwin Braun gerade herausgebracht hatte) und schloß ihn im ehelichen Schlafzimmer an eine auf dem Turm des Gebäudes installierte echte »Hochantenne« an. Wieder, wie vor fast fünfzig Jahren, faszinierte mich der Hauch der großen weiten Welt und besonders die Romantik des Nachrichtenverkehrs zwischen Küstenfunkstellen und Schiffen auf hoher See. Gute Bekannte aus alter Zeit, wie Rügen-Radio, Kiel-Radio, Norddeich-Radio und Scheveningen-Radio, waren immer noch in Aktion. Nur die Stationsrufzeichen hatten sich geändert, und die Sendefrequenzen waren von 0,5 Megahertz in bestimmte Bänder des 1,8- bis 8,8-Megahertz-Bereiches verlegt worden. Außerdem erfolgte ein großer Teil des Nachrichtenaustausches mit den Schiffen nicht mehr durch – mir jetzt nur noch bis zum Tempo 50 BpM verständliche – Morsesignale, sondern per Telefon.

Schon kurz nachdem ich die Anlage in Betrieb genommen hatte, belehrten uns folgende Wechselgespräche, daß die Sexwelle sich auch über die Radiowelle ausgebreitet hat. Aus naheliegenden Gründen wurden die Namen der Gesprächspartner verändert.

Erstes Gespräch zwischen Seemann und Ehefrau: »Wenn ik övermorgen tu Hus komm, denn zieh' ik di glik din Büx ut, min seuten Deern.« – Antwort: »Na, da hab' ik ja man auch gar nix gegen, Karl, Tschüs.«

Gleich danach dienstlich: »Hier Norddeich-Radio, Gesprächsdauer drei Minuten.«

Zweites Gespräch zwischen Verlobter und Seemann: »Entschuldige bitte, daß ich dich anrufe, aber ich will das Mißverständnis sofort ehrlich klären. Als der Vetter plötzlich in Unterhosen so vor mir stand, wurde mir ganz schwach, und da ist es dann geschehen. Ich versteh' mich selbst nicht mehr. Das einzige, was ich sagen kann, ist, entschuldige, Heinz, es soll auch nie wieder vorkommen.« Antwort: »Aus unserer Hochzeit wird nix, du Luder!« – Verlobte: »Aber das Essen ist doch schon für alle bestellt, und die vielen Einladungen! Ich komme morgen gleich mit dem ersten Zug nach Cuxhaven zu dir, Heinz.« – Antwort: »Na, dann komm man, wolln sehen, was sich machen läßt.« Ein Seufzer der Erleichterung beschließt diese Ausstrahlung der Antennen von Kiel-Radio.

Drittes Gespräch zwischen Freundin und Seemann: »Franz, heiratest du mich nun oder nicht?« – Antwort: »Ich heirate nicht!« – Freundin bricht in Tränen aus: »Oh, du gemeiner Kerl, ich dreh' ganz durch. Ich hab' nur noch eine Bitte, ruf Mutti an und sag ihr das selbst.« – »Kiel-Radio, Gespräch beendet! Gesprächsdauer zwei Minuten.«

Drei Radiogespräche und drei Momentbilder aus dem Leben. Bei weiterem Sprech- und Morseempfang vom Seefunkdienst tauchen längst vergessene Namen auf wie »Roter Sand«, »Alte Liebe« in Cuxhaven, »Holtenau«, Eckernförde« und dann der Dialekt – so gar nicht sächsisch! Man wird mir sicher verzeihen, denn meine Wiege stand in Hamburg.

Auch Erfolge können Schwierigkeiten verursachen

Im Frühjahr 1970 wurden wir merkwürdigerweise durch bedeutende Erfolge in der Forschungsarbeit vor eine sehr schwierige

Situation gestellt. Unsere Hauptkraft konzentrierte sich auf etwa ein Dutzend Themen, die nach dem Leitsatz »Wo lohnt es sich am meisten?« ausgewählt worden waren. Fast gleichzeitig stellte sich bei allen diesen Aufgaben der Erfolg ein, und die Vertragspartner aus Industrie und Staatsapparat forderten daher ebenfalls zur gleichen Zeit, wir sollten umfangreiche Arbeiten der nachfolgenden Entwicklungsstufe übernehmen. Obwohl der Institutskomplex inzwischen auf vierzehn Einzelgebäude angewachsen war, überstieg die Summe der nur durch uns schnell zu erfüllenden Aufgaben unsere räumlichen Möglichkeiten, zumal die Anlagen immer größere Ausmaße annahmen. Aus diesem Grunde machten sich kurzfristig hohe Investitionen notwendig. Damals hatte auch meine Sorge um die Zukunft des Instituts sehr zugenommen, weil meine ursprüngliche Absicht, eine Stiftung zu gründen, sich als nicht realisierbar erwies. Die Raumprobleme fanden ihre konstruktive Lösung durch die unverzügliche Errichtung einer Halle für Großgeräte (mit Krananlagen) hinter dem Garagengebäude der Zeppelinstraße 7 und durch den Bau eines Komplexes mit großzügig und zweckmäßig installierten Laboratorien in der Plattleite 19a.

Otto Warburgs Tod

1970 verlebten wir, wie schon viele Jahre zuvor, den Urlaub im August in unserem schönen Ferienheim an der Ostsee, das zwischen Heringsdorf und Bansin an der Strandpromenade liegt. Gleich in den ersten Tagen erreichte uns dort ein Telegramm mit der Nachricht: »Otto Warburg ging in den ewigen Schlaf.« Die Trauerfeier in der Dahlemer Dorfkirche bildete den würdigen Abschluß dieses reichen, so ganz der Forschung gewidmeten Lebens. Nachdem die ergreifenden Klänge von Beethovens »Die Himmel rühmen des Ewigen Ehre« verklungen waren, sprach Nobelpreisträger Professor Feodor Lynen mit tiefempfundenen Worten von dem inhaltsreichen Leben des am 1. August 1970 von uns gegangenen »Begründers der Biochemie«. Als ich mich wenig später mit Professor Otto Westphal dem offenen Grab zum letzten Gruß näherte, meinte dieser, wir beide würden zu den wenigen Menschen gehören, die noch unmittelbare persönliche Erinnerungen an die großen Wissenschaftler der zwanziger Jahre in Berlin haben: an Max Planck, Albert Einstein, Walter Nernst, Max von Laue, Arthur Wehnelt und – Otto Warburg.

Aus einem Nachruf auf Otto Warburg

In dem ergreifenden Nachruf auf Otto Warburg schrieb einer seiner bedeutendsten Schüler, Nobelpreisträger Sir Hans Krebs: »Wenn man Warburgs Beitrag zur Wissenschaft überblickt, wird man an die Worte des französischen Biologen Cuvier erinnert, der 1830 die Leistungen Humphry Davys mit denen anderer zeitgenössischer Chemiker verglich: ›Davy stieg auf wie ein Adler und beschien mit heller Fackel ein weites Feld der Chemie und Physik. Die anderen ließen ihre Lämpchen auf begrenzte Gegenstände leuchten. Davys Name steht über vielen Kapiteln, während die Namen der anderen in einzelnen Abschnitten zu finden sind.‹ Über die hervorragenden Leistungen Otto Warburgs läßt sich Ähnliches sagen.

Viele Ehren wurden Warburg zeit seines Lebens zuteil; aber die höchste und bleibendste von allen ist die Verehrung, Bewunderung und Zuneigung all derer, die ihm und seinem Werk begegnet sind und noch begegnen.«

Späte Bestätigung der Warburgschen These zum Gärungsstoffwechsel der Krebszellen

Im Alter von sechsundachtzig Jahren hatte Professor Warburg gerade seine den Lindau-Vortrag ergänzenden Experimente über die Bedeutung des Vitamin B_1 für die Krebsprophylaxe veröffentlicht. Nur wenige Tage vor seinem Tod konnte ich ihm ein Manuskript überreichen, das einen langjährigen Streit zu seinen Gunsten entschied. Meine in der »Klinischen Wochenschrift« erschienene Arbeit bestätigte mit verfeinerter experimenteller Technik die Warburgsche These: Alle gesunden Zellen des Organismus atmen und zeigen bei normaler Versorgung der Gewebe mit Sauerstoff keine Gärung. Alle Krebszellen, auch die der langsam wachsenden »Tumore geringer Abweichung« haben einen Gärungsanteil am Glukosestoffwechsel von dreißig bis fünfunddreißig Prozent. Wir hatten herausgefunden, daß nur die

Nervenzellen (Gehirn, Retina, periphere Nerven) eine Ausnahme bilden. Ihr Gärungsanteil wird aber durch Stoffwechselschranken auf acht bis neun Prozent im Organismus limitiert, wodurch sich gerade das für die Nervenfunktion notwendige Milieu schwacher Übersäuerung einstellt.

Entdeckung des Primärvorgangs der Schmerzentstehung

Gleichzeitig berichtete meine Arbeit über die Entdeckung des Primärvorgangs der Entstehung körperlicher Schmerzen (hohe Übersäuerung der peripheren Nerven bei Schädigung oder Verletzung der gefundenen Blut-Nerven-Schranke für den Glukosestoffwechsel) und die Korrelation im Blutkreislauf. Diese Ergebnisse haben neue Aspekte für Ursache und Bekämpfung von Krankheiten des peripheren Nervensystems mit bisher noch unbekannter Genesen geliefert. –

Ein schicksalbestimmender Brief Einsteins an Warburg

Wenige Monate nach Warburgs Tod saß ich wieder einmal im Dahlemer Max-Planck-Institut für Zellphysiologie am langen Tisch in der Bibliothek mit Jakob Heiss, dem Freund und Verwaltungsdirektor Warburgs, zusammen. Er eröffnete mir, es sei der Wunsch des Verstorbenen gewesen, daß ich mir aus seiner persönlichen wissenschaftlichen Bibliothek jene Bücher aussuche, die für meine Arbeit am Krebsproblem nützlich sein könnten. Dann übergab er mir mit innerer Bewegung den, wie er sagte, »schönsten« Brief Albert Einsteins an Otto Warburg als Geschenk. Dieses bis heute unveröffentlichte Schreiben stammt aus der Zeit des Ersten Weltkrieges und hat folgenden Wortlaut:

Hochgeehrter Herr Kollege! 23. März 1918

Sie wundern sich gewiß, von mir einen Brief zu bekommen, weil wir bis jetzt nur umeinander herumgegangen sind, ohne einander eigentlich kennenzulernen. Ich muß sogar befürchten, mit diesem Brief so etwas wie Unwillen bei Ihnen zu erregen; aber es *muß* sein.

Ich höre, daß Sie einer der begabtesten und hoffnungsvollsten jüngeren Biologen Deutschlands sind, und daß Ihr besonderes Fach gegenwärtig hier recht mittelmäßig vertreten ist. Ich höre aber auch, daß Sie draußen stehen an sehr gefährdetem Posten, so daß Ihr Leben beständig an einem Haar hängt! Jetzt schlüpfen Sie einmal bitte aus Ihrer Haut in die eines anderen sehenden Wesens und fragen Sie sich: Ist das nicht Wahnsinn? Kann Ihre Stelle da draußen nicht von einem phantasielosen Durchschnittsmenschen ausgefüllt werden, von der Sorte, von der 12 auf ein Dutzend gehen? Ist es nicht wichtiger als die ganze große Keilerei da draußen, daß wertvolle Menschen erhalten bleiben? Sie wissen es selbst genau und geben mir recht. Gestern sprach ich mit Prof. Krauss, der auch ganz meiner Auffassung ist und auch bereit, Sie für eine andere Thätigkeit reklamieren zu lassen.

Meine Bitte an Sie, die aus dem Gesagten entspringt, ist daher die, Sie möchten uns in dem Bestreben, Ihre Person zu sichern, unterstützen. Ich bitte Sie, mir nach einigen Stunden ernsthafter Erwägung ein paar Worte zu schreiben, damit wir hier wissen, daß unser Bestreben nicht an Ihrem Verhalten scheitern wird.

In der sehnlichen Hoffnung, daß in dieser Sache ausnahmsweise einmal die Vernunft siege, bin ich mit herzlichem Gruß

Ihr ergebener
A. Einstein
Haberlandstraße 5
Berlin W.

Auf Grund der intensiven Bemühungen Einsteins wurde Warburg durch Professor Krauss reklamiert und nahm noch im Sommer 1918 seine wissenschaftliche Tätigkeit wieder auf. Es ist faszinierend, diesen Brief zu lesen. Deutlich zeigt er, wie weitreichend Albert Einstein seine Verantwortung gegenüber den Wissenschaften und der Gesellschaft auffaßte. Dieser Pflichtenkreis umschloß nicht nur die uneigennützige Förderung talentierter junger Menschen, sondern erstreckte sich – wenn es Not tat – auch auf den Schutz eines hochbegabten jungen Wissenschaftlers vor sinnlosen Gefahren, die ihm an vorderster Front eines ungerechten Eroberungskrieges drohen konnten. Ich bin sehr glücklich, diesen Brief zu besitzen. Meine Freunde, die mich besuchen, wissen ohnehin, wie sehr ich Albert Einstein verehre. Jeder, der in Dresden auf dem Weißen Hirsch unser Haus betritt, bleibt vor dem Einstein-Bild stehen, das in der Eingangshalle den schönsten Platz hat. Hermann Hensel hat es für mich gemalt. Er war Physiker und hat Einstein noch selber gehört.

Einstein 1949 zu Fragen der Gesellschaftsordnung

Albert Einstein war nicht nur einer der bedeutendsten Baumeister der Physik in unserem Jahrhundert, er war bekanntlich auch ein Gelehrter, der sich mit den bewegenden Kräften und Fragen seiner Zeit ständig auseinandersetzte. Die Verkümmerung des Einzelmenschen betrachtete er als das schlimmste Übel des Kapitalismus. In seinen hinterlassenen Schriften findet sich seine Stellungnahme aus dem Jahre 1949 zu Fragen der Gesellschaftsordnung. Er schreibt:

»Ich bin überzeugt, um diesen schweren Mißständen abzuhelfen, gibt es nur ein Mittel, nämlich die Errichtung einer sozialistischen Wirtschaft mit einem Erziehungssystem, das auf soziale Ziele abgestellt ist. In einer solchen Wirtschaft gehören dann die Produktionsmittel der Gemeinschaft, die sie nach einem bestimmten Plan benutzt. Man würde in einer solchen Planwirtschaft die Produktion den Bedürfnissen der Gemeinschaft anpassen, die zu leistende Arbeit unter die Arbeitsfähigen verteilen und jedem, Mann, Frau und Kind, den Lebensunterhalt garantieren. In der Erziehung würde man Sorge tragen, in jedem Einzelnen, neben seinen eigenen Gaben auch das Verantwortungsgefühl gegenüber seinen Mitmenschen zu pflegen und nicht wie in unserer heutigen (kapitalistischen) Gesellschaft Macht und Erfolg zu verherrlichen.«

Neue Waffen gegen den Herzinfarkt

Im Winter 1970/71 war unsere Arbeit auf dem so fruchtbaren Feld der multidisziplinären Medizin von großem Glück begünstigt. Bekanntlich nehmen in den hochentwickelten Industriestaaten unter den gegenwärtigen Umweltbedingungen die Herz-Kreislauf-Krankheiten als Todesursache den ersten Platz ein. Dabei steht der Herzinfarkt als sehr häufige Todesursache im

Vordergrund. Die Erkundung von Maßnahmen oder Maßnahmekombinationen zu seiner Bekämpfung ist daher eine Aufgabe von höchster Aktualität.

Als ich Hinweise bearbeitete, die mir von Dr. Berthold Kern und Dr. Peter Schmidsberger gegeben worden waren, führte mich eine Vielzahl von Indizien aus der neueren medizinischen Literatur (F. Büchner, W. H. Hauss und andere) und aus der eigenen Forschung zu der Erkenntnis, daß die Großnekrose des Herzinfarktes als Folge einer lysosomalen Zytolyse mit anschließender Zytolose-Kettenreaktion entsteht. Der gleiche fundamentale Naturprozeß, der von uns künstlich durch die Attackenkombination der Krebs-Mehrschritt-Therapie in allen Krebsgeschwülsten des Organismus herbeigeführt wird, um sie zu vernichten, verursacht bei mangelhaftem O_2-Stoffwechsel des Herzmuskels (Mangel des Sauerstoffangebotes beziehungsweise der Sauerstoffnutzung), also durch *Energieverarmung* unter bestimmten zusätzlichen Bedingungen (Überschreitung einer gewissen Größe des O_2-Mangel-Volumens sowie einer aus Messungen ermittelten Stärke und Zeitdauer des O_2-Mangels) die Zerstörung der Myokardzellen und die Verschließung der feinsten Gefäße des Herzmuskels im erfaßten Volumen.

Spezifisch bei dem im Herzmuskel ablaufenden Zytolysemechanismus ist, daß die Lysosomen (Organellen der Zellverdauung) nicht a priori vorhanden sind, sondern erst mit dem sehr lysosomenreichen Bindegewebe (Mesenchym) erscheinen, welches etwa 30 min nach Eintritt der infarktauslösenden Noxe heranwuchert. Wie klug hat hier die Natur dem Herzen eine Schutzfrist von etwa 30 Minuten gewährt!

Gemeinsam mit meinem Mitarbeiter P. G. Reitnauer gelangen mit Hilfe unserer feinen Mikro-pH-Glaselektrode (0,1 mm lange, neuerdings sogar bewegliche Meßspitze) rückwirkungsfreie pH-Messungen am schlagenden Herzen und Registrierungen über das zeitweilig tiefe pH-Absinken (tiefe Übersäuerung) beim Ablauf experimentell ausgelöster metabolischer Herzinfarkte bei Ratten. Wir fanden die überraschend starke, belastungsabhängige pH-Labilität des Herzmuskels und daß die im Infarktgebiet gemessene starke Übersäuerung zunächst reversibel bleibt (zum Beispiel bis zu 60 Minuten). Aus den so gewonnenen Einblicken in Natur und Ablauf des Infarktmechanismus ergaben sich neue Aspekte zur Infarktprophylaxe sowie zur Hemmung des Infarktes noch während seiner akuten Phase, das heißt bevor die Zytolyse mit nachfolgender Zytolyse-Kettenreaktion ihr Zerstörungswerk am Herzmuskel beendet hat. – Einer dieser Aspekte, zu dem bisher nur erste Untersuchungen von W. H. Hauss vorliegen, ist die Hemmung des schon erwähnten Heranwucherns von lysosomenreichem Mesenchym durch in mäßiger Dosierung gegebene Zytostatika. Hier zeichnet sich eine heute noch nicht erkundete Möglichkeit zur Bekämpfung des Infarkttodes ab. Wieder weisen theoretische Vorstellungen den Weg. Ich denke an jenen Satz, den der größte französische Physiologe Claude Bernard vor einem Jahrhundert, für sein sich auch heute noch weiter entwickelndes Gebiet niederschrieb: »Es gibt keine richtigen oder falschen Theorien, es gibt nur fruchtbare und unfruchtbare Theorien!«

Im Zusammenhang mit unseren experimentellen Forschungen fanden wir, daß ein wesentlicher Beitrag zur schützenden Wirkung des bekannten Herzmittels g-Strophanthin durch starke Erhöhung des pH-Wertes (Verringerung der Übersäuerung) im Infarktgebiet entsteht. Leider war dieses besonders schnell helfende Herzmittel seit mehreren Jahrzehnten wegen »unsicherer Wirkung« in Verruf geraten. Wir resignierten nicht mit der Feststellung dieses Faktes, sondern suchten nach seiner Ursache und fanden sie. Sie lag in der außergewöhnlichen Pharmakokinetik des g-Strophanthin, die wir gemeinsam mit meinen Mitarbeitern Dr. med. H. G. Lippmann und Dipl.-Math. F. Rieger durch Kombination der Mikro-pH-Messungen am schlagenden Rattenherzen und sogenannten QT_c-Zeit-Messungen in Präzisions-Elektrokardiogrammen mit den von H. Druckrey und K. Küpfmüller ausgebauten Methoden der theoretischen Pharmakologie schnell aufklären konnten. Es ergab sich, aus der unsicheren wird eine »sichere Wirkung«, wenn beim (im Blutkreislauf innerhalb von weniger als 60 Sekunden inaktiv werdenden) g-Strophanthin bestimmte einfache Applikationsbedingungen eingehalten werden. Weiter fanden wir, daß dies sogar bei der wichtigen perlingualen*, vom Patienten selbst durchführbaren Gabe zutrifft. Damit war die Voraussetzung erfüllt, um die breite Erprobung folgender konkreter Wege mit g-Strophantin zur Bekämpfung

* Pharmakonresorption über die Schleimhäute von Zunge und Mund

des Herzinfarktes als Todesursache vorschlagen und begründen zu können:

1. Perlinguale ad-hoc-Prophylaxe bei Auftreten subjektiver Herzbeschwerden, wie Schmerzen, Druckgefühl und so weiter mit Eintritt der Wirkung 6 bis 8 min nach der Applikation.
2. Perlinguale permanente Prophylaxe bei Vorliegen der sogenannten Risikofaktoren mit gleichbleibender, täglich viermaliger Applikation.
3. Perlinguale Schnelltherapie in der Notsituation vor Einsatz ärztlicher Hilfe bei akutem Infarktfall mit Eintritt der Wirkung 6 bis 8 min nach der Applikation. Auf diese Weise können die kostbaren ersten Minuten nach der Infarktauslösung, wo die Schädigung der Herzmuskelzellen noch reversiblen Charakter hat, vom Patienten selbst therapeutisch genutzt werden. Bekanntlich treten etwa 66 Prozent der Infarkttodesfälle in der kritischen Zeitspanne bis zum Einsatz ärztlicher Hilfe ein.

Bei meinem Eintreten für g-Strophanthin ging ich davon aus, daß nach Vorliegen unserer quantitativen Untersuchung dieses bekannte Herzglykosid *sofort* mit den Wegen 1 bis 3 erprobt werden könnte. Ob andere, ebenfalls schnell wirkende Herzglykoside das gleiche leisten wie g-Strophanthin, ist eine noch offene Frage, die erst noch durch analoge quantitative und sehr zeitraubende Forschungen beantwortet werden muß. Es ist nicht unwahrscheinlich, daß diese Antwort positiv ausfällt. Aber bis dahin setzt sich das Sterben und Leiden durch den Infarkt in wahrscheinlich noch weiter ansteigender Häufigkeit fort. Dies ist ein ernster Appell an alle Verantwortlichen.

Meinungsstreit über die ernste Thematik

Obwohl ich jedes Interview über unsere eigenen Forschungen ablehnte und stets auf die Originalarbeiten verwies, stellte sich, lange bevor alle unsere Arbeiten erschienen waren, im Oktober 1971 in den Massenmedien der Welt ein außergewöhnliches Echo unserer Forschungen ein. Zum Zeitpunkt, als unsere Dresdner Forschungen noch auf vollen Touren liefen, wurde in

Heidelberg ein »Wissenschaftliches Kolloquium zu den Thesen des Dr. B. Kern« veranstaltet. Auf diesem Kardiologentreffen wurden zur g-Strophanthin-Problematik Thesen mit Gegenthesen bekämpft. Leider sind dort auch unsere Arbeiten mit in den Wirbel kontroverser Auffassungen gezogen und unsere experimentellen und quantitativen Forschungen am Rande mitkritisiert worden. Diese voreilige Kritik, ohne solides wissenschaftliches Fundament, stimulierte unseren Tatendrang und führte einige Monate später zu quantitativen Forschungsergebnissen, welche die Oberflächlichkeit des Heidelberger Kolloquiums in der »g-Strophanthin-Problematik« aufzeigten. Beispielsweise hatte man in Heidelberg zusammen mit den »Thesen des Dr. B. Kern« auch unsere perlinguale Gabe von g-Strophanthin (geringe Wirkungsstreuung) mitverurteilt und die hierdurch erschlossene perlinguale *Schnelltherapie* zu diskutieren vergessen. In einer Zuschrift an die medizinischen Gesellschaften, welche das Heidelberger »Kolloquium« organisiert hatten, machte ich unter anderem auf diese Unterlassung aufmerksam und wies darauf hin, daß die generelle voreilige Verurteilung der optimierten perlingualen Gabe von g-Strophanthin (mit Dimethylsulfoxyd als Schlepper) eine Hürde vor der breiteren Erprobung unserer Ergebnisse errichtet und dadurch allein in der Bundesrepublik Zehntausenden von Menschen jährlich das Leben kosten kann. Ich bat, im vorliegenden Fall Prestigegesichtspunkte aus humanistischen Gründen zurückzustellen, die Kritik an unseren Forschungen zurückzuziehen und den von uns erzielten Fortschritt zu würdigen. Vergeblich!

In der offiziellen Antwort, die ich aus Heidelberg erhielt, befindet sich, wohl um meine Vorschläge zur ad-hoc-Prophylaxe und zur Schnelltherapie der Notsituation zu entwerten, die Formulierung: »So scheint uns auch dann noch nicht der Schluß erlaubt, daß es mit Strophanthin gelingt, einen wirksamen Schutz vor einem Herzinfarkt zu erreichen. Hier kann erst der klinische Versuch die Resultate erbringen, die für die Lösung dieser Frage notwendig sind.« Gerade um die Organisation solcher Versuchsreihen im klinischen Bereich war es mir gegangen. Aber nichts von einer solchen Absicht war zu bemerken. So gehen wissenschaftliche Meinungsstreite oft aus wie das Hornberger Schießen. – Daß in der Antwort man so weit ging, die helfende Wirkung des g-Strophanthin beim Herzinfarkt und vor allen Dingen bei seinen ihn vorbereitenden Vorstadien in Zweifel zu ziehen, überraschte mich. Praktisch läuft diese Stellungnahme darauf hin, allen Herzglykosiden die in vorstehendem Sinne helfende Wirkung abzusprechen, denn Strophanthin unterscheidet sich von den anderen Herzglykosiden hauptsächlich nur durch seine schnelle Wirkung (und durch die von uns gefundene schnelle Elimination seiner aktiven Form aus dem Kreislauf). Die Schutzwirkung des g-Strophanthin läßt sich auf verschiedene Arten experimentell beweisen. Einen Beweis wollen wir wegen des Ernstes der Frage und auch deswegen hier führen, weil er den Leser mit einer wichtigen Beziehung vertraut macht, die ihm in seinem eigenen Leben immer wieder entgegentritt. Es ist dies die Auslösung von körperlichem Schmerz, sobald in irgendeinem von Nerven durchsetztem Gewebe Übersäuerung durch Milchsäure, zum Beispiel bei Glukosevergärung, eintritt. Das Auftreten von Herzschmerzen bedeutet daher Übersäuerung im Herzmuskel. In den meisten Fällen sind diese Schmerzen mäßig, weil die Übersäuerung nur in Mikrobezirken des Myokard stattfindet. Häufen sich solche Fälle, so findet der Pathologe später auf den Seziertisch eine Unzahl meist schon vernarbter Kleinnekrosen, die in ihrer Summe das Herz stark vorschädigen und die Wahrscheinlichkeit eines Infarktes mit dem Endstadium der Großnekrose sehr erhöhen. Deshalb kann es schicksalhaft für den betroffenen Menschen sein, daß er durch Einsatz von Herzglykosiden und besonders durch die vorgeschlagene ad-hoc-Prophylaxe es gar nicht erst zu lange anhaltenden Herzschmerzen kommen läßt. In diesem Zusammenhang ist nun jene Beobachtung entscheidend, die mir viele Kardiologen der älteren Generation bestätigt haben beziehungsweise bestätigen können, daß wenige Minuten nach Strophanthin-Gabe der Herzschmerz zurückgeht, also damit auch die Nekrose verursachende Übersäuerung. Genau das aber haben wir in Dresden experimentell durch Übersäuerungs-Registrierungen im Infarktgebiet eines Rattenherzens wenige Minuten nach Gabe von Strophanthin gefunden, den Rückgang der Übersäuerung um etwa 0,5 pH-Einheit. Die gefundene Minderung der Herzmuskelübersäuerung wenige Minuten nach Gabe von g-Strophanthin kann natürlich nur dann im Infarktereignis die Herzmuskelschädigung herabsetzen, also helfen, wenn die durch eine Sauerstoffmangelsituation eingeleitete Schädigung noch nicht irreversibel geworden ist. Das ist aber nur in den ersten 10 bis 30 Minuten (je nach Stärke der eintretenden Übersäuerung) der Fall. Deswegen wird mich nichts davon abhalten, immer wieder zu fordern, daß bald die Voraussetzungen für eine vom Patienten selbst in der Notsituation durchführbare Schnelltherapie mit einem schnell wirkenden Herzglykosid wie g-Strophanthin geschaffen werden. Nach der Antwort, die ich aus Heidelberg erhielt, müßten alle die Ärzte, die seit Jahrzehnten im akuten Infarktfall sofort durch intravenöse Gabe von g-Strophanthin zu helfen versuchten, die Opfer eines Irrtums gewesen sein.

Der Leser möge mir verzeihen, daß ich ihn hier mit den Einzelheiten eines aktuellen wissenschaftlichen Meinungsstreites belastet habe. Wenn ich dies tat, so leitete mich dabei nicht allein die humanistische Bedeutung der umstrittenen Frage, sondern dazu der Gedanke, daß auch eine solche Schilderung zum Rückblick auf ein Leben mit der Forschung gehört, denn der Meinungsstreit war fast tägliches Ereignis und ist, wenn er unvoreingenommen und konstruktiv geführt wird, geradezu ein unentbehrliches Instrument für die Abklärung und Optimierung von Forschung und Entwicklung.

Jahrelange Überarbeitung zeigt gesundheitliche Folgen

Bekanntlich werden Herzinfarkte oft in den Sauerstoffmangel-Situationen ausgelöst, wie sie zum Beispiel im nächtlichen Blutdruckminimum von Hypotonikern oder bei akuten Kreislaufstörungen vorkommen.

1970/71 strömten besonders viele erregende Ergebnisse und Erkenntnisse auf mich ein, die sofort ausgewertet werden mußten, um den Mitarbeitern ihre neuen Aufgaben bis in feinste Einzelheiten täglich zu stellen. Gleichzeitig galt es, im Zusammenhang damit mehrere Bücher und ungezählte wissenschaftliche Aufsätze abzufassen und zu korrigieren. Dazu kamen dann noch die vielen Vorträge, Sitzungen und gesellschaftlichen Verpflichtungen, die meine Mitwirkung in zahlreichen Gremien mit sich brachten. Diese Belastungen überschritten meine geistig-körperliche Leistungsgrenze. Ein Erschöpfungszustand mit viel zu niedrigem Blutdruck (Hypotonie) und periodischen schweren Kreislaufstörungen war die Folge. Damals gaben mir die Ärzte die für mich sehr negative Auskunft, es sei sehr schwer, den Blutdruck durch Medikamente anzuheben; viel leichter gelänge es, zu hohen Blutdruck auf niedrigere Werte zu bringen.

Auf die sonst üblichen Diktate während der häufigen langen Autofahrten nach Berlin mußte ich verzichten, ebenso auf das Weiterwirken während des Urlaubs im bequem eingerichteten Arbeitszimmer in Heringsdorf, und auch die bisher fast immer übliche Fortsetzung der Tätigkeit bis in die späten Abendstunden oder an den Wochenenden hatte zu unterbleiben. Die Ärzte und die gesamte eigene Familie verordneten mir einen mehrmonatigen Kuraufenthalt. Doch ein kurmäßiges, asketisches Leben nach streng einzuhaltenden Regeln und ohne schöpferische Tätigkeit ist für mich eine der schlimmsten Strafen, die man mir in Aussicht stellen kann. Deshalb begab ich mich sofort unter den Schutz der von uns selbst optimierten perlingualen Strophanthin-Prophylaxe gegen den Herzinfarkt. Diesen Schutz führe ich seit damals durch. Dabei konnte ich während verschiedener spontaner Krisen sehr positive Beobachtungen machen. Ich beabsichtige, das bis zu meinem Lebensende fortzusetzen. Vor allen Dingen aber kam mir in den erzwungenen Stunden der Besinnung in der Renormalisierungszeit nach Kreislaufstörungen der Gedanke, sofort mit der Erforschung der Frage zu beginnen, wie *ohne Kur* der Blutdruck und die Blutdruckamplitude des Menschen anhaltend gesteigert und damit die Vermeidung von Kreislaufstörungen und die schnelle Neubildung von Reserven gesichert werden kann. Unter dem Zwang der geschilderten Situation gelang mir im Selbstversuch die im folgenden Abschnitt beschriebene medizinische Entdeckung, die von uns inzwischen nach Behandlung vieler Hypotoniker mit labilem Kreislauf bestätigt werden konnte.

Der Blutdruck kann gesteigert werden

Ich erinnerte mich an unsere »Krebs-Prophylaxe durch intensivierte O_2-Mehrschritt-Therapie«, die schon im Zusammenhang mit dem Warburgschen Vortrag in Lindau besprochen wurde. Ich erinnerte mich ebenfalls daran, daß wir durch die einfache O_2-Mehrschritt-Therapie – insbesondere durch die Messungen meines medizinischen Mitarbeiters H. G. Lippmann über die Steigerung der Konzentration energiereicher Phosphate im Gehirn der Ratten – den Krebs-Mehrschritt-Therapie-Prozeß mit seiner etwa zweieinhalbstündigen 40° C-Körperüberwärmung auch für ältere, bereits geschwächte Krebspatienten verträglich gestaltet hatten. Mit dieser Methode konnten wir in verschiedenen Arbeiten ein Auftanken bemerkenswerter Herz-Kreislauf-Reserven nachweisen, die mehrere Stunden vorhielten.

Diese Betrachtungen lieferten Antworten auf die Fragen: Wie lange muß getankt werden? Wie groß ist der erzielbare Gewinn? Kann er durch Pharmaka, welche die O_2-Utilisation in den Zellen verbessern, noch weiter gesteigert werden? Wie groß ist vergleichsweise der durch den natürlichen Schlaf eintretende Effekt? Über welche Zeitspanne hält die durch Auftanken bewirkte künstliche Erhöhung der Reserven an energiereichen Phosphaten im Gehirn an?

Als sofort nutzbares Ergebnis der oben erwähnten Messungen an Ratten erinnerte ich mich an unsere Empfehlung, bereits anderthalb Stunden vor absehbar starken Belastungen des Organismus – zum Beispiel vor schweren Operationen, Geburten, schweren geistigen Beanspruchungen und so weiter – mit dem Auftanken von energiereichen Phosphaten, also mit der Verdopplung oder Verdreifachung des Sauerstoffpartialdrucks der Inspirationsluft zu beginnen. Die Mehrschritt-Erhöhung der O_2-Stoffwechselrate erschien mir außerdem geeignet als Schnellverfahren zur Beseitigung von Ermüdungen und Sauerstoffmangelzuständen des Herzmuskels.

Weiter überdachte ich mein Konzept der »O_2-Mehrschritt-Sauna«, für das H. G. Lippmann durch Messungen den Beweis einer Verstärkung des Saunaeffektes um den Faktor 3,4 gegenüber der klassischen Sauna erbrachte. Und dann kam die zündende Idee für einen neuen universal bei Hypotonikern anwendbaren Prozeß, der meine Gesundheit im Laufe weniger Stunden wiederherstellte und zu einer unentbehrlichen Hilfe der künftigen Medizin werden dürfte.

Durch diesen Prozeß kann sowohl der systolische Blutdruck als auch die Blutdruckamplitude innerhalb von 90 Minuten auf Normalwerte dauerhaft angehoben und damit eine vorher bestehende Hypotonie mit Kreislauflabilität sofort beseitigt werden. Die einfache hierbei benutzte Maßnahme ist die Kombination der schon besprochenen O_2-Mehrschritt-Therapie mit einer die Gehirndurchblutung für fast eine Stunde stark heraufsetzenden Pharmakakombination (0,5 g Nikotinsäureamid + 0,5 g Vitamin C).

Diese Arbeiten, die letzten Endes logisch aus unserer Krebs-Mehrschritt-Therapie-Forschung mit dem Teilziel der Stabilisierung aller Normalzellen hervorgingen, stießen das Tor zu einem Bereich der Medizin und der medizinischen Technik weit auf, der das Leben, das Leistungsalter und das Lebensalter der Menschen in naher Zukunft verändern kann. Besonders auf diesem Gebiet ist durch die immer enger werdende Zusammenarbeit mit Medizinern der Sowjetunion und des sozialistischen Lagers und durch intensivste Kontakte mit den führenden Geriatrikern der Deutschen Demokratischen Republik eine schnelle allgemeine Nutzung unserer Forschungsresultate zu erwarten. Ich meine die Bekämpfung der O_2-Mangelzustände und der vielen O_2-Mangelkrankheiten des höheren Lebensalters mit dem neuen Verfahren der »Intensivierten O_2-Mehrschritt-Therapie«.

Die O_2-Mangelzustände der Zellen und Gewebe und die daraus resultierenden Krankheiten beruhen bekanntlich zum großen Teil darauf, daß, wie die Physiologen gezeigt haben, im Alter von etwa fünfundsiebzig Jahren (bei körperlich stark beanspruchten Menschen wie Bewohnern von Bergdörfern später, bei starken Rauchern früher) die Lungenleistung auf ungefähr fünfzig Prozent reduziert wird. Eine weitere Abnahme trägt dann zum schnellen Verfall des Menschen im Greisenalter maßgebend bei.

Therapie-Variante gegen die Krankheiten des höheren Lebensalters

Eine Variante der Intensivierten O_2-Mehrschritt-Therapie, die für Menschen mit niedrigem Blutdruck erdacht wurde und die ich regelmäßig morgens anwende, ist die *»Intensivierte O_2-Mehrschritt-Gymnastik«*. Hierbei wird unmittelbar nach dem Erwachen die O_2-Mehrschritt-Kapsel genommen. Dann kann als Beitrag zur Verstärkung der Gewebedurchblutung ein 40-° C-5 min-Bad durchgeführt werden, und genau 30 Minuten nach Einnahme der Kapsel, das heißt, wenn ihre Wirkung in den Zellen einsetzt, wird unter Beatmung durch ein Gemisch mit etwa 50 Prozent Sauerstoff kraftfordernde, wenig Zeit verlangende Gymnastik (zum Beispiel 15 bis 25 Liegestütze und 4 Minuten später 10 bis 15 Kniebeugen) betrieben. Danach ist die Sauerstoffbeatmung im Bett noch 10 Minuten fortzusetzen. Der Gewinn an körperlichen und geistigen Reserven durch diese neue Art der Gymnastik wird subjektiv sehr stark empfunden. (Bei anderen Versuchspersonen verschwanden praekanzeröse Hautflecken, Migränehäufigkeit nahm stark ab.)

Eine weitere Variante für lokale Behandlung mit ähnlicher Programmierung bildet die »*Intensivierte* O_2*-Mehrschritt-Massage*« mit manueller, hydromechanischer oder Reizstrom verwendender Durchblutungssteigerung.

Auch folgende, sehr wichtige Methode, die wir später permanent nutzen wollen, haben wir selber über Wochen ausprobiert, um praktische Erfahrungen zu sammeln: *Nachtschlaf mit »Intensivierter* O_2*-Mehrschritt-Therapie«*. Etwa 30 Minuten nachdem eine O_2-Mehrschritt-Kapsel eingenommen und eine Tasse Kaffee zur langfristigen Erhöhung der Durchblutungsstärke bei Hypotonikern getrunken worden ist, wird über eine flexible, feine, den Schlaf nicht behindernde Nasensonde Inspirationsluft von einem Sauerstoffpartialdruck zwischen 320 und 400 Torr je nach Lebensalter zugeführt. Durch dieses Vorgehen während der 6- bis 8stündigen Nachtruhe kann in Zukunft der erhebliche Zeitaufwand für den Schlaf des Menschen produktiv nutzbar gemacht werden. Auf diese Weise ist es möglich, die Abnahme der Lungenleistung älterer Menschen für die Dauer von 6 bis 8 Stunden während des 24-Stunden-Zyklus täglich zu kompensieren.

Läßt sich der Traum verwirklichen?

Es ist durchaus begründet, von dieser periodischen langzeitigen Vervielfachung des O_2-Stoffwechsels folgende faszinierende Konsequenzen zu erhoffen: Verlangsamung des physiologischen Älterwerdens auf etwa 2/3 der zeitlichen Alterszunahme; teilweise Wiederherstellung der Fähigkeit zu hohen schöpferischen Denk- und Gedächtnisleistungen; Möglichkeit einer entscheidenden Hilfe bei Erkrankungen mit hohem Fieber im fortgeschrittenen Lebensalter. – Da die Entschlackung von Zellen und Gefäßen ein energiefordernder Prozeß ist und der energetische Status langzeitig vervielfacht werden kann, ist sogar ein partieller Wiederaufbau von bereits eingetretenen Verschlackungen im peripheren Gefäßsystem zu erwarten, soweit nicht schon irreversible Ablagerungen in den Kapillaren beziehungsweise völlige Verschlüsse der Kapillaren eingetreten sind. Falls uns die Natur in dieser Frage wohlgesinnt ist und die Hoffnung sich bestätigt, daß der Sauerstoff als Energiespender den energiefordernden Entschlackungsvorgang auch für einen Teil der aufgefangenen Schlacken (Cholesterin, Kalzium und andere) auslöst, so würde sich die Erfüllung eines alten Traumes der Menschheit abzeichnen – »die teilweise Verjüngung des alternden Organismus«.

Weitere methodische Verbesserungen des Krebs-Mehrschritt-Therapie-Konzeptes

Nicht nur durch unsere oben besprochene Intensivierte O_2-Mehrschritt-Krebs- bzw. Krebsmetastasen-Prophylaxe, sondern auch durch weitere methodische Verbesserungen des Krebs-Mehrschritt-Therapie-Konzeptes stiegen gegen Ende 1971 die Aussichten unseres jahrelangen Kampfes gegen die Krebskrankheit. Durch Versuche mit Zellsuspensionen gelang der Nachweis, daß bei Aufrechterhaltung der im Therapieprogramm vorgesehenen Glukoseinfusionszeit die notwendige Zeitspanne der 40-° C-Hyperthermie auf 150 min herabgesetzt werden durfte, ohne die therapeutische Wirkung wesentlich zu mindern.

Weiter wurde, wie schon an anderer Stelle erwähnt, ein um etwa 24 Stunden früherer Beginn einer herabgesetzten Glukose-Infusion gegenüber dem Standardrezept vorgesehen, das in der im Frühjahr 1971 erschienenen 2. Auflage des Buches »Theoretische und experimentelle Grundlagen der Krebs-Mehrschritt-Therapie« im Anhang angegeben war. Die dadurch eintretende frühere Erhöhung der Blutglukosekonzentration sowie die gleichzeitig vorgesehene Steigerung des O_2-Stoffwechsels einige Stunden vor dem Haupt-Therapieprozeß bewirken, daß die immunologische Hauptattacke gegen die Krebszellen mit großer Stärke abläuft, bevor durch die zytostatische oder strahlentherapeutische »auslösende« Attacke die für die immunologische Abwehr so wichtigen Leukozyten mitvernichtet werden. Vor allem aber bewirkte der erwähnte frühzeitige Beginn der Blutglukose- und pO_2-Erhöhung eine selektive Beschleunigung des Teilungszyklus der Krebszellen und dadurch etwa eine Verdreifachung ihrer Empfindlichkeit gegenüber der Therapie. Eine Entdeckung von prinzipiellem Rang für alle Krebstherapien war gelungen. – Nicht zuletzt stellte diese Maßnahme bei der zu diesem Zeitpunkt gerade aufkommenden Attacke der »Synchronisations-Therapie« eine Erhöhung des Synchronisationsgrades und damit eine weitere Zunahme der Krebszellenempfindlichkeit in Aussicht. Diese Arbeiten führten zur Feststellung einer für die therapeutische Bekämpfung des Krebses fundamentalen Tatsache:

Die Entdeckung der zellkinetischen Wirkungsabnahme aller Therapiemaßnahmen in den schlechter durchbluteten Krebsgeweben

Ich entdeckte, daß die Stärke der therapeutischen Wirkung auf die Krebszellen mit dem Wert der Glukosekonzentration in den Mikrobezirken der Geschwülste korreliert. Ist die Durchblutung des Bezirkes schlecht, so ist das Glukose-Angebot hier niedrig, die Zeitdauer des Zellteilungszyklus stark vergrößert und die therapeutische Wirkung (z. B. der Zytostatika) gewaltig vermindert. Aus der zellkinetischen Sicht erschloß sich in neuem Licht die bestürzende Schwierigkeit der Geschwulstbekämpfung, vor allem im späteren Stadium. Aber die neue Betrachtungsweise half auch zur Erklärung der gegenüber Labortiertumoren größeren Resistenz menschlicher Geschwülste und der zunehmenden Therapieresistenz von menschlichen Geschwülsten mit wachsender mittlerer Zykluszeit beziehungsweise abnehmender Wachstumsrate. Aus diesen Forschungen wurden die Vorteile einer zusätzlichen lokalen Therapie bei großen inoperablen Geschwülsten zur Abtötung der Krebszellen im therapeutisch schwer erreichbaren Übergangsgebiet vom besser durchbluteten Krebsgewebe zum kaum noch durchbluteten nekrosenahen Bereich scharf erkennbar.

In weiteren Arbeiten diskutierten wir Möglichkeiten zur starken zusätzlichen Erhöhung der körpereigenen Immunabwehr vor und nach dem therapeutischen Hauptprozeß. – Außerdem reiften Forschungen heran zur Gestaltung einer fraktionierten Krebs-Mehrschritt-Therapie.

Die Aufzählung der vielen methodischen Verbesserungen, die zum Teil gegenwärtig in Tierversuchen erprobt und hochgezüchtet werden, erfolgte an dieser Stelle nur, um zu zeigen, welche erheblichen Reserven heute noch bereitstehen.

Tragische Schwierigkeiten bei der klinischen Erprobung der Krebs-Mehrschritt-Therapie

1971 hatte ich die Freude, den bedeutenden Krebsforscher Hermann Druckrey bei uns begrüßen zu können. Er erwiderte damit unsere wiederholten Besuche in Freiburg. Dresden war Zwischenstation auf einer großen Reise, die ihn in die Sowjetunion, nach Indien und Japan führte. Wieder einmal fand, wie bei vorausgegangenen Besuchen der Professoren Bennhold, Bergelson, Brock, Burk, Caspersson, de Duve, Fischer, Friedrich-Freska, Ganse, Schapot, Shdanow und Westphal eines jener sich bis spät in die Nacht ausdehnenden Kolloquien im kleinen Kreise statt, die uns so überaus wertvolle Spezialinformationen über den neuesten, meist noch unveröffentlichten Stand der vom Besucher vertretenen Forschungsgebiete gaben. Auch diesmal nahmen meine jungen Mitarbeiter W. Krüger, H. G. Lippmann und P. G. Reitnauer mit großer Begeisterung und Aktivität an der Diskussion teil. Es erschlossen sich Forschungsthemen, die unser kleines Kollektiv für Jahre mit wichtiger Arbeit versorgen dürften.

Hermann Druckrey war ebenso wie sein erfahrener früherer Mitarbeiter Norbert Brock der Auffassung, unsere so erfolgreich ausgefallenen Tierexperimente ließen Rückschlüsse auf ähnliche Erfolgsaussichten bei menschlichen Krebspatienten zu. Unabhängig voneinander betonten beide, daß diese Übertragung auf den Menschen ein schwieriges Unterfangen sei, und hielten wissenschaftlich sowie lokal engste Zusammenarbeit mit einem erfahrenen und für die Sache in gleicher Weise begeisterten medizinischen Partner für notwendig. Schließlich hoben sie hervor, die Behandlungsversuche müßten unbedingt mit solchen Patienten begonnen werden, bei denen die körpereigene Abwehr noch voll in Takt und nicht überfordert ist. Dieser Rat stimmte exakt mit dem Ergebnis unserer Tierversuche überein, bei denen hundertprozentige Heilungen nur bis zu einer bestimmten Tumorgröße (Anteil am Körpergewicht) erzielbar waren. Der Hinweis entsprach auch genau der Empfehlung Otto Warburgs, der uns schon am 31. Juli 1968 zur Patientenauswahl schrieb: »Und denken Sie daran: gesunde Personen, in denen eben die Metastasen beginnen.«

Die Meinungsäußerungen dieser erfahrenen Onkologen ließen noch einmal die große Tragik deutlich werden, die darin gelegen hatte, daß ich meine medizinischen Hauptpartner in Dresden, die Chefs der Chirurgischen Klinik der Medizinischen Akademie »Carl Gustav Carus«, verlor. 1962 starb Professor Bernd Sprung und dann 1971 auch sein Nachfolger Professor Richard Kirsch nach langen Leiden, welche die Arbeit in ihren Kliniken sehr behinderten. So kam es dazu, daß eine von Nicht-Onkologen geleitete Oberkommission eine Patienten-Selektionskommission und eine Therapie-Kommission einsetzte. Da in diesen beiden vorgeschalteten Gremien das entscheidende Wort auch nicht von Onkologen gesprochen wurde, kamen fast allein Patienten mit Tumorarten zur Behandlung, für welche die vorgeschriebene Attackenkombination ungeeignet war. Nur ganz wenige andere wurden zugeführt und meist mit großem Zeitverlust. So geschah es, daß (entgegen Warburgs und meinem Rat) schließlich fast nur Patienten in sehr spätem Stadium der Erkrankung, bei denen die Abwehr schon sehr geschwächt war, zur Erprobung der Therapie zugeteilt wurden. Diese administrative Verfahrensweise hat die klinische Nutzung um weit mehr als ein Jahr verzögert.

Bei der geschilderten Situation war es nicht überraschend, die ersten Nachrichten über Erfolge an Ovarialkarzinomen, Mammakarzinomen und so weiter bei Hinzunahme von immer mehr Schritten des Krebs-Mehrschritt-Therapie-Konzeptes von einem Onkologen zu hören, der sich aufgrund fünfzehnjähriger Erfahrung mit dieser speziellen Karzinomart Patienten und Behandlungszeitpunkt nach eigenem Fingerspitzengefühl auswählte, ungehemmt von Vorschriften. Professor Dr. Ernst Kraußold, Chef der Frauenklinik der Ernst-Moritz-Arndt-Universität Greifswald, berichtete in einem Festvortrag zum 100. Geburtstag seines Lehrers Professor Stoeckel in Berlin über steigend positive Ergebnisse unter Hinzunahme von mehr und mehr Schritten des Krebs-Mehrschritt-Therapie-Konzeptes. Er und sein Kollektiv hatten sich unter vorbildlichem persönlichem Einsatz langsam an die Therapie herangetastet.

Professor Kraußold erklärte mir gegenüber die Krebs-Mehrschritt-Therapie zur »Therapie seines Hauses«. Endlich verwirklichte sich die von mir so lange gewünschte enge Zusammenarbeit mit einem prominenten medizinischen Partner. Unter Beteiligung von Professor Holle, Leipzig, von Professor Prokop, Berlin, und meinem Mitarbeiter MR Doz. Dr. med. habil. H. G. Lippmann wurden alle die Therapie und ihre Wirkung kennzeichnenden Daten gründlich ausgewertet.

Etwa zum gleichen Zeitpunkt erreichten mich Nachrichten über erste erfolgreiche klinische Erprobungen von wesentlichen Schrittkombinationen des Krebs-Mehrschritt-Therapie-Konzeptes außerhalb der Deutschen Demokratischen Republik durch die Gruppe um Professor N. N. Aleksandrow im Wissenschaftlichen Forschungsinstitut für Onkologie und medizinische Radiologie in Minsk (Ministerium für Gesundheitswesen der belorussischen Sowjetrepublik). Ich erfuhr hiervon durch den Besuch der Krebs-Mehrschritt-Therapie-Gruppe dieses Onkologie-Institutes in Dresden. Die Wissenschaftler überreichten mir ein Buch mit sehr liebenswürdigen Widmungen, in dem bereits über den Beginn der klinischen Erprobungen berichtet wurde.

Überzeugende Erfolge an menschlichen Krebspatienten

Im März 1972 ergab sich aus einer eingehenden Analyse der Greifswalder Befunde durch die genannten zum Teil von uns unabhängigen Persönlichkeiten, daß unsere Krebs-Mehrschritt-Therapie bei sachkundiger Auswahl der Patienten und des Behandlungszeitpunktes auch sogar bei schon inkurablen krebskranken Menschen mit Tochtergeschwülsten erfolgreich sein kann. Die ungeduldig erwarteten Früchte unseres zehnjährigen Ringens um die Erreichung dieses Zieles begannen heranzureifen. Eindrucksvolle totale Remissionen 10 bis 20 cm großer Ovarial-Karzinome infolge Anwendung unserer Therapie wurden beobachtet. Die Analyse beschrieb eine Reihe von erfolgreichen Behandlungen, bei denen mit der üblichen Zytostatika-Therapie nach allen bisherigen klinischen Erfahrungen eine Überlebenswahrscheinlichkeit von nur wenigen Monaten (sechs bis acht) zu geben war. Eine wachsende Zahl dieser Patientinnen befindet sich nach Zeitspannen, die schon bis zu zwei Jahren reichen, so wohl, daß sie zu ihrer normalen Lebensführung zurückgekehrt sind. Vor allen Dingen aber brachte die patho-histologische Analyse des bekannten Pathologen Professor Holle den *Beweis für totale Remissionen von Metastasen in der Leber, im Gehirn und in der Niere.* Da die Krebskrankheit erst durch die Bildung von Metastasen ihren todbringenden Charakter erhält, war mit diesen Ergebnissen ein entscheidender Abschnitt auf dem Weg zum Ziel erreicht.

Noch befinden sich die Greifswalder Arbeiten im Forschungsstadium. Aus der Gesamtheit der Befunde läßt sich in völliger Übereinstimmung mit der immer wieder von mir geäußerten Auffassung belegen, daß unsere Therapie nur in den Fällen erfolgreich ist, wo die Patientenselektion sachkundig erfolgt, daß heißt, wo sie gewährleistet, daß die körpereigene Immunabwehr beziehungsweise die gesamte körperliche Verfassung noch in gutem Zustand ist und wo es gelingt, mit sachkundigen, dem Einzelfall angepaßten Maßnahmen eine toxische Schädigung durch Abbauprodukte großer regressierender Krebsgewebemassen zu vermeiden.

Diese aufregenden Anfangsergebnisse haben deshalb sogar erhöhtes Gewicht, weil bei ihnen noch nicht mit allen Attacken unseres heutigen Therapiekonzeptes gearbeitet wurde (zu 80% ohne 40-° C-150-min-Hyperthermie!). Die Behandlungsprozesse liegen zum Teil bis zu zwei Jahren zurück. Inzwischen haben sich im Zuge der weiteren Forschungen zur Optimierung des Krebs-Mehrschritt-Therapie-Konzeptes, wie erwähnt, bedeutende neue methodische Fortschritte ergeben. Wieder wird es Jahre dauern, bis die bereits in Einzelversuchen beobachtete große Verstärkung der therapeutischen Wirkung durch die neuen Maßnahmen an einer größeren Zahl von Patienten mit verschiedenen Tumorarten und Krankheitsbildern erprobt ist. Hier werden konkrete und noch sehr bedeutende Reserven Schritt für Schritt in den weiteren Kampf gegen die Krebskrankheit geführt.

Gerade zum Zeitpunkt des Abschlusses dieser Autobiographie strömten fast laufend neue Ergebnisse und Erfolgsmeldungen ein. Aus dem wissenschaftlich begründeten Optimismus, der uns über ein Jahrzehnt die Kraft gab, den Kampf gegen die metastasierende Krebskrankheit und gegen eine Unzahl voreingenommener Widersacher durchzuhalten, ist die Gewißheit des Enderfolges geworden. Wir haben einige starke und einflußreiche Freunde für unsere Sache gefunden, und die Zahl bedeutender medizinischer Mitstreiter ist im Anstieg begriffen. Aber gemessen an den möglichen Auswirkungen der erschlossenen prophylaktischen und therapeutischen Methoden müßte so viel mehr geschehen, so viel intensiver gehandelt werden!

Für die allernächste Zeit setze ich große Hoffnungen auf die weitere Verstärkung der engen Zusammenarbeit mit der Greifswalder Gruppe und auf die Zusammenarbeit mit den Onkologen Professor R. Ganse und Professor H. Fritz an der Medizinischen Akademie Dresden. Von der radiologischen Variante des Krebs-Mehrschritt-Therapie-Konzeptes, die bei Professor Fritz realisiert werden soll, erwarte ich seit Jahren aufgrund der so gelungenen Tierversuche und bestimmter in Greifswald erzielter Erfolge besonders gute Ergebnisse an menschlichen Patienten.

Die Lawine beginnt zu rollen

Mit den skizzierten Resultaten war unser kleines multidisziplinäres Kollektiv mit atemberaubendem Tempo bei drei, oder vielleicht darf man formulieren: bei den drei zentralen Problemen der Medizin unserer Zeit, Anfang 1972 in die vordere Front der Weltforschung zurückt:

1. Prophylaktischer und therapeutischer Kampf gegen die Krebskrankheit
2. Kampf gegen den Tod durch Herz-Kreislauf-Krankheiten
3. Kampf gegen die vielen Sauerstoffmangelkrankheiten des höheren Lebensalters und gegen das Altern.

Durch die Veröffentlichung des schon erwähnten, diese Arbeiten zusammenfassenden Buches sowie durch das Bekanntwerden der positiven Ergebnisse an menschlichen Patienten haben diese Forschungen bereits ein gewisses Echo gefunden. Diese Tatsache drückte sich in einer zunehmenden Flut von eingehenden Sonderdrucken und einem kaum mehr tragbaren Ansteigen der Korrespondenz mit Wissenschaftlern innerhalb und außerhalb der Grenzen unseres Staates aus. Schon wenige Monate nach Erscheinen der beiden Bände las ich im »Neuen Deutschland«, daß 60 Prozent der Auflage ins Ausland verkauft seien. So war es nicht überraschend, daß der Verlag einen Nachdruck der Auflage beschloß und sich bereit erklärte, einen dritten Band herauszubringen. In diesem Ergänzungsband sollen die inzwischen abgeschlossenen über dreißig neuen Arbeiten unter dem Titel »Weitere Forschungen zur Krebs-Mehrschritt-Therapie, zur

O_2-Mehrschritt-Methodik und zum Herzinfarkt« zusammengefaßt werden.

Als gemeinsame Quelle unserer Ergebnisse zu den genannten drei Problemen der Medizin erwies sich das Weiterschreiten auf dem Wege Otto Warburgs: *Die quantitative Forschung an der lebenden Zelle und ihrem Stoffwechsel sowie das schärfere Erkennen zellulärer Vorgänge im lebenden Organismus als oft primäre Ursache der Krankheiten, aber auch als Mittel zu ihrer Bekämpfung.*

Mit den vielgestaltigen Resultaten unserer medizinischen Forschung stellte sich im Frühjahr 1972 die Empfindung ein, den Gipfel eines sehr hohen Berges erstiegen zu haben. Gleichzeitig erschütterte mich tief die Kluft einerseits zwischen meiner eigenen festen Überzeugung, daß die Waffen einsatzbereit gestaltet waren, um die Leiden von Millionen Menschen zu mildern, und andererseits der Langsamkeit beziehungsweise Oberflächlichkeit, mit der unsere Arbeiten mancherorts zur Kenntnis genommen wurden. Aus diesen Bereichen wurde uns bestürzend wenig Anerkennung zuteil. Wir sehr hätte uns das Gefühl »verstanden zu werden« weitere Kraft geben können! Wie sehr hätte eine offizielle Anerkennung unserer multidisziplinären medizinischen Forschungen zum Abbau der Voreingenommeheit gegenüber der Dresdner »Außenseiter-Gruppe« beigetragen und damit den Fortschritt beschleunigen können.

Wo bleiben die Persönlichkeiten und Wissenschaftler mit Phantasie, welche den nutzbaren Gehalt unserer medizinischen Forschungen voll erfassen, so tief erfassen, daß sie unsere Sache zur eigenen werden lassen? Warum nimmt man sich nicht die Mühe, unsere Originalveröffentlichungen gründlicher zu lesen? Ist es die Informationsflut der Gegenwart? Ist es die Voreingenommenheit? Ist unsere Art der Darstellung zu sehr verschieden von der in der Medizin üblichen Darstellungsweise? Fragen über Fragen, die mich bewegten. Als dann auch noch bei einigen Gelegenheiten unsachliche Angriffe gegen unsere medizinischen Arbeiten gerichtet wurden, kam mir der Gedanke, ob es nicht an der Zeit sei, wieder zu meinem früheren Arbeitsgebiet, der Elektronen- und Ionenphysik zurückzukehren. Die Zehn-Jahre-Spanne der Fermi-Empfehlung war sowieso schon überschritten. Verschiedene sehr ehrenvolle Einladungen zu internationalen Kongressen über Elektronenstrahl-Technologie, über Elektronen-

Rastermikroskopie und über Ionenquellen sowie neue Aufgaben im Institut legten einen solchen Gebietswechsel nahe. War es richtig, die begrenzten Kräfte damit zu verbrauchen, um auf dem Felde der Medizin jene (die Arbeit so erleichternde) international angesehene Stellung zu erkämpfen, die man auf dem Felde der Elektronen- und Ionenphysik bereits seit langem erobert hatte?

Ein derartiger Schritt zu diesem Zeitpunkt wäre sehr egoistisch und Ausdruck von Resignation gewesen. Gerade weil ich von der hohen Wirksamkeit unserer neuen prophylaktischen und therapeutischen Methoden selbst so fest überzeugt war, durfte ich mich als Verantwortlicher jetzt nicht zurückziehen. Im Gegenteil, alle Reserven waren scharf auf das Ziel auszurichten, die Ergebnisse unserer medizinischen Forschungen in großer Breite durchzusetzen.

Die Durchsetzung unserer medizinischen Forschungsergebnisse beginnt

Forschungsergebnisse, die unbekannt bleiben und nicht dem Fortschritt der Wissenschaften beziehungsweise der Gesellschaft dienen, nützen wenig. Deshalb erblickte ich bei der geschilderten Situation und in der gegenwärtigen Zeit der allgemeinen Informationskrise die Hauptverpflichtung darin, mich mit großer Intensität für das weitere Bekanntwerden unserer Resultate und für ihre schnelle Überleitung in die medizinische Praxis einzusetzen.

Ein großes und fruchtbares Feld für junge Mediziner mit Tatendrang, Phantasie und Ausdauer hatte sich aufgetan. Es galt, gezielt neue »Mitstreiter« zu gewinnen. Wie sehr können von der Sache selbst überzeugte und begeisterte Mitkämpfer dazu beitragen, daß die Ergebnisse medizinischer Forschung schnell klinisch erprobt, dann aufgrund der praktischen Erfahrungen sinnvoll ausgebaut und schließlich klinisch genutzt werden. Die Kraft des primären Forschungskollektivs reicht für diese Durchsetzung, wie geschildert, bei weitem nicht aus. Je erfolgreicher die Forschung gewesen ist, je mehr neue Aspekte in das übliche Fachdenken hineingetragen wurden, desto größer werden in sehr vielen Fällen die Widerstände und die Voreingenommenheit, die sich zunächst einmal dem Fortschritt entgegenstellen. In solchen

Phasen ist es notwendig, durch Experiment und Rechnung die Beweise zu erbringen. Wenn diese erarbeitet sind, genügt nicht mehr eine einzige, die Priorität sichernde wissenschaftliche Veröffentlichung, sondern es muß mit zäher Ausdauer immer wieder an den entscheidenden Punkten wissenschaftliche Information gegeben beziehungsweise vorgetragen werden, bis endlich die geistige Lawine in schnelleres Rollen kommt, der Durchbruch stattfindet und das Neue in die geltende Lehrmeinung mit einfließt.

Jahrelang war ich wenig gereist, um mich vor allem meiner eigenen Arbeit und der meines Kollektivs widmen zu können. Mit dem Teilabschluß unserer besprochenen Forschungen stand ich nun vor der Notwendigkeit, einen Kampf an drei thematisch verschiedenen Fronten gegen den natürlichen Konservativismus zu organisieren und durchzusetzen. Als wirksamste Methode, um die Informationen über unsere Forschungsergebnisse in die überfluteten Gehirne der maßgebenden medizinischen Prominenz nachhaltig einzuprägen, erschienen Vorträge, Kolloquien und vor allem direkte Gespräche auf dem Fundament unserer wissenschaftlichen Veröffentlichungen in Büchern und Zeitschriften. Deshalb sind für die nächste Zeit verschiedene, mit solchen Veranstaltungen ausgefüllte Auslandsreisen verabredet, die uns bis in das ferne Japan führen. – Unter anderem schlug ich den zuständigen Dienststellen auch eine Besuchs- und Vortragsreise zur Thematik unserer multidisziplinären medizinischen Forschungen in die Sowjetunion vor. Ich wollte dadurch gleichzeitig die zahlreichen Besuche von sowjetischer Seite in Dresden erwidern, alte freundschaftliche Beziehungen auffrischen und den wissenschaftlichen Kontakt für die Zukunft vertiefen. Die bevorstehende Reise, die uns unter anderem nach Moskau, Kiew und über die alte Arbeitsstätte Suchumi nach Tbilissi führen soll, erhielt einen besonderen Akzent durch die im Mai 1972 zwischen der Sowjetunion und den USA geschlossenen Vereinbarungen über Zusammenarbeit auf dem Gebiet des Gesundheitswesens und speziell bei der Bekämpfung der Krebskrankheit und der Herz-Kreislauf-Krankheiten.

Entscheidende Unterstützung unserer Forschungen durch Partei und Regierung

Ende Mai 1972 gab mir der Stellvertretende Vorsitzende des Ministerrates Dr. Herbert Weiz im Auftrag des Ersten Sekretärs des Zentralkomitees der Sozialistischen Einheitspartei Deutschlands, Erich Honecker, einen Beschluß der höchsten Ebene bekannt. Der Beschluß bedeutete eine starke Förderung unserer Forschungen und die Sicherung der Zukunft unseres Institutes auf dem Weißen Hirsch. In einem Schreiben an den Ersten Sekretär des Zentralkomitees der Sozialistischen Einheitspartei Deutschlands brachte ich zum Ausdruck, wie stark ich die unter seiner Leitung getroffene Entscheidung als eine sehr ernste Verpflichtung auffasse, alle zur Verfügung stehenden Kräfte dafür einzusetzen, um durch wissenschaftliche beziehungsweise technische Leistungen von möglichst außergewöhnlichem Rang dem Fortschritt von Volkswirtschaft und Gesundheitswesen der Deutschen Demokratischen Republik zu dienen. Nach dem vielstündigen, von Dr. Herbert Weiz mit großer Gründlichkeit und menschlicher Wärme geführten Gespräch über die anstehenden Probleme habe ich die Überzeugung gewonnen, daß viele von den geschilderten Schwierigkeiten der letzten Jahre künftig fortfallen und daß vor allen Dingen die Ergebnisse unserer medizinischen Forschungen schnell ihren so notwendigen klinischen Erprobungen mit großen Patientenzahlen zugeführt werden. Diese konkrete Aussicht erfüllt meine Mitarbeiter und mich mit tiefer Freude, denn wir alle wissen: Bei der Durchsetzung neuer Methoden in der Medizin darf nur eine durch große Versuchszahlen abgesicherte Statistik die Grundlage bilden für Entscheidungen mit tiefgreifenden Konsequenzen.

Habe ich nach dem Warburgschen Motto gehandelt?

In den seltenen Stunden der Rückschau drängte sich mir unwillkürlich die Frage auf, ob ich als Wissenschaftler jener Warburgschen Forderung entsprochen habe, die ich meiner Autobiographie als Motto voranstellte. Ich glaube, daß die Mehrheit meiner Leser diese Frage nach kritischer Prüfung bejahen wird.

Dankbar erkannte ich, wie sehr mir eine lange Kette von

Glücksfällen, oft intuitives Erahnen der Lösungswege, eine Reihe hochtalentierter, immer einsatzbereiter und für unsere Thematik begeisterter Mitarbeiter und schließlich auch befreundete auswärtige Spezialisten dabei geholfen hatten, an der Lösung großer wissenschaftlicher Probleme unserer Zeit mitzuwirken. Der Beitrag meiner Mitarbeiter zu unseren Ergebnissen sei durch jene berühmte Anerkennung eines Staatsmannes zum Aufbau der englischen Radartechnik im Zweiten Weltkrieg gewürdigt: »Selten zuvor haben so wenige so viel in so kurzer Zeit geleistet!«

Bin ich dem Warburgschen Motto aber im weiteren Sinne gerecht geworden? Habe ich auch zu den großen gesellschaftlichen Veränderungen jener Epoche durch die Tat positiv Stellung genommen? Ich hoffe, hier vor mir selbst, vor meinen Kindern und meiner Umwelt bestehen zu können. Heute, wo ich seit fast einem Jahrzehnt als Abgeordneter der Volkskammer in verschiedenen Gremien an grundlegenden Beratungen und Entscheidungen über innere und außenpolitische Probleme unserer Republik aktiv teilnehme, verstehe ich selbst nicht mehr, wie ich in jungen Jahren, ganz von der Forschung besessen, an so manchen weltpolitischen Ereignissen vorbeigehen konnte, ohne mir über ihre Bedeutung und Auswirkungen klarzuwerden. Marksteine auf dem Wege zu meinem heutigen Standort waren zweifellos die Entscheidung am Ende des Zweiten Weltkrieges, mich nicht auf das Territorium westlich der Elbe zu begeben, sondern mit der Sowjetunion zusammenzuarbeiten, und der Entschluß, 1955 nach Dresden überzusiedeln und nicht nach Lichterfelde in das dort installiert bereitstehende Institut zurückzukehren. Als Bürger der Deutschen Demokratischen Republik habe ich dann immer wieder versucht, durch eigene Beiträge, Vorschläge, Beratungen und nicht zuletzt durch die wissenschaftlich-technischen Leistungen des von mir geleiteten Instituts unseren Staat stärken und festigen zu helfen.

Zu meinem aktiven Parteiergreifen für das sozialistische System trugen das rein sachliche Denken im Interesse der Gesellschaft, das ich bei so vielen Persönlichkeiten der höchsten Leistungsebene immer wieder kennenlernte, und die humanistischen Ideale, von denen sie ausgingen, entscheidend bei. All dies bestätigte meine Überzeugung, zusammen mit Menschen dieser Art zum Fortschritt der gesellschaftlichen Entwicklung in besonders starkem Maße beitragen zu können. Wieder sind es, wie in früher Jugend, menschliche Leitbilder gewesen, die das Handeln bei diesen für meine Familie und mich schicksalhaften Entscheidungen bestimmten.

Ich verstand, warum Graf Arco seinen 60. Geburtstag in Moskau feierte

Während meiner Tätigkeit in der Sowjetunion beeinflußte mich in erster Linie unser Freund Professor Jemeljanow. Tiefe Eindrücke gewann ich aber auch durch das selbst in schwierigen Situationen unmittelbar nach Kriegsende bis zu ihrem Tod gleichbleibend herzliche und verständnisvolle Verhältnis führender sowjetischer Akademiker, wie Professor A. Joffé, Professor U. Kurtschatow, Professor W. Weksler und vor allen Dingen Generaloberst A. Saweniagin zu uns. Ebenso ließen mich die vielfältigen Begegnungen mit sowjetischen Forschern, wie L. A. Artzimowich, B. Blochinzew, Flerow und die fast einjährige Mitarbeit im Leningrader Werk Elektrosila unter A. Komar die sozialistische Wirklichkeit in einem ganz anderen Licht sehen. Ich verstand jetzt, warum das Vorbild meiner Jugend, Graf Arco, seinen 60. Geburtstag demonstrativ in Moskau gefeiert hatte.

Dokumentarische Informationen vernichten Zerrbilder

Zum Wandel meines politischen Weltbildes, der zur Parteinahme für das sozialistische System führte, trug stark bei, daß ich mich immer wieder darum bemühte, solche Episoden, Äußerungen oder Handlungen der Bahnbrecher des Sozialismus kennenzulernen, die unmittelbare Informationen über ihr Menschentum geben konnten. Wo sich Gelegenheit ergab, versuchte ich, einen Blick hinter das öffentliche Wirken der Persönlichkeiten, welche unser Jahrhundert gestaltet haben, zu werfen.

Die Anregung dazu ging auf eine Erfahrung zurück, die ich als junger Mensch machte. Ich hatte damals die berühmte Rede des Perikles auf die Gefallenen des Peloponnesischen Krieges gelesen, und über mehr als zwei Jahrtausende hinweg empfand ich die einzigartige menschliche Größe deses griechischen Staatsmannes und des nach ihm benannten Perikleischen Zeitalters. –

In Gesprächen mit Abraham Joffé erfuhr ich manches über seine Begegnungen mit Lenin und die wissenschaftsorganisatorischen Aufgaben, die ihm von Lenin gestellt worden waren. – Mein langjähriger Freund Graf von Westphalen berichtete mir gewisse Begebenheiten aus dem Leben seines Großonkels Karl Marx, die dessen warmherzige Menschlichkeit auch in den kleineren Dingen des Lebens erkennen ließen. – Alfred Kurella erzählte uns bei Besuchen in unserem Hause viele Episoden über die einzigartige Persönlichkeit seines früheren Chefs Georgi Dimitroff.

Unvergeßlich ist mir von Karl Liebknecht, der bekanntlich bei Beginn des Ersten Weltkrieges als einziger Reichstagsabgeordneter den Mut aufbrachte, gegen den Krieg zu sprechen, ein Brief, den er am 18. März 1917 aus Luckau an seinen Sohn Helmi richtete. In diesem Brief, dessen Kenntnis ich dem früheren Präsisenten der Bauakademie der Deutschen Demokratischen Republik, Professor Dr. Kurt Liebknecht, einem Neffen von Karl Liebknecht, verdanke, heißt es:

»Ihr sollt die Matthäus-Passion hören – in klassischer Aufführung! Das wundervollste Werk auf dem Gebiete des Oratoriums. Die Noten hatte ich im Militärlazarett. Studiere sie vorher. Nicht ganz leicht zu verstehen. – Kontrapunkt und Fuge. Gleich der erste Satz: achtstimmiger Chor nebst Cantus firmus; durchblickt man das Zaubergewebe, ist man ganz berauscht vor Seligkeit. Nichts Zarteres, Rührenderes und in den Volksszenen – nichts Großartigeres kennt die Musik.«

Solche dokumentarischen Informationen vernichten schlagartig die in Jahrzehnten durch gehässige Propaganda gezeichneten Zerrbilder politischer Persönlichkeiten. Man sollte viel häufiger die unmittelbaren Quellen studieren, die das wahre Menschentum der großen Geister der Geschichte offenbaren oder ahnen lassen.

Wann soll man eine Autobiographie veröffentlichen?

Ein guter Termin für den Abschluß einer Autobiographie ist die Vollendung des 65. Lebensjahres. Meistens haben dann die geistig-schöpferischen Leistungen erheblich abgenommen. Man zieht sich aus dem Beruf zurück und genießt im Ruhestand die noch verbleibenden Jahre. In dieser rückläufigen Lebenszeit steigt die Zahl der freundlich gesinnten Fachkollegen rapide an. Wissenschaftliche Ehrungen werden dem abtretenden Geburtstagskind zuteil. Man nähert sich unerbittlich jener abschließenden Phase, für die im Nachruf auf Horaz die folgenden Worte sich finden: »Und da er nun tot war, verziehen sie ihm seinen Ruhm, wußten sie doch, daß er jetzt das Außerordentliche nicht mehr leisten würde.«

Überlegungen dieser Art bewegten Verlag und Autor, als wir den Vertrag über die Herausgabe dieser Niederschrift unterzeichneten. Damals wußte ich noch nichts von der Bedeutung einer langzeitig täglich vorgenommenen Vervielfachung des Sauerstoffpartialdruckes bei gleichzeitiger Einnahme gewisser Pharmaka für die Geriatrie – geschweige denn von der Wirkung meiner intensivierten O_2-Mehrschritt-Therapie und der seit 1951 von mir täglich betriebenen Aufbereitung aller für die Arbeit wesentlichen Informationen auf die Erhaltung der eigenen schöpferischen Leistungsfähigkeit.

So muß ich »resignierend« feststellen, daß wohl auch nach Erscheinen dieses Buches noch mit weiteren Forschungsergebnissen von mir zu rechnen ist.

Anhang

VORTRAG AUF DER KONFERENZ DER WELTFÖDERATION DER WISSENSCHAFTLER

am 22. November 1971 in Berlin

REVOLUTIONIERUNG DES WELTGESUNDHEITSWESENS ALS FOLGE INTERNATIONALER ABRÜSTUNG

Konkrete Wege zur starken Erhöhung des Leistungsalters und zur Minderung körperlicher Leiden der Menschen

Die dargelegten Gedanken zur Bekämpfung pathogenetischer Kausalprozesse fußen auf Forschungsarbeiten unseres Instituts in den letzten Jahren und stellen Erkundungen dar, die einer breiteren klinischen Erprobung bedürfen.

Sie sind getragen von dem Wunsch, neue Denkansätze für die weitere geistige und experimentelle Durchdringung der Medizin herauszufordern.

Ein durch konkrete Beispiele vertiefter Appell an die menschliche Vernunft

In einer Rede von der Nationalen Front des Demokratischen Deutschlands unterbreitete und begründete der Vortragende 1956 den Vorschlag, die für militärische Zwecke angehäuften Weltvorräte an Kernsprengstoffen im Rahmen der totalen allgemeinen Abrüstung für friedliche Zwecke zu verwenden, z. B. durch ihre Mitnutzung in Kernkraftwerken zur Erzeugung von Elektroenergie und Wärme. Dieser naheliegende Gedanke hat in den seither vergangenen 15 Jahren stark an Aktualität gewonnen, weil die Weltvorräte an Kernsprengstoffen inzwischen noch ungeheuer zugenommen haben und weil durch verschiedene Entwicklungen von mit astronautischer Genauigkeit gesteuerten Trägern für nukleare Ladungen die Oberfläche ganzer Kontinente im Laufe weniger Minuten, heute thermisch und mit örtlich kaum unterschiedlicher Energiedichte, total unter Einschluß alles Lebens vernichtet werden kann. Diese furchtbarste Variante eines Krieges mit Kernwaffen ergibt sich dann, wenn eine Vielzahl von nuklearen Superbomben in bestimmter Höhe und in bestimmtem Abstand, also in einer Art Punktgittergeometrie gleichzeitig gezündet werden. Durch die Gleichzeitigkeit der Zündung würde die maximale Energiedichte auf der Erdoberfläche vervielfältigt und durch die Vielzahl der gleichzeitig einfallenden Superbomben das Ortungs- und Abwehrsystem außer Betrieb gesetzt werden[1]. Durch die alarmierende physikalische Möglichkeit eines solchen mit Computern optimierten Verbrechens von kosmischem Ausmaß gegen die Menschheit, durch zahlreiche vor allem von der Sowjetunion abgegebene Deklarationen, aber auch durch die ständig wachsende Belastung der Völker mit den immer sinnloser werdenden Rüstungsausgaben, haben die politischen Aussichten für das Zustandekommen einer internationalen Abrüstung sehr zugenommen. Bei einem solchen Näherrücken der von den einfachen Bürgern aller Staaten erhofften weltweiten Abrüstungsvereinbarungen müssen sich die Regierungen aller mit großen Rüstungsausgaben belasteten Staaten sehr gründlich mit der Frage beschäftigen, wie die dann

1 M. von Ardenne, Geleitwort zum Buch von Linus Pauling, Leben oder Tod im Atomzeitalter. Aufbau-Verlag, Berlin 1964

frei werdenden großen Forschungs- und Produktionskapazitäten umzusetzen sind, damit Wirtschaftskrisen und Arbeitslosigkeit vermieden werden. In der Tat beschäftigen sich bereits viele öffentliche und geheime Studien mit der komplizierten Problematik, wie diese frei werdenden Kapazitäten am günstigsten für die Verbesserung der Lebensbedingungen verwendet werden können. Die ethisch höchste Form ihres Einsatzes wäre ihre Nutzung für rein humanistische Zwecke. Wenn man die feinere Struktur der Forschungszentren und der für militärische Rüstung aufgebauten Industrien näher analysiert, so ergibt sich die beglückende Tatsache, daß die vorhandenen Einrichtungen aus vielen Bereichen der Rüstung mit mäßigen Umstellungen für den Aufbau einer gewaltigen medizinischen Industrie verwendet werden können.

1. Die humanistische Verwendung der frei werdenden Kapazitäten zum Aufbau medizinischer Großindustrien

Wenn die gegebene Einschätzung zutrifft, so könnte und sollte die Revolutionierung des Weltgesundheitswesens zu einer der Hauptfolgen der allgemeinen Abrüstung werden. Die hochentwickelte Elektronik und Mechanik der Rüstungsindustrien könnte für den vorbereiteten Ausbau der medizinischen Elektronik und bio-medizinischen Technik Verwendung finden. Unzählige Werke der chemischen Rüstungsindustrie könnten umgestellt werden auf die industrielle Produktion hochwertiger Nahrungsmittel, Futtermittel und vor allen Dingen von modernster Pharmaka, die jedem Bewohner unserer Erde zur Verfügung stehen sollten. Riesige, noch kaum bearbeitete Aufgaben liegen in der praktischen Erschließung einer prophylaktischen Ernährungsweise gegen eine große Zahl von Krankheiten. Bedeutende industrielle Kapazitäten sollten dann eingesetzt werden zur Minderung der so kritisch gewordenen Umweltverschmutzung.

Die für Rüstung und Astronautik hochgezüchtete Computertechnik ließe sich gemeinschaftlich mit dem bereitstehenden Arsenal von Meßgeräten und Therapieeinrichtungen nutzen für die automatische Schnellgewinnung von Diagnosen mit hoher Sicherheit ihrer Aussage sowie für die Optimierung der Therapie der diagnostizierten Krankheiten. Ein riesiges Betätigungsfeld für Forscher, Wissenschaftler, Ingenieure, Handwerker und Arbeiter der heutigen Rüstungsindustrien zeichnet sich hier mit großer Deutlichkeit ab.

Wegen des Ernstes dieser Betrachtungen erlauben Sie mir bitte, Ihre eigene Phantasie durch einige sehr konkrete Entwicklungen zu unterstützen, die sich aus der Sicht unserer eigenen, seit mehr als 10 Jahren betriebenen *Forschungen auf dem Felde der multidisziplinären Medizin* ergeben haben. Daß Ihnen in den folgenden Worten über Ergebnisse berichtet werden kann, die wahrscheinlich wert sind, in dem heutigen Rahmen kommentiert zu werden, ist darauf zurückzuführen, daß, wie ich glaube, die Medizin unter dem Druck der technisch-wissenschaftlichen Revolution in einer Art Umbruch begriffen ist. Die quantitative Arbeitsweise der exakten Naturwissenschaften, Messungen und Rechnungen, das polyfunktionelle Denken in der Physik, das Zusammenspiel mit den zahlreichen Nachbarwissenschaften und Techniken breitet sich beinahe lawinenartig in fast allen Sondergebieten der Medizin aus. Heute sind noch weite Gebiete der multidisziplinären Medizin, bei der die kollektive Arbeitsweise in besonderem Maße zum Erfolg beiträgt, überraschend unerforscht. So erklärt es sich wahrscheinlich, daß ich Sie schon allein aus der Sicht unserer eigenen engen multidisziplinär-medizinischen Forschungen auf die folgenden konkreten Wege zur starken Erhöhung des Leistungs- und Lebensalters der Menschen und zur Minderung ihrer körperlichen Leiden hinweisen kann. Welche gewaltige Zunahme der Möglichkeiten zur Erreichung der genannten hohen Ziele läßt sich extrapolieren, wenn man sich vergegenwärtigt, an wie vielen anderen Zentren der Welt und mit zum Teil viel größerem Aufwand an Mitteln und Menschen in ähnlicher Art und Richtung medizinische Forschung betrieben wird.

2. Neue Waffen gegen die Krankheiten des höheren Lebensalters

Alle Physiologen kennen eine jener Hauptursachen (Merkmale) des Alterns, die Abnahme der Lungenleistung des Menschen auf ungefähr die Hälfte etwa bei Überschreitung des siebzigsten Lebensjahres. Im Vergleich zum jugendlichen Status lebt der alte

Mensch gewissermaßen nur noch mit einem Lungenflügel. So ist es durchaus verständlich, daß sich im höheren Lebensalter O_2-Mangelzustände im Organismus und oft als Folge davon O_2-Mangelkrankheiten in generalisierter Gestalt oder lokalisiert, z. B. in einzelnen Organen, einstellen. Durch das Zusammenspiel von Technik und Pharmazie lassen sich sowohl die Abnahme der Lungenleistung als auch die Folgen der dadurch bedingten Verschlechterung des O_2-Stoffwechsels (Energiestoffwechsels) der Gewebe kompensieren bzw. in geeignet gewählten Zeitabständen immer wieder beseitigen. Wie viele Krankheiten, die im höheren Alter die Leistungsfähigkeit begrenzen oder mehr oder weniger schwere Leiden verursachen, unter diesen Sektor fallen, daran möge die folgende Aufzählung Sie erinnern: Zerebrale Ernährungsstörungen, bedingt z. B. durch Arteriosklerose mit den Folgeerscheinungen Denk- und Gedächtnisschwäche, Schlafstörungen, bestimmter Formen der Migräne, Störung der Kreislaufregulation. Ferner Ernährungsstörungen der Sinnesorgane, Sehstörungen, Augenkrankheiten, Minderung der Hörleistung, Schädigungen des Herz-Lungen-Systems, Schädigungen der Leber- und Nierenfunktion. Schädigungen durch Schlackenbildung im peripheren Gefäßsystem mit der Folge von Bluthochdruck, peripheren Durchblutungsstörungen und schließlich Schädigungen im Stützgewebe und im endocrinen System. Verstärkung der Sauerstoffmangelkrise bei fieberhaften Erkrankungen in höherem Lebensalter usw. usw.

Wenn oben angedeutet wurde, daß durch das Zusammenspiel von Technik und Pharmazie universal einsetzbare neue Waffen gegen die O_2-Mangelkrankheiten des höheren Lebensalters kurzfristig geschaffen werden können, so basiert diese Behauptung auf jüngsten Forderungen, die uns gegenwärtig fast von Woche zu Woche durch einen Prozeß überraschende Fortschritte bringen, für den wir die Bezeichnung »Intensivierte O_2-Mehrschritt-Therapie« vorgeschlagen haben. Ihr Grundprinzip besteht in der Kombination einer Vergrößerung des Sauerstoffgehaltes der Atemluft um den Faktor 2 bis 2½ mit einer Anzahl die Sauerstoffnutzung im Gewebe verbessernden Pharmaka (O_2-Mehrschritt-Pille) und mit einer künstlich während des Prozesses stark erhöhten Durchblutung der Gewebe. Durch diesen neuen therapeutischen Fundamentalprozeß, für dessen Durchführung zahlreiche Varianten bestehen, kann entweder im gesamten Organismus oder lokalisiert z. B. in bestimmten erkrankten Organen der Energiestoffwechsel in den Zellen und Geweben und damit ihr energetischer Zustand für die Zeitdauer des Prozesses auch (und besonders) bei älteren Menschen etwa verfünffacht werden. Eine der interessantesten Varianten ist der »Intensivierte O_2-Mehrschritt-Schlaf«. Bei Menschen in höherem Lebensalter tritt durch seine Anwendung während des ganzen 7- bis 8stündigen Nachtschlafes, also während etwa eines Drittels des 24-Stunden-Zyklus, eine O_2-Versorgung aller Körpergewebe ein, welche mindestens so gut ist wie im jugendlichen Alter. Selbstversuche des Autors ergaben, daß bei Anwendung von in unserem Hause für diese Variante entwickelter Technik der Schlaf in keiner Weise gestört wird. Durch diese Variante wird die für den Schlaf aufgewendete Zeit zusätzlich produktiv. Diese multivalente Nutzung des menschlichen Schlafes dürfte einen der stärksten Beiträge für die Verbesserung des Lebens älterer Menschen in der Zukunft liefern. – Wenn man sich in diesem Zusammenhang daran erinnert, daß die Entschlackungsvorgänge in den Zellen, Gefäßen und auch im Gesamtsystem des Organismus energiefordernde Prozesse darstellen, so wird verständlich, daß sich hier Möglichkeiten z. B. zu einer künstlichen Entschlackung der Gefäße erschließen können, die uns der Erfüllung des Menschheitstraumes von einer teilweisen Verjüngung des alt gewordenen Menschen näherbringen. Welche Perspektiven für die Erhöhung des Leistungs- und Lebensalters der Menschen erschließen sich hier, und sogar schon in konkreten Formen! Dies darf gesagt werden, weil in zunehmender Zahl experimentelle Befunde sich mehren, daß mit Hilfe des entdeckten O_2-Mehrschritt-Prozesses anhaltende Renormalisierungen z. B. im Gehirn eintreten, die auf Entschlackungsvorgänge bereits verengter Gefäße hindeuten.

Aber nicht nur der ältere Mensch, sondern auch der Mensch in jungen und mittleren Lebensjahren könnte von dem gegenwärtig noch in der Hochzüchtung begriffenen Fundamentalprozeß profitieren. Als Beispiel sei hier die gemeinsam mit H. G. Lippmann untersuchte O_2-Mehrschritt-Sauna genannt, bei welcher die Saunawirkung, d. h. der mittlere O_2-Stoffwechselgewinn der Körperzellen, etwa auf das 3,4fache der in der ganzen Welt verbreiteten normalen Sauna zunimmt. – Bereits vorliegende Erfahrungen begründen die Erwartung, daß die sehr wirksame und zugleich zeitsparende O_2-Mehrschritt-Gymnastik bzw. Massage hohe Bedeutung erlangen wird. Ein anderes Beispiel, das die Erfolgsaussichten bei der Bekämpfung vieler Krankheiten und Krankheitserscheinungen bei Menschen aller Altersstufen sehr stark zu verbessern gestattet, ist die Anwendung des gefundenen therapeutischen Fundamentalprozesses für die künstliche zeitweilige Steigerung der körpereigenen Abwehr durch wesentliche Verbesserung der energetischen Situation der Abwehrzellen. Diese Maßnahme, deren überraschend starke Wirksamkeit bereits durch Experimente bewiesen ist, dürfte sich besonders in Kombinationen mit noch später besprochenen weiteren, die Abwehr künstlich stimulierenden Maßnahmen in solchen Fällen zu einer großen Hilfe entwickeln, wo entweder die körpereigene Abwehr, wie z. B. bei gewissen Krankheiten oder im hohen Alter, geschwächt ist, bzw. wo die normale immunologische Abwehr zur erfolgreichen Bekämpfung angehoben werden muß. Heute haben Experimente bereits gezeigt, daß die körpereigene Abwehr durch Maßnahmekombinationen solcher Art um mehrere Zehnerpotenzen verstärkt werden kann, und zwar gezielt in Zeitspannen, wo dies notwendig ist. Erfolge auf dieser Linie werden besonders groß sein, wenn man es gelernt haben wird, die i.v.-Autoinfusion von Abwehrzellen, die in körpereigenen (interperitonealen) »Abwehrzellfabriken« produziert werden (Herbert Fischer – Kolloquium im IvA am 2. 9. 1971) zu realisieren. Welche vielfältigen Fortschritte deuten sich hier am Horizont der künftigen Immunologie an. – Ein Beispiel für die Nutzung moderner Elektronik sowohl in Verbindung mit unserem therapeutischen Fundamentalprozeß als auch für die isolierte Nutzung ist die lokale Stimulierung der Durchblutung von größeren Muskelpartien oder auch von erreichbaren Organen mit Hilfe etwa im Sekunden-Rhythmus in ihrer Stromstärke modulierter Rechteckimpulse. Hier erschließt sich nicht nur eine elektrische Gymnastik bzw. Massage von kranken und gesunden Menschen im Zustand körperlicher Ruhe, sondern die Möglichkeit vielfältiger Einflußnahme auf das von der Durchblutung abhängige physiologische Geschehen.

Ein großer Teil der bisher für den Antrieb interkontinentaler Raketen mit Kernsprengköpfen errichteten riesigen Anlagen für die Gewinnung von Sauerstoff könnte unmittelbar nutzbar werden, um dem Gesundheitswesen der Welt den für den so relativ einfach durchführbaren Prozeß der »Intensivierten O_2-Mehrschritt-Therapie« notwendigen Sauerstoff in großer Breite zur Verfügung zu stellen.

3. Neue Waffen gegen den Tod durch Herz-Kreislauf-Krankheiten

Bekanntlich sind etwa 50% aller Todesfälle in den Industriestaaten gegenwärtig durch Erkrankungen des Herz-Kreislauf-Systems bedingt. Etwa 20% aller Todesfälle entfallen dabei auf Myokardinfarkte, die wiederum zu einem Teil durch Sauerstoffmangel verursachende Blutdruckverminderungen bei akuten Kreislaufkrisen ausgelöst werden. Hierbei sind bekanntlich besonders solche Patienten gefährdet, die konstitutionsbedingt oder bedingt durch berufliche Erschöpfungszustände unternormal niedrige Blutdruckwerte aufweisen (Hypotoniker). Deshalb dürfte ein Prozeß zu einer unentbehrlichen Hilfe der künftigen Medizin werden, den wir vor wenigen Monaten das Glück hatten zu entdecken. Durch diesen Prozeß kann sowohl der systolische Blutdruck als auch die Blutdruckamplitude innerhalb von 90 min Dauer auf Normalwerte anhaltend angehoben und damit eine vorher bestehende Hypotonie mit Kreislauflabilität behoben werden. Die einfache hierbei benutzte Maßnahme ist die Kombination der schon besprochenen O_2-Mehrschritt-Therapie mit einer die Gehirndurchblutung für etwa eine Stunde stark heraufsetzenden Pharmakonkombination.

Auch gegen den Herzinfarkt selbst konnte eine in breiter Front einsetzbare Prophylaxe sowie Schnelltherapie, welche die chemisch-pharmazeutische Industrie vor bedeutende Produktionsaufgaben stellt, gefunden werden. Es ist dies eine neue perlinguale mit zerbeißbaren Kapseln vorzunehmende Methodik geringer Wirkungsschwankung mit g-Strophanthin. Es gelang bei diesen Untersuchungen, die Ursache für die bisherige untragbar große Wirkungsschwankung bei oraler Strophanthingabe zu analysieren und zu beseitigen. Diese Ergebnisse resultierten, weil es gelang, mit Hilfe der theoretischen Pharmakologie die außergewöhnliche Pharmakokinetik des g-Strophanthins zu klären. Bei Infarkt-gefährdeten Patienten ergeben diese speziell bemessenen Pharmaka im akuten Fall gemäß unseren Messungen schon nach

5 bis 10 min eine erhebliche Schutzwirkung. Das ist deshalb oft lebensrettend, da etwa 66% der Infarkt-Todesfälle eintreten, weil die Patienten im akuten Fall nicht mehr rechtzeitig die erforderliche klinische Behandlung erreichen. Weiter konnte der Mechanismus des Herzinfarktes als lysosomale Zytolyse mit nachfolgender Zytolyse-Kettenreaktion erkannt und gezeigt werden, daß die Schutzwirkung des g-Strophanthins auf einer Verminderung der Übersäuerung bei Sauerstoffmangel (gesteigerte Mitnutzung der dann entstehenden Milchsäure für den Energiestoffwechsel) im Myokard beruht. Durch diese Minderung der Übersäuerung, die mit Hilfe neuer Mikro-pH-Meßelektroden am schlagenden Herz während der Simulation von Herzinfarkten gefunden wurde, geht die Wahrscheinlichkeit des Ablaufes der Infarkt-Kettenreaktion nahezu auf Null herunter. Durch die beiden geschilderten Fortschritte sollte sich die Todeswahrscheinlichkeit durch Herz-Kreislauf-Erkrankungen auf Bruchteile des heute in den Statistiken angeführten Wertes herabsetzen lassen, sofern durch die im Falle eines Rüstungsübereinkommens möglich werdende medizinische Großindustrie die neuen Schutzmethoden allen herz-kreislauf-gefährdeten Patienten der Welt zur Verfügung gestellt werden können.

4. Neue Waffen gegen den Krebs

Die Erkundung einer wirksamen Prophylaxe gegen den Krebs bzw. gegen die Bildung von Metastasen sowie die Gestaltung eines gut verträglichen und zugleich hochselektiven Prozesses zur Überwindung der noch nicht zu weit fortgeschrittenen Krebskrankheit gehören zu den größten, erregendsten, zugleich aber auch schwierigsten Forschungsaufgaben unserer Zeit. In den hochentwickelten Industriestaaten ist der Krebs die zweithäufigste Todesursache, und jeder fünfte Mensch stirbt an dieser Krankheit. Wegen der Grausamkeit dieser oft mit schwersten Leiden verbundenen Krankheit bedeutet ihre Bekämpfung eine humanitäre Aufgabe erster Ordnung. Überlegungen dieser Art sind es gewesen, welche dazu führten, einer persönlichen Anregung des vor kurzem verstorbenen Nobelpreisträgers Otto Warburg zu folgen und seit 1959 im Institut auf dem Dresdner Weißen Hirsch Forschungen zu den beiden genannten Themenrichtungen aufzunehmen, deren Ergebnisse den Inhalt von über 120 wissenschaftlichen Veröffentlichungen bilden.

Auf dem Wege, dessen Richtung Otto Warburg auf der Nobelpreisträger-Tagung in Lindau 1966 wies, glauben wir aufgrund verschiedener experimenteller Beobachtungen heute einen relativ einfachen und weitgehend ungefährlichen und zugleich hoch wirksamen Prozeß zur Krebsprophylaxe gefunden zu haben. Es ist eine der Varianten der schon oben (Abschnitt 2) besprochenen »Intensivierten O_2-Mehrschritt-Therapie«, welche den Atmungsstoffwechsel der Zellen sehr stark stimuliert und den Energiestatus der besonders gegen die Krebszellen wirksamen Abwehrzellen des Organismus um einen bisher im Organismus noch nicht erreichten Faktor vervielfacht. Wird dieser Prozeß mit weiteren, die Abwehr verstärkenden Maßnahmen (z. B. vorausgehende BCG-Impfung, nachfolgende Hyperthermie, Autoinfusion von Leukozyten s. o.) kombiniert und in den Phasen erhöhter Metastasierungswahrscheinlichkeit (z. B. vor und nach operativer Entfernung des Primärtumors) eingesetzt, so dürfte auch eine gute Lösung der Metastasen-Prophylaxe sich anbahnen. Die statistische Sicherung dieser Einzelerfolge ist von hoher Aktualität für die Krebsforschung. Dahinter stehen bedeutende Produktionsaufgaben für eine medizinische Großindustrie, um eine allgemeine Anwendung der Krebs- und Metastasen-Prophylaxe zu erschließen. Eine quantitative Einschätzung der zur Heilung der manifestierten Krebskrankheit notwendigen Zellabtötungsverhältnisse in den Geschwülsten und der gerade noch zulässigen Mitabtötung empfindlicher Normalzellen des Organismus ergab, daß nur eine Krebstherapie mit extrem hoher Selektivität erfolgreich sein kann. Wegweisende Gesichtspunkte für die Erzielung hoher Selektivität liefert die Elektronik. Sie bestehen darin, den zur Trennung genutzten Unterschied so groß wie möglich zu machen und so viele aufeinander abgestimmte selektive Einzelelemente hintereinander zu schalten, bis schließlich der erforderliche Selektionsgrad erreicht ist. Schließlich lehrt die Elektronik, daß ein besonders hoher Beitrag zur Selektion durch Rückkopplungs- oder, was physikalisch auf dasselbe hinausläuft, Kettenreaktionsmechanismen erzielbar ist. Diesen Richtlinien sind wir bei unseren seit 1964 besonders gemeinsam mit P. G. Reitnauer, F. Rieger und R. A. Chaplain betriebenen Forschungen zur Gestaltung des Konzeptes der Krebs-Mehrschritt-Therapie gefolgt. Durch künstliche Stabilisierung der Normalzellen (siehe oben) und durch künstliche, möglichst große Labilisierung der Krebszellen in den Tumoren und Metastasen wurde der Unterschied zwischen den zu trennenden Zellarten während der Therapie so groß wie möglich gestaltet. Weiter wurden so viel selektive Teilschritte hintereinander geschaltet, bis sich schließlich bei Labortierexperimenten mit hochresistenten Tumoren ergab, daß hochprozentige Tumorheilungen unter Bedingungen eintraten, wo mit Drogen und Dasoerungen der klassischen Krebs-Chemotherapie noch keine Heilungen zu beobachten waren. Zu den wichtigsten Schritten des Konzepts rechnen wir die heute bereits viele Stunden vor Beginn des Hauptprozesses eingeleitete und bis zum Prozeßende fortgesetzte Vervielfachung der Blutglukosekonzentration. Sie bewirkt zusammen mit einem Hyperthermieschritt (künstliches Fieber) von nur noch 40° C – 150 min Dauer, daß jene »natürliche lysosomale Zytolyse-Kettenreaktion« in allen Tumoren und Metastasen existent wird, die beim Herzinfarkt schon mit besprochen wurde, und dort als Feind des Menschen in Erscheinung tritt. – Durch Stimulierung der körpereigenen Abwehr einige Tage vor und durch die Erhöhung der Blutglukosekonzentration sowie des O_2-Stoffwechsels einige Stunden vor dem Haupttherapieprozeß wird erreicht, daß die immunologische Hauptattacke gegen die Krebszellen abläuft, bevor durch die zytostatische oder strahlentherapeutische »auslösende Attacke« der Krebs-Mehrschritt-Therapie die für die Abwehr so wichtigen Leukozyten mit vernichtet werden. – Weiter bewirkt der frühzeitige Beginn der Blutglukoseerhöhung eine selektive Beschleunigung des Teilungszyklus der Krebszellen und dadurch unter den schon genannten Bedingungen eine wesentlich erhöhte Empfindlichkeit gegenüber der genannten »auslösenden Attacke«.

So ist die Wandlung und künstliche Verstärkung natürlicher Vorgänge des Organismus zu selektiven, sich unterstützenden Attacken gegen die Geschwülste heute fast zu einem Grundprinzip der Gestaltung unseres »Krebs-Mehrschritt-Therapie-Konzeptes« geworden. Durch die Forschung der letzten zwei Jahre ist es gelungen, den Therapieprozeß so zu verbessern, daß er auch für Menschen in höherem Lebensalter leicht verträglich geworden ist. Daher kann jetzt die schwierige Forschung im klinischen Bereich beginnen, wobei nur in solchen Fällen (analog zu unseren

Erfahrungen bei den Tierversuchen) ein Erfolg erwartet werden kann, wo die stimulierte und optimierte immunologische Abwehr noch nicht überfordert ist und wo die körpereigene Abwehr durch besondere Maßnahmen auch nach dem Hauptprozeß der Therapie schnell wieder Wirksamkeit gewinnt. Die ersten klinischen Erfolge nach unserem Konzept zeichnen sich bereits ab.

Unsere kurzen Andeutungen mögen genügen, um erkennen zu lassen, daß in der DDR neue, sehr aussichtsvolle Arbeitsrichtungen der Krebsforschung erschlossen worden sind. So unterscheidet sich die skizzierte therapeutische Methode sowohl in der Wahl der Angriffsstellen als auch in der Wahl der naturnahen Mittel und prinzipiell in der erst hohe Selektion erschließenden Kombination dieser Mittel von allen bisher bekannt gewordenen Krebstherapieverfahren. Auch diese Forschungen werden in der Zukunft, davon sind wir fest überzeugt, zu bedeutenden Absatzmärkten der künftigen medizinischen Großindustrie führen, denn zu ihrer allgemeinen Nutzung im Gesundheitswesen werden spezielle Therapieeinrichtungen und Einrichtungen zur elektronischen Patientenüberwachung während des Prozesses in großer Zahl zu produzieren sein.

5. Kampf gegen die noch unbeherrschten Krankheiten

Sehr große Teile der bisher für Forschung und Produktion zur militärischen Rüstung eingesetzten Kapazitäten lassen sich für den Kampf gegen die noch unbeherrschten Krankheiten, wie z. B. gegen den Rheumatismus, gegen die Geisteskrankheiten, gegen die Krankheiten des peripheren Nervensystems usw. usw. umsetzen. Aus der Vielheit dieser Krankheiten sei hier nur die Bekämpfung der Krankheiten des peripheren Nervensystems, wie die Neuropathien des Diabetikers und die multiple Sklerose, herausgegriffen, also Krankheiten, die mit großen, lang andauernden Leiden verbunden sind. Wahrscheinlich handelt es sich hier um Degenerationserscheinungen der 1970 von uns entdeckten »Blut-Nerven-Schranke«, welche durch umhüllende Wicklungen von Plasmamembranen, den seit langem bekannten Schwannschen Zellen, gebildet wird.

Die gleichen Toxikologen, die heute bei der Entwicklung der furchtbaren Nerven-Kampfstoffe ihre Wissenschaft antihumanistisch mißbrauchen, könnten hier unmittelbar eingesetzt werden, um mit Hilfe neuer Aspekte, welche das Wissen um die Blut-Nerven-Schranke liefern, zur Minderung menschlicher Leiden beizutragen. Hier stehen sich die beiden Extreme des Einsatzes der exakten Naturwissenschaften gegen oder für den Menschen in besonders erschütternder Klarheit gegenüber.

Die vorgetragene Studie ist zugleich ein Aufruf an die Mediziner der Welt zu höchster Aktivität in den nächsten, das Schicksal der Menschheit bestimmenden Jahren, der Versuch eines Beitrages zur Vorbereitung einer dem Wohle der Menschen dienenden Umstellung der Rüstungsindustrien auf humanistische Aufgaben und vor allem ein durch konkrete erregende Beispiele vertiefter Appell an die menschliche Vernunft.

Originalliteratur zu den besprochenen Beispielen

Zusammenfassende Veröffentlichungen

M. von Ardenne, Die Verwendung der für militärische Zwecke angehäuften Weltvorräte an Spaltmaterial zum Wohle der Menschheit. Deklaration der Nationalen Front des Demokratischen Deutschland vom 23. 4. 1956.

M. von Ardenne und P. G. Reitnauer, Tabellen der medizinischen Elektronik In: Handbuch medizinischer Elektronik. Teil I. Verlag Technik, Berlin 1962, und die inzwischen erschienene weitere umfangreiche Literatur zur bio-medizinischen Technik.

M. von Ardenne, Theoretische und experimentelle Grundlagen der Krebs-Mehrschritt-Therapie. 2. Auflage. Verlag Volk und Gesundheit, Berlin 1971.

Spezielle Veröffentlichungen

Zum Abschnitt 2.:
Neue Waffen gegen die Krankheiten des höheren Lebensalters:

Arbeit Nr. 89 in (3)
(Abnahme der Lungenleistung in höherem Lebensalter)

Tabelle 31.5 im Anhang von (3)
(O_2-Mangelzustände und O_2-Mangelkrankheiten des höheren Lebensalters)

Arbeit Nr. 118
M. von Ardenne, »Intensivierte O_2-Mehrschritt-Therapie« als lokalisiert und generalisiert anwendbarer Fundamentalprozeß. Einsatzbeispiel mit dem Ergebnis anhaltender Renormalisierung der Blutdruckwerte bei hypotonischen Dysregulationen. Dtsch. Ges.wes. **27**, im Druck (1972)
(Grundprinzip und erste Anwendungen)

Tabelle 31.6 im Anhang von (3)
(Varianten der einfachen und der intensivierten O_2-Mehrschritt-Therapie. Besonders neue Fassung)

Arbeit Nr. 114
M. von Ardenne – H. G. Lippmann, O_2-Mehrschritt-Sauna. Programmierung und Kreislauf-Meßergebnisse. Physiother. **24** (1972)
(Grundprinzip und Messungen)

Arbeit Nr. 116
M. von Ardenne, Krebserkrankung und körpereigene Krebsabwehr. Gegenwärtige Vorstellungen zum Zusammenhang zwischen der Manifestierung der Krebserkrankung und der beeinflußbaren Höhe der körpereigenen Krebsabwehrschwelle des Organismus. Naturwiss. Rundschau **24**, 520 (1971).
(Gesetzmäßigkeiten und Mechanismen, Wege zur Erhöhung der körpereigenen Abwehr um mehrere Zehnerpotenzen)

10 Neuere Literatur über Stimulierung der Durchblutung durch etwa im Sekundenrhythmus modulierte elektrische Rechteckimpulse.

Zum Abschnitt 3.:
Neue Waffen gegen den Tod durch Herz-Kreislauf-Krankheiten

6 Arbeit Nr. 118
M. von Ardenne, »Intensivierte O_2-Mehrschritt-Therapie« als lokalisiert und generalisiert anwendbarer Fundamentalprozeß. Einsatzbeispiel mit dem Ergebnis anhaltender Renormalisierung der Blutdruckwerte bei hypotonischen Dysregulationen. Dtsch. Ges.wesen **27**, im Druck (1972).
(Programmierung eines Schnellprozesses zur anhaltenden Normalisierung des systolischen Blutdruckes und der Blutdruckamplitude sowie zur Behebung der Kreislauflabilität bei Hypotonikern)

11 Arbeit Nr. 115
M. von Ardenne – V. G. Lippmann, Hauptursache und Verringerung der Wirkungsschwankung bei oraler Gabe von g-Strophanthin. Messungen der QT_C-Zeit-Verkürzung im EKG nach oraler Gabe und i.v.-Injektion des Pharmakons. Cardiol. Bull. Acta cardiologica **167** (1971).
(Wirkungsmechanismen, Meßergebnisse und Applikationsvorschrift)

12 Arbeit Nr. 125
M. von Ardenne – F. Rieger, Theoretische und experimentelle Grundlagen zur außergewöhnlichen Pharmakokinetik des g-Strophanthins. Arzneimittelforschung, im Druck (1972).

13 Arbeit Nr. 126
M. von Ardenne – H. G. Lippmann, QT_C-Zeit-Messungen zum Beginn der Schutzwirkung verschiedener Herzglykoside bei oraler Applikation. Perlinguale Gabe mit sehr hoher Resorption von g-Strophanthin als Prophylaxe und als Schnelltherapie zur Myokardinfarkt-Bekämpfung in der Notsituation vor Einsatz ärztlicher Hilfe. Cardiol. Bull. Acta cardiologica, im Druck (1972).

14 Arbeit Nr. 106
M. von Ardenne – B. Kern, Der Herzinfarkt als Folge der lysosomalen Zytolyse-Kettenreaktion.
Dtsch. Ges.wesen **26**, 1769 (1971).

15 Arbeit Nr. 107
M. von Ardenne – P. G. Reitnauer, Messungen zu Elementarvorgängen des Herzinfarktes.
Cardiol. Bull. Acta cardiologica **50** (1971).

Zum Abschnitt 4.:
Neue Waffen gegen den Krebs

16 O. Warburg, Über die letzte Ursache und die entfernten Ursachen des Krebses. Vortrag Nobelpreisträger-Tagung Lindau 1966. Verlag Triltsch, Würzburg 1966.

6 Arbeit Nr. 118
M. von Ardenne, »Intensivierte O_2-Mehrschritt-Therapie« als lokalisiert und generalisiert anwendbarer Fundamentalprozeß. Einsatzbeispiel mit dem Ergebnis anhaltender Renormalisierung der Blutdruckwerte bei hypotonischen Dysregulationen.
Dtsch. Ges.wesen **27**, im Druck (1972).
(Einsatz als Krebsprophylaxe)

17 Arbeit Nr. 79 in (3)
(Stimulierung der unspezifischen Abwehr durch vorausgehende BCG-Impfung und nachfolgende 40° C-Hyperthermie als Metastasenprophylaxe in Kombination mit der »Intensivierten O_2-Mehrschritt-Therapie«)

18 Tabelle A 31.2 im Anhang von (3)
(Senkung der Metastasenzahl an einem Tiermodell von 100 auf 5 bis 10% durch einfache O_2-Mehrschritt-Therapie)

19 Tabelle 30.1 (evtl. neue Fassung) im Anhang von (3)
(Konzept und Programmierung der Krebs-Mehrschritt-Therapie)

20 Arbeit Nr. 96 in (3)
(Wirkung der verschiedenen Attackenkombinationen des Krebs-Mehrschritt-Therapie-Konzeptes bei einem besonders resistenten Labortiertumor. Hochprozentige Heilung)

21 Arbeit Nr. 18 in (3)
(Grundprinzip der natürlichen Zytolyse-Kettenreaktion)

22 Arbeit Nr. 58 in (3)
(Mechanismus der lysosomalen Zytolyse-Kettenreaktion)

23 Arbeit Nr. 112
M. von Ardenne – F. Rieger, Über den Einfluß der biologischen Variabilität auf den Schädigungsablauf von lysosomaler Zytolyse und Zytolyse-Kettenrea tion.
Archiv Geschwulstforschg. **39**, im Druck (1972).
(Optimierung der lysosomalen Zytolyse-Kettenrea tion. Auslösende Attacke mit verbesserter Synchr nisation des Zellzyklus).

24 Arbeit Nr. 120
M. von Ardenne, Über die Methode der intensivierte O_2-Mehrschritt-Prophylaxe gegen Krebs bz Krebsmetastasen.
Klin. Wochenschr. **50**, im Druck (1972).
(Rezeptur einer Krebs- und Krebsmetastasen-Pr phylaxe)

25 Arbeit Nr. 113
M. von Ardenne – P. G. Reitnauer, In-vitro-Grun versuch zur Verkürzung der Hyperthermiedauer b der Krebs-Mehrschritt-Therapie. Auslösung der l sosomalen Zytolyse-Kettenreaktion durch Übe säuerung + Hyperthermie und ihre Fortsetzu nach Hyperthermie-Ende. Archiv Geschwulstfo schung **38**, 264 (1971).
(Abkürzung der 40° C-Hyperthermiedauer von 2 auf 150 min)

26 Arbeit Nr. 59 in (3)
(Optimierte Tumorübersäuerung)

27 Arbeit Nr. 78 in (3)
(pH-Messungen in Krebs-Mikrometastasen bei op mierter Übersäuerung)

28 Arbeit Nr. 85 in (3)
(Messung des pH-Profils optimiert übersäuerter M krometastasen verschiedener Größe)

9 Arbeit Nr. 116
M. von Ardenne, Krebserkrankung und körpereige Krebsabwehr. Gegenwärtige Vorstellungen zum Z sammenhang zwischen der Manifestierung d Krebserkrankung und der beeinflußbaren Höhe d körpereigenen Krebsabwehrschwelle des Organ mus. Naturwiss. Rundschau **24**, im Druck (1971).
(Zeitliche Vorverlegung der stimulierten immuno gischen Hauptattacke gegen die Krebszellen *vor* d die Leukozyten zerstörenden Attacke durch Zytos tika bzw. ionisierende Strahlung)

Zum Abschnitt 5.:
Kampf gegen die noch unbeherrschten Krankheiten

29 Arbeit Nr. 103
M. von Ardenne, Über die Existenz einer Blut-N ven-Schranke. Z. Naturforschg. **25b**, 1492 (19
(Starke Nerven-Übersäuerung bei Verletzung o Degenerierung der Blut-Nerven-Schranke. Korre tion zwischen Schmerzempfindung, Nerven-Üb säuerung und Blutglukosekonzentration).

Meinen jüngeren Lesern zugedacht

Im Zurückschauen möchte ich versuchen, etwas von den *Prinzipien der Lebensführung und Lebenskunst* zu erkennen, die ich bewußt oder unbewußt befolgt habe und die mir bei der glücklichen Gestaltung meines Weges zum und auch im sozialistischen System halfen. Diese will ich besonders den jüngeren unter meinen Lesern abschließend zurufen, obwohl ich eigentlich immer wieder gesehen habe – auch bei meinen eigenen Kindern –, daß guter Rat erst dann ernsthaft befolgt wird, wenn eigene, oft teuer erkaufte Lebenserfahrung ihn bestätigt hat:

Entwickelt bei allen Dingen des Lebens einen unversiegbaren Optimismus, denn »sich im voraus kränken heißt, der entfernten Not zur Ankunft Flügel schenken!« Habt stets eine heitere Einstellung zum Leben und seinen Zwischenfällen! Sorgt für Harmonie in den engeren Lebensbezirken!

Laßt nie eine ernste Differenz über Nacht andauern!

Wenn ihr mit oder ohne Schuld anderen Menschen Leid zugefügt habt, so versucht, durch vermehrte Güte und Liebe diese Tatsache schnell zu kompensieren! Seid einfach und natürlich!

Verträumt nicht euer Leben, sondern erlebt eure Träume!

Nutzt jede Stunde so aus, daß ihr sie später gut verwendet findet!

Vergeßt nie, daß wegen der großen Aufnahmefähigkeit des jungen Gehirns die Freizeit im jugendlichen Alter sehr viel kostbarer ist als im späteren Leben!

Verschwendet eure Zeit nicht, sondern verwendet sie zum Lernen! Nutzt sie zum Lesen guter, belehrender und bildender Bücher, zum Anhören von Fachvorträgen, zum Basteln oder zum Experimentieren, wo sich nur Gelegenheit dazu ergibt. Man wird in der Regel nur das im Leben erreichen, was man sich selbst erarbeitet!

Unterscheidet Wesentliches von Unwesentlichem!

Handelt immer so, daß ihr euch nicht zu schämen brauchtet, würde euer Handeln im Blickfeld der Öffentlichkeit stehen!

Verfolgt mit hartnäckigem Fleiß und zäher Ausdauer das einmal gesteckte Ziel, bis ihr es erreicht habt!

Haltet einer einmal für richtig erkannten Sache die Treue!

Versucht euren Lebensberuf so zu wählen, daß er euren Neigungen nahekommt!

Resigniert nie, sondern tragt durch Initiative, konstruktive Kritik und schöpferisches Handeln zur Beseitigung von Unvollkommenheiten und zum Fortschritt bei!

Nehmt nicht Partei, um eure Karriere zu beschleunigen, sondern aus tiefer innerer Überzeugung. Seid Vorbild durch große Leistungen und Taten, dann beschleunigt ihr auf ehrliche, dauerhafte Weise eure Entwicklung in unserem sozialistischen Staat.

Trefft eine notwendige Entscheidung sofort!

Habt Mut zum Erleben!

Empfindet Freude auch an kleinen Dingen!

Zeigt Güte und menschliche Wärme, besonders gegenüber Schwächeren! Zeigt echte Bescheidenheit, innerlich und auch im äußeren Auftreten!

Habt Ehrfurcht vor der Weisheit des Alters und vor dem Großen, das euch immer wieder in der Natur und bei den Menschen begegnet!

Seht ein hohes Ziel darin, in den beruflichen und in den privaten Lebensbezirken immer mehr zu geben als zu empfangen, denn gerade dieser für die Umwelt unerwartet kommende Überschuß ist es, der als Glück auf eure eigene Lebensbahn zurückstrahlt!

Professor Dr. h. c. Manfred Baron von Ardenne

Biographische Tabelle

ahr	Forschungsergebnisse	Wissenschaftliche Publikationen	Daten und Ereignisse
07			**Geboren 20. 1. 1907 in Hamburg.** Vater: Egmont Baron von Ardenne spät. Oberregierungsrat Mutter: Adela geb. Mutzenbecher.
21			Physikalische und chemische Versuche (Röntgenaufnahmen, Teslaversuche, Detektorempfang mit selbstgebauten Geräten.
22			Funkverkehr über Beriin und Empfang von Langwellen-Überseestationen mit selbstgebauten Anlagen.
23			Einrichtung eines Laboratoriums in der Wohnung der Eltern Rundfunk-Lautsprecher-Vorführung vor dem Reichspräsidenten Ebert (mit Dr. Loewe und Dr. Nesper) im März zur Propagierung der Rundfunkidee Teilnahme an den ersten Rundfunksendungen vom Voxhaus (Übertragung aus der Berliner Philharmonie mit Widerstandsverstärkern eigener Konstruktion)
		Anmeldung des ersten erteilten Patents: 14. 10.	**Absolvierung des Friedrich-Realgymnasiums Berlin mit Primareife** (25. 9.)
24		(Erste Buchveröffentlichung; Funk-Ruf-Buch)	**Praktische Ausbildung** in einer feinmechanischen Werkstatt

Jahr	Forschungsergebnisse	Wissenschaftliche Publikationen	Daten und Ereignisse
1924	Versuche mit der Fa. Lindström zur elektrischen Aufnahme von Schallplatten (Heutige Technik!)		Beginn der Mitarbeit an funktec nischen Zeitschriften Veranstaltung einer Vortragsrei über Rundfunktechnik in der B liner Urania Funktechnische Vorträge
1925	Entwicklung von NF-Widerstandsverstärkern hoher Spannungsverstärkung **Erstentwicklung von Mehrfachröhren und Breitbandverstärkern** (gemeinsam mit Dr. S. Loewe)	Nr. 1 u. 3.[1] (Mehrfachröhren Nr. 2)	Immatrikulation an der **Universi Berlin** am 27. 4. **4 Semester Studium von Phys Chemie, Mathematik** (Planc Nernst, Schlenk, Schmidt, Bieb rach, Szegö, von Mises) **Grundlagenstudium**
1926	Entwicklung des Widerstands-**Ortsempfängers mit Dreifachröhre** (gemeinsam mit Loewe-Radio)	Nr. 2 u. 4. Buch: **Bau von Widerstandsverstärkern**	Reise nach England (Juli) Besuch von Graf Arco (Telefu ken) im Herbst
1927		Nr. 5 bis 12. (Indirekte Messung von Gitterströmen, Theorie der Endverstärkung usw.) Buch: Transformatorenverstärker	**Reise in die USA** (Juli/August) **Beginn des permanenten Stu ums von Spezialfächern in eng Beziehung zu den Aufgaben u zu dem Wechsel der Aufgaben**
1928	Entwicklung der »Gemeinschaftsantenne« mit Breitband-Antennenverstärker (Heutige Technik!) Entwicklung des **Elektronenstrahlers mit negativ vorgespannter Steuerelektrode** und Strahl-»Cross over«	Nr. 13 bis 19. (Themen der Hochfrequenz- und Hochfrequenz-Meßtechnik)	**Errichtung des Laboratoriums f Elektronenphysik in Berlin-Lic terfelde Ost** am 1. 2.

[1] Nummer im Verzeichnis »Wissenschaftliche Veröffentlichungen«.

Jahr	Forschungsergebnisse	Wissenschaftliche Publikationen	Daten und Ereignisse
1929	Entwicklung der **Elektronenstrahl-Röhre mit Glühkathode und Lichtsteuerelektrode für Anodenspannungen über 1000 V**	Nr. 20 bis 25. (Breitband-Verstärker, Oszillographen-Verstärker) **Buch: Verstärker-Meßtechnik**	Die Fa. Leybold, Köln, beginnt im Herbst, die Elektronenstrahlröhren in den Handel zu bringen Besuch von Sir Watson Watt (5. 12.)
1930	**Entwicklung des Leuchtschirm-Abtasters** (»Flying spot scanner«) (Element heutiger Technik!) **Durchführung der ersten Fernsehbild- und Filmübertragungen mit Elektronenstrahlröhren auf Sender- und Empfangsseite** (14. 12.) (Realisierung des Fernsehens auf rein elektronischer Grundlage.) (Heutige Technik!)	Nr. 26 bis 32. (**Elektronenstrahlröhre als Fernsehempfänger**) Nr. 28 (Vielfachrundfunk auf einer Welle, Feldverstärkung) Konzept der heutigen Nachrichtentechnik mit UKW-Breitband-Richtfunkstrecken bzw. Breitbandkabel-Relaisstrecken. Nr. 31	**Erste Fernsehvorführung (24. 12.) vor dem Staatssekretär Kruckow** (RPM)
1931	Projektion von Fernsehbildern mit Elektronenstrahlröhren (Februar) Steigerung der Bildgüte auf 10000 Bildelemente pro Bild (April) **Farbfernsehmethode mit Farbzeilen-Leuchtschirm.** Brit. Patent 388623 vom 19. 6. 1931	Nr. 33 bis 35. (Fernsehsender und -Empfänger mit Kathodenstrahlröhren. Fernsehen) Nr. 34 und 35 (Mehrfachmodulation von Ultrakurzwellen) Aufmodulation vieler modulierter Hochfrequenzen auf eine Ultrakurzwelle. (Heutige Technik!) Nr. 33	Im Frühjahr Fernsehvorführung vor den Direktionen der Firmen Telefunken, Fernseh AG und den Wissenschaftlern der Reichspost, ebenso vor Prof. Barkhausen und Moeller (18. 4.) **Öffentliche Fernsehfilmübertragung auf der Funkausstellung mit rein elektronischen Elementen**
1932	Experimentelle **Realisierung der Fernsehbild-Übertragung mit Geschwindigkeitsmodulation** (Liniensteuerungsmethode)	Nr. 36 bis 40. (Fernsehen mit Modulation der Absenkgeschwindigkeit statt der Stromdichte des Elektronenfleckes Nr. 40)	Lösung des Vertrages mit der Fa. Radio-Loewe Gründung der Dipol-AG in Arbon (Schweiz)
1933	Entwicklung eines Projektions-Elektronenstrahl-Oszillographen	Nr. 41 bis 45. (Zur Physik der Elektronenstrahlröhren)	Demonstration des Fernsehens mit Geschwindigkeitsmodulation auf der Funkausstellung 1933

Jahr	Forschungsergebnisse	Wissenschaftliche Publikationen	Daten und Ereignisse
1933	**Elektronenstrahl-Bildaufnahmeröhre mit lichtempfindlichem Halbleiterschirm** (Vorläufer des Videcons)	**Buch: Die Kathodenstrahlröhre** (2. Auflage 1939 in England)	Vertragsabschluß mit der C. Lorenz AG
1934	**Erfindung und Entwicklung des elektronenoptischen Bildwandlers.** Deutsches Patent 902890 vom 25. 2. 1934 (Erteilt am 28. 1. 1954!) Röntgenbildwandler Entwicklung des elektronischen Spektralphotometers für Otto Warburg	Nr. 46 bis 50. (Zur Elektronenoptik und Physik der Elektronenstrahlröhren) (Bildwandler Nr. 67) (Spektralphotometer Nr. 56)	Gründung der **Leybold-von Ardenne-Oszillographen-Gesellschaft**
1935	**Entdeckung der Emission negativer Ionen von thermischen Kathoden** Entwicklung von Fernsehempfängern für die C. Lorenz AG., Berlin-Tempelhof	Nr. 51 bis 58. (Negative Ionen Nr. 55) **Buch: Fernsehempfang** (1936 auch in England erschienen)	Einrichtung eines Bildwandler-Laboratoriums im Reichspostzentralamt
1936	Entwicklung von Breitband-Oszillographen-Verstärkern (0,2 Hz bis $3 \cdot 10^6$ Hz) **Entwicklung des Polarkoordinaten-Elektronenstrahl-Oszillographen** (Grundelement der heutigen Radartechnik) Elektronenlinse mit Widerstandswendel (Element der Elektronenoptik)	Nr. 59 bis 76 (Polarkoordinaten-Oszillograph Nr. 76)	Besuch von Dr. Zworykin (21. 2.) Besuch des Reichspostministers (18. 6.)
1937	**Entwicklung des Elektronen-Rastermikroskops.** Typ I für Oberflächenabbildung. Typ II für Durchstrahlungsabbildung (Renaissance Typ I 1960 in England und Typ II 1970 USA)	Nr. 77 bis 84 **Buch: Fernsehen VDE. Abschnitt Fernsehempfang**	Vertragsabschluß mit der Reichspost (Fernsehen und seit 1940 angewandte Kernphysik) Vertragsende April 1945

r	Forschungsergebnisse	Wissenschaftliche Publikationen	Daten und Ereignisse
8	Untersuchung der Grenzen für das Auflösungsvermögen des Elektronenmikroskops Erfindung und Entwicklung der **Projektions-Elektronenstrahlröhre mit Lichtrelaisfläche** auf Basis des Pockels-Effektes. (Renaissance 1970 USA)	Nr. 85 bis 94. (Auflösungsvermögen Nr. 85) (Rastermikroskop Nr. 87 u. 92) (Kristallichtrelaisröhre Nr. 94 und 99, 100, 108)	Berufung in den Verwaltungsausschuß des Deutschen Museums München (7. 5.) Besuch von Prof. Debye (27. 6.) Übernahme der Patente durch Telefunken (1939) und RCA (1940)
9	Vorschlag über ein **Röntgenstrahlen-Schattenmikroskop** Entwicklung des **Elektronen-Mikrooszillographen** (Renaissance 1942 USA) Entwicklung des **Universal-Elektronenmikroskops** **Begründung der Mikrobearbeitung mit Elektronen- und Ionensonde** (Elektronenstrahltechnologie!)	Nr. 95 bis 110. (Röntgenmikroskop Nr. 101) (Mikrooszillograph Nr. 110) (Mikrobearbeitung Nr. 90 u. 109)	Besuch von Dr. Ives (4. 8.) Besuch von Prof. Laue (20. 12.) Brief an den Reichspostminister über die **Bedeutung der Entdekkung der Urankernspaltung durch Hahn-Strassmann** (Dezember)
0	**Einsatz des Universal-Elektronenmikroskops auf vielen Gebieten** **Einführung der Stereomethode in die Elektronenmikroskopie** Entwicklung des Objektträger-Vibrators Entdeckung der Faserstruktur entwickelter Bromsilberkörner	Nr. 111 bis 125. (Zur Übermikroskopie) (Stereo-Elektr.-Mikroskop Nr. 114 u. 116) **Buch: Elektronen-Übermikroskopie** (1941 auch in USA gedruckt) (Faserstruktur Nr. 119)	Besuch von Prof. Butenandt (20. 1.) **Besuch von Prof. Planck** (2. 2.) Vertragsabschluß mit Krupp 15. 7. (Übermikroskopische Forschung bis 1945) Gemeinsamer **Vorschlag mit Hollmann über ein Panorama-Radargerät**
1	Entwicklung des **20-kV-Universal-Elektronenmikroskops** (Vorläufer der Höchstspannungs-Elektr.-Mikroskope) Entwicklung des **Erhitzungs-Elektronenmikroskops** (T bis 2500° C!)	Nr. 126 bis 142. (200-kV-Mikroskop Nr. 132) (Erhitzungs-Elektr.-Mikroskop Nr. 139)	Besuch von Prof. Friedrich (10. 3.) F. G. Houtermans Mitarbeiter ab 1. 1. **Verleihung der Silbernen Leibniz-Medaille** durch die Preußische Akademie der Wissenschaften (3. 7.)

Jahr	Forschungsergebnisse	Wissenschaftliche Publikationen	Daten und Ereignisse
1941	Über Kettenreaktionen (Houtermans) Einführung der Osmiumfärbung in die elektronenmikroskopische Präparationstechnik	Geheime Mitteilung (Osmiumfärbung Nr. 127)	**Besuch von Prof. Heisenbe** (28. 11.) **Besuch der Prof. Hahn, Mattauc Philipp** (10. 12).
1942	Feinstrahl-Elektronenbeugung im Elektronenmikroskop Beendigung der **Entwicklung des 1-MeV-van-de-Graaff-Neutronengenerators**	Nr. 143 bis 150. (Feinstrahl-Kondensator u. Beugung Nr. 129 u. 147) (1-MeV-Generator. Nr. 156)	Bau der unterirdischen Beto bunker in Berlin-Lichterfelde-O Jungfernstieg 18
1943	Konstruktion und **Bau der 60-Tonnen-Zyklotronanlage** **Entwicklung der Vakuum-Filmkamera zum Elektronenmikroskop** Einsatz des Erhitzungs-Übermikroskops auf mehreren Gebieten	Nr. 151 bis 161. (Zur Übermikroskopie) (Vakuum-Filmkamera Nr. 153)	**Lehrauftrag an der Universit Berlin** (Elektronen- und Ioneng räte) Verlagerung der Laboratorien die Betonbunker (1. 8.) Luftangriff I (Luftmine in 60 Entfernung!) (23. 8.) Vernichtung der Elektronen-R stermikroskope Typ I und II Besuch von Prof. von Brau (26. 8.)
1944	Steigerung der **Auflösung des Universal-Elektronenmikroskops** auf 12 AE durch Kondensor-Objektiv-Einfeldlinse (Auflösungsrekord bis 1954) (Heutige Technik!) Vermeidung der Objekterhitzung im Übermikroskop durch Feinstrahlbeleuchtung und H_2-Kühlung **Elektronenoptische Schlierenmethode und ihr erster Einsatz** Aktivierungsanalyse mit Neutronen. (gemeinsam mit F. Bernhard)	Nr. 162 bis 165 (Einfeldlinse Nr. 163) **Buch: Die physikalischen Grundlagen der Anwendung radioaktiver oder stabiler Isotope als Indikatoren** (Schlierenmethode Nr. 164) (Aktivierungsanalyse Nr. 165)	Luftangriff II. (Hauptgebäude z 50% abgebrannt). März Hauptgebäude wieder völlig au gebaut (Dezember!)

ahr	Forschungsergebnisse	Wissenschaftliche Publikationen	Daten und Ereignisse
945	Letzte Phase der Entwicklung eines **Li-Trenners mit Ringmagnetfeld und Plasma-Ionenquelle** Entwicklung eines **Protonenmikroskops mit Ionenbildwandler**	(Magnetischer Massentrenner Nr. 145)	**Berufung in den Forschungsrat** (Kurat. Hochfrequenzfschg.) (2. 1.) Kriegsfront in Lichterfelde Ende April Verlagerung der Laboratorien aus den Bunkern in das Hauptgebäude (8. 5.) Der spätere stellvertr. Ministerpräsident der UdSSR, Generalleutnant Saweniagin, besichtigt die Anlagen (10. 5.) Flug **nach Moskau** (21. 5.) Ernennung zum Direktor des Institutes A (21. 8.) und Aufbau des Institutes (heute »Suchumi-Institut für elektronische Physik«) Besuch von Prof. Joffé (12. 10.)
946	Bearbeitung einer **Spezialaufgabe** der UdSSR-Regierung bis 1951 **Konstruktion eines Elektronen-Übermikroskops**		
947	**Punktkathoden-Gasentladungsrohr zur Sichtbarmachung von Magnetfeldlinien**[1] **Methode zur Herstellung sehr hoher Elektronenstrom- bzw. Plasmadichten mit inhomogenen Magnetfeldern**[1] **(Magnetische Flasche)**		**Staatspreis der UdSSR** für die Konstruktion eines Übermikroskopes (Januar)
948	**Entwicklung der Unoplasmatron-Ionenquelle**[1] **Erfindung und Entwicklung der Duoplasmatron-Ionenquelle**[1]	Nr. 166 (Einrichtung am Universal-Elektronenmikroskop zur fast vollständigen Vermeidung der thermischen Objektbelastung)	

Die Veröffentlichung dieser Arbeiten erfolgte u. a. in dem Buch: M. von Ardenne, Tabellen der Elektronenphysik, onenphysik und Übermikroskopie, VEB Deutscher Verlag der Wissenschaften, Berlin 1956.

Jahr	Forschungsergebnisse	Wissenschaftliche Publikationen	Daten und Ereignisse
1948	**Präzisions-Massenspektrograph mit Unoplasmatron- und Ionen-Bildwandler (Richtungsfokussierung)**[1]		
1949	Arbeiten am elektronenoptischen Mikrobearbeitungsgerät, z. B. Feinstbohrungen (seit 1947)[1]		
1950	**Duoplasmatron-Elektronenstrahler** mit hohem Richtstrahlwert[1]		
1951	**Planung des neuen Institutes in Dresden Weißer Hirsch, DDR**		
1952	**Entwicklung des Präzisions-Oszillographen mit 2 μ Schreibfleck und 9 × 12 cm Platten**		Kauf der Institutsgebäude in Dresden, Weißer Hirsch, Plattleite 27–29 (13. 2.)
1953	**Präzisions-Massenspektrograph mit Doppelfokussierung und Ionenbildwandler**[1]	Nr. 167. (Punktkathodenrohr)	**Stalinpreis für die Lösung einer Spezialaufgabe der Regierung** (31. 12.)
1954	Steigerung der Auflösung des Präzisions-Massenspektrographen auf $\frac{M}{\Delta M} = 110000$[1]	Nr. 168	**Beschluß des Präsidiums der Deutschen Akademie der Wissenschaften** vom 20. 2. zur Unterstützung des Institutsprojektes auf dem Weißen Hirsch **Fertigstellung des neuen Dresdner Institutes nach 2½jährigem Aufbau** (1. 10.)
1955	Konzeption und Konstruktion des magnetischen Massentrenners für hohen Massen-	Nr. 169 u. 170	Rückkehr nach 10jähriger Tätigkeit in der Sowjetunion (24. 3.) Besuch Walter Ulbrichts (26. 3.)

[1] Die Veröffentlichung dieser Arbeiten erfolgte u. a. in dem Buch: M. von Ardenne, Tabellen der Elektronenphysik Ionenphysik und Übermikroskopie. VEB Deutscher Verlag der Wissenschaften, Berlin 1956.

ahr	Forschungsergebnisse	Wissenschaftliche Publikationen	Daten und Ereignisse
955	transport bei auf 20 Tonnen reduziertem Magnetgewicht[2]		Berufung zum Mitglied des Wissenschaftlichen Rates für friedliche Anwendung der Atomenergie beim Ministerrat der DDR (10. 11.) Berufung zum Mitglied der Sektion Physik der Deutschen Akademie der Wissenschaften (26. 7.) **Weiteres Institutsgebäude Plattleite 31**
956	Aufbau des magnetischen Isotopentrenners für hohen Massentransport mit 20-Tonnen-Magnet und Unoplasmatron-Ionenquelle	Nr. 171 u. 172 **Buch: Tabelle der Elektronenphysik, Ionenphysik und Übermikroskopie.** Band 1 u. 2 **Buch: Tabellen zur angewandten Kernphysik**	Ernennung zum Honorarprofessor an der Technischen Hochschule Dresden (1. 6.) Reden und Schriften zur Atompolitik
957	Entwicklung des **verschluckbaren Intestinalsenders** zur Signalisierung der Druck- und pH-Werte aus dem Magen-Darmtrakt	Nr. 173 bis 175 **Buch: Tabellarische Darstellung zur Anwendung von Radio-Isotopen als Strahlungsquellen und als Indikatoren**	Besuch von Prof. Jemeljanow und Prof. Frank (23. 2.) Berufung zum Mitglied des Forschungsrates beim Ministerrat der Deutschen Demokratischen Republik (15. 7.) **Ernst-Moritz-Arndt-Medaille** (7. 12.) **Weiteres Institutsgebäude Plattleite 25a**
958	Erfindung und Entwicklung der Elektronenanlagerungs-Ionenquelle mit hohem Nutzeffekt Methode der Elektronenanlagerungs-Massenspektrographie organischer Substanzen	Nr. 176 bis 186 (EA-Massenspektrograph Nr. 186, 188, 200, 207 u. 235)	**Deutsche Friedensmedaille** (18. 4.) Gründung des VEB Hochvakuum Dresden **Verleihung des Dr. rer. nat. h. c. durch die Math.-Naturwiss. Fakultät der Ernst-Moritz-Arndt-Universität Greifswald** (25. 9.) **Verleihung des Nationalpreises I. Klasse** (7. 10.) Besuch von Botschafter Perwuchin (28. 11.)

Jahr	Forschungsergebnisse	Wissenschaftliche Publikationen	Daten und Ereignisse
1959	**Elektronenstrahl-Mehrkammerofen-Verfahren** Erzeugung von 45 bis 1700 kW-Elektronenstrahlen mit einer Kanone Erschmelzen von Reinstmetallen im Hochvakuum (Edelstahlblöcke bis 20 t)	Nr. 187 bis 200 (EMO Nr. 205, 217, 231, 236 u. 305)	Reise als Mitglied einer Regierungsdelegation unter Ministerpräsident Otto Grotewohl durch Ägypten, Syrien, Irak, Indien, Vietnam und China (4. bis 31. 1.) **Verleihung des Großkreuzes des Verdienstordens der VAR** Austausch des alten in Lichterfelde-Berlin West gelegenen Institutskomplexes gegen den **Grundstückskomplex Dresden-Weißer Hirsch, Zeppelinstr. 7** (20. 11.) **Weiteres Institutsgebäude Zeppelinstr. 2** Nobelpreisträger Otto Warburg rät dringend zur Aufnahme der Forschung am Krebsproblem (17. 12.)
1960	Verschiedene Geräte der medizinischen Elektronik	Nr. 201 bis 214	
1961	Studie über die Möglichkeit des Nachrichtenempfanges von fremden Planetensystemen (gemeinsam mit G. Böhme) Bremsgurte und -stoffe zum Unfallschutz von Kraftfahrzeuginsassen (gemeinsam mit S. Panzer)	Nr. 215 bis 224 (Empfang aus Kosmos Nr. 216) (Unfallschutz Nr. 202, 224, 225, 226 u. 252)	Vorsitzender der Gesellschaft für biomedizinische Technik (27. 5.)
1962	Entwicklung des Elektrokardiotachographen mit Warneinrichtung Operationssaal mit biomedizinischer Technik für Forschungszwecke	Nr. 225 bis 235 (EKT-1 Nr. 227, 234 u. 289) (Operationssaal Nr. 237) **Buch: Tabellen zur angewandten Physik 1**	Berufung zum Mitglied des wissenschaftlichen Rates des Ministeriums für Gesundheitswesen (2. 11.)

ahr	Forschungsergebnisse	Wissenschaftliche Publikationen	Daten und Ereignisse
963	**Erfindung und Entwicklung des Plasmafeinstrahlbrenners** mit Hochdrucklichtbogen	Nr. 236 bis 247 (Feinstrahlbrenner Nr. 240, 246, 256, 260 u. 278) **Buch: Wege zur Steigerung der Weltmarktfähigkeit unserer industriellen Erzeugnisse**	**Abgeordneter der Volkskammer** (20. 10.)
964	**Anlagen zur Mikrobearbeitung mit Elektronenstrahlen** (für Industrie)	Nr. 248 bis 263 (Mikrobearbeitung Nr. 254, 259, 268, 292 u. 304) **Buch: Tabellen zur angewandten Physik 2**	
65	Voraussage der Existenz und Angabe der Bedingungen (verstärkte Tumorübersäuerung + Hyperthermie) für die **Kettenreaktion der Krebszellenschädigung** Konzeption und Entwicklung der **Zweikammer-Hyperthermiewanne** mit heißer Körperkammer und kühler Kopfkammer als Hauptelement der Krebs-Mehrschritt-Therapie-Einrichtung **Anlagen zum Aufdampfen dünner Schichten im Hochvakuum** für Industrie (gemeinsam mit S. Schiller)	Nr. 264 bis 286 (Kettenreaktion Nr. 284 u. 295) (Hyperthermiewanne Nr. 282) (Aufdampfen Nr. 268, 316 u. 335)	**Besuch von Walter Ulbricht** (26. 3.) **Verleihung des National-Preises II. Klasse** (7. 10.) **Weiteres Institutsgebäude Zeppelinstr. 8** Berufung zum Mitglied der internationalen astronautischen Akademie Paris (15. 12.)
66	**Mathematische in-vivo-Theorie des Gärungsstoffwechsels der Krebsgeschwülste** (gemeinsam mit F. Rieger)	Nr. 287 bis 313 in-vivo-Theorie Nr. 293 u. 306)	**Zentralwerkstattgebäude Platt-leite 27**
67	Herabsetzung der therapeutisch gegen Krebs wirksamen Hyperthermietemperatur von	Nr. 314 bis 326 (40-° C-Hyperthermie Nr. 315, 325 u. 329)	

Jahr	Forschungsergebnisse	Wissenschaftliche Publikationen	Daten und Ereignisse
1967	43° C auf 40° C durch selektive Thermosensibilisierung der Krebszellen	**Buch: Theoretische und experimentelle Grundlagen der Krebs-Mehrschritt-Therapie. 1. Auflage. 40 Arbeiten**	
1968	**Entdeckung, Klärung und Realisierung der 1965 vorausgesagten lysosomalen Kettenreaktion der Krebszellenschädigung** (unter Mitarbeit R. A. Chaplain, P. G. Reitnauer, F. Rieger)	Nr. 327 bis 344 (Kettenreaktion Nr. 342, 345, 358 u. 372)	**Weiteres Institutsgebäude Plattleite 19**
1969	**Optimierung der Übersäuerung von Tumoren und Metastasen** (Senkung des pH der Krebsgewebe von etwa 7,0 auf etwa 6,0) **Krebs-Mehrschritt-Therapie-Konzept mit Doppelattacke »Optimierte Tumorübersäuerung +40° C-Hyperthermie« + Vitamin A + »auslösende« Attacke bzw. Attackenkombination** Selektive Verstärkung der Krebszellenschädigung mit einem Verstärkungsfaktor ≈ 10. (Hochprozentige Heilung von Labortiertumoren. Strahlentherapie mit Röntgendosen D = 300 bis 1000 r)	Nr. 345 bis 372 (Übersäuerung Nr. 346, 348 u. 370) (KMT-Konzept Nr. 295, 345, 346, 357, 358, 364, 366 u. 372) (Verstärkung Nr. 357, 361, 369 u. 372)	
1970	Heilungsquoten nahe 100% bei Labortiertumoren sehr hoher Resistenz, wo die klassische Krebs-Chemotherapie eine Heilungsquote 0% ergibt (KMT-Konzept mit ergänzender immunologischer Attacke. (gemeinsam mit R. A. Chaplain und P. G. Reitnauer)	Nr. 373 bis 397 (KMT-Konzept mit ergänzender immunologischer Attacke Nr. 374)	Berufung in das Präsidium der internationalen Gesellschaft zur Erforschung von Zivilisationskrankheiten und Vitalstoffen (1. 1.) **Lenin-Medaille** (12. 5.)

ahr	Forschungsergebnisse	Wissenschaftliche Publikationen	Daten und Ereignisse
70	**Nachweis guter Verträglichkeit des Krebs-Mehrschritt-Therapie-Prozesses** beim Menschen Vermeidung des Röntgen-Hauterythems **Entdeckung der Blut-Nerven-Schranke und des Primärvorganges der Schmerzauslösung** (Neue Aspekte für Krankheiten des peripheren Nervensystems) Mechanismus des Narkosetodes und des Todes im hyperglykämischen Koma Aus ATP-Messungen im Rattengehirn abgeleitetes **Auftanken von Herz-Kreislaufreserven vor schweren Belastungen** (Operationen, Geburten usw.) Langzeitige Wiederherstellung guter Sauerstoffversorgung der Körpergewebe beim alten Menschen (Erhöhung des geistigen und körperlichen Leistungsvermögens. Verlangsamung des Alterns. Teilweise Beseitigung bereits eingetretener sklerotischer Schäden) (gemeinsam mit H. G. Lippmann)	(KMT-Verträglichkeit Nr. 385) (Erythembildung Nr. 387) (Blut-Nerven-Schranke Nr. 394) (Narkosetod Nr. 383) (Auftanken energiereicher Phosphate Nr. 401)	**Weiteres Institutsgebäude Platteleite 19a**
71	Mechanismus des Herzinfarktes als lysosomale Zytolyse-Kettenreaktion Zahlreiche Varianten der einfachen und der intensivierten O_2-Mehrschritt-Therapie (O_2-Mehrschritt-Kur O_2-Mehrschritt-Sauna O_2-Mehrschritt-Gymnastik O_2-Mehrschritt-Massage	Nr. 398 bis 418 (Herzinfarkt-Mechanismus Nr. 406 und 407) **Buch: Theoretische und experimentelle Grundlagen der Krebs-Mehrschritt-Therapie 2. Auflage. 100 Arbeiten**	

Jahr	Forschungsergebnisse	Wissenschaftliche Publikationen	Daten und Ereignisse
1971	O_2-Mehrschritt-Schlafen) zur Bekämpfung der O_2-Mangelkrankheiten des Alters Entdeckung eines Kurzprozesses anhaltender Wirkung zur Renormalisierung des systolischen Blutdruckes und der Blutdruckamplitude von Hypotonikern mit labilem Kreislauf Intensivierte O_2-Mehrschritt-Prophylaxe gegen Krebs bzw. Krebsmetastasen Weitere methodische Verbesserungen des Krebs-Mehrschritt-Therapie-Konzeptes (Verkürzung der 40° C-Hyperthermie auf 150 min. Optimierung der immunologischen Attacke. Steigerung der Krebszellen-Empfindlichkeit durch selektive Verkürzung ihres Teilungszyklus usw.) Erste klinische Erfolge an menschlichen Krebspatienten nach dem Krebs-Mehrschritt-Therapie-Konzept	**Buch: Elektronenanlagerungs-Massenspektrographie organischer Substanzen** (gemeinsam mit K. Steinfelder und R. Tümmler) (Intensivierte O_2-Mehrschritt-Therapie Nr. 417) **Buch: Tabellen zur angewandten Physik 3** (Prozeß gegen Kreislaufkrankheiten Nr. 417) (Krebsprophylaxe Nr. 418) (Verbesserungen KMT Nr. 411)	
1972	**Aufklärung der außergewöhnlichen Pharmakokinetik des Herzmittels g-Strophanthin** **Perlinguale Gabe mit sehr hoher Resorption von g-Strophanthin als Prophylaxe und als Schnelltherapie zur Herzinfarkt-Bekämpfung in der Notsituation vor Einsatz ärztlicher Hilfe** **Dokumentation wesentlicher klinischer Erfolge an inoperablen Patientinnen mit metastasierenden Karzinomen nach dem Krebs-Mehrschritt-Therapie-Konzept**	Nr. 419 bis ... (g-Strophanthin Nr. 409 u. 423 gemeinsam mit H. G. Lippmann und Nr. 422 gemeinsam mit F. Rieger) E. Kraußold – H. G. Lippmann unter Mitwirkung des Pathologen G. Holle	20. 1. 1972: 65. Geburtstag Sicherung der Zukunft des a fast 500 Mitarbeiter angewachse nen Institutes durch verschieden Maßnahmen

Jahr	Forschungsergebnisse	Wissenschaftliche Publikationen	Daten und Ereignisse
1972	**Entdeckung der zellkinetischen Wirkungsabnahme aller Krebstherapien in den schlechter durchbluteten Bezirken der Geschwülste**	Nr. 424	

Die Ergebnisse unserer Forschungs- und Entwicklungsarbeit spiegeln sich auch wider in etwa 600 erteilten in- und ausländischen Patenten.

Veröffentlichungen des Autors in Buchform

1. 1924 Funk-Ruf-Buch
2. 1924 Des Funkbastlers erprobte Schaltungen, fünf Auflagen.
3. 1926 Der Bau von Anoden- und Heizstrom-Netzanschlußgeräten, fünf Auflagen.
4. 1926 Die Wirkungsweise der Rundfunkempfänger, zwei Auflagen.
5. 1926 Der Bau von Widerstandsverstärkern, zwei Auflagen.
6. 1927 Fünf ausgewählte Rundfunkempfänger, sechs Auflagen.
7. 1927 Transformatorenverstärker.
8. 1928 Empfang auf kurzen Wellen.
9. 1929 Mehrfachröhren-Empfänger, vier Auflagen.
10. 1929 Streifzüge durch die Empfangstechnik
11. 1929 Moderne Empfangs-Schaltungen.
12. 1929 Verstärker-Meßtechnik.
13. 1930 Die elektrische Schallplatten-Wiedergabe, zwei Auflagen.
14. 1930 Rundfunk-Schaltungstechnik.
15. 1930 Funkempfangstechnik.
16. 1933 Die Kathodenstrahlröhre und ihre Anwendung in der Schwachstromtechnik (1939 auch in England erschienen).
17. 1935 Fernsehempfang (1936 auch in England erschienen).
18. 1937 Fernsehen VDE, Abschnitt Fernsehempfang
19. 1940 Elektronen-Übermikroskopie (1941 auch in SU, USA und Japan erschienen).
20. 1944 Die physikalischen Grundlagen der Anwendung radioaktiver oder stabiler Isotope als Indikatoren (1948 auch in der SU erschienen).
21. 1956 Tabellen der Elektronenphysik, Ionenphysik und Übermikroskopie, Band I und II.
22. 1956 Tabellen zur angewandten Kernphysik.
23. 1957 Tabellarische Darstellung zur Anwendung von Radioisotopen als Strahlungsquellen und als Indikatoren.
24. 1962 Eine glückliche Jugend im Zeichen der Technik, zwei Auflagen.
25. 1963 Wege zur Steigerung der Weltmarktfähigkeit unserer industriellen Erzeugnisse.
26. 1962 1964 Tabellen zur angewandten Physik, Band I und II.
27. 1967 1971 Theoretische und experimentelle Grundlagen der Krebs-Mehrschritt-Therapie. 1. Auflage 40 Arbeiten. 2. Auflage 106 Arbeiten.
28. 1971 Elektronenanlagerungs-Massenspektrographie organischer Substanzen.
29. 1972 Tabellen zur angewandten Physik, Band III.

Sonstige wissenschaftliche Veröffentlichungen

1. M. von Ardenne – H. Heinert, Über Widerstandsverstärker, Jahrb. drahtl. Telegr. u. Teleph. **26**, 52, 1925.

2. M. von Ardenne – S. Loewe, Zweisystemröhren für Hoch- und Niederfrequenzverstärkung, Jahrb. drahtl. Telegr. u. Teleph. **27**, 19, 1926.

3. M. von Ardenne, Über die Konstruktion von Arbeitskennlinien bei Verstärkern mit Widerstandskopplung, Jahrb. drahtl. Telegr. u. Teleph. **27**, 50, 1926.

4. M. von Ardenne, Ein Vergleich zwischen Transformatorenverstärker und Widerstandsverstärker, Jahrb. drahtl. Telegr. u. Teleph. **27**, 167, 1926.

5. M. von Ardenne, Über die Dimensionierung von Niederfrequenzverstärkern mit Widerstandskopplung, unter besonderer Berücksichtigung der Verzerrungen, Elektrotechn. Z. **48**, 36, 1927.

6. M. von Ardenne, Zur Messung der Spannungsverstärkung bei Niederfrequenzverstärkern, Elektrotechnik und Maschinenbau 45, Nr. 10, 25, 1927.

7. M. von Ardenne, Über Anodengleichrichtung, Jahrb. drahtl. Telegr. u. Teleph. **29**, 82, 1927.

8. M. von Ardenne, Über eine einfache Methode zur indirekten Messung von Gitterströmen, Jahrb. drahtl. Telegr. u. Teleph. **29**, 88, 1927.

M. von Ardenne, Über Röhrenverzerrungen bei Verstärkern, Z. techn. Physik **8**, 235, 1927.

M. von Ardenne – W. Stoff, Die Berechnung der Scheinkapazität bei Widerstandsverstärkern, Jahrb. drahtl. Telegr. u. Teleph. **30**, 86, 1927.

M. von Ardenne, Zur Theorie der Endverstärkung, Jahrb. drahtl. Telegr. u. Teleph. **30**, 116, 1927.

M. von Ardenne – W. Stoff, On the values and the effects of stray capacities in resistance-coupled amplifiers, Proc. Inst. Rad. Eng. **15**, 895, 1927.

M. von Ardenne, On the theory of power amplification, Proc. Inst. Rad. Eng. **16**, 193, 1928.

M. von Ardenne, Über Anodengleichrichter, Jahrb. drahtl. Telegr. u. Teleph. **31**, 51, 1928.

M. von Ardenne, Ein empfindliches Röhrenvoltmeter für Hochfrequenz, Elektrotechn. Z. **49**, 565, 1928.

M. von Ardenne – W. Stoff, Über die Kompensation der schädlichen Kapazitäten und ihrer Rückwirkungen bei Elektronenröhren, Jahrb. drahtl. Telegr. u. Teleph. **31**, 122, 1928.

M. von Ardenne, Über elektrische Felder in der Umgebung lebender Wesen, Z. techn. Physik **9**, 288, 1928.

18. M. von Ardenne, Anordnung und Geräte zur Untersuchung von Hochfrequenzverstärkern, Elektrotechn. Z. **49**, 1675, 1928.

19. M. von Ardenne, Einige Messungen über die Hochfrequenzspannungen an der Eingangsseite von Empfängern, Jahrb. drahtl. Telegr. u. Teleph. **32**, 199, 1928.

20. M. von Ardenne, Die aperiodische Verstärkung von Rundfunkwellen, Z. Hochfrequenztechn. **33**, 166, 1929.

21. M. von Ardenne, Methoden zur Beseitigung des Mikrophoneffektes in Verstärkerröhren, Z. techn. Physik **10**, 185, 1929.

22. M. von Ardenne – K. Schlesinger, Amplitudenabhängigkeit der dynamischen Steilheit beim Richtverstärker, Z. Hochfrequenztechn. **34**, 91, 1929.

23. M. von Ardenne, Eine einfache Methode zur Bestimmung der Röhrenkonstanten, Z. Hochfrequenztechn. **34**, 143, 1929.

24. M. von Ardenne, Fortschritte beim Bau und bei der Anwendung von Widerstandsverstärkern, Z. Hochfrequenztechn. **34**, 161, 1929.

25. M. von Ardenne, Der aperiodische Verstärker in der Meßtechnik, Elektrotechn. Z. **50**, 1617, 1929.

26. M. von Ardenne – K. Schlesinger, Phasenverhältnisse und Schwingungseinsatz bei einem Zweiröhrensystem nach Art der Leithäuser-Heegner-Schaltung, Z. Hochfrequenztechn. **35**, 60, 1930.

27. M. von Ardenne, Bestimmung von Modulationsgraden und Gleichrichterkennlinien mit der Braunschen Röhre, Elektr. Nachrichtentechn. **7**, 80, 1930.

28. M. von Ardenne, Die Braunsche Röhre als Fernsehempfänger, Fernsehen **1**, 193, 1930.

29. M. von Ardenne, Kompensation der Verstimmung in der Rückkopplungsschaltung, Elektrotechn. Z. **51**, 1060, 1930.

30. M. von Ardenne, Über eine neue Feldstärke-Meßeinrichtung, Elektr. Nachrichtentechn. **7**, 434, 1930.

31. M. von Ardenne, Vielfachrundfunk auf einer Ultrakurzwelle, Elektrotechn. Z. **51**, 1619, 1930.

32. M. von Ardenne, Über eine Methode zur Schaffung guter Empfangsverhältnisse in der Großstadt, Elektr. Nachrichtentechn. **7**, 463, 1930.

33. M. von Ardenne, Zur Technik des Sendens und Empfangens von Ultrakurzwellen, die mit mehreren modulierten Hochfrequenzen moduliert sind, Z. Hochfrequenztechn. **36**, 12, 1931.

34. M. von Ardenne, Über neue Fernsehsender und Fernsehempfänger mit Kathodenstrahlröhren, Fernsehen **2,** 65, 1931.

35. M. von Ardenne, Über Fortschritte beim Fernsehen mit Kathodenstrahlröhren, Fernsehen **2,** 173, 1931.

36. M. von Ardenne, Über Helligkeitssteuerung bei Kathodenstrahlröhren unter besonderer Berücksichtigung einer neuen Methode, Fernsehen **3,** 18, 1932.

37. M. von Ardenne, Untersuchungen an Braunschen Röhren mit Gasfüllung, Z. Hochfrequenztechn. **39,** 18, 1932.

38. M. von Ardenne, Investigations on gas-filled cathode ray-tubes, Proc. Inst. Rad. Eng. **20,** 1310, 1932.

39. M. von Ardenne, Die aperiodische Verstärkung von ultrakurzen Wellen, Z. Hochfrequenztechn. **40,** 65, 1932.

40. M. von Ardenne, Die praktische Durchführung der Thun'schen Liniensteuerung unter Anwendung neu entwickelter Methoden, Fernsehen **3,** 210, 1932.

41. M. von Ardenne, Ein Demonstrations-Kathodenstrahl-Oszillograph, Z. physikal. chem. Unterricht **46,** 241, 1933.

42. M. von Ardenne, Bedeutung und Beseitigung der Lichthofstörung bei Kathodenstrahlröhren, Z. Hochfrequenztechn. u. Elektroak. **42,** 113, 1933.

43. M. von Ardenne, Eine neue Methode zur Beseitigung der Verzerrung durch Raumladung in Braunschen Röhren, Z. techn. Physik **14,** 461, 1933.

44. M. von Ardenne, Untersuchungen über achromatische Elektronenlinsen, Z. Physik **86,** 802, 1933.

45. M. von Ardenne, Über Strahlkontaktanordnungen bei gasgefüllten Kathodenstrahlröhren zur Aufnahme einmaliger unwillkürlicher Vorgänge, Elektr. Nachrichtentechn. **10,** 485, 1933.

46. M. von Ardenne, Zur Fremdsteuerung der Strahlbewegung beim Fernsehen mit Braunschen Röhren, Z. techn. Physik **15,** 62, 1934.

47. M. von Ardenne, Beitrag zur Elektronenoptik Braunscher Röhren, Z. Physik **88,** 251, 1934.

48. M. von Ardenne, Über eine Apparatur zur Untersuchung von Fluoreszenzmaterialien, insbesondere für Fernsehempfänger, Z. angew. Chemie **47,** 483, 1934.

49. M. von Ardenne, Zum Einfluß der Maxwell-Geschwindigkeitsverteilung bei der Erzeugung von Dezimeterwellen, Naturwiss. **22,** 561, 1934.

50. M. von Ardenne, Beitrag zur Konstruktion von Braunschen Röhren mit Hochvakuum für Fernse und Meßzwecke, Z. Hochfrequenztechn. u. Elektroak. **44,** 166, 1934.

51. M. von Ardenne, Zum Fernsehempfang mit Brau scher Röhre, Z. Hochfrequenztechn. u. Elektroa **54,** 73, 1935.

52. M. von Ardenne, Über photometrische Untersuchungen und Messungen der spektralen Intensitätsverteilung an Fluoreszenzschirmen, insbesondere bei Erregung durch Elektronenstrahlen, techn. Physik **16,** 61, 1935.

53. M. von Ardenne, Neue Elektronenstrahlröhren m Hochvakuum zur Tonaufzeichnung, Filmtechn **11,** Nr. 5, 1, 1935.

54. M. von Ardenne, Die Größe der Lichthofstörung Elektronenstrahlröhren bei verschiedenen Flu reszenzschirmarten, Z. Hochfrequenztechn. Elektroak. **46,** 1, 1935.

55. M. von Ardenne, Negative Ionenstrahlen bei d Formierung von Hochvakuum-Elektronenstrah röhren, Arch. Elektrotechn. **29,** 731, 1935.

56. M. von Ardenne – E. Haas, Über eine Methode z Messung von Lichtabsorption bei kleiner Lichti tensität und kurzer Einstellzeit, Z. physikal. Chem **174,** 115, 1935.

57. M. von Ardenne, Ein neuer Verstärker für Elektr nenstrahl-Oszillographen, Elektrotechn. Z. **5** 1195, 1935.

58. M. von Ardenne, Über ein neues Röhren-Kip schwingungsgerät für Elektronenstrahl-Oszill graphen, Elektrotechn. Z. **56,** 1295, 1935.

59. M. von Ardenne, Ein neues, hochempfindlich Netzanschluß-Röhrenvoltmeter mit zwei Meßb reichen, Elektrotechnik und Maschinenbau **5** Heft 3, 1936.

60. M. von Ardenne, Oscillograph amplifiers for ve wide frequency ranges, Wireless Eng. **13,** 59, 193

61. M. von Ardenne, Über neuere Versuche mit Elektr nenstrahl-Filmgebereinrichtungen für hohe Ze len- und Bildzahlen, Fernsehen **7,** 9, 1936.

62. M. von Ardenne, Neues einstufiges Netzanschluß Röhrenvoltmeter mit vier Meßbereichen, Funk 122, 1936.

63. M. von Ardenne, Eine neue Elektronenstrahlröh zur Ausmessung magnetischer Kraftfelder, Hochfrequenztechn. u. Elektroak. **47,** 43, 1936.

64. M. von Ardenne, A experimental television receiv using a cathode-ray tube, Proc. Inst. Rad. Eng. 2 409, 1936.

65. M. von Ardenne, Bemerkungen zur phasenkor pensierten Kerr-Zelle, Fernsehen **7,** 45, 1936.

6. M. von Ardenne, Die Braunsche Röhre als Spannungsmesser beim elektrolytischen Trog, Elektrotechn. Z. **57,** 831, 1936.

7. M. von Ardenne, Über die Umwandlung von Lichtbildern aus einem Spektralgebiet in ein anderes durch elektronenoptische Abbildung von Photokathoden, Elektr. Nachrichtentechn. **13,** 230, 1936.

8. M. von Ardenne – O. Groos – G. Otterbein, Dispersionsmessungen im Gebiet der Dezimeterwellen, Physikal. Z. **37,** 533, 1936.

9. M. von Ardenne, Einige Anwendungen des elektrolytischen Troges, Fernsehen **7,** 60, 1936.

0. M. von Ardenne, Ausführung von Elektronenlinsen mit Widerstandswendeln, Arch. Elektrotechn. **30,** 623, 1936.

1. M. von Ardenne, Weitere Versuche mit Hochspannungs-Elektronenstrahl-Einrichtungen für hohe Zeilenzahlen, Fernsehen **7,** 68, 1936.

2. M. von Ardenne, Versuche und Messungen über stereoskopische Projektion mit polarisiertem Licht, Z. techn. Physik **17,** 332, 1936.

3. M. von Ardenne, Spannungsmessungen bei extrem hohen Frequenzen mit dem Dioden-Voltmeter, Z. Hochfrequenztechn. u. Elektroak. **48,** 117, 1936.

4. M. von Ardenne, Über neue Doppel-Elektronenstrahlröhren, Arch. techn. Messen, J 834-17, Heft 10, 1936.

5. M. von Ardenne, Vortrag: Der Fernsehempfang, Vortragsreihe Fernsehen, VDE 7. 12. 1936.

6. M. von Ardenne, Ein neuer Polar-Koordinaten-Elektronenstrahl-Oszillograph mit linearem Zeitmaßstab, Z. techn. Physik **17,** 660, 1936.

7. M. von Ardenne, Ein Netzanschluß-Gleichstromverstärker für Elektronenstrahl-Oszillographen, Elektrotechn. Z. **58,** 66, 1937.

8. M. von Ardenne, Verformung von Kippschwingungen durch einen Vierpol, Z. Hochfrequenztechn. u. Elektroak. **49,** 37, 1937.

9. M. von Ardenne, Messungen über das Nachleuchten von Elektronenstrahl-Oszillogrammen an Schirmen mit langer Abklingzeit, Z. Physik **105,** 193, 1937.

0. M. von Ardenne, Ein neues Feldstärkemeßgerät für Rundfunkwellen, Elektr. Nachrichtentechn. **14,** 293, 1937.

1. M. von Ardenne, Ein neuer Weg zur Herstellung von Lichtquellen mit gleichbleibender Energie im Bereich sichtbarer Wellenlängen, Z. Physik **107,** 414, 1937.

2. M. von Ardenne, Über Versuche mit lichtempfindlichen Halbleiterschichten in Elektronenstrahlröhren, Z. Hochfrequenztechn. u. Elektroak. **50,** 145, 1937.

83. M. von Ardenne, Über eine neuere Anordnung zur Untersuchung von Fluoreszenzmaterialien für Elektronenstrahlröhren, Z. angew. Chemie **50,** Heft 49, 1937.

84. M. von Ardenne, Entwicklung von Vierfach-Elektronenstrahl-Oszillographen, Arch. techn. Messen, J 834–19, Heft 78, 1937.

85. M. von Ardenne, Die Grenzen für das Auflösungsvermögen des Elektronenmikroskopes, Z. Physik **108,** 338, 1938.

86. M. von Ardenne, Technische Ausführung einer Lichtquelle mit gleichbleibender Energie im Bereich sichtbarer Wellenlängen, Z. techn. Physik **19,** 41, 1938.

87. M. von Ardenne, Das Elektronen-Rastermikroskop, Theoretische Grundlagen, Z. Physik **109,** 553, 1938.

88. M. von Ardenne, Einfluß der Filterwirkung der Kristalle mit hohem CdS-Gehalt auf die spektrale Intensitätsverteilung von ZnS CdS Ag-Leuchtschirmen mit mehreren Komponenten von unterschiedlichem CdS-Gehalt, Telegraphen-Fernsprech-Funk- und Fernseh-Technik **27,** 106, 1938.

89. M. von Ardenne, Staubfiguren stehender Ultraschallwellen in Flüssigkeiten, Funktechn. Monatshefte, Heft 8, 248, 1938.

90. M. von Ardenne, Die Verwendung der Elektronensonde für Mikromanipulationen, Naturwiss. **26,** 562, 1938.

91. M. von Ardenne – H. Preßler, Zum Problem des Farbfernsehens, Teil I, Grundsätzliche Überlegungen über die Auflösung farbiger Fernsehbilder, Teil II, Über die Wirkung der Schärfenabnahme bei mit gleichem Frequenzband übertragenen farbigen Fernsehbildern in Abhängigkeit von der gesamten Bildelementzahl, der Größe des Bildbetrachtungswinkels und von dem Bildmotiv, Telegraphen-Fernsprech-Funk- und Fernseh-Technik Heft 7, 264, 1938.

92. M. von Ardenne, Das Elektronen-Rastermikroskop, Praktische Ausführung, Z. techn. Physik **19,** 407, 1938.

93. M. von Ardenne, Die durch Elektronenstreuung im Objekt verursachten Abbildungsfehler des Elektronenmikroskopes und ihr Verhältnis zueinander, Z. Physik **111,** 152, 1938.

94. M. von Ardenne, Methoden und Anordnungen zur Speicherung beim Fernsehempfang, Telegraphen-Fernsprech-Funk- und Fernseh-Technik, Sonderheft 1938, S. 518.

95. M. von Ardenne, Eine einfache Xenon-Lampe für kurzwelliges Ultraviolett, Z. techn. Physik **20,** 30, 1939.

96. M. von Ardenne, Zum Problem des stereoskopischen Fernsehens, Telegraphen-Fernsprech-Funk- und Fernseh-Technik Heft 1, 1939.

97. M. von Ardenne, Die Keilschnittmethode, ein Weg zur Herstellung von Mikrotomschnitten mit weniger als 10-³ mm Stärke für elektronenmikroskopische Zwecke, Z. wiss. Mikroskopie **56,** 8, 1939.

98. M. von Ardenne, Intensitätsfragen und Auflösungsvermögen des Elektronenmikroskopes, Z. Physik **112,** 744, 1939.

99. M. von Ardenne, Die Verwendung von Zinkblende-Relaisschirmen im Speicher-Projektionsempfänger mit Elektronenstrahlröhre, Telegraphen-Fernsprech-Funk- und Fernseh-Technik **28,** 108, 1939.

100. M. von Ardenne, Ein neues Großflächen-Lichtrelais für Intensitäts-, Farb- oder Polarisationsebenen-Steuerung, Telegraphen-Fernsprech-Funk- und Fernseh-Technik **28,** 226, 1939.

101. M. von Ardenne, Zur Leistungsfähigkeit des Elektronen-Schattenmikroskopes und über ein Röntgenstrahlen-Schattenmikroskop, Naturwiss. **27,** 485, 1939.

102. M. von Ardenne, Bemerkungen zur Größe des chromatischen Fehlers beim Elektronenmikroskop, Z. Physik **113,** 257, 1939.

103. M. von Ardenne, Einkristall-Leuchtschirme und Übermikroskopie, Z. techn. Physik **20,** 235, 1939.

104. M. von Ardenne, Über die Möglichkeit der Untersuchung lebender Substanz mit Elektronenmikroskopen, Z. techn. Physik **20,** 239, 1939.

105. M. von Ardenne, Über eine elektronische Hochspannungslinse kurzer Brennweite, Naturwiss. **27,** 614, 1939.

106. M. von Ardenne, Zur Größe des Öffnungsfehlers beim Elektronenmikroskop, Z. techn. Physik **20,** 289, 1939.

107. M. von Ardenne, Das Auflösungsvermögen photographischer Schichten für Elektronenstrahlung, Z. Physik **114,** 379, 1939.

108. M. von Ardenne, Zur praktischen Ausführung von Elektronenstrahl-Speicher-Projektionsröhren, Telegraphen-Fernsprech-Funk- und Fernseh-Technik **28,** 403, 1939.

109. M. von Ardenne, Über eine Ionensonde großer Schärfe, Z. techn. Physik **20,** 344, 1939.

110. M. von Ardenne, Der Elektronen-Mikrooszillograph, Z. Hochfrequenztechn. u. Elektroak. **54,** 181, 1939.

111. M. von Ardenne – H. Reibedanz, Über eine Vorrichtung zum Bohren feinster Löcher in Metallfolien, Z. Instrumentenkde. **60,** 22, 1940.

112. M. von Ardenne, Ergebnisse einer neuen Elektronen-Übermikroskop-Anlage, Naturwiss. **28,** 113, 1940.

113. M. von Ardenne – D. Beischer, Untersuchungen von Katalysatoren mit dem Universal-Elektronenmikroskop, Angew. Chemie **53,** 103, 1940.

114. M. von Ardenne, Über ein Universal-Elektronenmikroskop für Hellfeld-, Dunkelfeld- und Stereobild-Betrieb, Z. Physik **115,** 339, 1940.

115. M. von Ardenne – D. Beischer, Untersuchung des Feinbaues hochmolekularer Stoffe mit dem Universal-Elektronenmikroskop, Z. physikal. Chemie (B) **45,** 465, 1940.

116. M. von Ardenne, Stereo-Übermikroskopie mit dem Universal-Elektronenmikroskop, Naturwiss. **28,** 248, 1940.

117. M. von Ardenne – D. Beischer, Untersuchung von Metalloxyd-Rauchen mit dem Universal-Elektronenmikroskop, Z. Elektrochemie **46,** 270, 1940.

118. M. von Ardenne – D. Beischer, Untersuchung des Feinbaues hochmolekularer Stoffe mit dem Universal-Elektronenmikroskop. 2. Mitteilung: Zur Morphologie von Kautschuk und Buna, Kautschuk Heft 5, 1940.

119. M. von Ardenne, Analyse des Feinbaues stark und sehr stark belichteter Bromsilberkörner mit dem Universal-Elektronenmikroskop, Z. angew. Photogr. **2,** 14, 1940.

120. M. von Ardenne – K. Endell – U. Hofmann, Untersuchungen feinster Fraktionen von Betoniten und Tonböden mit dem Universal-Elektronenmikroskop. Ber. Deutscher Keram. Ges. Berlin, 21, 209, 1940.

121. M. von Ardenne, Abbildung feinster Einzelteilchen, insbesondere von Molekülen, mit dem Universal-Elektronenmikroskop, Z. physikal. Chemie **187,** 1, 1940.

122. M. von Ardenne, Versuche zur Abbildung des Maul- und Klauenseuche-Virus mit dem Universal-Elektronenmikroskop, Naturwiss. **28,** 531, 1940.

123. M. von Ardenne, Der Objektträger-Vibrator, ein neues Hilfsgerät der Übermikroskopie und Mikroskopie, Kolloid-Z. **93,** 158, 1940.

124. M. von Ardenne, Über das Auftreten von Schwärzungslinien bei der elektronenmikroskopischen Abbildung kristalliner Lamellen, Z. Physik **116,** 736, 1940.

. M. von Ardenne, Die Keilschliffmethode, ein Weg zur Herstellung von Objektschichten mit weniger als 10^{-1} mm Stärke für elektronenmikroskopische Zwecke, Z. wiss. Mikroskopie **57**, 291, 1940.

. M. von Ardenne, Die Anwendung des Objektträger-Vibrators zur Herstellung von Emulsionen, Angew. Chemie **54**, 144, 1941.

. M. von Ardenne – H. Friedrich-Freska – G. Schramm, Elektronenmikroskopische Untersuchung der Präcipitinreaktion von Tabakmosaikvirus mit Kaninchenantiserum, Arch. gesamte Virusforschung **II**, 80, 1941.

. M. von Ardenne, Zur Bestimmung des Auflösungsvermögens von Elektronenmikroskopen, Physikal. Z. **42**, 72, 1941.

. M. von Ardenne, Elektronen-Übermikroskop mit wahlweise einschaltbarer Elektronensonde zur Herstellung von Elektronenbeugungsdiagrammen bestimmter kleiner Bezirke des Gesichtsfeldes, Z. Physik **117**, 515, 1941.

. M. von Ardenne, Über eine elektronenmikroskopische Untersuchung der Struktur reflexmindernder Schichten und über die Bemessung solcher Schichten, Z. angew. Photogr. **3**, 13, 1941.

. M. von Ardenne, Zur Prüfung von kurzbrennweitigen Elektronenlinsen, Z. Physik **117**, 602, 1941.

. M. von Ardenne, Über ein 200 kV-Universal-Elektronenmikroskop mit Objektabschattungsvorrichtung, Z. Physik **117**, 657, 1941.

. M. von Ardenne – H. Augustin, Elektronenmikroskopische Darstellung des Lepraerregers, Klin. Wochenschr. **20**, 753, 1941.

. M. von Ardenne, Elektronen-Übermikroskopie lebender Substanz, Naturwiss. **29**, 521, 1941.

. M. von Ardenne – H. Friedrich-Freska, Die Auskeimung von Sporen von Bacillus vulgatus nach vorheriger Abbildung im 200 kV-Universal-Elektronenmikroskop, Naturwiss. **29**, 523, 1941.

. M. von Ardenne – U. Hofmann, Elektronenmikroskopische und röntgenographische Untersuchungen über die Struktur von Rußen, Z. physikal. Chemie (B) **50**, 1, 1941.

. M. von Ardenne – F. Kiermeier, Die Herstellung von Emulsionen in kleinen Mengen mit dem Objektträger-Vibrator, Fette und Seifen **48**, 619, 1941.

. M. von Ardenne, Ergänzung zu den Arbeiten »Zur Prüfung von kurzbrennweitigen Elektronenlinsen« und »Über ein 200 kV-Universal-Elektronenmikroskop mit Objektabschattungsvorrichtung«, Z. Physik **118**, 384, 1941.

139. M. von Ardenne, Erhitzungs-Übermikroskopie mit dem Universal-Elektronenmikroskop, Kolloid-Z. **97**, 257, 1941.

140. M. von Ardenne – H. H. Weber, Elektronenmikroskopische Untersuchung des Muskeleiweißkörpers »Myosin«, Kolloid-Z. **97**, 322, 1941.

141. M. von Ardenne, Ein Sechsfach-Elektronen-Mikrooszillograph, Z. Hochfrequenztechn. u. Elektroak. **58**, 156, 1941.

142. M. von Ardenne, Über Versuche zur Sichtbarmachung molekularer Rauhigkeiten an gegen die Gitterebenen geneigt verlaufenden Kristallkanten im Universal-Elektronenmikroskop, Naturwiss. **29**, 780, 1941.

143. M. von Ardenne, Weitere Entwicklungsarbeiten am Universal-Elektronenmikroskop, Physikal. Z. **43**, 11, 1942.

144. M. von Ardenne, Über ein Ionenquellensystem mit Massenmonochromator für Neutronengeneratoren, Physikal. Z. **43**, 91, 1942.

145. M. von Ardenne, Über einen neuen magnetischen Isotopentrenner für hohen Massentransport, Sonderbericht, Forschungsanstalt der Deutschen Reichspost, Berlin 1942.

146. M von Ardenne, Reaktionskammer-Übermikroskopie mit dem Universal-Elektronenmikroskop, Z. physikal. Chemie (B) **52**, 61, 1942.

147. M. von Ardenne – E. Schiebold – F. Günther, Feinstrahl-Elektronenbeugung im Universal-Elektronenmikroskop, Z. Physik **119**, 352, 1942.

148. M. von Ardenne, Zur Abbildungstreue von nahe der Auflösungsgrenze liegenden Objektstrukturen bei Lichtmikroskop und Elektronenmikroskop, Kolloid-Z. **100**, 206, 1942.

149. M. von Ardenne – K. Endell, Das Schmelzen der Klinkermineralien C_3A und C_4AF sowie der Fraktion 3μ einiger Portlandzementklinker im Erhitzungs-Übermikroskop, Z. Zement 313, 1942.

150. M. von Ardenne – H. Kircher, Nachweis der Übereinstimmung des lichtmikroskopischen Oberflächenbildes einer Hydronaliumprobe mit der elektronenmikroskopischen Aufnahme einer Abdruckfolie des gleichen Objektausschnittes, Z. Metallkde. **34**, 236, 1942.

151. M. von Ardenne – K. Endell, Das Sintern von Tonmineralien und von Schlämmstoffen natürlicher Formsande im Erhitzungs-Übermikroskop, Die Gießerei, Nr. 1, 6, 1943.

152. M. von Ardenne – D. Beischer, Zur elektronenmikroskopischen Abbildung feiner Reaktionsschich-

ten auf Metalloxydrauchkristallen, Kolloid-Z. **102,** 127, 1943.

153. M. von Ardenne, Elektronenmikrokinematographie mit dem Universal-Elektronenmikroskop, Z. Physik **120,** 397, 1943.

154. M. von Ardenne – K. Endell – H. Lehmann, Das Sintern keramischer Rohstoffe im Erhitzungs-Übermikroskop, Ber. Deutsch. Keram. Ges., Berlin, **24,** 73, 1943.

155. M. von Ardenne, Zur Eignung bindemittelarmer Photoschichten in der Elektronen-Übermikroskopie, Z. Physik **121,** 1, 1943.

156. M. von Ardenne, Über eine Atomumwandlungsanlage für Spannungen bis zu 1 Million Volt, Z. Physik **121,** 236, 1943.

157. M. von Ardenne – K. Endell, Veranschaulichung des Sinterns und Schmelzens von keramischen Rohstoffen, Glasgemengen, Schlacken und Kohlenaschen im Erhitzungs-Übermikroskop, Kolloid-Z. **104,** 223, 1943.

158. M. von Ardenne, Über Vibratoren zur Schwingungsbehandlung größerer Flüssigkeitsmengen, Chemische Technik **16,** 177, 1943.

159. M. von Ardenne – K. Endell – A. Zinzen, Über das Sintern und Schmelzen von Kohlenaschen im Erhitzungs-Übermikroskop sowie die Bedeutung der Schlackenviskosität für die Schmelzkammerfeuerung, Feuerungstechnik **31,** 73, 1943.

160. M. von Ardenne – K. Endell, Veranschaulichung des Sinterns und Schmelzens von Glasgemengen, Soda und Sodaschlacken im Erhitzungs-Übermikroskop, Glastechn. Ber. **21,** 121, 1943.

161. M. von Ardenne – P. A. Koch – H. Freytag, Glasfäden-Untersuchungen, Glastechn. Ber. **21,** 249, 1943.

162. M. von Ardenne – H. Lehmann – K. Endell, Veranschaulichung des Sinterns und Schmelzens einiger keramischer Rohstoffe im Erhitzungs-Übermikroskop, Sprechsaal für Keramik, Glas, Email **77,** Nr. 5/8, 1944.

163. M. von Ardenne, Über ein neues Universal-Elektronenmikroskop mit Hochleistungsmagnet-Objektiv und herabgesetzter thermischer Objektbelastung, Kolloid-Z. **108,** 195, 1944.

164. M. von Ardenne, Zur Sichtbarmachung von Störungen oder Inhomogenitäten magnetischer und elektrischer Felder mit der elektronenoptischen Schneidenmethode (Schlierenmethode), Physikal.-Z. **45,** 312, 1944.

165. M. von Ardenne – F. Bernhard, Ein physikalisches Verfahren zur Bestimmung geringer Kohlenstoffzusätze in Eisen, Z. Physik **122,** 740, 1944.

166. M. von Ardenne, Über eine neue Einrichtung a Universal-Elektronenmikroskop zur fast vollstä digen Vermeidung der thermischen Objektbel stung, Kolloid-Z. **111,** 22, 1948.

167. M. von Ardenne, Anwendung eines Gasent dungsrohres mit Punktkathode zur Sichtbarm chung der Kraftlinien von Magnetfeldern, Z. exp u. theoret. Physik (UdSSR) **25,** 749, 1953.

168. M. von Ardenne, Neue Messung der Lebensdau angeregter Atome, Z. exper. u. theoret. Phys (UdSSR) **26,** 362, 1954.

169. M. von Ardenne, Über ein Schallsichtverfahren n elektronenoptischem Bildwandler, Nachrichte techn. **5,** 49, 1955.

170. M. von Ardenne, Ein Präzisions-Elektronenstral oszillograph mit wenigen μ Schreibfleckdurc messer, Nachrichtentechn. **5,** 481, 1955.

171. M. von Ardenne, Erdfernrohr aus der Hand Galil Galileis, Optik **13,** 49, 1956.

172. M. von Ardenne, Über die Plasmatron-Ionenquell und einige ihrer Anwendungen, Tagung Probler des Plasmas in Physik und Astronomie, Leipz Oktober 1956 (ersch. 1958).

173. M. von Ardenne, Atomenergie in Technik und Ind strie, Bundesvorstand des FDGB, 1957.

174. M. von Ardenne, Bauweise und Anwendung v Elektronenstrahl-Generatoren, Deutsche Elektr techn. **11,** 398, 1957.

175. M. von Ardenne, Über eine Nachbildung des St nenhimmels mittels Fluoreszenz-Leuchtscheibe Sterne **33,** 235, 1957.

176. M. von Ardenne – E. Nebe – W. Schüler, Bese gung elektrostatischer Aufladungen bei der Vera beitung synthetischer Seiden auf Bobinetmasc nen, Deutsche Textiltechn. **8,** 138, 1958.

177. M. von Ardenne, Entwicklungslinien und gege wärtige Bedeutung der Vakuumtechnik, Techr **13,** 275, 1958.

178. M. von Ardenne – S. Schiller, Ein Präzisions-Hoc spannungs-Oszillograph, Deutsche Elektrotech **12,** 143, 1958.

179. M. von Ardenne – H. B. Sprung, Über Versuche r einem verschluckbaren Intestinalsender, Nat wiss. **45,** 154, 1958.

180. M. von Ardenne – H. B. Sprung, Über einen v schluckbaren Intestinalsender, Z. inn. Medizin 269, 1958.

181. M. von Ardenne – S. Schiller – H. Westmeyer, Üb Plasmauntersuchungen mit einer Elektrone strahlsonde von kleinem Durchmesser, E Techn. d. Physik **6,** 49, 1958.

182. M. von Ardenne – H. Rackwitz, Über eine Ultraschall-Zahnbohreinrichtung, Nachrichtentechn. **8**, 448, 1958.

183. M. von Ardenne – H. B. Sprung, Über die gleichzeitige Registrierung von Druckänderungen und Lageänderungen bei dem verschluckbaren Intestinalsender, Z. inn. Medizin **13**, 596, 1958.

184. M. von Ardenne – R. Tümmler, Durch Anlagerung langsamer Elektronen erhaltene Molekül-Massenspektrogramme des höheren Alkohols $C_{18}H_{37}OH$. Naturwiss. **45**, 414, 1958.

185. M. von Ardenne – H. B. Sprung, Über den verschluckbaren Intestinalsender für pH-Wert-Signalisierung, Naturwiss. **45**, 564, 1958.

186. M. von Ardenne, Der Dresdner Molekülspektrograph, ein neuartiger Präzisions-Massenspektrograph für negative hochmolekulare Ionen, Kernenergie **1**, 1029, 1958.

187. M. von Ardenne – E. Klar, Über einen Schwingkondensator guter Konstanz, Nachrichtentechn. **9**, 26, 1959.

188. M. von Ardenne, Fortschritt in der EA-Massenspektrographie vielatomiger Moleküle, Wiss. Z. Ernst-Moritz-Arndt-Universität Greifswald, **7**, 161, 1958. – Z. f. angew. Physik **11**, 121, 1959.

189. M. von Ardenne, Über Leuchtfarben-Lehrbilder astronomischer Beobachtungsobjekte, Die Sterne **35**, 34, 1959.

190. M. von Ardenne – M. Feller – H. Westmeyer, Über ein Lichtimpulsgerät zur Prüfung von Schutzanzügen und Baustoffen unter dem Einfluß von Wärmestrahlungsdichten, äquivalent der Wärmestrahlung bei Atom- und Wasserstoffbombenexplosionen. Techn. **14**, 389, 1959.

191. M. von Ardenne – H. Westmeyer, Über ein Ultramikrotom einfacher Bauart, Optik **16**, 193, 1959.

192. M. von Ardenne, Entwicklungslinien und gegenwärtige Bedeutung der medizinischen Elektronik. Nachrichtentechn. **9**, 442, 1959.

193. M. von Ardenne, Die Technik des verschluckbaren Intestinalsenders. Nachrichtentechn. **9**, 449, 1959.

194. M. von Ardenne, Über eine Elektronenstrahl-Generator-Anlage für strahlenchemische Arbeiten. Techn. **14**, 674, 1959.

195. M. von Ardenne – W. Feitscher, Zur Systematik der gegenwärtigen Versuchsanlagen für Kernfusion. Atompraxis **5**, 344, 1959.

196. M. von Ardenne – S. Schiller, Über eine Universal-Ionen-Elektronen-Quelle für Van de Graaff-Generatoren. Kernenergie **2**, 893, 1959.

197. M. von Ardenne – S. Schiller, Einrichtung zur kalorischen Bestimmung der Dosisleistungsdichte von Elektronenstrahlgeneratoren. Elektrie **13**, 386, 1959.

198. M. von Ardenne, Über ein Vorhaben zur Krebszellenvernichtung durch H_2O_2-Einwirkung auf von roten Blutzellen nahezu befreites und tief unterkühltes Körpergewebe und einige Grundlagen des Vorhabens. Vortrag und Bericht vor der Klasse Medizin der Deutschen Akademie der Wissenschaften vom 17. 12. 1959.

199. M. von Ardenne – K. Steinfelder – R. Tümmler, Beobachtung von Kristallvorkeimen im EA-Massenspektrographen für vielatomige negative Ionen. Kernenergie **2**, 854, 1959.

200. M. von Ardenne – K. Steinfelder – R. Tümmler – H. Westmeyer, Spektren anorganischer Substanzen als Basis der Massenskala beim EA-Massenspektrographen für vielatomige Moleküle, Kernenergie **2**, 1094, 1959.

201. M. von Ardenne – H. Großmann – H. Rackwitz – J. Matauschek – W. Steglich, Über einige Fortschritte bei der Entwicklung von Ultraschall-Zahnbohrgeräten. Deutsche Stomatologie **10**, 127, 1960.

202. M. von Ardenne, Über Kraftfahrzeuge mit innerem Bremsweg, Kraftfahrzeugtechnik **10**, 52, 1960.

203. M. von Ardenne – H. Großmann, Ultraschallmechanisches Einbringen von Dünndrahtsonden und Kanülen in den lebenden Organismus. Festschrift 150-Jahr-Feier der Humboldt-Universität. **2**. Deutscher Verlag der Wissenschaften Berlin, 229, 1960.

204. M. von Ardenne, Evolution of the cathode-ray tube. Wireless World **66**, 28, 1960.

205. M. von Ardenne – S. Schiller, Ein 45 kW-Elektronenstrahl-Mehrkammerofen für das Schmelzen und Gießen beliebiger Metalle. Kernenergie **3**, 507, 1960.

206. M. von Ardenne, Die informationstheoretische Grenze bei der Abbildung lebender Substanz im Elektronenmikroskop und über Möglichkeiten zur Annäherung an die Grenze. Vierter Internationaler Kongreß für Elektronenmikroskopie Berlin 1958. **1**. Springer, Berlin, 112, 1960.

207. M. von Ardenne – K. Steinfelder, Über eine Elektronenanlagerungs-Ionenquelle mit Fernhaltung des Testdampfes von der Entladungskathode. Kernenergie **3**, 717, 1960.

208. M. von Ardenne, Mikroskalen-Apparatur. Nachrichtentechn. **10**, 427, 1960.

209. M. von Ardenne, Über die Erzeugung von Elektronen-Fadenstrahlen mit hohem Energietransport. Exp. Techn. Physik **8**, 97, 1960.

210. M. von Ardenne – K. Steinfelder - R. Tümmler EA-massenspektrometrische Bestimmung der Zahl Kohlenstoffatome in organischen Molekülen aus dem Verhältnis $^{13}C/^{12}C$. Naturwiss. **47,** 492, 1960.

211. M. von Ardenne – G. Jäger – F. Köhler – G. Petter, Über einen magnetischen Massentrenner mit kleinem Magnetfeldvolumen. Kernenergie **3,** 1177, 1960.

212. M. von Ardenne – K. Steinfelder – R. Tümmler, Kernphysikalische Bestimmung der Zahl chemisch gleichartiger Atome in vielatomigen Molekülen durch EA-Massenspektrometrie. Kernenergie **3,** 1192, 1960.

213. M. von Ardenne – G. Bahr – H. von Lingen, Über ein elektronisches Punktions-Blutdruck-Meßgerät. Z. med. Labortechnik **1,** 231, 1960.

214. M. von Ardenne – K. Jessat – H. Reitnauer, Universal-Kardiostimulator mit herzsynchronen oder wählbaren Impulsfolgen. Z. med. Labortechnik **1,** 339, 1960.

215. M. von Ardenne – K. Steinfelder – R. Tümmler, Elektronenanlagerungs-Massenspektrogramme kondensierter aromatischer Kohlenwasserstoffe. Angew. Chemie **73,** 136, 1961.

216. M. von Ardenne – G. Böhme, Über die Möglichkeit des Nachrichtenempfanges von fremden Planetensystemen. Hochfrequenztechn. u. Elektroak. **70,** 2, 1961.

217. M. von Ardenne – S. Schiller – W. Küntscher – H. Thiel – L. Meyer, Hochvakuumschmelzen von Stahl im 60-kW-Elektronenstrahl-Mehrkammerofen. Neue Hütte **6,** 198, 1961.

218. M. von Ardenne, Tabellen zur medizinischen Elektronik. Z. med. Labortechnik **2,** 1, 1961.

219. M. von Ardenne – D. Effenberger – L. Haase – G. Jäger, Ein vollautomatischer Zwillingspumpstand. Vakuum-Techn. **10,** 143, 1961.

220. M. von Ardenne – R. Millner, Das Ultraschall-Focoscan-Verfahren. Nachrichtentechn. **11,** 291, 1961. – Inst. Rad. Eng. Transact. Med. Electronics **BME-9,** 145, 1962.

221. M. von Ardenne, Elektronen- oder Ionenstrahlung als Mikrowerkzeug. Nachrichtentechn. **11,** 339, 1961.

222. M. von Ardenne, Elektronenanlagerungs-Massenspektrographie. Wiss. Z. Techn. Hochsch. Dresden **10,** 905, 1961.

223. M. von Ardenne, Das Duoplasmatron als Ionen- oder Elektronenspritze extrem hoher Emissionsstromdichte. Exp. Techn. Physik **9,** 227, 1961.

224. M. von Ardenne – S. Panzer, Untersuchungen zum Unfallschutz von Kraftfahrzeuginsassen. 1. Mitteilung. Universalmeßeinrichtung zur Untersuchung kurzzeitiger Körperabbremsvorgänge. Kraftfahrzeugtechn. **11,** 446, 1961.

225. M. von Ardenne – S. Panzer, Untersuchungen zum Unfallschutz von Kraftfahrzeuginsassen. 2. Mitteilung. Sicherheitsgurt mit großem Energieaufnahmevermögen für die Insassen von Kraftfahrzeugen. Kraftfahrzeugtechn. **12,** 120, 1962.

226. M. von Ardenne – S. Panzer, Untersuchungen zum Unfallschutz von Kraftfahrzeuginsassen. 3. Mitteilung. Über Bremsstoffe für die Innenauskleidung und Außenumkleidung von Kraftfahrzeugen. Kraftfahrzeugtechn. **12,** 183, 1962.

227. M. von Ardenne – H. von Lingen – J. Göhler, Über den Einsatz eines registrierenden Cardiotachometers beim Patienten. Z. inn. Medizin **17,** 97, 1962.

228. M. von Ardenne – E. Lorenz – H. Westmeyer, Über eine Getter-Ionenpumpe mit Titanverdampfung und hohem Startdruck. Exp. Techn. Physik **10,** 19[illegible] 1962.

229. M. von Ardenne – S. Panzer, Ein neues Anwendungsgebiet für Waben. Plaste u. Kautschuk **9,** 246 1962.

230. M. von Ardenne – K. Steinfelder – R. Tümmler, Beitrag zur EA-massenspektrographischen Analyse von Fettsäuregemischen. Seifen, Öle, Fette Wachse **88,** 415, 1962.

231. M. von Ardenne, Hochvakuumschmelzen mit dem Dresdner Elektronenstrahl-Mehrkammerverfahren. Freiberger Forschungshefte B **68,** 1, 1962.

232. M. von Ardenne – K. Steinfelder – R. Tümmler, Elektronenanlagerungsmassenspektrographische Untersuchungen von höheren Alkoholen und Fettsäuren. Z. physikal. Chemie **220,** 105, 1962.

233. M. von Ardenne – R. Tümmler, Tabellen zur Strahlenchemie. Atomkernenergie **7,** 285, 1962.

234. M. von Ardenne – P. Reitnauer, Normprogramm und Reproduzierbarkeit der Meßergebnisse beim Einsatz des Momentan-Kardiotachographen. Dtsch. Gesundheitswesen **17,** 1243, 1962.

235. M. von Ardenne – K. Steinfelder – R. Tümmler, Erweiterung der EA-massenspektrographischen Methode durch den Mechanismus der Anlagerung negativer Ionen an Moleküle. Z. physikal. Chemie **22[illegible]** 240, 1962.

236. M. von Ardenne – G. Jäger – S. Schiller, Ein 200-kW-Elektronenstrahl-Mehrkammerofen. Neue Hütte **8,** 2, 1963.

7. M. von Ardenne – P. G. Reitnauer, Der Operationssaal für Forschungszwecke in der Chirurgischen Klinik der Medizinischen Akademie Dresden. Dtsch. Gesundheitswesen **18,** 232, 1963.

8. M. von Ardenne – U. Heisig, Ein magnetisches Erhitzungs-Elektronen-Emissionsmikroskop für metallkundliche Zwecke. Exp. Techn. Physik **11,** 2, 1963.

9. M. von Ardenne – U. Heisig, Über eine Unoplasmatron-Ionenquelle mit kleinen Abmessungen. Exp. Techn. Physik **11,** 26, 1963.

0. M. von Ardenne, Metallurgie und angewandte Physik. Technik **18,** 263, 1963. – Neue Hütte **8,** 137, 1963.

1. M. von Ardenne – W. Gündel, Eine Zweikreis-Herz-Lungen-Maschine. Medizintechn. **3,** 45, 1963.

2. M. von Ardenne – K. Steinfelder – R. Tümmler – K. Schreiber, Molekül-Massenspektrographie von Naturstoffen. Steroide. Experientia **19,** 178, 1963.

3. M. von Ardenne – H. Förster, Das Vakuumgießen im Elektronenstrahl-Mehrkammerofen. Neue Hütte **8,** 313, 1963.

4. M. von Ardenne – K. Steinfelder – R. Tümmler, Molekül-Massenspektrographische Untersuchung von Diffusionspumpenölen. Vakuum-Techn. **12,** 135, 1963.

5. M. von Ardenne – U. Heisig, Zur praktischen Auflösungsgrenze eines magnetischen Emissionsmikroskopes im Zweipolbetrieb mit ionenausgelöster Sekundäremission. Naturwiss. **50,** 541, 1963.

6. M. von Ardenne – L. Haase – R. Pochert – W. Roggenbuck – H. Wachtel – P. Wiese, Weitere Arbeiten zur Hochzüchtung und zum Einsatz des Plasmabrenners. Technik **18,** 645, 1963.

7. M. von Ardenne – H. Flemming – H. Mielke – R. Preußer, Grenztemperaturanzeige aus Dämpfholz durch Radiosonde. Holztechnologie **4,** 249, 1963.

8. M. von Ardenne, Ein Durchbruch der Chemotherapie des Krebses auf der Grundlage jüngster Arbeiten von O. Warburg? Dtsch. Gesundheitswesen **19,** 49, 1964.

9. M. von Ardenne – R. Tümmler, Zur Messung der Konzentration von DL-Glycerinaldehyd in Blut bzw. Infucoll-Blutgemischen und zur Bestimmung der Krebstherapie-Wirkdosis aus solchen Messungen. Dtsch. Gesundheitswesen **19,** 709, 1964.

0. M. von Ardenne, Zur Berechnung der Glycerinaldehyd-Wirkdosis im Gewebe bei Applikation in den Kreislauf. Naturwiss. **51,** 217, 1964.

251. M. von Ardenne – H. Mielke – P. G. Reitnauer, Der gegenwärtige Stand von Methodik und Anwendung der verschluckbaren Intestinalsender. Dtsch. Gesundheitswesen **19,** 810, 876, 1964.

252. M. von Ardenne – S. Panzer, Zur Entwicklung des Sicherheitsgurtes mit großem Energieaufnahmevermögen für Kraftwageninsassen. Kraftfahrzeugtechn. **14,** 165, 1964.

253. M. von Ardenne – R. Tümmler – Ek. Weiss – T. Reichstein, Massenspektroskopie bei Cardenoliden und anderen stark hydroxylierten Steroiden. Helvetica Chimica Acta **47,** 1032, 1964.

254. M. von Ardenne – U. Heisig – S. Panzer, Thermische Mikrobearbeitung mit Elektronenstrahlen. Feingerätetechn. **13,** 293, 1964.

255. M. von Ardenne – P. G. Reitnauer, Untersuchungen zur Applikation und Verträglichkeit therapiewirksamer Dosen von DL-Glycerinaldehyd. Dtsch. Gesundheitswesen **19,** 1355, 1384, 1964.

256. M. von Ardenne – R. Pochert – W. Roggenbuck – H. Wachtel – P. Wiese, Der Plasmafeinstrahlbrenner. Schweißtechn. **14,** 441, 1964.

257. M. von Ardenne – F. Rieger, Über einige Fortschritte bei der theoretischen und experimentellen Arbeit an den Grundlagen der Krebs-Chemotherapie mit Glycerinaldehyd. Naturwiss. **51,** 415, 1964.

258. M. von Ardenne, Mehrwege-Applikationsverfahren zur Minderung der Wirkdosisunterschiede im Körpervolumen. Dtsch. Gesundheitswesen **19,** 1755, 1964.

259. M. von Ardenne, Neuere Beiträge auf dem Gebiet der Elektronenstrahl-, Ionenstrahl- und Plasmastrahl-Technik. Technik **19,** 673, 1964.

260. M. von Ardenne – L. Haase – R. Pochert – W. Roggenbuck – H. Wachtel – P. Wiese, Praktische Ergebnisse beim Schmelzschneiden mit der 100-kW-Plasma-Schmelzschneidanlage PA 100. Schweißtechn. **14,** 481, 1964.

261. M. von Ardenne – S. Schiller – U. Heisig – G. Beister, Eine Duoplasmatron-Ionenquelle, insbesondere für Drucktank-Van de Graaff-Generatoren. Kernenergie **7,** 811, 1964.

262. M. von Ardenne – F. Rieger, Abnahme und Streuung der effektiven Wirkdosis als Hauptursachen der Unterschiede zwischen in vitro- und in vivo-Ergebnissen bei der Chemotherapie des Krebses.

Mehrwege-Applikationsverfahren mit bestimmter zeitlicher Wegfolge. Dtsch. Gesundheitswesen **19,** 2136, 1964.

263. M. von Ardenne – M. Mothes – H. R. Schütte – P. Müller – R. Tümmler, m-Tyrosin, eine neue Ami-

nosäure aus dem Milchsaft von Euphorbia Myrsinitest L. Z. Naturforschg. **19b,** 1161, 1964.

264. M. von Ardenne – J. Elsner – F. Rieger, Zur perkutanen Infusion von DL-Glycerinaldehyd oder von Pharmaka mit ähnlichem Wirkungscharakter im Körpergewebe. Archiv f. Geschwulstforschung **24,** 69, 1965.

265. M. von Ardenne, Mehrschritt-Chemotherapie für hohe effektive Wirkdosis in Geweberäumen großer Krebszellendichte. Auffindung und Nutzungsmöglichkeiten eines neuen hochselektiven Effektes in der Krebs-Chemotherapie. Dtsch. Gesundheitswesen **20,** 661, 1965.

266. M. von Ardenne, In vitro-Messungen als Grundlage der Krebs-Mehrschritt-Chemotherapie. Naturwiss. **52,** 419, 1965.

267. M. von Ardenne – P. G. Reitnauer – F. Rieger, Der Einfluß des selektiven Pharmakonverbrauchs der Krebszellen bei regionaler Perfusion von Tumoren mit Glycerinaldehyd, Z. Krebsfschg. **67,** 230, 1965.

268. M. von Ardenne – S. Schiller – U. Heisig, Spezielle technologische Ausrüstungen zur Herstellung von Dünnschichtbauelementen. Sektionstagung »Probleme der Mikroelektronik« Leipzig, 9. 3. 1965.

269. M. von Ardenne, Entwicklungstendenzen der Hochvakuumtechnik. Vakuumtagung Dresden, April, 1965.

270. M. von Ardenne – S. Schiller, Fortschritte der Vakuummetallurgie. 3. Intern. Vakuum-Kongreß, Stuttgart, 28. 6. 1965.

271. M. von Ardenne – S. Panzer, Energieaufzehrende Sturzbremse aus unverstreckten bzw. teilverstreckten Polyamidfasern für Arbeitsschutz- und Bergsportseilsicherungen. Faserforsch. u. Textiltechn. **8,** 93, 1965.

272. M. von Ardenne – G. Osske – K. Schreiber – K. Steinfelder – R. Tümmler, Über die Sterine von Solanum tuberosum L. Sterine und Triterpenoide. VIII. Mitteilung. Die Kulturpflanze **13,** 101, 1965.

273. M. von Ardenne – G. Osske – K. Schreiber – K. Steinfelder – R. Tümmler, Über die Sterine und Triterpenoide von Solanum demissum Lindl. und Solanum polyadenium Greenm. Sterine und Triterpenoide. IX. Mitteilung. Die Kulturpflanze **13,** 115, 1965.

274. M. von Ardenne – E. Kirsch – P. G. Reitnauer, Der neu entwickelte Steinschüttelstuhl und seine Bedeutung im Rahmen der konservativen Therapie der Urolithiasis. Z. f. Urologie **58,** 225, 1965.

275. M. von Ardenne – H. Großmann – R. Millner, Einig Untersuchungen zum US-Focoscan-Verfahre Wiss. Z. Humboldt-Univ. Berlin, Math.-Nat. R. **XI** 71, 1965.

276. M. von Ardenne – S. Panzer – H. Beyer und H. Po mer, Energieaufzehrende Seilsturzbremse für A beitsschutz- und Bergsportseilsicherungen. Dtsc Textiltechnik **15,** 441, 1965.

277. M. von Ardenne und S. Panzer, Untersuchunge und Maßnahmen zum Unfallschutz von Kraftfah zeuginsassen. Vortrag auf der 5. Tagung d Med.-wiss. Gesellschaft d. DDR z. Studium d. akt ellen Lebensbedingungen. 28./29. Februar 1964 Berlin. In H. Scharz, Kampf dem Straßenunfall. F scher-Verlag, Jena 1965, S. 13.

278. M. von Ardenne – R. Pochert – W. Roggenbuck H. Wachtel und P. Wiese, Plasmafeinstrahlbrenne Tagung »Gas Welding and Allied Processes«. Par 1965.

279. M. von Ardenne – G. Osske – K. Schreiber K. Steinfelder und R. Tümmler, Sterine und Trite penoide. X. Über die Sterine des Kartoffelkäfer Leptinotarsa Decemlineata Say. J. Insect Physic **11,** 1365, 1965.

280. M. von Ardenne – K. Steinfelder und R. Tümmle Beitrag zur Molekül-Massenspektrographie vo Naturstoffen, Z. Chemie **5,** 287, 1965.

281. M. von Ardenne – P. G. Reitnauer und F. Riege Der Einfluß des selektiven Pharmakonverbrauch der Krebszellen bei regionaler Perfusion vo Tumoren mit Glycerinaldehyd. Z. Krebsforschg. **6** 230, 1965.

282. M. von Ardenne und R. Kirsch, Zur Methodik d Extrem-Hyperthermie, insbesondere bei d Krebs-Mehrschritt-Chemotherapie. Dtsc Ges.wesen **20,** 1935, 1980, 1965.

283. M. von Ardenne, Zur zweimaligen Ausnutzung d selektiven Wärmeempfindlichkeit von Krebszelle bei der Krebs-Mehrschritt-Chemotherapie. Natu wiss. **52,** 480, 1965.

284. M. von Ardenne, Spontanremission von Tumore nach Hyperthermie – ein Rückkopplungsvorgang Naturwiss. **52,** 635, 1965.

285. M. von Ardenne – H. Großmann und R. Millner, Ve gleich von Ultraschallköpfen ohne und mit Foku sierung bei ihrer Anwendung in medizinischen U traschall-Diagnostik-Geräten. Acustica **16,** 13 1965.

286. M. von Ardenne und P. G. Reitnauer, Über die Wi kung von Hyperthermie auf Ehrlich-Mäuse-Asc tes-Krebszellen. Archiv Geschwulstforschg. **2** 184, 1965.

7. M. von Ardenne und P. G. Reitnauer, Zur thermischen Resistenz von Krebszellen nach wiederholter Extrem-Hyperthermie. Untersuchung am Ehrlich-Ascites-Carcinom der Maus. Archiv Geschwulstforschg. **26,** 255, 1966.

8. M. von Ardenne – H. Roth und E. Lorenz, Entwicklung, Ausführung und Betriebsverhalten einer neuen Ionen-Zerstäuberpumpe rotationssymmetrischer Bauart. Vakuum-Technik **15,** 8, 1966.

9. M. von Ardenne – G. Böhme und J. Elsner, Über Eigenschaften und Einsatz des Elektrokardiotachographen. Dtsch. Ges.wesen **21,** 153, 1966.

0. M. von Ardenne und P. G. Reitnauer, Die zwei Arten der therapeutischen Schädigung von Krebszellen. Naturwiss. **53,** 88, 1966.

1. M. von Ardenne und P. G. Reitnauer, Zum Dosisspielraum und zur Steigerung der effektiven Wirkdosis im Organismus bei der Krebs-Chemotherapie mit N-Oxyd-Lost. Z. Krebsforschg. **68,** 54, 1966.

2. M. von Ardenne – S. Schiller und U. Heisig, Automated electron beams process thin-film components. Electronics **39,** 110, 1966.

3. M. von Ardenne – S. Schiller und U. Heisig, Stand und Entwicklungstendenzen der Elektronenstrahltechnologie, Die Technik **21,** 257, 1966.

4. M. von Ardenne und P. G. Reitnauer, Bestimmung der Wirkdosis zur in-vitro-Abtötung von Ehrlich-**Mäuse-Ascites-Krebszellen durch N-Oxyd-Lost. Acta biol. med. germ. 16, 43, 1966.**

5. M. von Ardenne, Syncarcinokolyse in Gestalt der Mehrschritt-Chemotherapie. Vortrag im Heidelberger Krebsforschungszentrum am 25. 9. 1965. Aktuelle Probleme aus dem Gebiet der Cancerologie. Herausgegeb. von W. Doerr, F. Lindner und G. Wagner. Springer-Verlag. Berlin 1966. S. 128.

6. M. von Ardenne – J. Elsner – W. Krüger – P. G. Reitnauer – F. Rieger, Zur Höhe und Bedeutung des effektiven Glukosespiegels in Tumoren. Klin. Wschr. **44,** 503, 1966.

M. von Ardenne und W. Krüger, Messungen zur Abhängigkeit der Hexokinase-Aktivität von pH-Wert und Temperatur. Z. Naturforschg. **21 b,** 373, 1966.

M. von Ardenne und F. Rieger, Mathematische in-vivo-Theorie des Gärungsstoffwechsels der Krebsgeschwülste. Z. Naturforschg. **21 b,** 472, 1966.

M. von Ardenne – S. Schiller – U. Heisig – S. Panzer und E. Holzberger, Eine Elektronenstrahl-Bearbeitungsanlage vom 150-kV-Typ. Feinwerktechnik **70,** 209, 1966.

M. von Ardenne und P. G. Reitnauer, Zur Abhängigkeit des Glucoseverbrauches von Ehrlich-Mäuse-Ascites-Krebszellen in vitro von Temperatur und Hyperthermie-Vorbehandlung. Z. Naturforschg. **21 b,** 841, 1966.

301. M. von Ardenne und W. Krüger, Messungen zur irreversiblen Schädigung der Atmung von Krebszellen durch Extremhyperthermie. Z. Naturforschg. **21 b,** 836, 1966.

302. M. von Ardenne und P. G. Reitnauer, Versuche zur Ermittlung der durch Extremhyperthermie an Ehrlich-Mäuse-Ascites-Krebszellen in vitro erreichbaren Schädigungsquoten. Archiv Geschwulstforschg. **27,** 236, 1966.

303. M. von Ardenne, Schädigung von Tumorbereichen schlechter und guter Versorgungslage durch Hyperthermie-Teilschritte mit reduziertem bzw. erhöhtem Blut-Glucosespiegel. Naturwiss. **53,** 180, 1966.

304. M. von Ardenne – U. Heisig und S. Panzer, Automatisiertes Elektronenstrahl-Abgleichen von Dünnschichtwiderständen mit kontinuierlichem Durchlauf der Bauelemente durch die Bearbeitungskammer.
Vortrag U. Heisig, Symposium Intern. Federation of Automatic Control. VDI-VDE Fachgruppe Regelungstechnik. München 1965.

305. M. von Ardenne – S. Schiller – G. Jäger – P. Lenk – H. Schönberg – P. Stein – K. Schmidt und G. Barsikow, Ein Elektronenstrahl-Mehrkammerofen mit einer Leistung von 1700 kW. Freiberger Forschungshefte. Heft B 122, 57, 1966.

306. M. von Ardenne und F. Rieger, Die wichtigsten Aussagen der mathematischen in-vivo-Theorie des Gärungsstoffwechsels der Krebsgeschwülste. Dtsch. Ges.wesen **21,** 2412, 1966.

307. M. von Ardenne und W. Krüger, Auffindung eines Bereiches nahezu unendlicher Selektivität zwischen Krebszellen und gesunden Zellen bei der Krebstherapie mit Extremhyperthermie. Naturwiss. **53,** 436, 1966.

308. M. von Ardenne und W. Krüger, Atmung von Hühnerembryozellen bei Extremhyperthermie unter erniedrigtem Sauerstoffdruck. Naturwiss. **53,** 479, 1966.

309. M. von Ardenne und M. Neumann, Veränderung organischer Lackschichten durch Elektronenbestrahlung. Z. angew. Phys. **21,** 196, 1966.

310. M. von Ardenne und U. Heisig, Elektronenoptisches Mikrobearbeitungsgerät, eine Einrichtung zur thermischen und nichtthermischen Elektronenstrahl-Bearbeitung mit elektronenoptischer Abbildung einer inneren Schablone. Z. angew. Phys. **21,** 237, 1966.

311. M. von Ardenne – U. Heisig – S. Panzer – K. Jessat – G. Bahr und H. Döhler, Continuous Electron Ream Processing Plant For Plane Thin-Film Resistors. Pergamon Press **5,** 255, 1966.

312. M. von Ardenne – E. D. Knebel – H. Wachtel und P. Wiese, Verneuil-Züchtung von Einkristallen mit dem Hochfrequenz-Plasmabrenner. Kristall und Technik **1,** 437, 1966.

313. M. von Ardenne – W. Krüger und F. Rieger, Über die in-vitro-Simulation der in-vivo-Bedingungen beim Kohlenhydratstoffwechsel der Krebszellen. Archiv Geschwulstforschg. **29,** 36, 1966.

314. M. von Ardenne – P. G. Reitnauer und F. Rieger, Therapeutische Angriffspunkte im intermediären Stoffwechsel der Krebszelle. Naturwiss. Rdsch. **20,** 155, 1967.

315. M. von Ardenne und P. G. Reitnauer, In-vitro-Thermosensibilisierung von Ehrlich-Mäuse-Ascites-Krebszellen durch Vitamin K_3 und K_5. Z. Naturforschung **22 b,** 422, 1967.

316. M. von Ardenne – S. Schiller und H. Förster, Zu Problemen der großtechnischen Verdampfung mit Elektronenstrahlen. Elektrowärme **25,** 216, 1967.

317. M. von Ardenne und P. G. Reitnauer, Selektive in-vivo-Thermosensibilisierung und Therapie des Ehrlich-Mäuse-Ascites-Karzinoms durch Vitamin-K_3-natrium-bisulfit. Dtsch. Ges.wesen **22,** 1879, 1967.

318. M. von Ardenne und F. Rieger, Über das Prinzip der mehrfachen Ausnutzung einer einzigen Selektionsquelle bei der Krebstherapie. Z. Naturforschg. **22 b,** 958, 1967.

319. M. von Ardenne – P. G. Reitnauer und D. Schmidt, Zur Toxikologie des Vitamin K_3-natrium-bisulfit und seiner Kombination mit Methylenblau. Arzneim.-Forsch. **17,** 1339, 1967.

320. M. von Ardenne – P. G. Reitnauer und F. Rieger, Zur Pharmakokinetik des Vitamin-K_3-natrium-bisulfit als Thermosensibilisator für Krebs-Zellen. Archiv Geschwulstforschg. **30,** 284, 1967.

321. M. von Ardenne und P. G. Reitnauer, Überadditive Verstärkung der selektiven Thermosensibilisierung von Krebszellen mit Vitamin K_3 durch Methylenblau. Z. Krebsforschg. **70,** 165, 1967.

322. M. von Ardenne und G. Böhme, Technische Möglichkeiten des Messens, Regelns und Steuerns physiologischer und pathophysiologischer Faktoren. Zbl. Chir. **92,** 2067, 1967.

323. M. von Ardenne, Vernichtung therapieresistenter Reste von Krebszellen in Tumoren durch Aufgiftung aus cytolysierenden Nachbarzellen anfallender Stoffe bei auf 6,5 herabgesetztem Tumor-p… 24. 10. 1967. Originalarbeit.

324. M. von Ardenne und P. G. Reitnauer, Thermosen… bilisierung von Ehrlich-Mäuse-Ascites-Krebszel… durch Atebrin. Klinik und Forschg. Dtsch. Ges.w… **23,** 258, 1967.

325. M. von Ardenne und P. G. Reitnauer, Thermoser… bilisierung von Ehrlich-Mäuse-Ascites-Krebszel… durch Progesteron. Naturwiss. **54,** 496, 1967.

326. M. von Ardenne – H. Großmann – R. Millner u… H. Ungar, Ein Ultraschall-Schnittbildgerät. D… gnostic Ultrasound (Congress-Bericht SIEL… Symp. Intern. E. Diagn. Ultr. Ophthalmologie) Brünn 1967.

327. M. von Ardenne – H. Roth und B. Wenzel, Zur O… mierung von Ionenzerstäuberpumpen. Die Tech… **1,** 25, 1968.

328. M. von Ardenne und P. G. Reitnauer, Selek… Thermosensibilisierung von Ehrlich-Mäuse-A… tes-Krebszellen durch Diathylstilboestrol. Z. Na… forschg. **23 b,** 350, 1968.

329. M. von Ardenne, Selektionsprinzipien der Elek… nik und ihre Anwendung bei der Krebs-Me… schritt-Therapie-Forschung. Elektromedizin … 65, 1968.

330. M. von Ardenne und M. Neumann, Untersuchun… zur nichtthermischen Elektronenstrahlbearbeit… von Haftmasken. Nachrichtentechnik **18,** 161, 1…

331. M. von Ardenne und F. Rieger, Zu den Wegen … Krebstherapie und möglichen Ursachen der Kre… entstehung sowie ihren wechselseitigen Be… hungen. Z. Naturforschg. **23 b,** 357, 1968.

332. M. von Ardenne und P. G. Reitnauer, Versuche z… Einfluß einer Diät mit erhöhtem Gehalt an mehrf… ungesättigten Fettsäuren auf die Thermosensi… sierung von Krebszellen mit Vitamin K_3. Archiv … schwulstforschg. **31,** 252, 1968.

333. M. von Ardenne – K. Steinfelder und R. Tümm… Massenspektrometrie und Depsiden, Depsidon… Pepsonen, Dibenzofuranen und Diphenylbluta… nen mit positiven und negativen Ionen. Pergar… Press **24,** 2707, 1968.

334. M. von Ardenne – S. Schiller und P. Lenk, Elek… nenkanonen mit Leistungen von 5 kW bis 1200… und ihre technischen Anwendungen. Kernene… **11,** 81, 1968.

335. M. von Ardenne – S. Schiller und P. Lenk, Elek… nenkanonen mit Leistungen von 5 kW bis 1200… und ihre technischen Anwendungen. Rev. Int. H… tes Temper. et Refract **5,** 121, 1968.

M. von Ardenne – J. Böhme und E. D. Knebel, Zu Betriebsweisen und Einsatzmöglichkeiten des Hochfrequenz-Plasmabrenners. Kristall und Technik 3, 79, 1968.

M. von Ardenne – H. Großmann und R. Millner, Ultraschall-Focoscan-Anlage zur Aufnahme von A-, B-, C- und 3D-Bildern in der medizinischen Ultraschall-Diagnostik. Nachrichtentechnik **18,** 361, 1968.

M. von Ardenne und P. G. Reitnauer, Selektive Thermosensibilisierung von Krebszellen durch Kombination von Tumorübersäuerung, organische Lösungsmittel und weiteren Attacken. Z. ärztl. Fortbildg. **62,** 840, 1968.

M. von Ardenne und W. Krüger, Zum Mechanismus der Thermosensibilisierung von Krebszellen mit Vitamin K_3 durch intrazelluläre Bildung von H_2O_2 **und Lipidperoxiden. Acta biol. med. germ. 21,** 549, **1968.**

M. von Ardenne und P. G. Reitnauer, Zur Toxikologie der Attackenkombination Tumorübersäuerung, Tween 80, Äthylalkohol, Diäthylstilboestrol, Vitamin K_3 und 40 C-Hyperthermie bei der Krebs-Mehrschritt-Therapie. Arzneim.-Forsch. **18,** 666, 1968.

M. von Ardenne und P. G. Reitnauer, Selektive Krebszellenschädigung durch Proteindenaturierung. Dtsch. Ges.wesen **23,** 1681, 1738, 1968.

M. von Ardenne und F. Rieger, Systemtheoretische Betrachtungen zur Optimierung des Regierens. **Studie zur Regierungsstruktur im kybernetischen System der Gesellschaft, Sonderdruck, 1969.**

M. von Ardenne – H. Großmann und R. Millner, Ultraschalldiagnostik-Geräte für die klinisch erprobten Routineverfahren. Dtsch. Ges.wesen **23,** 2418, 1968.

M. von Ardenne – R. A. Chaplain und F. Rieger, Zur Optimierung eines Rückkopplungsmechanismus für zusätzliche Tumorschädigung nach vorausgegangener Stoßtherapie. Z. Krebsforschg. **72,** 258, 1969.

M. von Ardenne – P. G. Reitnauer und D. Schmidt, Theoretische Grundlagen in-vivo-Messungen zur Optimierung der selektiven Übersäuerung von Krebsgewebe. Acta biol. med. germ. **22,** 35, 1969.

M. von Ardenne und R. A. Chaplain, Selektionssteigerung der strahlentherapeutischen Wirkung durch manipulierte Tumorübersäuerung und Wärme. Naturwiss. **55,** 448, 1968.

M. von Ardenne, Über mögliche Wege zur zeitweiligen Verstärkung der »optimierten Übersäuerung« von Krebsgewebe in guter Versorgungslage. Acta biol. med. germ. **22,** 197, 1969.

348. M. von Ardenne – R. A. Chaplain und P. G. Reitnauer, Selektive Krebszellenschädigung durch eine Attackenkombination mit Übersäuerung, Hyperthermie, Vitamin A, Dimethylsulfoxid und weiteren die Freisetzung lysosomaler Enzyme fördernden Agenzien. Archiv Geschwulstforschg. **33,** 331, 1969.

349. M. von Ardenne – J. Dittmann und W. Krüger, In-vitro-Messungen zur Schädigung von Krebszellen in guter Versorgungslage durch die Attackenkombination Vitamin B_2 + 40 C-Hyperthermie. Dtsch. Ges.wesen **24,** 630, 1969.

350. M. von Ardenne – J. Dittmann und W. Krüger, Zur zeitweiligen Verstärkung der »optimierten Übersäuerung« von Krebszellen in guter Versorgungslage durch Insulin. Acta biol. med. germ. **23,** 873, 1969.

351. M. von Ardenne und P. G. Reitnauer, Über die Möglichkeit des schrittweisen Überganges von der lokalen Strahlentherapie zur Ganzkörper-Mehrschritt-Therapie des Krebses. Radiobiologia Radiotherapia **10,** 145, 1969.

352. M. von Ardenne – R. A. Chaplain und P. G. Reitnauer, In-vitro-Messungen zur Schädigung von Krebszellen in guter Versorgungslage durch die Attackenkombination Nordihydroguajaretsäure + 40 C-Hyperthermie ohne und mit der Strahlendosis 1000 r. Archiv Geschwulstforschg. **34,** 1, 1969.

353. M. von Ardenne und P. G. Reitnauer, Messungen zur selektiven Krebszellenschädigung in vitro durch Attackenkombination mit Übersäuerung + 40 C-Hyperthermie und verschiedenen Gallensäuren günstiger pH-Abhängigkeit. Arzneim. Forsch. **20,** 323, 1970.

354. M. von Ardenne – W. Krüger – O. Prokop und St. Schnitzler, In-vitro-Versuche zur Gestaltung einer immunochemischen Attacke mit Anti-A_{HP} im Rahmen des »Krebs-Mehrschritt-Therapie«-Konzeptes. Dtsch. Ges.wesen **24,** 588, 1969.

355. M. von Ardenne – St. Schnitzler und O. Prokop, Demonstration of N-acetyl-D-galactosamine in Tumor Cells by the Immunofluorescence Technique. Naturwiss. **56,** 285, 1969.

356. M. von Ardenne – R. A. Chaplain und P. G. Reitnauer, In-vivo-Versuche zur Krebs-Mehrschritt-Therapie mit der Attackenkombination Optimierte Tumorübersäuerung + Hyperthermie + schwache Röntgenbestrahlung. Dtsch. Ges.wesen **24,** 924, 1969.

357. M. von Ardenne, Über die Bedeutung der Schädi-

gungs-Kettenreaktion im Rahmen des »Krebs-Mehrschritt-Therapie«-Konzeptes. Klin. Wschr. **47**, 647, 1969.

358. M. von Ardenne – J. Elsner und G. Stelzer, Cardiac Monitoring with a new Electrokardiotachograph. Tagung Elektronik in der Medizin. 9.–12. Oktober 1968 in Ljubljana.

359. M. von Ardenne, Ausschnitte aus neueren Pionierentwicklungen des Forschungsinstitutes Manfred von Ardenne. Feingerätetechnik **18**, 451, 1969.

360. M. von Ardenne, Kettenreaktion der Krebszellenabtötung – Stand der Forschung am »Krebs-Mehrschritt-Therapie«-Konzept. Elektromedizin **14**, 184, 1969.

361. M. von Ardenne und S. Reball. Die Dokumentenflut und die Wege zur Überwindung der gegenwärtigen Informationskrise. Informatik **16**, 21, 1969.

362. M. von Ardenne – L. Haase – R. Pochert – W. Roggenbruck und P. Wiese, Zum Plasmaschmelzschneiden von unlegierten Baustählen mit Plasmafeinstrahlbrenner. Schweißtechnik **19**, H. 10, 1969.

363. M. von Ardenne und R. A. Chaplain, In-vivo-Versuche zur Krebs-Mehrschritt-Therapie mit »auslösender« Attacke durch Vitamin A + Dimethylsulfoxyd. Z. inn. Med. **24**, 609, 1969.

364. M. von Ardenne – R. A. Chaplain und C. Prokop, In-vivo-Versuche zur Krebs-Mehrschritt-Therapie mit »auslösender« Attacke durch Immunantikörper. Dtsch. Ges.wesen **24**, 1589, 1969.

365. M. von Ardenne und P. G. Reitnauer, Theoretische Betrachtungen zur Optimierung der »auslösenden« Attacke im Rahmen der Krebs-Mehrschritt-Therapie. Z. ärztl. Fortbildg. **63**, 965, 1969.

366. M. von Ardenne – R. A. Chaplain und P. G. Reitnauer, In-vitro- und in-vivo-Versuche zur Krebs-Mehrschritt-Therapie mit »auslösender« Attacke durch alkylierende Zytostatika. Dtsch. Ges.wesen **24**, 1781, 1969.

367. M. von Ardenne – G. Böhme und P. G. Reitnauer, Methodik zur kontinuierlichen Schnellmessung und Einregelung vorbestimmt erhöhter Blutglukosekonzentration. Z. med. Labortechn. **10**, 306, 1969.

368. M. von Ardenne und R. A. Chaplain, Hochprozentige Heilung eines spontanen Mamma-Carcinoms der Maus durch Krebs-Mehrschritt-Therapie. Naturwiss. **56**, 464, 1969.

369. M. von Ardenne – P. G. Reitnauer – K. Rohde und H. Westmeyer, In-vivo-pH-Messungen in Krebs-Mikrometastasen bei optimierter Übersäuerung. Z. Naturforschg. **24 b**, 1610, 1969.

370. M. von Ardenne – J. Elsner und H. Großmann, Üb den Nachweis der Darmperistaltik beim Mensch mit Ultraschall. Zeitschrift für experimentelle C rurgie, Jahrgang **2**, 1969.

371. M. von Ardenne, Die selektive Verstärkung eir primären Krebszellenschädigung als Fundame talprozeß der Krebs-Mehrschritt-Therapie. Vortrag 12. 10. 1969 Turin. III. Simposio internaz nale sul trattamento loco regionale dei tumori.

372. M. von Ardenne, The selective amplification of p mary cancer cell damage as a basic mechanism the multistep cancer therapy. Vortrag 12. 10. 1969 Turin. III. Simposio internaz nale sul trattamento loco regionale dei tumori.

373. M. von Ardenne – H. U. Röhner – W. Braun W. Buchholz – J. Barth – H. Schmoranzer H. Hartmann – D. Kipping – R. Ludewig – H. Ni schner – H. Standau, Beobachtungen und Meß gebnisse bei Durchführung der Doppelattacke c Krebs-Mehrschritt-Therapie-Konzeptes an gesu den Menschen. Dtsch. Ges.wesen **25**, 333, 197(

374. M. von Ardenne – R. A. Chaplain, In-vivo-Versuc zur Krebs- bzw. Metastasenprophylaxe mit ein- u zweimaliger Verstärkung künstlich stimulierter u spezifischer Immunabwehr. Dtsch. Ges.wesen 861, 1970.

375. M. von Ardenne – S. Reball, Zur Problematik der formationsaufbereitung. Informatik **17**, 23, 197(

376. M. von Ardenne, Der pH-gesteuerte Grundpro: der generellen Autolyse nach Eintritt des Tod Naturwiss. **57**, 43, 1970.

377. M. von Ardenne, Physik und Verbundbausto Wiss. Z. der Hochsch. f. Architektur u. Bauwes **17**, 323, 1970.

378. M. von Ardenne – P. G. Reitnauer, Übersäuerun grenze und pH der Tumorzelle in ihrer Beziehu zur Krebs-Mehrschritt-Therapie. Acta biol. m germ. **25**, 483, 1970.

379. M. von Ardenne – O. Prokop – J. Fleische St. Schnitzler – W. Krüger – B. A. Lapin – H. A. nenkow – N. S. Assanow und V. I. Kolodin, Un suchungen an Rhesusaffen über die Verträgli keit von gereinigten Anti-A_{HP}-Präparation Dtsch. Ges.wesen **25**, 817, 1970.

380. M. von Ardenne und P. G. Reitnauer, Zur Wirk wiederholter Hyperthermie auf das Ehrlich-A tes-Karzinom der Maus. Archiv f. Geschwu forschg. **35**, 369, 1970.

381. M. von Ardenne – R. A. Chaplain – P. G. Reitna und K. Rohde, pH-Messungen im Innern und in Nähe optimiert übersäuerter Mikrometastasen v

schiedener Größe. Acta biol. med. germ. **25,** 671, 1970.

382. M. von Ardenne und P. G. Reitnauer, pH-Messungen im Gehirn und Doppelattacke des Krebs-Mehrschritt-Therapie-Konzeptes. Die Möglichkeit der Einbeziehung des Gehirns in den therapeutisch erfaßbaren Bereich des Organismus bei der Krebs-Mehrschritt-Therapie. Klin. Wschr. **48,** 658, 1970.

383. M. von Ardenne – P. G. Reitnauer und K. Rohde, Messungen des pH-Verlaufs im Großhirn der Ratte bei Eintritt des Todes aus verschiedener Ursache. Dtsch. Ges.wesen **25,** 1677, 1970.

384. M. von Ardenne und R. A. Chaplain, Vorteile der durch Krebs-Mehrschritt-Therapie erzielbaren Lyse eines Primärtumors. Naturwiss. **57,** 197, 1970.

385. M. von Ardenne und H. G. Lippmann, Über Maßnahmen zur Verträglichkeitserhöhung der Doppelattacke des Krebs-Mehrschritt-Therapie-Konzeptes. Dtsch. Ges.wesen 25, 1685, 1970.

386. M. von Ardenne und W. Krüger, Bindungsverhalten von Humanserumalbumin für Desoxylcholsäure. Untersuchung zum Prinzip des Schleppens von Zellgift selektiv in Krebsgewebe. Arzneim.-Forsch. **21,** 65, 1971.

387. M. von Ardenne und P. G. Reitnauer, Erythembildung als Folge der Zellschädigungs-Kettenreaktion mit Aufgiftung lysosomaler Enzyme beim niedrigen Haut-pH. Erythemvermeidung bei Krebs-Mehrschritt-Therapie durch Hyperthermie mit Zweikammerwanne. Z. Naturforschg. **25 b,** 872, 1970.

388. **M. von Ardenne und R. A. Chaplain, Versuche zu Möglichkeiten der Einwirkung auf das körpereigene Immunsystem von Ratten im Rahmen der** Krebs-Mehrschritt-Therapie. Archiv f. Geschwulstforschg. **36,** 237, 1970.

389. M. von Ardenne und R. A. Chaplain, Zur Wirkungsstärke von Attacken und Attackenkombinationen des Krebs-Mehrschritt-Therapie-Konzeptes beim spontanen Mammakarzinom der Maus. Dtsch. Ges.wesen **25,** 1776, 1970.

390. M. von Ardenne, Verstärkte lysosomale Zytolyse-Kettenreaktion durch zeitweilige Erhöhung des Lysosomengehaltes in Krebszellen. Naturwiss. **57,** 360, 1970.

391. M. von Ardenne, Selektive Auslösung von Krebszellen-Zytolyse durch Pinozytose mit nachfolgender intralysosomaler Verdauung des mit Zellgift beladenen Vehikels. Z. Naturforschg. **25 b,** 897, 1970.

392. M. von Ardenne und P. G. Reitnauer, Therapie-Ergebnisse beim DS-Karzinosarkom der Ratte durch Krebs-Mehrschritt-Therapie ohne immunologische Attacke. Archiv f. Geschwulstforschg. **36,** 319, 1970.

393. M. von Ardenne, Die in-vivo-Größe der aeroben Glykolyse als Hauptparameter des Stoffwechselunterschiedes zwischen Normalzellen und Krebszellen. Klin. Wschr. **48,** 1397, 1970.

394. M. von Ardenne, Über die Existenz einer Blut-Nerven-Schranke. Z. Naturforschg. **25,** 1492, 1970.

395. M. von Ardenne, Ferdinand Braun. Enzyklopädie »Die Großen der Weltgeschichte« Band IX, Kindler Verlag 1970.

396. M. von Ardenne, Die Curies. Enzyklopädie »Die Großen der Weltgeschichte« Band IX, Kindler Verlag 1970.

397. M. von Ardenne – P. G. Reitnauer und K. Rohde, Erhaltung der optimierten Tumorübersäuerung auch bei Erhöhung des Sauerstoffpartialdruckes der Inspirationsluft. Originalarbeit 20. 4. 1970.

398. M. von Ardenne – S. Panzer – B. Förster und K. Gaber, Elektronenstrahl-Legierungsdotierung von Silizium. Feingerätetechn. **20,** 43, 1971.

399. M. von Ardenne und P. G. Reitnauer, Therapie-Ergebnisse beim DS-Karzinosarkom der Ratte durch Krebs-Mehrschritt-Therapie mit ergänzender immunologischer Attacke. Z. Krebsforschg. **75,** 99, 1971.

400. M. von Ardenne, Über die Lösung des Selektivitätsproblems Normalgewebe – Krebsgewebe bei der Krebs-Mehrschritt-Therapie. Mitteilung vom 20. 1. 1971.

401. M. von Ardenne und H. G. Lippmann, Größe und zeitweilige Erhöhung der Herz-Kreislauf-Reserven des menschlichen Organismus. Z. inn. Med. **26,** 149, 1971.

402. M. von Ardenne und R. A. Chaplain, Die Belastungskrise durch Tumorabbauprodukte nach Krebs-Mehrschritt-Therapie und ihre Minderung durch Erhöhung der α_2-Globulinfraktion. Z. inn. Med. **26,** 175, 1971.

403. M. von Ardenne und R. A. Chaplain, Prophylaktische Aspekte der Doppelattacke des Krebs-Mehrschritt-Therapie-Konzeptes. Archiv f. Geschwulstforschg. **37,** 4, 1971.

404. M. von Ardenne – P. G. Reitnauer und K. Rohde, Vergleich von Ifosfamid mit Cyclophosphamid bei der Therapie des DS-Karzinosarkoms der Ratte. Archiv f. Geschwulstforschg. **38,** 15, 1971.

405. M. von Ardenne und R. A. Chaplain, The Inhibitory Effect of B-Group Vitamins on the Incidence of Tumour Metastases. Naturwiss. **58,** 221, 1971.

406. M. von Ardenne und B. Kern, Der Herzinfarkt als Folge der lysosomalen Zytolyse-Kettenreaktion. Dtsch. Ges.wesen **26**, 1769, 1971.

407. M. von Ardenne und P. G. Reitnauer, Messungen zu Elementarvorgängen des Herzinfarktes. Cardiol. Bull. Acta cardiolog. H. 4/5, **51**, 1971.

408. M. von Ardenne, Revolutionierung des Weltgesundheitswesens als Folge internationaler Abrüstung auf dem Gebiet der ABC-Waffen. Konferenz der Weltföderation der Wissenschaftler vom 21. bis 23. November 1971 In Berlin.

409. M. von Ardenne und H. G. Lippmann, Hauptursache und Verringerung der Wirkungsschwankung bei oraler Gabe von g-Strophanthin. Cardiol. Bull. Acta cardiolog. H. 4/5, 167, 1971.

410. M. von Ardenne – P. G. Reitnauer und K. Rohde, Zum pH-Verhalten des Myokards und seiner Bedeutung für Herzinfarkt und Krebs-Mehrschritt-Therapie. Wiener klin. Wschr. **84**, 47, 1972.

411. M. von Ardenne und P. G. Reitnauer, In-vitro-Grundversuch zur Verkürzung der Hyperthermiedauer bei der Krebs-Mehrschritt-Therapie. Auslösung der lysosomalen Zytolyse-Kettenreaktion durch Übersäuerung + Hyperthermie und ihre Fortsetzung nach Hyperthermieende. Archiv Geschwulstforschg. **38**, 264, 1971.

412. M. von Ardenne, Verschiedene Varianten einer Krebs-Mehrschritt-Prophylaxe. Vortrag Montreux, 11. September 1971. Protectio vitae **16**, 248, 1971.

413. M. von Ardenne, Krebserkrankung und körpereigene Krebsabwehr. Gesetzmäßigkeiten und Mechanismen der unspezifischen Krebsabwehr als Wegweiser für die Krebsprophylaxe und für die Optimierung der immunologischen Attacke im Rahmen der Krebs-Mehrschritt-Therapie. Naturwiss. Rdsch. **24**, 520, 1971.

414. M. von Ardenne, Entzündung und lysosomaler Zytolyse-Mechanismus. Umschau **72**, 1972.

415. M. von Ardenne und F. Rieger, Über den Einfluß der biologischen Variabilität auf den Schädigungsablauf von lysosomaler Zytolyse und Zytolyse-Kettenreaktion. Archiv f. Geschwulstforschg. **40**, 51, 1972.

416. M. von Ardenne und H. G. Lippmann, O_2-Mehrschritt-Sauna. Programmierung und Kreislauf-Meßergebnisse. Z. Physiother. **24**, 1972.

417. M. von Ardenne, »Intensivierte O_2-Mehrschritt-Therapie« als lokalisiert und generalisiert anwendbarer Fundamentalprozeß. Einsatzbeispiel mit dem Ergebnis anhaltender Renormalisierung der Blutdruckwerte bei hypotonischen Dysregulationen. Z. Physiotherapie **24**, 1972.

418. M. von Ardenne, Über die Methode der intensivierten O_2-Mehrschritt-Prophylaxe gegen Krebs bzw. Krebsmetastasen. Klin. Wschr. **50**, 1972.

419. M. von Ardenne, Die Bedeutung der Elektronenmikroskopie für die Gestaltung einer hochselektiven Waffe gegen den Krebs. Wiss. Z. d. TU Dresden **20**, 337, 1971.

420. M. von Ardenne, Intensivierte O_2-Mehrschritt-Gymnastik – eine universale Prophylaxe gegen O_2-Mangelkrankheiten. Z. Physiotherapie **24**, 1972.

421. M. von Ardenne und R. A. Chaplain, The use of [^{125}J]-labelled helix agglutinines as a possible method for the early diagnosis of tumor and metastatic growth. Naturwiss. **59**, 1972.

422. M. von Ardenne und F. Rieger, Theoretische und experimentelle Grundlagen zur außergewöhnlichen Pharmakokinetik des g-Strophanthins. Arzneimittel -Forschg. **22**, 1972.

423. M. von Ardenne und H. G. Lippmann, qt_c-Zeit-Messungen zum Beginn der Schutzwirkung verschiedener Herzglykoside bei oraler Applikation. Perlinguale Gabe mit sehr hoher Resorption von g-Strophanthin als Prophylaxe und als Schnelltherapie zur Myokardinfarkt-Bekämpfung in der Notsituation vor Einsatz ärztlicher Hilfe. Cardiol. Bull. Acta cardiolog., 1972.

424. M. von Ardenne, Krebszellkinetik und Krebs-Mehrschritt-Therapie. Z. Naturforschg. **27B**, 1972.

425. M. von Ardenne, Krebszellkinetik und Krebs-Mehrschritt-Therapie. Z. Naturforschg. **27b**, 1972.

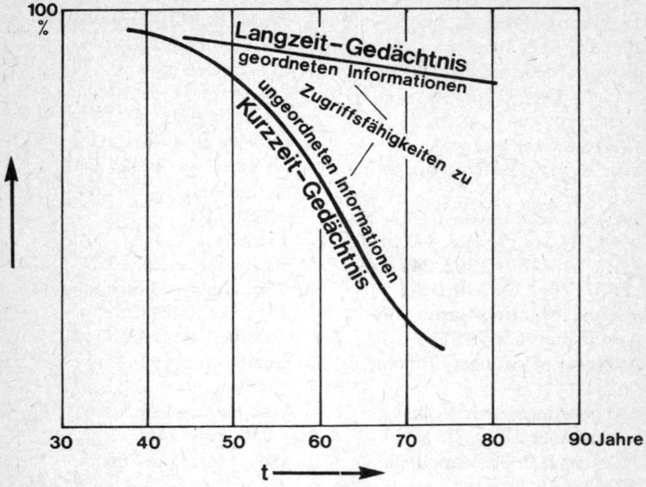

Inst. .I.v. Ardenne	**Qualitative Darstellung zur Abnahme der Gedächtnisleistung mit dem Lebensalter** Die beteiligten Einflußgrößen (1)	Medizinische Forschung

rklärung der (aus vorangehender Abbildung ersichtlichen) Zunahme der Zahl wissenschaftlicher eröffentlichungen von Manfred von Ardenne pro Jahr mit dem Lebensalter als Folge der persön- ch durchgeführten Aufbereitung aller für die Arbeit wesentlichen Informationen (Überführung in as Langzeit-Gedächtnis, Ordnung zu Informationsblöcken) (siehe viertes Buch, erstes Kapitel, leine ›Wissensspeicher‹ erscheinen«)

Personenregister

Sachregister

Biographisches in den suhrkamp taschenbüchern

Frederic Ewen, Bertolt Brecht. Sein Leben, sein Werk, seine Zeit. Deutsch von Hans-Peter Baum und Klaus-Dietrich Petersen. 1973. 524 Seiten. Band 141

Ian Gibson, Lorcas Tod. Aus dem Spanischen von Fritz Vogelgsang. 1976. ca. 260 Seiten. Band 197

Kurt R. Grossmann, Ossietzky. Ein deutscher Patriot. Mit einem Nachwort von Dieter Hildebrandt. 1973. 466 Seiten. Band 83

Han Suyin, Die Morgenflut. Mao Tse-tung, ein Leben für die Revolution. Aus dem Amerikanischen übertragen von Siglinde Summerer und Gerda Kurz. 1975. 660 Seiten. Band 234

Lillian Hellman, Eine unfertige Frau. Ein Leben zwischen Dramen. 1975. 266 Seiten. Band 292

Ödön von Horváth, Leben und Werk in Daten und Bildern. Herausgegeben von Traugott Krischke und Hans F. Prokop. 1972. 204 Seiten. Band 67

Peter Jakir, Kindheit in Gefangenschaft. 1974. 190 Seiten. Band 152

Stanislaus Joyce, Meines Bruders Hüter. Mit einem Vorwort von T. S. Eliot und einer Einführung von Richard Ellmann. Deutsch von Arno Schmidt. 1975. 348 Seiten. Band 273

Hans Mayer, Georg Büchner und seine Zeit. 1972. 506 Seiten. Band 58

Gustav Regler, Das Ohr des Malchus. Eine Lebensgeschichte. 1975. 524 Seiten. Band 293

Bertrand Russell, Autobiographie I 1872–1914. Deutsch von Harry Kahn. 1972. 406 Seiten. Band 22

– Autobiographie II 1914–1944. Aus dem Englischen von Julia Kirchner. 1973. 406 Seiten. Band 84

– Autobiographie III 1944–1967. Aus dem Englischen von Rudolf Weys. 1974. 356 Seiten. Band 192

Jean Rudolf von Salis, Rilkes Schweizer Jahre. Ein Beitrag zur Biographie von Rilkes Spätzeit. 1975. 316 Seiten. Band 289

Peter Suhrkamp. Zur Biographie eines Verlegers, vorgelegt von Siegfried Unseld. 1975. 246 Seiten. Band 260

grund)« geschrieben. Der Eigenart der knappen Äußerung, des sprachlichen Kürzels entspricht die Absicht: Rebellion gegen konventionelle Denkschemata, Desillusionierung.

st 288 Erich Heller. Nirgends wird Welt sein als innen
Versuche über Rilke
150 Seiten
Inhalt: Die Reise der Kunst ins Innere; Rilke und Nietzsche. Mit einem Diskurs über Denken, Glauben und Dichten; Rilke in Paris. »Erich Hellers literarische Essays üben seit vielen Jahren eine geheimnisvolle Faszination auf seine Leser aus. Wie er seine Themen anzupacken versteht, das deutet auf eine unendliche eindringliche, schmeichelnde, schöne und sichere Stimme hin – mit der Verführungskraft der Authentizität.« *Bücherkommentare*

st 289 Jean Rudolf von Salis, Rilkes Schweizer Jahre
Ein Beitrag zur Biographie von Rilkes Spätzeit
316 Seiten
Aus dem Zusammentreffen des Autors mit Rilke 1924 in Muzot ergab sich in wiederholten Begegnungen und einem Briefwechsel eine Beziehung, die bis zu Rilkes Tod anhielt. In der Diskussion, wie die heute einsetzende Rilke-Renaissance sich mit der Besonderheit, Unverwechselbarkeit, Isoliertheit der Rilkeschen Lyrik auseinandersetzen und wie sie von neuem aufgenommen wird, kann dieser Band einen wertvollen Beitrag leisten.

st 290 Rilke heute. Beziehungen und Wirkungen
Herausgegeben von Ingeborg H. Solbrig und Joachim W. Storck
331 Seiten
Die hier versammelten Arbeiten gruppieren sich um ästhetische Einzelprobleme, um rezeptionsästhetische und komparatistische Fragen, endlich um allgemein literarhistorische Aspekte und die damit zusammenhängende politische-gesellschaftliche Wirkung. Damit wird ein breites Spektrum von wissenschaftlicher Relevanz erfaßt, werden auch gelegentliche Konfrontationen gegensätzlicher Thesen und Lösungsversuche nicht vermieden. Gerade dies kommt einer getreuen Spiegelung der gegenwärtigen Forschungssituation zugute.

st 291 Hermann Hesse, Die Märchen
Zusammengestellt von Volker Michels
282 Seiten
Dieser Band versammelt erstmals alle Märchen Hesses. Sowohl die frühe, erstmals 1920 unter dem Titel *Märchen* publizierte Sammlung als auch die späteren, in verschiedenen Büchern verstreuten Märchen aus dem *Fabulierbuch* (1935), den Sammelbänden *Traumfährte* (1945), *Krieg und Frieden,* sowie einige bisher noch kaum bekannte, zu Hesses Lebzeiten noch nicht in seine Bücher aufgenommene Stücke ergänzen diese Sammlung.

st 292 Lillian Hellman, Eine unfertige Frau
Ein Leben zwischen Dramen
Aus dem Englischen von Kyra Stromberg
Mit Abbildungen
288 Seiten
Der Lebensbericht der berühmten Theaterautorin, Harvardprofessorin und erfolgreichen Journalistin Lillian Hellman beginnt mit einer faszinierenden Schilderung ihrer Jugend zwischen New York und New Orleans. Sie beschreibt ihre ersten Jahre in einem New Yorker Verlagshaus, ihren Aufenthalt in Spanien während des Bürgerkriegs, in Rußland während des 2. Weltkriegs. Temperamentvoll beschreibt die Autorin ihre Begegnungen mit großen Namen: Dorothy Parker, Nathanael West, Ernest Hemingway, Scott Fitzgerald, Dashiell Hammett, Norman Mailer, Louis Aragon, Sergej Eisenstein.

st 293 Gustav Regler, Das Ohr des Malchus
Eine Lebensgeschichte
528 Seiten
An allen Fronten, wo in geistiger Auseinandersetzung oder mit der Waffe in der Hand das Schicksal unseres Jahrhunderts bestimmt wurde, ist der Journalist und Schriftsteller Gustav Regler dabei gewesen. Er ging auf die Barrikaden, kämpfte in der Spartakistenzeit und in der Räte-Republik. Er teilte die Illusionen des Sozialismus und des Kommunismus. Mit der Beschreibung seines Lebens schildert Regler eine Fülle von Personen und Bewegungen, die er gekannt hat: Stefan George, Karl Wolfskehl, Maxim Gorki, André Malraux, Ernest Hemingway, Ludwig Renn, um nur einige zu nennen.

st 294 Marieluise Fleißer, Eine Zierde für den Verein. Roman vom Rauchen, Sporteln, Lieben und Verkaufen
206 Seiten
Ihren einzigen Roman, 1931 unter dem Titel *Mehlreisende Frieda Geier* erschienen, hat Marieluise Fleißer 1972 neu bearbeitet und ihm den Titel *Eine Zierde für den Verein* gegeben. In der vermeintlichen Idyllik einer deutschen Provinz in den Jahren vor 1933 sucht Gustl Amricht, Zigarrenladeninhaber und Schwimmphänomen, die Nähe von Frieda Geier, erobert und heiratet sie. Aber an der Selbständigkeit Friedas prallen »die natürlichen Machtmittel des Mannes« ab, sie läuft ihm davon.

st 295 Wolfgang Hildesheimer, Paradies der falschen Vögel
Roman
172 Seiten
Guiskard, der König der Fälscher, erfindet den Maler Ayax Mazyrka und auch einen Kunsthistoriker, der die Biographie des Malers schreibt. Die Hauptwerke Mazyrkas werden zu den begehrtesten Objekten des internationalen Kunsthandels, und der phantasiebegabte Fälscher bringt es zum Kultusminister.

st 298 Julio Cortázar, Das Feuer aller Feuer
Erzählungen
180 Seiten
Der große argentinische Schriftsteller Julio Cortázar ist, wie Jorge Luis Borges, Schöpfer einer »phantastischen Literatur«, und so sind auch die Erzählungen zu lesen. Er umkreist das Drama, das sich durch die Bedrohung verborgener Wirklichkeiten entzündet, um sich im Wirklichen abzuspielen, und mit geradezu tödlicher Sicherheit berührt Cortázar die Dimensionen des Wunderbaren und Unheimlichen.

Alphabetisches Gesamtverzeichnis der suhrkamp taschenbücher